D1618984

Impressum

Herausgeberin
Stadt Ulm, Kulturabteilung

Projektleitung
Sebastian Huber (Stadt Ulm, Kulturabteilung)

Konzeptionelle Beratung
Prof. Dr. Michael Wettengel
(Stadt Ulm, Stadtarchiv)

Redaktionelle Lenkungsgruppe
Henrike Hampe
(Donauschwäbisches Zentralmuseum)
Elis Schmeer, Christine Grunert
(Stadt Ulm, Koordinierungsstelle Internationale Stadt)
Sabrina Neumeister, Sebastian Huber
(Stadt Ulm, Kulturabteilung)
Prof. Dr. Michael Wettengel, Ulrich Seemüller
(Stadt Ulm, Stadtarchiv)

Verlag
danube books Verlag e. K.

Herstellung/Druck
Neue Süddeutsche Verlagsdruckerei GmbH

Layout und Gestaltung
lahaye tiedemann gestalten

Bildbearbeitung
Hans Peter Gruber

© 1. Auflage Ulm 2018
Stadt Ulm und danube books Verlag e. K.

ISBN: 9 783946 046103

Bibliografische Information der
Deutschen Nationalbibliothek.
Die Deutsche Nationalbibliothek
verzeichnet diese Publikation in der
Deutschen Nationalbibliografie;
detaillierte bibliografische Daten
sind im Internet über
http://dnb.d-nb.de abrufbar.

Tobias Ranker

Auf dem Weg zur internationalen Stadt
Migration nach Ulm
seit 1945

Stadt Ulm

Inhalt

Grußwort

Die Migration im 20. Jahrhundert hat das Gesicht der Stadt und das Leben in
Ulm maßgeblich beeinflusst. Ulm ist eine internationale Stadt. Aktuell leben
50 000 Menschen mit internationalen Wurzeln in Ulm (41 % der Gesamtbevölkerung). Dies bietet Anlass für eine grundsätzliche Positionsbestimmung
der Ulmer Stadtgesellschaft. Es geht um die Anerkennung von Vielfalt – aber
zugleich um eine klare Positionierung bezüglich dessen, was die Gesellschaft
eint wie auch der Unterschiede, die es überall gibt, wo Menschen zusammenleben. In diesem Prozess ist ein Blick in die Geschichte hilfreich. Wir wollen
daher in der vorliegenden Publikation den Fragen nachgehen, wie die Zuwandernden die Stadt und wie die Stadt die Zuwandernden verändert hat.
Seit dem Ende des Zweiten Weltkrieges sind Zehntausende Menschen aus anderen Ländern neu nach Ulm gekommen. Die Gründe waren mannigfaltig:
Manchmal war es die Strahlkraft einer wirtschaftlich starken Region mit hoher
Lebensqualität, die Menschen hier eine neue Heimat suchen ließ. Manchmal
war Ulm (zunächst) unfreiwillige Zwischenstation einer Flucht oder Deportation. Manchmal war es der Wunsch nach persönlicher Veränderung und Entwicklung. Die Arbeits- und Innovationskraft der Zugewanderten half mit, nach
dem Krieg die Stadt wieder aufzubauen und ihren Wohlstand von Neuem
zu begründen. Neue Wohngebiete, die durch den Zuzug erforderlich wurden,
veränderten das Stadtbild. Wer schon länger hier wohnte, freute sich über
neue Blickwinkel und Anstöße – nicht nur bei Kultur und Kulinarik.
Stets war die Stadtgesellschaft gefragt, sich mit den Herausforderungen des
Neuen zu beschäftigen und eigene Wege zu finden. Dass viele Menschen unabhängig von ihrer Herkunft sich heute mit Ulm als ihrer Heimat identifizieren
und gern hier leben, verdanken wir der gesamten Stadtgesellschaft, die
sich schon sehr lange um einen ausgewogenen, pragmatischen Umgang mit
Vielfalt bemüht. Es zeigt uns, dass wir auf dem richtigen Weg sind. Mit der

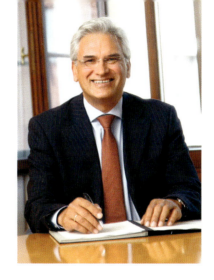

Erarbeitung des Konzepts „Ulm: Internationale Stadt" hat Ulm 2012 einen
Paradigmenwechsel vollzogen von der „Integration" zur „Internationalität",
d. h. hin zur Frage, was es braucht für einen gelingenden Umgang der Stadt
mit ihrer Internationalität. Diese Perspektive greift den weltweiten Globali-
sierungsprozess auf und hat überregionalen Modellcharakter entwickelt. Die
Einrichtung der Koordinierungsstelle Internationale Stadt durch die Stadt Ulm
und die Umsetzung und Fortentwicklung des Konzepts „Ulm: Internationale
Stadt" begleiten den Weg der Stadt in dieser gesellschaftlichen Entwicklung.
Ein wichtiger Schritt auf dem Weg zu einer Internationalen Stadt ist die Anerkennung der Beiträge, die Zugewanderte für unsere Stadtgesellschaft erbracht
haben. In diesem Sinne möchte das vorliegende Buch die Lebenswelt der
Ulmerinnen und Ulmer, die in den letzten 50 Jahren zugewandert sind und
ihre Einflüsse auf die Ulmer Stadtgesellschaft als Teil der Stadtgeschichte
darstellen und würdigen.
Die Publikation will zur weiteren Beschäftigung mit der Thematik anregen.
Folgeprojekte werden weitere Aspekte, die aus Platzgründen nur kurz an-
gesprochen werden konnten, vertiefen.
Wurzeln geben Halt – die Beschäftigung mit der eigenen Geschichte und die
Lehren, die wir daraus ziehen, machen stark für die Gestaltung der Gesellschaft
von morgen. Heute ist jede und jeder gefordert einzustehen für Frieden,
Freiheit und Demokratie. Ulm ist Heimat für alle.
Ich wünsche Ihnen eine spannende und erkenntnisreiche Lektüre!

Gunter Czisch
Oberbürgermeister der Stadt Ulm

Einleitung

Migration und Stadt

Migration ist kein neues oder gar erst seit kurzem auftretendes Phänomen. Im Gegenteil, sie ist von Beginn an mit der Menschheitsgeschichte verbunden und ein zentrales Element der Anpassung des Menschen an seine Umgebung, weil spezifische Rahmenbedingungen für einen weiteren Verbleib im Herkunftsland inakzeptabel oder unliebsam geworden sind. Aufgrund dessen ist eine Geschichte der Migration auch immer Teil der allgemeinen Geschichte. Migration ist der „Normalfall".[1]

Städte spielen dabei eine besondere Rolle, denn Stadt und Migration sind eng miteinander verbunden und verwoben: „Stadt ist Migration", so der Soziologe Erol Yildiz.[2] Städte sind meist die ‚Ankunftsorte' der Wanderer. Sie sind und waren stets Orte der Migration und wurden dadurch auch geprägt. Gleichwohl nehmen sie bei der Zuwanderung selbst meist nur eine passive, eine reagierende Position ein. Betrachtet man die großen Migrationsbewegungen nach 1945, so wird deutlich, dass diese oftmals von weltpolitischen Geschehnissen oder von wirtschaftlichen Überlegungen bestimmt waren.

In den Städten verändern sich durch Migration die Bevölkerungsstruktur und -zusammensetzung wie auch das gesellschaftliche Zusammenleben. Ob Letzteres erfolgreich, produktiv und harmonisch verläuft, hängt von den Eingliederungs- beziehungsweise Aufnahmeabsichten und -bemühungen seitens der Zuwanderer wie auch der Einheimischen ab. Die aufnehmende Mehrheitsgesellschaft bestimmt jedoch weitgehend die Gestaltungsbedingungen und kann somit entscheidend zu einem positiven Verlauf beitragen, damit Ausschluss und oftmals daraus resultierende Abschottung gar nicht erst auftreten. Dafür bedarf es aber auch eines Verstehens der geschichtlichen Entwicklungen und Zusammenhänge. Und gerade hierbei lohnt sich der lokale Blick, der nicht einengt, sondern das Abstrakte überwindet, dabei die Wirkungsmächtigkeit weltweiter Ereignisse am konkreten Ort erfahrbar macht und diese buchstäblich näherbringt.

Migration und Ulm

„Ulm ist international" und hat „historische Internationalität", so ein Bürger Ulms mit internationalen Wurzeln.[3] Diesen Aussagen will dieses Buch nachgehen und greift dabei vorwiegend dokumentarisch die großen Migrationsbewegungen nach dem Zweiten Weltkrieg auf. Das Jahr 1945 ist dabei keineswegs als „Stunde Null" der Migrationsgeschichte zu sehen.[4] Die im ersten Kapitel dargestellten Displaced Persons wurden während des Weltkrieges zur Zwangsarbeit ins Deutsche Reich verschleppt. Sie fallen deshalb in die Kategorie der Zwangs- oder Gewaltmigration, was bedeutet, dass die Wanderung aufgenötigt wird und damit alternativlos ist. Gewalt und Zwang prägten auch die Migration von Kriegsflüchtlingen und Vertriebenen, von Sowjetzonen- beziehungsweise DDR-Flüchtlingen und von Asylbewerbern.

Davon ist die Arbeitsmigration vor allem der 1950er bis 1970er Jahre abzugrenzen. Diese Wanderungen wurden zur Verbesserung der ökonomischen Chancen oder zur Finanzierung des Lebensunterhalts angetreten. Dabei ging es nicht nur um das persönliche Vorankommen einer Migrantin oder eines Migranten; teilweise „entsandten" Familien Angehörige, damit deren „rück-überwiesener" Lohn ihren Unterhalt sicherte. Hieran wird deutlich, dass Migration nicht immer eine Verlagerung des Lebensmittelpunktes zur Folge haben muss: Von 1960 bis 1973 sind ca. 51 000 Ausländer nach Ulm gekommen, davon sind allerdings über 41 000 (also rund 80 %) wieder fortgezogen.[5] Somit ist die Arbeitsmigration überwiegend eine Form der vorübergehenden Wanderung. Fluktuation, Zirkulation und Rückkehr sind genauso zentrale Elemente von Migration wie auch die grundsätzliche Ergebnisoffenheit der Wanderung selbst. Das Ziel ist von Beginn an nicht immer klar, beziehungsweise die anfangs beabsichtigte Aufenthaltsdauer wird „überschritten" oder aber ein geplanter oder zufälliger „Zwischenstopp" kann zum Dauerzustand werden. Auch die verbreitete Annahme, dass alle ausländischen Arbeiter über den offiziellen Weg der Anwerbung gekommen seien, entspricht nicht der Realität: Arbeitgeberinnen und Arbeitgeber konnten auch direkt namentlich anwerben oder die Migrantinnen und Migranten kamen als Touristinnen und Touristen und nahmen erst nach der Einreise eine Arbeitsstelle an.

Mit der politischen Liberalisierung in Osteuropa und dem folgenden Zusammenbruch der Sowjetunion setzte vermehrt eine Wanderungsbewegung nach Westen ein, wobei neben Asylbewerbern auch (Spät-)Aussiedler nach Deutschland kamen. Letztere stammten von Deutschen ab, die vor längerer Zeit Richtung Osten ausgewandert waren, weshalb ihre Einreise privilegiert verlief, da sie als Deutsche anerkannt waren und damit auch alle Rechte innehatten. Mit ähnlichen Privilegien ausgestattet, trafen ebenfalls um die Wendejahre jüdische Kontingentflüchtlinge aus Osteuropa ein, wodurch sich in Ulm wieder eine jüdische Gemeinde gründete.

Weitere Migrationsformen finden sich in Ulm nach 1945: Die Entsendung amerikanischer Soldaten im Zuge des Kalten Krieges gehört zur militärischen Migration. Sie waren zu mehreren Tausend in den Kasernen in der Stadt stationiert. Auch aus Gründen der (Weiter-)Bildung kamen Menschen nach Ulm. Wegen der Hochschule für Gestaltung und vor allem seit der Gründung der Universität Ulm war Ulm interessant für Studierende wie Lehrende. Die Ulmer Wissenschaftsstadt und die dort tätigen Unternehmen ziehen bis heute Fachkräfte aus aller Welt an.

Die meisten bestehenden Publikationen über Städte, die Migration und deren Geschichte thematisieren, nehmen nur eine Zuwanderergruppe in den Blick oder lassen die städtische Zuwanderergeschichte erst 1955 mit dem Beginn der Anwerbung von ausländischen Arbeitern beginnen. Ein größerer Überblick aber, wie er in diesem Buch versucht wird, hat den Vorteil, das Ganze ins Auge zu fassen und längerfristige Entwicklungslinien nachzuzeichnen. Deutlich werden dabei die Vielfältigkeit sowie auch die Gleichzeitigkeit der im Ausmaß zwar schwankenden, jedoch stets kontinuierlichen Zuwanderung. Es können (spezifische) Vergleiche angestellt werden, die Unterschiede und Gemeinsamkeiten aufzeigen, die sich nicht allein auf den Zuwanderungsprozess und die Gründe für die Migration nach Ulm beziehen, sondern auch die jeweiligen Reaktionen, Maßnahmen und Ansichten der Stadt und der Bevölkerung in den Blick nehmen.[6]

Aufgrund der Komplexität dieses Themas sowie der Länge des Untersuchungs-
zeitraums kann dieses Buch keinen Anspruch auf Vollständigkeit erheben.
Es will dem geneigten Leser einen Ein- und Überblick bieten und darüber hinaus, auch durch das aufbereitete Zahlenmaterial, zu weiteren Forschungen
zur Migrationsgeschichte der Stadt Ulm anregen.

Quellen

Allgemein existiert in Ulm – wie übrigens in den meisten deutschen
Städten – wenig Sekundärliteratur, die sich mit der Migration nach 1945
beschäftigt. Einzelne Gruppen sind zwar schon publizistisch erfasst worden,
eine Überblicksdarstellung über die großen Migrationsbewegungen ab dem
Zweiten Weltkrieg nach Ulm fehlt jedoch.
Dieses Buch soll dazu beitragen, diese Lücke zu schließen. Es basiert dabei
auf mehreren Säulen: Zentral sind die Aktenbestände des Ulmer Stadtarchivs
(Haus der Stadtgeschichte) mit den dort aufbewahrten relevanten Dokumen-
ten, Akten, Mitschriften und Protokollen aller beteiligten städtischen Institutionen sowie von Vereinen, Initiativen usw. Nicht nur die Gemeinderatsproto-
kolle, sondern besonders die Niederschriften des „Ausländerbeirats", dem
Vorläufer des heutigen Internationalen Ausschusses, waren hierbei sehr aufschlussreich. Wegen des beträchtlichen Umfangs dieser ab 1970 archivierten
Protokolle war deren komplette Sichtung und Auswertung ohne Gefährdung
sämtlicher Zeitvorgaben für diese Arbeit nicht leistbar. Doch dieses erste Krat-
zen an der Oberfläche lässt den Schluss zu, dass sich durch die weitere Erforschung dieser Protokolle für die Migrations- und Stadtgeschichte wichtige
weiterführende Erkenntnisse gewinnen ließen.
Gleiches gilt für die im Stadtarchiv ab 1968 aufbewahrte Schriftdokumen-
tation. Diese mehrere Regalmeter umfassende zeitgeschichtliche Sammlung
ermöglicht es, – unter Wahrung eines objektiven Blicks – unmittelbarer und
auch oftmals detaillierter an die Ereignisse heranzutreten und, über die Akten

der Verwaltung hinaus, ein weiter greifendes Bild vom allgemeinen städtischen Geschehen zu erhalten. Zum Gesamteindruck tragen auch Interviews mit Beteiligten, Betroffenen und Verantwortlichen bei, die eine individuelle und persönliche Perspektive bieten und damit offizielle Sichtweisen nicht nur erweitern, sondern diesen auch widersprechen können. Über diese Erinnerungen lassen sich allgemeine, ‚verlorene' Fakten rekonstruieren und individuelle Eindrücke und Erfahrungen wiedergeben.[7]

1   Vgl. Oltmer: Globale Migration, S. 8–14; Bade/Oltmer (Hg.): Normalfall Migration.
2   Vgl. Yildiz: Migration bewegt die Stadt, S. 20–22.
3   Interview mit Herrn Dr. Haydar Süslü am 25.10.2016.
4   Vgl. hierzu Sala: Vom „Fremdarbeiter" zum „Gastarbeiter"; Herbert: Geschichte der Ausländerpolitik, S. 125.
5   Die genauen Zahlen sind: Zwischen 1960 und 1973 sind 51 489 Ausländer nach Ulm zugezogen und 41 076 fortgezogen. Da sich die Zahlen immer nur auf einen jährlichen Stichtag beziehen, liegen die Zu- und Fortzugszahlen jedoch vermutlich höher. Vgl. Stadt Ulm (Hg.): Ulmer Statistik 1960–1973. Die Ulmer Zahlen decken sich weitgehend mit den bundesweiten, wobei rund 14 Millionen ausländische Arbeitskräfte nach Deutschland kamen und ca. 11 Millionen wieder zurückkehrten, also auch ungefähr 80 %. Vgl. Oltmer: Einleitung, S. 10.
6   Vgl. Beer: Plädoyer für integrative Zuwanderungsgeschichte.
7   Vgl. allg. zu diesen Themen Kraus: Zeitungen, Zeitschriften, Flugblätter, Pamphlete; Wierling: Oral History.

01

Displaced Persons

Der Sieg der alliierten Truppen über NS-Deutschland bedeutete nicht nur das
Ende der nationalsozialistischen Diktatur, sondern entließ auch die Millionen
ins Deutsche Reich verschleppten Zwangs- und Fremdarbeiter wie auch die
Kriegsgefangenen und KZ-Überlebenden schlagartig in die Freiheit. Im Bewusstsein dieser Problematik gründete sich schon 1943 die Hilfsorganisation UNRRA
(*United Nations Relief and Rehabilitation Administration*, deutsch: Nothilfe-
und Wiederaufbauverwaltung der Vereinten Nationen), die sich zuerst um die
Versorgung und Unterbringung dieser in Nationalität, Kultur, Mentalität und
Religiosität so heterogen geprägten Personengruppe annahm, die zusammenfassend die Bezeichnung *Displaced Persons* (kurz: DPs) erhielt. Die Rückführung in ihre Heimatländer, die sogenannte Repatriierung, barg aufgrund
der politischen Situation im stalinistischen Regime Probleme: So wurden
Sowjetbürgerinnen und -bürger zwangsweise aus den westlichen Besatzungszonen zurückgeschickt. Auch Bürgerinnen und Bürger aus anderen osteuropäischen Staaten – wie z. B. Polen, Ukrainer und Balten – lehnten eine Rückkehr rigoros ab. Ebenso suchten Juden aus Osteuropa vor den dort grassierenden
antisemitischen Ausschreitungen Schutz und flüchteten vor allem in die
US-Zone. Das ursprüngliche Prinzip der Repatriierung nach Nationalitäten
stand in krassem Gegensatz zu einer Realität, die aus manchmal jahrelangem
Ausharren in speziell für DPs eingerichteten Lagern bestand. Hier warteten
sie auf eine Möglichkeit zur Auswanderung in meist westliche Drittstaaten beziehungsweise die jüdischen DPs in den neu gegründeten Staat Israel, wofür
die 1946/47 gegründete IRO (*International Refugee Organization*, zu deutsch:
Internationale Flüchtlingsorganisation) Unterstützung und Hilfe leisten sollte.

Ulm gehörte zu den Städten mit einer hohen Zahl aufgenommener DPs, was unter anderem an den zahlreichen und größtenteils unzerstörten Kasernen lag, welche die US-Armee für die „verschleppten Ausländer" – so oftmals die deutsche Übersetzung – beschlagnahmt hatte. Zu großem Unmut in der Bevölkerung führte die Räumung von Privatwohnungen in der Sedanstraße, in die anfangs polnische DPs einzogen. Ihnen folgten von 1946 bis 1949 jüdische DPs, über deren genaue Herkunft nichts bekannt ist. Die Annahme, dass es sich hierbei um oben erwähnte Nachkriegsflüchtlinge aus Osteuropa handelt, liegt aber nahe. Fraglos war das herausstechendste Ereignis, das auch die Juden in Ulm ausgelassen feierten, die Proklamation des Staates Israel am 14. Mai 1948, was die Hoffnung auf baldige Auswanderung beförderte, welche sich allerdings noch bis 1949 hinzog. Ihren Platz nahmen daraufhin Balten und Ukrainer ein, die sich in der Öffentlichkeit durch antikommunistische Demonstrationen hervortaten. Da Drittländer Aufnahmebeschränkungen aufstellten, wurde besonders älteren und kranken DPs – in US-Akten erhielten sie den Beinamen „hard core" – eine Auswanderung verwehrt. So gingen die Verbliebenen im Jahr 1950 in die deutsche Verwaltung als „heimatlose Ausländer" über und wurden entweder mittelfristig in Baracken auf dem Eselsberg untergebracht oder zogen in das speziell für diese Gruppe errichtete Altersheim in Dornstadt.

Ausländer in Ulmer IRO-Lager
1945-1950

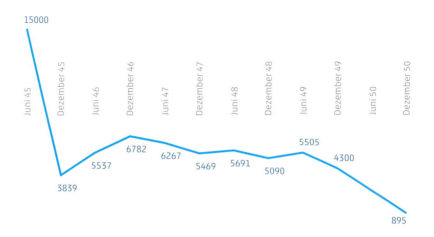

Repatriierung im Jahr 1945

Verlässliche Zahlen über die Anzahl von DPs, die sich in Deutschland zum Zeitpunkt der Kapitulation aufhielten, gibt es nicht. Die Forschung muss sich hier mit Schätzungen begnügen: Zieht man die offiziellen Statistiken des Deutschen Reiches aus dem Jahr 1944 heran, waren fast 20 % aller Arbeitskräfte entweder „zivile Ausländer" (ca. 5 295 000) oder Kriegsgefangene (ca. 1 831 000), also insgesamt knapp über sieben Millionen Menschen. Nimmt man dagegen alliierte Schätzungen aus dem Monat der deutschen Kapitulation im Mai 1945, dann arbeiteten 9,6 Millionen Ausländer im Deutschen Reich. Genauer dürfte die Zahl von über 5,8 Millionen sein, die auf einer Erhebung der Westalliierten aus dem Winter 1945/46 basiert.[1]

Über die Anzahl von DPs in Ulm gibt ein Brief des kommissarischen Oberbürgermeisters Eychmüller an Oberst Harlow Aufschluss: Vor dem Einmarsch der Alliierten am 24. April 1945 waren rund 4 000 ausländische Arbeiter in der Stadt. Anlass dieses Schreiben, das vom 23. Mai desselben Jahres stammt, war die Sorge, dass durch die Lebensmittelabgaben für die zur Umquartierung in den Durchgangslagern lebenden Ausländer ein Mangel für die städtische Bevölkerung entstehe. Die Zahl der Ausländer beziffert er auf 12 000, womit sich deren Höhe innerhalb nur eines Monats verdreifacht hatte.[2] Allerdings müssen all diese wie auch weitere Zahlen, die aus der unmittelbaren Nachkriegszeit stammen, mit einiger Vorsicht betrachtet werden. So gab der Oberbürgermeister beispielsweise in einer Gemeinderatssitzung im Juni 1945 an, dass „Ulm noch etwa 28 000 Ausländer beherberge."[3] Diese Zahl kann nicht alleine auf die DPs zutreffen, da er in diesem Zusammenhang auch von der Wagnerschule spricht, die mit 2 000 Menschen völlig überlastet sei. Darin wohnten allerdings deutsche Flüchtlinge und Heimatvertriebene, die er somit zu den „Ausländer" rechnete.

Die offizielle Ulmer Statistik, die jedoch nur die Ausländer in den UNRRA-Lagern erfasste, gibt für den Juni 1945 15 000 Insassen an. Bis Dezember 1945 sank die Zahl der Bewohner in den Lagern auf unter 4 000.[4] Dieser schnelle und rapide Rückgang lag an der einerseits schnellen und meist reibungslosen Rückkehr der west- und südeuropäischen DPs, andererseits auch an der massenhaften

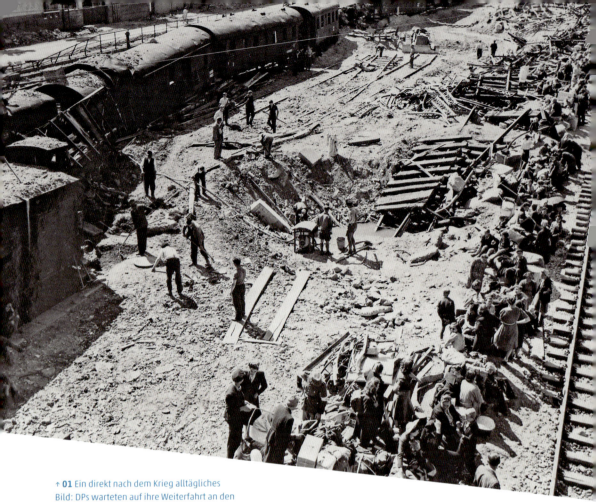

↑ **01** Ein direkt nach dem Krieg alltägliches Bild: DPs warteten auf ihre Weiterfahrt an den Gleisen und daneben schöpften Deutsche Wasser aus einem Bombenkrater.

Zwangsrepatriierung der Sowjetbürgerinnen und -bürger. Eine verlässlichere Zahl über die russischen und polnischen DPs enthält ein Aktenvermerk vom 27. August 1945, der angibt, dass sich im Stadtkreis Ulm 44 Polen und 1 657 Russen aufhalten. Die Zahl der Russen ist trügerisch, da auch Ukrainer als Russen galten. Differenziert betrachtet handelte es sich um 1 528 Ukrainer und ‚nur' 129 Russen. Aber auch diese Zahl muss etwas genauer unter die Lupe genommen werden, denn die Angst vor einer Zwangsrepatriierung und der danach befürchteten Anklage in der UdSSR wegen Kollaboration mit dem Feind – als Kollaboration zählte schon die Gefangenschaft selbst – hatte Auswirkungen: Im oben erwähnten Aktenvermerk steht, dass alle Russen, Ukrainer und Polen angegeben hätten, staatenlos zu sein, in der Hoffnung in

Deutschland bleiben zu können. Nur anhand ihrer Papiere identifizierten die Behörden ihre Staatsangehörigkeit.[5] Eine weitere Möglichkeit, die Zwangsabschiebung abzuwenden, bestand für einige darin, eine Arbeitsstelle bei Deutschen anzunehmen. Aufgrund des immer wieder auch im Gemeinderat diskutierten Problems des Arbeitskräftemangels[6] lag darin eine durchaus realistische Alternative beziehungsweise ein schlagkräftiges Argument. Da jedoch die West-Alliierten im Jalta-Abkommen vom Februar 1945 Stalin die Rückführung aller sowjetischen DPs zugesagt hatten, gab die Ulmer Militärregierung den Befehl, alle Anstellungen von Sowjetbürgerinnen und -bürgern durch Deutsche zu unterlassen und bestehende sofort zu lösen, woraufhin eine entsprechende Veröffentlichung im Amtsblatt veranlasst wurde. Eine Erhebung im Dezember 1945 ergab, dass im Stadtkreis Ulm 106 Personen arbeiteten, die als „sowjetische Staatsbürger" galten.[7]

In diesem Zusammenhang muss kurz auf ein grundsätzliches Problem bei der Behandlung von „sowjetischen Staatsbürgern" eingegangen werden: Die oben genannte Erhebung zählt eigentlich nur 106 Ukrainer auf, die diese nach polnischer und sowjetischer Staatsangehörigkeit trennt – 44 sowjetische und 66 polnische Ukrainer.[8] Diese Unterscheidung rührt daher, dass es zu diesem Zeitpunkt keinen eigenständigen ukrainischen Staat gab und deshalb die Unterscheidung aufgrund des Geburtsortes getroffen wurde.[9] Auch erkannten weder Amerikaner noch Briten eine ukrainische Nationalität an.[10] Das Abkommen von Jalta, das die Rückführung von Sowjetbürgerinnen und -bürgern regelte, besagte, dass nur Personen repatriiert werden müssen, die am 1. September 1939 Bürgerinnen und Bürger der UdSSR waren. Die seit 1920 von Polen besetzte Westukraine wurde jedoch erst am 17. September 1939 von der Sowjetunion besetzt, weshalb eine Zwangsrepatriierung nicht hätte erfolgen müssen. Die 44 sowjetischen Ukrainer jedoch fielen unter die Jalta-Bestimmungen.[11] Die Ulmer Akten geben keinen Aufschluss darüber, ob Zwangsrepatriierungen der Ukrainer stattgefunden haben oder nicht. Beide Gruppen hatten Angst vor der Rückkehr in die UdSSR: Die sowjetischen Ukrainer befürchteten Kollaborationsanklagen und die polnischen Ukrainer misstrauten den polnischen Behörden, dass sie sie in die Sowjetunion abschieben würden.[12]

Polnische DPs – die verweigerte Rückkehr

In Bezug auf die polnischen DPs ist eine Kategorisierung eher einfach, da es sich zum allergrößten Teil um Zwangs- und „Fremdarbeiter" handelte. Laut einer Statistik der NS-Behörden arbeiteten im August 1944 insgesamt 1 688 080 Polen – darunter fielen auch Ukrainer aus dem polnisch besetzten Teil des Landes – im Reich, wovon rund 1,7 % Kriegsgefangene und der überwiegende Teil (1 659 764) „Fremdarbeiter" waren.[13] Direkt nach der Befreiung durch die Alliierten strebten die meisten Polen, wohl in Unkenntnis der dortigen politischen Verhältnisse, eine baldige Rückkehr in ihr Heimatland an, das zunehmend unter kommunistische Herrschaft geriet. Einige versuchten sogar, sich ohne die Hilfe der Alliierten selbst nach Polen durchzuschlagen.[14] Wie von Stalin verlangt und auch im Abkommen von Jalta zugesagt, begann die Repatriierung mit den russischen DPs. Die polnischen sollten erst anschließend zurückgeschickt werden. Die Sowjetunion zeigte jedoch kein großes Interesse an der Rückführung der Polen, was sogar so weit ging, dass im Juli 1945 140 000 meist polnische DPs aus der Sowjetischen Besatzungszone (SBZ) in die US-Zone überführt wurden, so dass ihre Zahl im Laufe der zweiten Jahreshälfte 1945 dort weiter anstieg. Das lag nicht allein an den DPs aus der SBZ, sondern war auch bedingt durch die chaotischen Nachkriegsverhältnisse und dem einbrechenden Winter, der viele zur Registrierung in den DP-Lagern nötigte, da sie dort Verpflegung durch die UNRRA erhielten. Zu dieser Zeit ging die persönliche Bereitschaft der Polen zur Repatriierung schon stark zurück. Auch äußere und technische Umstände trugen zu einer Abnahme der Rückkehrzahlen bei: Polen selbst sah sich aufgrund der Kriegszerstörungen nicht imstande, so viele DPs aufzunehmen und zu versorgen. Die Transporte mussten schließlich auch wegen der kalten Jahreszeit eingestellt werden, da in den unbeheizten Zügen die durchschnittlich fünftägige Reise kaum zu überleben war. Die UNRRA versuchte noch durch den Anreiz von zwei Wolldecken und zusätzlicher Verpflegung die Bereitschaft anzukurbeln, hatte dabei jedoch keinen Erfolg.[15]

Dennoch forcierte die UNRRA weiter eine Repatriierung der Polen. Um diese leichter organisieren zu können, sammelte sie polnische DPs in größeren

Gruppen an zentralen Orten. So erreichte Ulm Ende Oktober 1945 ein Befehl der US-Militärregierung, dass die Stadt 1 500 Polen unterbringen müsse. Aufgrund der grassierenden Wohnungsnot[16] herrschte im städtischen Beirat große Aufregung, als der Oberbürgermeister die Order der Militärregierung verlas: Er eröffnete die Sitzung am 26. Oktober 1945 mit den Worten, dass „eine schwere Sorge über die Stadt hereingebrochen" sei, da die Polen auch in Privatquartieren unterzubringen seien.[17] Das bedeutete, dass etliche Ulmer Bürgerinnen und Bürger eine Zwangsräumung zu befürchten hatten. Vorgesehen dafür waren die Häuser in der Sedanstraße. Ein weiterer Befehl der Militärregierung entschärfte die Situation für Ulm wieder etwas, denn er unterschied zwischen Repatriierungswilligen und -unwilligen. Nur die Rückkehrbereiten sollten bis zum Abreisetermin in Privatwohnungen, die restlichen – deren Anzahl immer mehr zunahm – in Ausländerlager in den Ulmer Kasernen einquartiert werden.

Beides stellte den Beirat vor große Probleme: Schon im Juni 1945 hatte das Wohnungsamt Überlegungen angestellt, die noch intakten Kasernen mit Familien zu belegen: „Das Wohnungsamt habe sich schon darauf gefreut, endlich die Kasernen für Wohnzwecke der Ulmer freizubekommen."[18] Neben der Beschlagnahmung von Wohnungen ehemaliger NSDAP-Mitglieder für Nichtbelastete sah man in dieser Maßnahme eine realistische Planungsgrundlage für die nächsten zwei Jahre.[19] Die Befehle der Militärregierung durchkreuzten nun diese Überlegungen. Die andere – für die Ulmer weit schwerwiegendere Anweisung – die rückkehrwilligen Polen bis zu ihrer Heimkehr in Privatwohnungen einzuquartieren, schlug im Beirat hohe Wellen: Ulm müsse vor solchen Überlegungen vor allem wegen des hohen Zerstörungsgrades verschont werden und auch die Aufnahme von deutschen Flüchtlingen belaste die Stadt sehr. Die Stimmung, so der Beirat, sei eindeutig: „Allgemein höre man den Wunsch in der Bevölkerung, wenn man nur die Polen los wäre."[20]
14 Tage später: „Seit der letzten Sitzung des Beirats sei die Stadt wieder von einer neuen Sorge heimgesucht worden, nämlich die Anordnung zur Räumung von 500 Wohnungen für die Polen."[21] Alle Bitten, Eingaben und auch

Beschwerden waren also erfolglos geblieben. Auch die von 620 Ulmer Handwerkern in einen „wohnlichen und sauberen Zustand" versetzte Wilhelmsburg mit 218 Wohnungen, die Ulm für die polnischen DPs vorgesehen hatte, um die Beschlagnahme von Privatwohnungen zu vermeiden, beeindruckte zwar Oberst Harlow von der US-Militärregierung; er verwies jedoch auf den höheren Befehl, an dem nicht gerüttelt werden könne.[22]

Auch die schon in der Stadt lebenden Polen wurden zu dieser Zeit aus der Hindenburg-Kaserne in die Donaubastion verlegt, die eigentlich auch für die Ulmer Bevölkerung vorgesehen gewesen war. Zwar reduzierte die UNRRA die benötigten Wohnungen für die Polen noch auf 300, aber die Beschlagnahmungen der Gebäude in der Sedanstraße war beschlossene Sache. Am 29. Oktober 1945 gab Oberbürgermeister Scholl bekannt, dass innerhalb von nur zwei Tagen „eine größere Anzahl von Privatwohnungen für polnische Familien […] freigemacht werden müssen." Gleichzeitig teilte er den betroffenen Bewohnern in der Sedanstraße mit, dass sie nur in sehr begrenztem Umfang persönliches Hab und Gut mitnehmen dürften. Darunter wurde beispielsweise verstanden: „[D]as nötigste Ess- und Kochgeschirr, […] persönliche Andenken und Erinnerungsstücke, nötigste Bettwäsche, gute Bilder."[23] Alles weitere, wie Mobiliar, Öfen und Herde, musste für die polnischen DPs zurückgelassen werden. Dies dürfte wohl auch der Grund für die sehr kurze Räumungsfrist sein: Es sollte nicht genug Zeit bleiben, auch das ‚verbotene' Inventar auszubauen und mitzunehmen. Unterkunft sollten die Betroffenen bei Verwandten oder Bekannten in Ulm finden, wenn das nicht möglich wäre, stand auf der Wilhelmsburg eine Gemeinschaftsunterkunft mit Verpflegung zur Verfügung.[24]

Scholl unterlässt es bei der Bekanntmachung aber nicht, darauf hinzuweisen, dass diese Beschlagnahmungen nicht von der Stadt ausgingen, denn sie beginnt mit dem Satz: „Die Militärregierung hat angeordnet". Im zweiten Abschnitt folgt dann die Begründung: „Diese Maßnahme ist eine zwangsläufige Folge des total verlorenen, von Hitler und seinen Helfershelfern heraufbeschworenen, furchtbaren zweiten [sic!] Weltkrieges, der hinter uns liegt."[25] Diese Stilisierung der Deutschen als Opfer Hitlers ist in dieser Zeit nicht unüblich, wodurch die eigene Schuldfrage in den Hintergrund gerückt wurde. Ebenso wenig Erwähnung findet die Ursache für die Anwesenheit der durch das NS-Regime ‚verschleppten Personen', die lediglich als überflüssige Last angesehen wurden.

→ **02/1** Oberbürgermeister Scholl gibt die Räumung der Sedan-Kaserne im Oktober 1945 bekannt.

Der Oberbürgermeister   Ulm (Donau), den 29. Okt. 1945
der Stadt Ulm

Ablgm

B e k a n n t m a c h u n g

Die Militärregierung hat angeordnet, daß eine größere Anzahl
von Privatwohnungen für polnische Familien, welche von Mittwoch,
den 31. Oktober ab in Ulm eintreffen sollen, freigemacht werden
müssen.

Diese Maßnahme ist eine zwangsläufige Folge des total verlorenen, von Hitler und seinen Helfershelfern heraufbeschworenen,
furchtbaren zweiten Weltkrieges, der hinter uns liegt.

Sie werden daher gebeten, für die nachfolgenden, Sie betref-
fenden Maßnahmen, welche Ihnen hiermit auf Grund der Anordnung der
Militärregierung eröffnet werden, Verständnis zu haben:

1. Ihre Wohnung muß von Ihnen und sämtlichen Mitbewohnern spätes-
   stens am   um 9.00 Uhr vormittags vorläufig bis
   auf weiteres verlassen werden.

2. Sofern Sie nicht bei Verwandten und Bekannten in Ulm selbst
   oder im Kreis Ulm oder sonstwo unterkommen können oder wollen,
   melden Sie sich sofort auf der Wilhelmsburg (Haupteingang).
   Sie können dann dort in Gemeinschaftsunterkunft mit vorläufiger
   gemeinschaftlicher Verpflegung untergebracht werden.

   Es wird das Mögliche getan, diese Unterkünfte zu verbessern
   und nicht zuletzt auch unter Ihrer eigenen Mithilfe wohnlich
   einzurichten.

3. Wer in Ulm in Arbeit steht, darf Ulm zunächst nicht verlassen, außer er kann seinen Arbeitsplatz täglich auch von
   auswärts erreichen.
   Soweit zur Wegverbringung von Angehörigen Hilfeleistung nötig
   ist, muß beim Arbeitgeber ordnungsgemäß um Urlaub eingekommen
   werden.

4. Aus Ihrer Wohnung dürfen nur mitgenommen werden:

   die Betten (<u>nicht</u> aber die Matratzen u.Bettgestelle),
   das <u>nötigste Ess-</u> und Kochgeschirr,
   Brennmaterial,
   Lebensmittel,
   Kleider,
   Schmuck und Wertgegenstände,
   persönl. Andenken und Erinnerungsstücke,
   <u>nötigste Bettwäsche</u>,
   <u>gute Bilder</u>.

Zurückgelassen werden muß also das sämtliche übrige Mobiliar
einschl. der Öfen und Herde und eines ausreichenden Teils der
Bettwäsche.

Über das gesamte zurückzulassende Inventar nehmen Sie zweck-
mässig sofort ein genaues Verzeichnis auf, das von 2 Personen als
Zeugen unter Versicherung der Richtigkeit und genauer Personal-
ien- und Wohnungsangabe zu unterzeichnen ist.

                                           - b.w. -

↓ **02/2** Oberbürgermeister Scholl gibt die Räumung der Sedan-Kaserne im Oktober 1945 bekannt.

5. Einwohner, welche außerhalb Ulms unterkommen können und dazu die Eisenbahn benützen müssen, können beim städt. Wohnungsamt, Marktplatz Nr.9, eine Bescheinigung beantragen, welche bei Lösung einer Fahrkarte am Fahrkartenschalter auf dem Bahnhof vorzuweisen ist.

   Wer in das französisch besetzte Gebiet einzureisen beabsichtigt, muß im Besitz eines Passierscheines sein, welcher bei der zuständigen Stelle auf der Polizeidirektion Ulm, Neuer Bau, zu beantragen wäre.

6. Für kranke Einwohner der zu räumenden Wohnungen, welche nicht gehfähig sind, ist sofort der Krankenwagen des Roten Kreuzes bei Frl. Walter, Römerstr. 11 (Tel.Nr.2001), anzufordern. Diese Kranken werden zunächst, soweit möglich, in den Krankenzimmern der Kienlesbergkaserne untergebracht werden.

   Für gesundheitliche Betreuung der auf der Wilhelmsburg unterzubringenden Einwohner wird gleichfalls bestmöglich gesorgt werden.

7. Polizeiliche Abmeldung Ihrer Wohnung ist auf den vorgeschriebenen Vordrucken, welche beim Einwohnermeldeamt im Neuen Bau bezogen werden können, innerhalb von 3 Tagen vorzunehmen. Ebenso die Anmeldung Ihrer neuen Unterkunft.

8. Abmeldung bei Ihrer bisherigen Kartenausgabestelle ist gleichfalls erforderlich. Die Abmeldebescheinigung der Kartenausgabestelle ist sodann auf dem Ernährungsamt, Münchnerstr. 2, zwecks Zuweisung an die neue Kartenausgabestelle vorzulegen.

9. In Familien mit schulpflichtigen Kindern ist auch die evtl. in Frage kommende Schulummeldung zu beachten.

10. Bei diesem Anlaß wird mitgeteilt, daß in der amerikanisch besetzten Zone Württembergs von der nächsten Lebensmittelkartenzuteilung ab die Rationen in Brot, Butter, Käse und Kaffe-Ersatz erhöht werden.

   Der Oberbürgermeister:

   S c h o l l

Die Wohnungen in der Sedanstraße wurden im Herbst 1945 von rückkehrbereiten Polen bezogen. Wegen des Winters setzten die Rückkehrtransporte
aus, so dass sie bis zum Sommer 1946 in der Sedanstraße blieben. Den Repatri-
ierungsunwilligen wies die UNRRA Kasernenunterkünfte zu, die weniger
Komfort boten. Dieser Unterscheidung lag das System zugrunde, durch weitere Anreize wie frischer Kleidung und großen Lebensmittelpaketen die Rückkehrbereitschaft zu steigern. Das hatte allerdings aufgrund der politischen
und wirtschaftlichen Verhältnisse in Polen kaum Erfolg. Dort festigten Kom-
munisten mit Hilfe der Roten Armee immer mehr ihre Macht und solche Nachrichten drangen schnell bis in die DP-Lager. Neben polnisch-bürgerlichen
Exilpolitikern, die in Deutschland vor einer Rückkehr warnten, beeinflussten
Berichte von Landsleuten, die nach ihrer Repatriierung wieder zurück in den
Westen geflohen waren. Sie enthüllten, dass es in den polnischen Aufnahme-
lagern immer wieder zu blutigen Auseinandersetzungen mit sowjetischen
Soldaten kam.[26]

Die Amerikaner führten im Frühjahr 1946 in Ulm eine für die gesamte Zone
repräsentative Befragung unter polnischen DPs bezüglich ihrer Rückkehrbereitschaft durch: Von 2 667 Personen gaben nur 0,34 % an, sofort in die
Heimat zurückkehren zu wollen. 1 935 (72,55 %) waren dazu nicht bereit.[27]

Die Wucht dieser Zahlen wirkt weniger massiv, wenn man sich vor Augen
führt, dass zu diesem Zeitpunkt bereits viele Polen repatriiert und größtenteils
nur die Rückkehrgegner zurückgeblieben waren. Auch die Gründe für eine
Rückkehrverweigerung hatten sich gewandelt: Nicht mehr schlechte Trans-
portbedingungen, sondern ideologisch-politische Gründe standen im Vordergrund. Auch stellte das Leben im Lager keine schlechtere Alternative zur Rückkehr dar: Der Unberechenbarkeit der politischen wie auch wirtschaftlichen
Verhältnisse in Polen stand hier eine verlässliche Versorgung gegenüber.
Auch hatte sich eine Art Schicksalsgemeinschaft in den Lagern gebildet, die
als ,Ersatz-Heimat' fungierte und nach den Jahren der Unterdrückung und
Erniedrigung persönliche und materielle Sicherheit bot.

Mit dieser Situation umzugehen, stellte die UNRRA wie auch das Militär vor großе Herausforderungen. Für sie war die Repatriierung nach Nationalitäten die einzige Lösung, auch wenn diese Pläne noch aus der Zeit des Zweiten Weltkrieges stammten. Die Rahmenbedingungen hatten sich aber bis 1946 geändert und der Kalte Krieg begann, konkrete Formen anzunehmen. Da ein ‚Plan B' zu diesem Zeitpunkt nicht existierte, blieben die Lager die einzige Alternative, die jedoch auch in den Augen der UNRRA nicht aufrechterhalten werden sollten. So änderte sich auch die Politik der Amerikaner, die zwar nach den Erfahrungen mit den russischen DPs keine Zwangsabschiebung anstrebten, aber dennoch Schritte unternahmen, die polnischen DPs zurückzuführen. Die noch 1945 verbreitete Sicht, eine Repatriierung habe stets freiwillig zu sein, wurde etwas modifiziert: Die zuvor untersagte Beeinflussung der DPs wurde aufgeweicht, offizielle Stellen regten immer wieder zur Rückkehr an und UNRRA-Mitarbeiter, die der Repatriierung negativ gegenüberstanden, wurden entlassen. Auch die vollständige Umquartierung ganzer DP-Lager aus (vorgeschobenen) Gründen der „militärischen Notwendigkeit" an andere Orte sollte einem Gefühl der Verstetigung der Lebenssituation und des -umfeldes entgegenwirken. Hinzu kam, dass die neuen Lager oftmals bewusst unkomfortabler ausgestattet waren.

Die Polen in Ulm wurden im Sommer 1946 aus obigen Gründen aus den Kasernen und vor allem auch aus den Privatwohnungen in der Sedanstraße ausquartiert. Den Akten ist zwar nicht zu entnehmen, wohin sie verlegt wurden, jedoch ist anzunehmen, dass sie am Zielort eine schlechtere Unterbringung vorfanden. Lange standen die Wohnungen und Kasernen allerdings nicht leer, denn aus Polen geflohene Juden wurden daraufhin dort einquartiert.

Jüdische DPs – die Verstetigung der Lager

Mit der Aufnahme von jüdischen Flüchtlingen aus Osteuropa im Jahr 1946 und deren Einbezug in das DP-System der UNRRA wurde klar, dass sich der Personenkreis der Displaced Persons erweitern musste. Nicht mehr jüdische Überlebende der Konzentrationslager, sondern ‚Nachkriegsflüchtlinge' stellten in Württemberg-Baden die Mehrheit der jüdischen DPs.[28]

Allerdings liegen die Wurzeln der seit Frühjahr 1946 einsetzenden Fluchtbewegung von Juden vor allem aus Polen noch in der Zeit des Zweiten Weltkrieges: Nach der Teilung Polens im Hitler-Stalin-Pakt im Jahre 1939 deportierte das Sowjetregime ca. 600 000 Juden aus dem von der UdSSR annektierten östlichen Teil des Landes nach Sibirien, von denen nur ca. 150 000 nach dem Krieg wieder zurückkehrten. Sie stießen dann auf ein stark antisemitisches Klima mit Ausschreitungen. Das bekannteste dieser Pogrome am 4. Juli 1946 in Kielce löste eine Massenflucht polnischer Juden in den Westen aus – überwiegend in die amerikanische Besatzungszone. Die Franzosen und besonders die Briten, die das Mandat über Palästina innehatten und heraufziehende Konflikte mit den Arabern befürchteten, sträubten sich, Juden aufzunehmen. So entwickelte sich die US-Zone zu einem „temporary haven", wie es Eisenhower formulierte.

Jüdische Organisationen wie beispielsweise die Bricha (zu deutsch: Flucht) unterstützten und förderten diese massenhafte Fluchtbewegung, so dass alleine zwischen Juli und Oktober 1946 90 000 Juden in die amerikanische Zone kamen und sich so zu Beginn des Jahres 1947 ca. 184 000 Juden in Deutschland befanden. Dahinter verbarg sich jüdischerseits auch das Ziel, in der US-Zone einen Problemherd zu schaffen, der die Amerikaner zwingen sollte, sich in den Palästinakonflikt einzuschalten und so dem Wunsch nach einem eigenständigen Staat Israel Nachdruck zu verleihen.

Da die geflohenen Juden den DP-Status erhielten, nahm sich auch die UNRRA beziehungsweise IRO ihrer an, deren eigentlicher Aufgabenbereich nur in der Versorgung der unmittelbar Kriegsverschleppten lag. Dieser Kreis erweiterte sich durch die These der sogenannten „internen Vertreibung" (internal displacement). Dabei ging die UNRRA/IRO davon aus, alle Juden seien im Krieg verschleppt worden, wodurch ein direkter Nachweis einer deutschen Beteiligung daran nicht mehr erbracht werden musste.[29]

Für die meisten jüdischen Flüchtlinge dürfte wohl die Einreise in das ‚Land der Täter' eine schwere Entscheidung und mit dem Wunsch beziehungsweise der Erwartung verknüpft gewesen sein, bald nach Palästina weiterziehen zu können. Die Engländer als Mandatsträger über das Land ließen aufgrund des Konfliktpotentials mit den Arabern aber nur sehr begrenzt Juden einreisen. Deshalb entstanden in Deutschland jüdische DP-Gemeinden, die oft jahrelang in Lagern und beschlagnahmten Wohnungen ihrer Ausreise harren mussten. Die Hoffnungen des Ulmer Beirats, dass mit dem Auszug der polnischen DPs die Kasernen und vor allem die Privatwohnungen in der Sedanstraße für die städtische Bevölkerung frei würden, enttäuschte eine Mitteilung der Stadt an die Schwäbische Donauzeitung im August 1949:

„Auf Befehl der Militärregierung sind hier an Stelle der Polen, die jetzt alle wegkommen, polnische Juden einzuquartieren, wie dies bereits auch in anderen Städten geschehen ist. Diese polnischen Juden dürfen nicht mit Deutschen unter einem Dach wohnen. Dadurch ist es leider nötig geworden, daß eine Anzahl deutscher Familien, vorwiegend politisch Unbelastete, die bei der Polenaktion vorigen Herbst nicht ausziehen mußten, jetzt ihre Wohnungen verlassen müssen."[30]

Ab diesem Zeitpunkt entwickelte sich Ulm zu einem der größten Zentren für jüdische DPs in der gesamten US-Besatzungszone. In Württemberg-Baden versorgte die UNRRA im Dezember 1946 insgesamt 14 689 jüdische DPs. Davon wohnten 6 520 in Ulm und zwar in den ehemaligen Kasernen – der Donaubastion, Boelcke-, Sedan-, Hindenburg- und Bleidorn-Kaserne – und eben in der Sedanstraße, worauf obige Mitteilung eingeht. Die Juden in Ulm stammten jedoch nicht nur aus Polen; insgesamt sind jüdische DPs aus 13 Nationen nachweisbar, wobei polnische Juden mit fast 90 % den allergrößten Anteil stellten, gefolgt von ungarischen, tschechischen und rumänischen Juden. Die restlichen Nationen blieben prozentual gesehen unter einem Prozent.[31] Wie hoch der Anteil von KZ-Überlebenden unter diesen jüdischen DPs war, ist unklar, in Württemberg-Baden dürfte er insgesamt bei ca. 10 % gelegen haben.[32] Quantitativ waren die meisten jüdischen DPs also Nachkriegsflüchtlinge, die nach 1945 in Deutschland eingetroffen waren und meist auf ihre Ausreise nach Palästina warteten, die aufgrund der restriktiven britischen Einwanderungspolitik nicht wie erhofft stattfand.

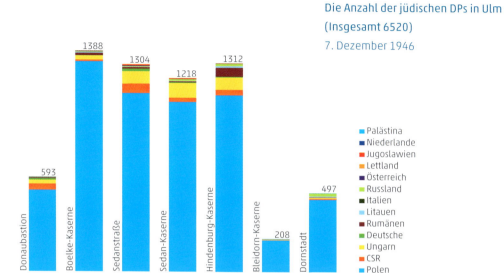

Legende:
- Palästina
- Niederlande
- Jugoslawien
- Lettland
- Österreich
- Russland
- Italien
- Litauen
- Rumänen
- Deutsche
- Ungarn
- CSR
- Polen

Balken:
- Donaubastion: 593
- Boelke-Kaserne: 1388
- Sedanstraße: 1304
- Sedan-Kaserne: 1218
- Hindenburg-Kaserne: 1312
- Bleidorn-Kaserne: 208
- Dornstadt: 497

Der Großteil der Flüchtlinge lebte in Privatwohnungen und Lagern und musste sich mit den Gegebenheiten gezwungenermaßen arrangieren. Zwei Zeitzeuginnen, die Schwestern Yona Sorek und Hana Melnik, berichten von ihren Eindrücken als Kinder nach ihrer Ankunft 1946 in der Ulmer Boelke-Kaserne, wo sie sich zu siebt einen Raum teilen mussten: „Ich erinnere mich auch daran, dass unser Zimmer durch eine Decke getrennt war und später, als sie [die Eltern] erkannten, dass sie nicht am nächsten Tag gehen konnten, sondern längere Zeit hier bleiben mussten, trafen sie die Entscheidung eine Trennwand aus Holz einzubauen."[33]

An dieser Aussage wird klar, dass die noch in Kriegszeiten formulierte Haupt-
aufgabe der UNRRA, die Repatriierung der Displaced Persons, nicht mehr mit
den Realitäten übereinstimmte. Die Ausdehnung der DP-Definition auch auf
Nachkriegsflüchtlinge, die Herausnahme der Balten aus dem Rückführungs-
konzept und die Weigerung der Polen zur Rückkehr zwangen zu einer Neuausrichtung. So etablierte sich ab 1947 die Nachfolgeorganisation IRO, die
nicht mehr nur für DPs, sondern allgemein für Flüchtlinge zuständig war und
mehr die Neuansiedlung im Ausland, das sogenannte resettlement, als die
Repatriierung zum Ziel hatte.[34]

Dies gelang in Bezug auf die Juden fast gar nicht, da ein anderes Ziel als Palästina für viele gar nicht in Frage kam. Die USA erleichterten erst ab 1950 ihre
Einwanderungsbestimmungen und auch zentral- und südamerikanische Staaten
wehrten sich gegen die Aufnahme von Juden. So verwundert es nicht, dass
auch unter den jüdischen DPs in Deutschland der Zionismus stark vertreten war.
Moralische Unterstützung gaben berühmte Zionisten, wie beispielsweise
David Ben-Gurion, dem späteren ersten Premierminister Israels, der im Jahre
1947 bei einem Besuch in Ulm vor jüdischen DPs Vorträge hielt.[35] Ebenso entschied das Zentralkomitee der DPs in München, dass Juden in Deutschland sich
auf die Kultur in Israel ausrichten sollten. Bildung nahm allgemein einen hohen
Stellenwert ein, um auf beruflich qualifizierte Arbeitskräfte zurückgreifen zu
können und um Hürden bei der Integration abzubauen, was den Aufbau des
neuen Staates ermöglichen beziehungsweise erleichtern sollte. So unterrichteten jüdische, meist zionistisch ausgerichtete Lehrerinnen und Lehrer in den
Kindergärten und Schulen in den Ulmer Kasernen, in denen später auch
Hebräischdozenten aus Israel lehrten. Ebenso wurde in Ulm eine Fachhochschule für DPs gegründet.[36]

Als am 14. Mai 1948 der Staat Israel proklamiert wurde, begannen auch die
Ulmer Juden, die Unabhängigkeit zu feiern und die Sedanstraße wie die
Boelcke-Kaserne mit weiß-blauen Davidsternen zu schmücken.[37] Durch die
Etablierung eines eigenen Staates unterschieden sich die jüdischen DPs von den
anderen Nationalitäten: Diesen blieb nur die Auswanderung in ein fremdes
Land mit den dadurch bedingten Minderheits- und Integrationsschwierigkeiten.

Mit Blick auf Israel hatten die Juden eine Perspektive bekommen und waren nicht mehr von Militärs oder der IRO bei der Suche nach einer neuen Heimat abhängig. Die Zukunftsangst sank und es entstand ein Gefühl des Selbstbewusstseins und der Selbstbestimmung.[38] Das bedeutete jedoch nicht, dass die IRO alle Forderungen einfach akzeptiert hätte. Im Gegenteil: Als im April 1949 ein Transport mit 375 jüdischen DPs in Ulm eintraf, wehrten sich diese gegen eine Unterbringung in der Hindenburg-Kaserne und forderten durch einen Sitzstreik auf dem Bahnhof die Unterbringung in Privatquartieren. Nachdem Schlichtungsversuche scheiterten, griff die Militärpolizei ein und brachte die DPs in die vorgesehene Kaserne.[39]

Dieses Ereignis im Jahr 1949 zeigt, dass die Erwartungen auf eine schnelle Ausreise enttäuscht wurden. Ebenfalls im April desselben Jahres besuchte ein israelischer Gesandter die Ulmer DP-Camps und schilderte vor 3 000 Juden in der Bleidorn-Kaserne sowohl die Schwierigkeiten bei der Gründung des Staates, als auch die bereits erzielten Erfolge bei der Auswanderung aus der

US-Zone und versprach, dass alle auswanderungswilligen, in Deutschland lebenden Juden bis Ende des Jahres 1949 in die neue Heimat einreisen könnten.[40] Doch auch danach verlief die Ausreise keineswegs reibungslos, was wiederum die Ohnmacht vor den Verhältnissen zeigt: Das IRO-Hauptquarter gab im August 1949 den Räumungsbefehl für die Sedanstraße und die Sedan-Kaserne, die vor allem für Ukrainer freigegeben werden sollten. Für die jüdischen DPs war allerdings wieder nicht die Ausreise, sondern ein neues Lager in Gabersee bei Wasserburg am Inn vorgesehen. Dagegen regte sich Widerstand aus den Reihen der Sedan-Bewohner, die mit Fotografien nachweisen wollten, dass die Verhältnisse im vorgesehenen Lager menschenunwürdig seien.[41] Doch auch die Weigerung der Juden änderte nichts an der Situation: Pünktlich am 1. September 1949 ab acht Uhr morgens transportierten IRO-Fahrzeuge alle Bewohner der Sedanstraße aus Ulm ab, die überstürzt ihre Wohnungen hatten verlassen müssen. Nicht alle kamen in das Lager nach Gabbersee, sondern über 1 100 Personen in das Lager Föhrenwald.[42]

Balten und Ukrainer –
Antikommunismus und Bleiberecht

Nach dem Wegzug der Juden lebten im Herbst 1949 immer noch ca. 4 000 DPs meist ukrainischer und baltischer Herkunft in Ulm; auch weiterhin in den 128 Privatwohnungen in der Sedanstraße.[43] Wie bereits für die Ukrainer dargestellt, war es auch für die Balten ausgeschlossen, in ihre Heimat zurückzukehren, da viele die Okkupation 1939/40 durch die Rote Armee und auch den anschließenden Terror und die Deportationen in Erinnerung hatten und jetzt keinesfalls in das wieder von der Sowjetunion besetzte Land zurück wollten.[44] Die 4 000 DPs, die im Herbst 1949 in Ulm lebten, stammten größtenteils aus der Ukraine und aus dem Baltikum. Sie verband ein rigoroser Antikommunismus, der auch seinen Niederschlag in einer Großdemonstration auf dem Münsterplatz anlässlich des 32. Jahrestages der Oktoberrevolution von insgesamt 7 000 DPs aus der Ulmer/Neu-Ulmer und Leipheimer Gegend fand. Zehn Redner aus sechs Nationen schilderten die „unsagbaren Verbrechen der Bolschewiken" und forderten das „Abendland zum Kampf gegen den Bolschewismus auf".[45] Ein Jahr später demonstrierten nur noch ca. 1 000 DPs aus Osteuropa für eine „restlose Vernichtung des Sowjetregimes"; wieder mit Rednern des Antibolschewistischen Blocks der Nationen und Schildern wie „Tod Stalin" und „Freiheit für Estland" auf dem Ulmer Marktplatz.[46] Diese Abnahme bei den Protestteilnehmern zeigt, dass der Aufenthalt des Großteils der baltischen und ukrainischen DPs nur von vergleichsweise kurzer Dauer war: Zuerst mussten die ca. 1 000 Ukrainer aus den beschlagnahmten Wohnungen aus der Sedanstraße ausziehen. Zwar hatten sich die DPs an mehrere verantwortliche Stellen im In- und Ausland – eine Eingabe soll sogar US-Präsident Truman erhalten haben[47] – gewandt und um Reiseaufschub wegen der kalten Jahreszeit gebeten, was jedoch erfolglos blieb. Am Montag, dem 30. Januar 1950, begann die Räumung der Sedanstraße unter den Augen der internationalen Presse. Ziel der Ukrainer waren neben Lagern in Pforzheim und Zuffenhausen auch zwei Kasernen in Neu-Ulm.[48] Die Freigabe der Sedanstraße, die aufgrund bürokratischer Formalitäten bis in den März 1950 dauerte,[49] sahen die Ulmer als einen Erfolg für die bis dahin für sie unverhältnismäßig hohe Belastung der zerstörten Stadt an. In vielen

anderen Städten Baden-Württembergs waren bereits im Sommer und Herbst 1949 die beschlagnahmten Wohnungen zurückgegeben worden. Neben den städtischen Stellen hatten lokale Zeitungen immer mehr auf deren Freigabe gedrängt, was in Protestkommentaren – die auch von einem neuen Selbstvertrauen der Deutschen durch die Selbstbestimmung nach der Gründung der Bundesrepublik zeugen – zum Ausdruck kam, die eine bis dahin zumindest in der Presse ungewohnte Schärfe enthielten. Anlass für einen solchen Kommentar bot eine Pressekonferenz in Ulm mit hochrangigen Vertretern des US-Militärs und der IRO, auf der diese mitteilten, dass ca. 2 000 DPs, die meist aufgrund von Alter oder Krankheit nicht auswandern konnten, in die Ulmer Wirtschaft und Bevölkerung zu integrieren waren.[50] Aufgrund der deswegen befürchteten zunehmenden Wohnungsnot und der Destabilisierung des städtischen Wirtschaftsgefüges rief Kurt Fried – der Leiter der SDZ – die Stadtverwaltung und die gesamte Ulmer Bürgerschaft zu „unverzüglichen Protestschritten [...] gegen diesen IRO-Plan" auf und kündigte an, dass die SDZ „mit aller Schärfe gegen die beabsichtigte Regelung" vorgehen werde.[51]

← ↑ **04/1 und 04/2** Unter großem Interesse
der In- und Auslandspresse räumten 1950
die in den Privathäusern in der Sedanstraße
untergebrachten DPs die Wohnungen.

Dieser Plan sah bis zum 16. Januar 1950 in Württemberg fünf Kasernen vor,
die den sogenannten „hard core" der DPs – also die arbeitsunfähigen Alten und
Kranken – aufnehmen sollten: je eine in Ludwigsburg und Schwäbisch Gmünd;
wohingegen in Ulm drei Kasernen für DPs bestehen bleiben sollten. Des Weiteren war beabsichtigt, dass der DP-Status endet und die Verbliebenen einen
vorläufigen deutschen Personalausweis mit dem Verweis „Staatsangehörigkeit ungeklärt" erhalten, durch den sie zu „heimatlosen Ausländern" wurden.
Nach einer anschließenden Personalprüfung bekamen sie dann eine deutsche
Kennkarte, gingen somit in die deutsche Verwaltung und Gerichtsbarkeit über
und waren mit deutschen Rechten sowie Pflichten ausgestattet.[52] Insgesamt
registrierten die damit beauftragten deutschen Beamten des Flüchtlings-
wesens in der Boelcke-Kaserne 600 und in der Sedan-Kaserne 500 DPs, überwiegend baltischer und ukrainischer Herkunft.[53] Die IRO, die nach dem
30. Juni 1950 eigentlich nur noch für Auswanderungen zuständig sein sollte,
musste aufgrund von Verzögerungen ihre Arbeit bis zum 31. März 1951 ver-
längern. So hatte sie in Ulm noch die Aufgabe, 400 estnische DPs aus der Hindenburg-Kaserne nach Bad Reichenhall umzuquartieren, was diese aber strikt

mit dem Argument ablehnten, dass sie dadurch näher an das sowjetische Einflussgebiet rückten. Hierbei zeigt sich wieder deutlich die Angst vor der kommunistischen UdSSR, was aber die IRO nicht als Grund für einen Verbleib in Ulm akzeptierte, da „Reichenhall kein Vorort von Moskau sei und immer noch von den Amerikanern kontrolliert werde."[54]

Das Problem, die ehemaligen DPs beziehungsweise jetzt heimatlosen Ausländer in die Bevölkerung und Wirtschaft einzugliedern, blieb aber für die deutschen Behörden bestehen: Viele gehörten der Kategorie „hard core" an und waren folglich auf Unterstützung angewiesen. Durch ihre Übernahme in die deutsche Verwaltung hatten sie auch ein Recht darauf und konnten im Bedarfsfall Rente, Wohlfahrts- und Arbeitslosenunterstützung erhalten.[55] Dass dies durchaus ins Gewicht fallen konnte, zeigt eine Arbeitslosenstatistik vom September 1950: Danach waren in Ulm insgesamt 1 464 Personen erwerbslos, darunter 461 ehemalige DPs. Fast ein Drittel aller Arbeitslosen waren also die vor Kurzem eingebürgerten heimatlosen Ausländer.[56]

Doch nicht nur die Fürsorgelasten, sondern auch die Bereitstellung von Wohnraum wurde aufgrund der immer noch angespannten Ulmer Wohnungssituation problematisch. Immerhin lebten laut Angaben der Militärregierung am 30. September 1950 noch 1 206 DPs in drei Kasernen.[57] Um eine Gleichbehandlung der Städte und Landkreise herzustellen, entwickelten US-Stellen einen Verteilungsschlüssel, der 3,2 heimatlose Ausländer auf 1 000 Bewohner vorsah.[58] Danach musste Ulm 200 und im Landkreis Ulm 250 ansiedeln.[59]

Der ursprüngliche Plan für die ehemaligen DPs feste Wohnungen zu errichten, musste aber aus Zeitgründen fallen gelassen werden, denn die Amerikaner hatten im Zuge der Stationierung ihrer Armee kurzfristig wieder Ulmer Kasernen beschlagnahmt, weshalb diese so schnell wie möglich geräumt werden mussten.[60] Es blieb nur Zeit für Barackenbauten, wovon drei auf der Wilhelmsburg und acht auf dem Oberen Eselsberg entstanden. Letztere wurden aber auf der Gemarkung Mähringen ohne das Wissen der Gemeinde errichtet, weshalb diese Ulm vorwarf, das „DP-Problem" auf die kleine, knapp 600 Einwohner zählende Ortschaft abzuschieben. In Anbetracht, dass dort

400 heimatlose Ausländer angesiedelt werden sollten, regte sich heftiger Protest.[61] Letztlich blieb dies aber ohne Folgen und im März 1951 bezogen 190 Balten und 160 Polen und Ukrainer die „Eselsberg-Baracken", jedoch mit der Einigung, dass die Stadt Ulm die Betreuung für die Einrichtung übernimmt.[62] Wichtig war im Zusammenhang mit dem „hard core" die Frage, wie man vor allem die älteren und kranken ehemaligen DPs, die nicht mehr arbeiten konnten, zumindest in das gesellschaftliche Gefüge der Stadt einbindet. So entwickelte sich die Idee, ein Altersheim für heimatlose Ausländer zu bauen. Da Ulm diesen 1,7 Millionen teuren Bau nicht finanzieren konnte, sprang teils die IRO,[63] teils der Weltkirchenrat ein. Die spätere Betreuung der Bewohnerinnen und Bewohner übernahm die Innere Mission, weshalb auch das Altersheim einen religiösen Grundcharakter mit christlicher Heimordnung hatte. Für die anfänglich 500 ehemaligen DPs, die zu „einem erheblichen Teil aus Osteuropa stammten", stand neben einer evangelischen auch eine orthodoxe Kirche zur Verfügung, die symbolisch einen gemeinsamen Eingang hatten. Daneben konnten sich noch Arbeitsfähige in den dortigen Wirtschaftsbetrieben – wie beispielsweise der Bäckerei, Metzgerei, Schlosserei oder den landwirtschaftlichen Anlagen – betätigen und zum anvisierten Prinzip der Selbstversorgung des Heims beitragen. Die Einweihungsfeier fand am 22. September 1951 vor hochrangigen Vertretern des US-Militärs, der beiden Kirchen sowie vor Ulmer Politprominenz statt. Ein Sprecher der IRO urteilte, dass mit Dornstadt „das Problem mit der Versorgung der Alten [...] eine mustergültige Lösung" erreicht und die IRO „nun in ihrer Arbeit einen Abschluß gefunden" habe.[64]

Die Beziehungen der DPs zur Ulmer Bevölkerung

Ein ausgewogenes Bild von den Beziehungen zwischen den Displaced Persons und den Ulmern zu zeichnen, ist überaus schwierig. Es gibt kaum Akten oder Schriftstücke, die einen Einblick in die Situation der DPs aus ihrer Sicht heraus erlauben; auch weil sie nicht unter deutscher, sondern UNRRA/IRO-Verwaltung standen. Aber auch Unterlagen aus diesen Organisationen schildern weniger die Lebensumstände und -wünsche der betroffenen Menschen selbst, sondern thematisieren sie meist nur in Form von Zahlen.[65] Die Problematik liegt darin, dass meist nur die deutsche beziehungsweise die Ulmer Wahrnehmung der DPs analysiert werden kann und dem kein ausgleichendes Korrektiv gegenübersteht. Erschwerend kommt hinzu, dass die meisten Einheimischen die DPs nach dem Weltkrieg nicht in selbstkritischer Reflektion als Opfer der deutschen beziehungsweise nationalsozialistischen Politik, sondern als unerwünschte, mit überzogenen Privilegien ausgestattete Ausländer betrachteten. Neben dem Neidfaktor dürften auch das Fortwirken nationalsozialistischer Rassegedanken und die vergegenwärtigte Erinnerung an die militärische Niederlage zum negativen Image der DPs in der deutschen Öffentlichkeit beigetragen haben. So verwundert es nicht, dass bei der Nennung von DPs in Gemeinderatsdebatten oder Zeitungsartikeln meist das Thema Kriminalität im Vordergrund stand; und dabei an erster Stelle häufig der Schwarzmarkt. Allgemein blühte dieser in der direkten Nachkriegszeit, da alle Waren bewirtschaftet beziehungsweise rationiert und nur über Lebensmittelmarken in meist geringer Menge zu erhalten waren. Der illegale Schwarzmarkt hingegen bot oftmals zu Wucherpreisen sonst nicht erhältliche Güter an. Dass die DPs dort weitreichend interagieren konnten, lag an der guten Versorgung durch die UNRRA/IRO, die ihnen die auch bei den Deutschen sehr begehrte Waren ausgab, wie die zur Ersatzwährung aufgestiegene Schokolade oder Zigarette. Des Weiteren genossen die DPs eine größere Freizügigkeit, wie z. B. Auslandsfahrten, die ihnen Einkäufe ermöglichten.[66]

Immer wieder sind in Polizeiberichten und vor allem in den Zeitungen Meldungen zu lesen, die sich über den Schwarzen Markt empörten und einen direkten Zusammenhang zu den DPs herstellten: So führe die „starke Belegung

der Ulmer und Neu-Ulmer Kasernen mit verschleppten Personen" dazu, dass
sich Ulm „mehr und mehr zu einer Hochburg des Schwarzhandels entwickelt
hat."[67] Durch Razzien versuchte die deutsche Polizei dagegen vorzugehen.
Allerdings durften sie DPs nur außerhalb der Lager verhaften, um sie anschließend der Militärpolizei für ein Gerichtsverfahren zu übergeben. Die Lager selbst
waren für Deutsche unzugänglich,[68] womit sie der deutschen Öffentlichkeit
ganz entzogen waren und so zu fast mythischen ‚Orten der Illegalität' avan-
cierten. Kam etwas an die Öffentlichkeit, war dies meist für die Einheimischen
beunruhigend, wie z. B. Schwarzschlachtungen.[69] Yona Sorek erinnert sich,
dass Kühe zur Schlachtung in die Boelcke-Kaserne geschmuggelt wurden und
„der Chef der Jüdischen Polizei drückte beide Augen zu."[70]
Der Blick auf die DPs verstellt aber die Sicht auf die daran beteiligten Deutschen, ohne die der Schwarzhandel nicht so gut funktioniert hätte: „Das [der
Schwarzhandel] könnte nicht geschehen, wenn gewissenlose und korrupte
Deutsche die Juden nicht unterstützen würden. [...] Das muss aufhören!"[71]
Hier wird zwar auch auf die Mitbeteiligung der Deutschen verwiesen, als Aus-
gangspunkt galten jedoch die DPs, nicht die Deutschen. Die Währungsreform

stoppte den Schwarzhandel nicht wirklich. Interessant ist, dass nach dem Wegzug beziehungsweise dem Übergang der DPs in die deutsche Verwaltung der Schwarzhandel wieder stark anstieg. Die lag an den ab 1950/51 in Ulm stationierten US-Soldaten, die ihre „Amizigaretten" verkauften und so einen Umsatzrückgang bei einheimischen Zigarettenhändlern um 40 % verursachten.[72] Die Konstante bildeten also die Deutschen. Hierbei soll kurz auf einen weiteren, ähnlich gelagerten Fall verwiesen werden: In einem Brief an die IHK Ulm warnt Bürgermeister Hailer vor „Abzahlungsgeschäften von DPs", also vor Käufen beispielsweise auf Raten. Da die DPs kurzfristig umquartiert wurden und somit für einheimische Geschäftsinhaber nicht mehr erreichbar waren, wurden die Raten nicht mehr bezahlt.[73] Dies ist jedoch keine Besonderheit der DPs, wie ein Artikel aus dem Jahr 1960 zeigt: Auch unter den US-Soldaten war die Fluktuation aufgrund von Versetzungen oder Ausscheiden aus dem Militärdienst recht hoch. Einige US-Soldaten nutzten dann kurz vor ihrer Versetzung die Möglichkeit, mit Ulmern Kreditgeschäfte zu tätigen, die sie dann aufgrund ihrer Rückreise in die USA nicht mehr beglichen.[74]

Zurück zu den DPs: Nicht nur beim Schwarzhandel, sondern allgemein schätzten die Deutschen die Kriminalität der DPs als sehr hoch ein.[75] Die Polizeidirektion Ulm schickte an den Oberbürgermeister Briefe, die ausschließlich Straftaten von DPs auflisteten: Ein Bericht zählt 17 Delikte innerhalb einer Woche auf, die alle „Ausländern" angelastet wurden – allerdings galt dabei auch das sehr schwammige Kriterium, dass die Täter „gebrochen deutsch" gesprochen hätten, als Beweis, was die Belastbarkeit der Zahlen durchaus in Frage stellt.[76]

Neben Eigentumsdelikten, die von deutscher Seite oftmals dazu genutzt wurden, die gesamte DP-Bevölkerung zu kriminalisieren, gab es direkt nach der Befreiung eher Klagen über Personenschäden. So kam es einen Monat nach der deutschen Kapitulation zu einem für diese Zeit nicht untypischen Vorfall: Auf der Wilhelmsburg arbeitende Polen gaben an, zwei ehemalige Peiniger, die im Auftrag der Firma Telefunken dort waren, wiedererkannt zu haben und misshandelten einen von ihnen schwer. Die amerikanische

Militär-Verwaltung verhielt sich in dieser Situation passiv und vertrat den Standpunkt, „dass die Einstellung der Polen berechtigten Gefühlen entspringt" und ließ die Angelegenheit unbearbeitet.[77] Auf Dauer konnte die für die Aufrechterhaltung von Ordnung und Sicherheit zuständige US-Armee diese Zustände nicht akzeptieren. Die Plünderungen von Warenhäusern durch polnische und russische DPs nahm zu, woraufhin Inhaber ihre Geschäfte zeitweise vollständig schlossen, um dem zu entgehen. Die Klagen mehrten sich, der Ton wurde schärfer: Der Ulmer Oberbürgermeister beschwerte sich beim zuständigen amerikanischen Oberst Harlow, über die „Plage" der „Russen und auch Polen" und fragte, was unternommen werde, „um diesem Übelstand zu begegnen?"[78] Die Amerikaner reagierten, indem sie eine Ausgangssperre für die DPs zwischen 21.00 und 13.00 Uhr ausriefen.[79]

Solche Racheaktionen ehemaliger Zwangsarbeiter sind für die direkte Nachkriegszeit wenig überraschend. Dennoch existierten nicht nur Konfliktlinien zu Deutschen, sondern auch das Verhältnis der DPs untereinander barg durchaus Sprengstoff, so dass die Amerikaner sie nach Ethnien trennten.[80] So wirkte sich auch der Palästinakonflikt direkt in Ulm aus. Ein Vorfall am 6. und 7. Dezember 1947 schlug in der Presse große Wellen, als es in der Bahnhofsgaststätte und auf dem Münsterplatz zu einer Massenschlägerei zwischen jüdischen DPs und „arabischen beziehungsweise türkischen Staatsangehörigen" mit ca. 40 bis 50 Beteiligten kam und mehrere Schwerverletzte in Krankenhäuser eingeliefert werden mussten.[81] Die MP nahm daraufhin die jüdischen DPs fest und verurteilte 27 davon zu einer 14-tägigen Haft wegen Waffenbesitzes und versuchtem Aufruhr.[82] Kurz zuvor, genauer am 29. November 1947, hatten die Vereinten Nationen den Teilungsplan für Palästina verabschiedet und so den Weg für einen jüdischen Staat bereitet, woraufhin es zu ersten Kampfhandlungen zwischen jüdischen und arabischen Militärorganisationen kam. Diese Konflikte trafen nun nur Tage später auch die Donaustadt.

Wie oben erwähnt, ist es aufgrund der einseitigen Aktenlage und der anscheinend allgemeinen negativen Haltung der Deutschen schwierig, ein ausgeglichenes Bild über die DPs wiederzugeben. Jedoch finden sich vereinzelt Anhaltspunkte, die diesem einseitigen Trend entgegenlaufen. Als die jüdischen DPs Ende August 1949 aus der Sedanstraße in ein Lager nach Gabersee bei Wasserburg am Inn verlegt werden sollten, leisteten nicht nur Juden Widerstand, sondern die Umquartierung, so ein jüdischer Sprecher, „widerspreche dem Mehrheitswillen der Ulmer Bevölkerung". Mehrere Tausend Ulmer hätten ihre Unterschrift für den Verbleib der Juden in der Stadt gegeben und würden sich auch in dieser Angelegenheit an den Landtag wenden.[83] Über die Motive der genannten Ulmer Bürgerinnen und Bürger schweigen sich die Quellen zwar aus, doch könnten historisches Verantwortungsgefühl und Mitleid durchaus als Beweggründe gedient haben. Auch wirtschaftliche Motive können angenommen werden, denn der Einzelhandel scheint von den DPs profitiert zu haben, wie die Klagen einheimischer Bäcker und Metzger über den Abzug der Kundschaft belegen. Deren Aussagen stellt die allgemein unterstellte Kriminalität in ein anderes Licht, denn sie versicherten, dass sie weder Einbrüche, Diebstähle noch Betrugsfälle zu beklagen hatten.[84]

Das Lagerleben

Abschließend soll auf die Lebensumstände der DPs in den Lagern eingegangen werden. Auch dies wird durch die Aktenlage etwas erschwert, da hier nur wenig über die internen Verhältnisse zur Sprache kommt. Die Versorgung der Lager übernahm die UNRRA/IRO, die Nahrungsmittel und Kleidung bereitstellte. Zu Beginn requirierte sie die benötigten Waren und gab auch umfangreiche Listen aus, was zu beschaffen war, wie eine Aufstellung für das „Ausländerlager Wilhelmsburg" vom Juni 1945 zeigt. Die Anforderungen nahmen aber so überhand, dass die Versorgung der deutschen Bevölkerung anscheinend nicht mehr gesichert war. Deshalb ordnete das US-Hauptquartier der 7. Armee im September 1945 an, dass „die Aneignung oder der Kauf von allen solchen Lebensmitteln [...] für den Verbrauch in Ausländerlagern [...] aufhören muss."[85] Die amerikanische Armee gab am 2. März 1946 ein Schreiben heraus, in dem alle zu requirierenden Lebensmittel aufgeführt waren; darunter Kartoffeln und Frischgemüse.[86] So musste später die IRO die benötigten Produkte entweder von Deutschen kaufen oder importierte Waren erwerben.[87] Das Amt für Besatzungsleistungen musste dafür Sorge tragen, dass die IRO die genehmigten Nahrungsmittelmengen einhielt, um so „eine Eindämmung überspitzter Forderungen auf Feinkostwaren" zu erreichen.[88]

Da eine Versorgung mit Lebensmitteln und den Waren des täglichen Bedarfs durch die UNRRA/IRO bestand, stellt sich die Frage, ob die DPs auch einer Beschäftigung nachgingen beziehungsweise nachgehen mussten. Yona Sorek sagte in ihrem Interview dazu, dass ihr Vater bei der amerikanischen Militärpolizei und ihre Mutter als Strickerin arbeiteten.[89] Beide Tätigkeiten waren typisch für DPs, die im Grunde nur in vier Bereichen die Möglichkeit hatten, zu arbeiten: In der Lagerverwaltung, beim Wach- und Sicherungsdienst bei der US-Armee, bei Arbeitsbeschaffungsmaßnahmen in den Lagern oder in der „German Economy" bei einem deutschen Arbeitnehmer. Letzteres nahmen insgesamt nur rund 3 % wahr, was unterschiedliche Gründe hatte: Zum einen boykottierten viele aufgrund der persönlichen Erfahrungen als Zwangsarbeiter die Deutschen. Zum anderen standen dem auch wirtschaftliche Motive entgegen: Ab Juni 1948 verlangten die US-Behörden nicht nur einen Pauschalbetrag

WILHELMSBURG   29. Juni 1945.

```
   1  Fleischhackmaschine
 120  Schrubber
 100  Fußmatten
  20  Garnituren Tischlerwerkzeuge
  30  Pakete Seifenpulver
4500  Stück Seife
1050  m grauer Stoff (zur Herstellung billiger Anzüge)
3550  Strohsäcke
  35  Behälter für Essen (Wehrmacht)
2500  Wolldecken
 200  Handtücher
  80  Drillichkittel
 160  Bettlaken
   5  Rollen Oberleder
  20  Tafeln Leder für Sohlen und Absätze
 600  Glühbirnen
  25  Ltr. weiße Ölfarbe
  45  Ltr. flüssiges Desinfektionsmittel
   1  Brotschneidemaschine
 225  Besen
  46  Eimer
  25  Lichtschalter
  12  Steckdosen
  25  Lampenfassungen mit Steckdosen-Anschluß
   6  Ärztemäntel
   2  Kochplatten
   4  Radioapparate
  75  große Abfallbehälter mit Deckel
  10  Serienschalter
 100  Tassen
  36  Sicherungen f. 10, 15, 20, 25, 35, 60 Amp.
   1  Satz Schlüsselfeilen
  20  Paar Kinderschuhe
   5  Hackmesser für Gemüse
 120  Kinder- Märchen- und Bilderbücher
```

```
    20 Schraubenzieher
    10 Beißzangen
    10 Zimmermannslineale
    10 Winkel
     3 kg Holzschrauben versch. Abmessung
    30 kleine Vorhängeschlösser
    50 Suppenkessel (50 l)
    80 Suppentöpfe (10 l)
   135 Schöpflöffel (groß)
    75 Scheuerlappen
    25 Abfallfässer
    50 kleine Küchenmesser
   950 Metallkannen à 2-3 Ltr.
    40 große Pfannen ca. 25 Ltr.

                          gez. Litterscheid
```

06/1 und 06/2 Diese Aufstellung zeigt die Waren, die für die Wilhelmsburg im Juni 1945 zu beschaffen waren.

von zeitweise 70 DM für Unterhaltskosten in den Lagern, sondern die Gehälter unterlagen auch den deutschen Steuergesetzen, weshalb am Monatsende nur ca. 40 % des Bruttolohns übrig blieb.[90] Zudem fanden sich schwerlich Arbeitsplätze, da auch die Heimatvertriebenen beziehungsweise die deutschen Flüchtlinge Beschäftigungen suchten und die Arbeitslosigkeit dementsprechend hoch war.[91] Des Weiteren mussten meist große Strecken zu einem geeigneten Arbeitsplatz zurückgelegt werden.[92] Aufgrund dieser minimalen Teilnahme der DPs am deutschen Arbeitsprozess entstand bei der einheimischen Bevölkerung der Eindruck, dass die DPs faul und arbeitsunwillig seien, was aber an der Realität vorbeilief.

Die Lager entwickelten sich auch im Hinblick auf Arbeitsmöglichkeiten zu einem sicheren Hort. So verwundert es nicht, dass 60 % aller DPs dort arbeiteten; entweder in der Lagerverwaltung oder in meist handwerklichen Berufen. Besonders viele DPs arbeiteten als Schneider oder Schuhmacher, denn die UNRRA/IRO erhielt aus der ganzen Welt Kleidungsspenden, die zur weiteren Nutzung umgearbeitet werden mussten.[93] Die Löhne mussten deutsche Stellen aufbringen. Dafür erhielten diese von der UNRRA/IRO Namenslisten beziehungsweise DP-Lohnlisten, um „monatlich die [...] Geldbeträge zu überschreiben."[94] Im Gegensatz zu den Berufen außerhalb der Lager unterlagen die innerhalb von Anfang an einer Versteuerung und waren sozialversicherungspflichtig.[95] Das hatte auch auf Ulm lange Zeit Auswirkungen, da es immer wieder Anfragen von ehemaligen DPs gab, die wegen dieser Arbeit Rentenansprüche geltend machten, welche anhand der erhaltenen Lohnlisten häufig nachgewiesen werden konnten.[96]

In der US-Zone galt, trotz mancher Diskussionen, stets das Prinzip der Freiwilligkeit. Die DPs konnten, mussten aber nicht arbeiten. Wichtig ist auch, dass viele aufgrund von Alter oder Krankheit gar nicht arbeitsfähig waren. Unter diesem Gesichtspunkt müssen auch die Beschäftigungszahlen gesehen werden: Im Juli 1947 lag die Quote bei 62 %, ein Jahr später bei 40 %.[97] Erklärbar wird dies durch die Auswanderung der arbeitsfähigen DPs, die die Kriterien der Aufnahmeländer an Gesundheit und Arbeitskraft erfüllten. So blieb der arbeitsunfähige „hard core" zurück.

Die Versorgung mit Waren durch die UNRRA/IRO und die Beschäftigungsverhältnisse stellten nur einen Teilbereich des Lagerlebens dar. Seitdem das Prinzip der Repatriierung aller DPs gescheitert war und die Ausdehnung des DP-Status auch Nachkriegsflüchtlinge einschloss, entwickelten sich die Lager, die eigentlich nur als kurze Übergangslösung vorgesehen waren, quasi zu Dauereinrichtungen. Die DP-Lager in Ulm entfalteten sich mit der Zeit zu Gemeinden mit gesellschaftlich-sozialen Strukturen: Es existierten IRO-Läden, Verkaufs- und Lagerstätten und, wie auf der Wilhelmsburg, eigene Krankenstationen.[98] Auch ein kulturelles Angebot stand zur Verfügung, wobei vor allem spezielle Räume für Gottesdienste eingerichtet wurden. Die Anfrage eines Vertreters der orthodoxen Gemeinde, ob auf dem Friedhof eine Messe abgehalten werden dürfte, bejahte zwar der Oberbürgermeister, doch die Einrichtung eines Pfarramtes konnte nur innerhalb der Lager und mit Zustimmung der IRO geschehen.[99] Meistens lagen die Räumlichkeiten auch in den Lagern; so kam z. B. ein amerikanischer Rabbi in die Sedan-Kaserne, um dort mit den jüdischen DPs Gottesdienst zu feiern.[100] Auch in Kindergärten und Schulen unterrichteten meist Bewohner der Lager. Aber nicht immer, wie im Fall einer jüdischen Schule, wo ein Lehrer aus Israel den Jugendlichen hebräisch und die jüdische Kultur zur leichteren Integration in den neuen Staat vermittelte. Für eine höhere berufliche Qualifikation standen in Ulm Fachschulen, beziehungsweise in den jüdischen Lagern sogenannte ORT-Schulen (Organization for Rehabilitation through Training) für DPs zur Verfügung.[101] In der Sedan-Kaserne gab es anscheinend sogar speziell für Ukrainer ein Gymnasium und eine Technische Hochschule mit drei Fakultäten und 500 Angehörigen, die jedoch nach nur wenigen Monaten Ulm wieder verlassen mussten.[102]

→ Fazit

Ob zur Arbeit ins Deutsche Reich verschleppt, zur Flucht vor religiöser Verfolgung genötigt oder an einer Heimkehr aus Furcht vor massiven Repressalien gehindert – die Displaced Persons gehören fraglos in die Kategorie der Zwangsmigration. Obwohl sie Opfer des Nationalsozialismus waren und durch den Untergang des Dritten Reiches eigentlich auf der Seite der Sieger gestanden hatten, erlebten sie ein hohes Maß an Fremdbestimmung, was die oktroyierte Lagerexistenz in Deutschland deutlich zeigt.

Kontakte zur einheimischen Bevölkerung fanden kaum statt. Das lag neben persönlichen Motiven, wie beispielsweise den Erfahrungen aus der Zeit der Zwangsarbeit, auch an der ausgeprägten Infrastruktur in den Lagern, die materielle, kulturelle und religiöse Bedürfnisse befriedigte und so für die DPs keine unmittelbare Notwendigkeit bestand, die Lager zu verlassen. Die meisten Berührungspunkte bot der in der Öffentlichkeit sehr stark wahrgenommene Schwarzmarkt, was dazu führte, dass in der Erinnerung der Einheimischen an die DPs meist die Kriminalität haften blieb.

Aufgrund der fehlenden und oftmals auch der bewussten Meidung von Beziehungen und Interaktionen von beiden Seiten sowie der Isolation der DPs in den Lagern finden sich heute kaum mehr Spuren der DPs im Stadtbild. Eine Ausnahme bildet der orthodoxe Friedhof am Altenheim in Dornstadt, der heute noch von Kosaken aus Süddeutschland und der Schweiz im Andenken an die russischen Heimbewohner, die dort beerdigt wurden, gepflegt wird.[103]

1 Die Zahlen und Angaben stammen aus Herbert: Geschichte der Ausländerbeschäftigung,
 S. 143; Müller: Fremde in der Nachkriegszeit, S. 11; Jacobmeyer: Zwangsarbeiter, S. 82–84.
2 Vgl. StdAU, B 122/31–1: OB an Harlow, 23.5.1945.
3 StdAU, B 005/5–307: Niederschrift der Sitzung vom 15.6.1945, S. 307.
4 Vgl. Stadt Ulm (Hg.): Ulmer Statistik 1949.
5 Vgl. StdAU, B 122/30–3: Aktenvermerk des Oberbürgermeisters vom 27.8.1945.
6 Um das Wohnungselend lösen zu können, fehlten – so Schätzungen im Juni 1945 –
 ca. 20 000 Arbeitskräfte in Ulm. Vgl. hierzu StdAU, B 005/5–307: Niederschrift der Sitzung
 vom 19.6.1945, S. 305.
7 Vgl. StdAU, B 122/30–3: Capt. Robert N. Thrap an Oberbürgermeister und Landrat Ulm,
 3.12.1945; ebd.: Oberbürgermeister Scholl an Landrat Ulm, 8.12.1945; ebd.: Oberbürgermeister der Stadt Ulm an Württ. Statistisches Landesamt, 26.9.1946.
8 Vgl. StdAU, B 122/30–3: Oberbürgermeister Ulm an Württ. Statistisches Landesamt, 26.9.1946.
9 Vgl. dazu Müller: Fremde in der Nachkriegszeit, S. 45.
10 Vgl. Jacobmeyer: Zwangsarbeiter, S. 75.
11 Vgl. Müller: Fremde in der Nachkriegszeit, S. 46.
12 Vgl. Jacobmeyer: Zwangsarbeiter, S. 76.
13 Vgl. Herbert: Geschichte der Ausländerbeschäftigung, S. 145.
14 Vgl. Müller: Fremde in der Nachkriegszeit, S. 41; Jacobmeyer: Zwangsarbeiter, S. 87f.
15 Vgl. Jacobmeyer: Zwangsarbeiter, passim.
16 Die Unterbringung von Tausenden von Heimatvertriebenen und Ausgebombten stellte die
 Stadt vor große Probleme. Vgl. hierzu das Kapitel Heimatvertriebene und Flüchtlinge.
17 Vgl. StdAU, B 005/5–307: Niederschrift der Sitzung vom 26.10.1945, S. 693.
18 StdAU, B 005/5–307: Niederschrift der Sitzung vom 26.10.1945, S. 697.
19 Vgl. StdAU, B 005/5–307: Niederschrift der Sitzung vom 26.10.1945, S. 699.
20 StdAU, B 005/5–307: Niederschrift der Sitzung vom 26.10.1945, S. 699.
21 StdAU, B 005/5–307: Niederschrift der Sitzung vom 9.11.1945, S. 739.
22 Vgl. StdAU, B 005/5–307: Niederschrift der Sitzung vom 9.11.1945, S. 739.
23 StdAU, B 122/30–2: Oberbürgermeister Ulm, Bekanntmachung vom 29. Oktober 1945.
 Unterstreichungen sind im Akt vorhanden.
24 Vgl. StdAU, B 122/30–2: Oberbürgermeister Ulm, Bekanntmachung vom 29. Oktober 1945.
25 StdAU, B 122/30–2: Oberbürgermeister Ulm, Bekanntmachung vom 29. Oktober 1945.
26 Vgl. Jacobmeyer: Zwangsarbeiter, S. 69, 88.
27 Vgl. Jacobmeyer: Zwangsarbeiter, S. 88.
28 Vgl. Müller: Fremde in der Nachkriegszeit, S. 57.
29 Vgl. Müller: Fremde in der Nachkriegszeit, S. 61–62.
30 StdAU, B 122/30–2: Stadt Ulm an die Schwäbische Donauzeitung, 13.8.1946.
31 Zahlen zit. nach Müller: Fremde in der Nachkriegszeit, S. 148–150.
32 Vgl. Müller: Fremde in der Nachkriegszeit, S. 57.
33 Ulmer Geschichte im Netz: Vorgeschichte und Lebenslauf Yona Sorek und Hana Melnik –
 Jüdische DPs in Ulm. Interview von Nicola Wenge (Iv).
34 Vgl. Jacobmeyer: Zwangsarbeiter, S. 152–164.
35 Vgl. SDZ 19.5.1948: Sedanstraße illuminiert.
36 Vgl. SDZ 31.8.1949: Israeliten für Aufenthaltsverlängerung; Ulmer Geschichte im Netz:
 Vorgeschichte und Lebenslauf Yona Sorek und Hana Melnik – Jüdische DPs in Ulm. Interview
 von Nicola Wenge (Iv).
37 Vgl. SDZ 19.5.1948: Sedanstraße illuminiert.
38 Vgl. Müller: Fremde in der Nachkriegszeit, S. 64.
39 Vgl. UN 29.4.1949: DP's traten in Sitzstreik.

40 Vgl. SDZ 2.4.1949: Israelischer Gesandter in Ulm und Neu-Ulm.

41 Vgl. SDZ 31.8.1949: Israeliten für Aufenthaltsverlängerung.

42 Vgl. SDZ 3.9.1949: Übereilter Aufbruch der jüdischen DP's; Müller: Displaced Persons in Ulm, S. 382.

43 Vgl. SDZ 24.11.1949: 2 000 DP's sollen ständig in Ulm bleiben. Müller: Displaced Persons in Ulm, S. 383.

44 Ob der Großteil der baltischen DPs überhaupt zur Arbeit ins Deutsche Reich verschleppt worden war, ist umstritten. Fest steht jedoch, dass die Wehrmacht bei ihrem Vormarsch gegen die Rote Armee und der damit verbundenen Einnahme des Baltikums als Befreier begrüßt und kurzzeitig Hoffnung auf die angestrebte Eigenständigkeit genährt worden war. Die NS-Politik erlaubte jedoch keine derartigen Bestrebungen. Da Deutschland im Krieg dringend Arbeitskräfte benötigte, führte man im Dezember 1941 und verstärkt noch im März 1943 eine allgemeine Arbeitspflicht ein, wodurch am Ende des Krieges ca. 130 000 Balten im Deutschen Reich arbeiteten. Vgl. Müller: Fremde in der Nachkriegszeit, S. 49f.

45 SDZ 7.11.1949: 7 000 DP's aus Ulm und Neu-Ulm demonstrieren.

46 SDZ 6.11.1950: DP's protestieren gegen Bolschewismus.

47 Vgl. SDZ 3.2.1950: Wer zahlt die Sachschäden in der Sedanstraße?

48 Vgl. SDZ 30.1.1950: Privatwohnungen der Sedanstraße werden frei.

49 Nur die US-Armee war berechtigt, Kasernen und Gebäude zu beschlagnahmen und stellte diese dann der UNRRA beziehungsweise IRO zur Verfügung. Deshalb musste die IRO diese erst an die zuständigen militärischen Stellen geben; diese wiederum erteilten dann die endgültige Freigabe.

50 Vgl. SDZ 24.11.1949: 2000 DP's sollen ständig in Ulm bleiben.

51 SDZ 24.11.1949: Wir protestieren!

52 Vgl. SDZ 13.6.1950: DP's registriert und eingegliedert.

53 Vgl. SDZ 21.6.1950: „Verschleppte" werden „heimatlose Ausländer".

54 Zit. nach Müller, Displaced Persons in Ulm, S. 387.

55 Vgl. SDZ 21.6.1950: „Verschleppte" werden „heimatlose Ausländer".

56 Vgl. SDZ 12.12.1950: Ulm im Spiegel der Volkszählung.

57 78 in der Bleidorn-, 539 in der Boelcke- und 589 in der Sedan-Kaserne. Vgl. SDZ 21.10.1950: Auch die Boelcke-Kaserne soll geräumt werden.

58 Vgl. StZ 4.10.1950: DP-Kasernen müssen geräumt werden.

59 Vgl. SDZ 10.11.1950: Landratsamt protestiert gegen DP-Baracken.

60 Vgl. hierzu das Kapitel Die US-Armee in Ulm in dieser Publikation.

61 Vgl. SDZ 22.11.1950: Mähringen protestiert gegen DP-Baracken.

62 Vgl. SDZ 3.3.1951: Eselsberg-Baracken werden bezogen.

63 Sie nahm das Geld aus Sparfonds, in die alle arbeitenden DPs monatlich höhere Beträge eingezahlt hatten. Es bestand also keine finanzielle Belastung für den deutschen Staat.

64 Vgl. SDZ 22.9.1950: Altersheim Dornstadt ein Werk tatbereiter Nächstenliebe; SDZ 24.9.1950: Stätte für einen friedvollen Lebensabend.

65 Vgl. Müller: Displaced Persons in Ulm, S. 390.

66 Vgl. Müller: Fremde in der Nachkriegszeit, S. 81.

67 Stadtchronik 11.12.1948: Razzia zwecks Schwarzhandels.

68 Der Grund hierfür lag an einem Vorfall aus dem Jahr 1946: Bei einer Razzia in einem Stuttgarter DP-Camp hatte ein deutscher Polizist einen polnischen Juden erschossen. In der Folge verboten die Amerikaner in ihrer gesamten Besatzungszone Deutschen den Zugang zu jüdischen Lagern. Vgl. Müller: Fremde in der Nachkriegszeit, S. 83.

69 Vgl. Stadtchronik 3.4.1947: Schwarzschlachtungen.

70 Ulmer Geschichte im Netz: Vorgeschichte und Lebenslauf Yona Sorek und Hana Melnik – Jüdische DPs in Ulm. Interview von Nicola Wenge (Iv). Die jüdische Polizei war für die Sicherheit und Ordnung in den Ulmer DP-Lager zuständig und verfügte über ca. 125 Mann. Vgl. hierzu Stadtchronik 10.5.1947: Aufenthalt von 7 000 jüdischen DP's in Ulm.

71 Stadtchronik 3.4.1947: Schwarzschlachtungen.

72 Vgl. Stadtchronik 4.1.1952: Schwarzhandel durch „Amizigaretten"; ebd. 20.2.1952: Schwarzhandel Ulm/Neu-Ulm.

73 Vgl. StdAU, B 122/31–2: Bürgermeister Hailer an IHK Ulm, 14.3.1950.

74 Vgl. SDZ 11.1.1960: Probleme deutsch-amerikanischer Zusammenarbeit.

75 Es existieren zwar in der Forschung Vergleiche über die Kriminalität von DPs und Deutschen, die jedoch mit etwas Vorsicht betrachtet werden müssen. Statistiken sind in diesem Sinne verzerrt, da die deutsche Polizei ihre Landsleute besser verfolgen konnte beziehungsweise die DPs von Deutschen ‚nur' verhaften, aber nicht verurteilt werden konnten, was somit nur eine Verhaftungs- aber keine Kriminalitätsquote zeigt. Vgl. hierzu Jacobmeyer: Zwangsarbeiter, S. 49, 212f.; Müller: Fremde in der Nachkriegszeit, S. 87f.

76 Vgl. StdAU, B 122/31–2: Polizeidirektion Ulm an den Herrn Oberbürgermeister, 27.9.1949.

77 Vgl. StdAU, B 122/31–1: Verbindungsmann des Evakuiertenlager Wilhelmsburg an den Oberbürgermeister, 13.6.1945.

78 StdAU, B 122/30–1: Oberbürgermeister Ulm an Oberst Harlow, 4.6.1945.

79 StdAU, B 122/30–1: Oberbürgermeister Eymüller, 4.6.1945.

80 Vgl. Aussage von Yona Sorek, die darauf hinweist, dass Juden nicht mit ukrainischen Flüchtlingen oder DPs, die sie als ehemalige Unterdrücker empfand, zusammenleben konnten. Ulmer Geschichte im Netz: Vorgeschichte und Lebenslauf Yona Sorek und Hana Melnik - Jüdische DPs in Ulm. Interview von Nicola Wenge (Iv).

81 Vgl. Stadtchronik 6.12.1947: Palästinakonflikt.

82 Vgl. Stadtchronik 16.12.1947: Militärgericht; Sander (Hg.): Ulmer Bilder-Chronik, S. 59.

83 Vgl. SDZ 31.8.1949: Israeliten für Aufenthaltsverlängerung.

84 Vgl. SDZ 3.9.1949: Übereilter Aufbruch der jüdischen DP's.

85 StdAU, B 122/31–1: Headquaters Seventh Army to Regional Mil Govt Officer, 14.9.1945.

86 Vgl. Müller: Fremde in der Nachkriegszeit, S. 88.

87 Vgl. StdAU, B 122/31–1: Headquaters Seventh Army to Regional Mil Govt Officer, 14.9.1945.

88 StdAU, B 122/31–2: Amt für Besatzungsleistungen an Bürgermeisteramt, 28.8.1950.

89 Ulmer Geschichte im Netz: Vorgeschichte und Lebenslauf Yona Sorek und Hana Melnik - Jüdische DPs in Ulm. Interview von Nicola Wenge (Iv).

90 Vgl. Jacobmeyer: Zwangsarbeiter, S. 189.

91 Vgl. hierzu das Kapitel Heimatvertriebene und Flüchtlinge.

92 Vgl. Jacobmeyer: Zwangsarbeiter, S. 186.

93 Vgl. Müller: Fremde in der Nachkriegszeit, S. 76.

94 Vgl. StdAU, Außenstelle Pionierkaserne: Welfare Department Team 149 an Personalamt der Stadt Ulm, Lohnabteilung, 11.2.1946.

95 Vgl. Müller: Fremde in der Nachkriegszeit, S. 75.

96 Angaben von Fr. Metenewycz. Vgl. auch StdAU, Außenstelle Pionierkaserne: DP-Lohnlisten.

97 Vgl. Müller: Fremde in der Nachkriegszeit, S. 76.

98 Vgl. SDZ 3.9.1949: Übereilter Aufbruch der jüdischen DP's; StdAU, B 122/31–1: Oberbürgermeister Ulm an Major Mehlman, 23.5.1945; StdAU, B 122/31–1: Oberbürgermeister Ulm an Krankenhausverwaltung, 31.5.1945.

99 Vgl. StdAU, B 122/30–3: Oberbürgermeister Ulm an das Komitee Russischer Emigranten in Ulm, 22.11.1948.

100 Vgl. United States Holocaust Memorial Museum: Oral history interview with Myer Adler, S 77.

101 Vgl. SDZ 31.8.1949: Israeliten für Aufenthaltsverlängerung; Müller: Displaced Persons im deutschen Südwesten, S. 59.

102 Vgl. SDZ 24.1.1950: Häuser der Sedanstraße vor der Freigabe; Sander (Hg.): Ulmer Bilder-Chronik, S. 107; Müller: Displaced Persons in Ulm, S. 385.

103 SWP 3.12.2012: Kosaken bewahren Erinnerung.

02

Heimatvertriebene und Flüchtlinge

Flucht und Vertreibung der deutschen Bevölkerung aus Ost-, Mittel- und Süd-osteuropa bilden in der deutschen Nachkriegsgeschichte ein zentrales Thema und sind in der historischen Forschung heute noch viel beachtet, was auch auf der Tatsache beruht, dass dies mit über zwölf Millionen Menschen die größte Zwangsmigration in der europäischen Geschichte darstellt. Dieses Ka-pitel nimmt sich nicht nur den Umständen der Ankunft und der Wohnsituation dieser Vertriebenen an, die nach Ulm kamen. Auch die wirtschaftliche Einglie-derung, soziale Einbindung und politische wie kulturelle Initiative dieser Gruppe, die ab den 1950er Jahren fast 20 % der städtischen Wohnbevölkerung stellte, steht im Blickpunkt. Im Folgenden sollen deren Werdegang, ihre Schwierigkeiten sowie Problemlösungen bis hin zur „geglückten Integration" in Ulm aufgezeigt werden.

Die Wurzeln von Flucht und Vertreibung

Die Ursachen von Flucht und Vertreibung liegen vor beziehungsweise im Zweiten Weltkrieg: Stalin und Hitler teilten Polen, wie im geheimen Zusatzprotokoll des deutsch-sowjetischen Nichtangriffspakts von 1939 vorgesehen, nach dem dortigen Sieg der Wehrmacht unter sich in einen westlichen und östlichen Teil auf. Hitler brach diesen Vertrag mit dem Angriff auf die Sowjetunion am 22. Juni 1941, womit ganz Polen zunächst unter deutsche Herrschaft fiel. Im Frühjahr 1945 schlug die Sowjetunion in einer Gegenoffensive die Wehrmacht aus Polen zurück und eroberte das gesamte Land. Allerdings verzichtete Stalin nicht auf die ihm im ‚Hitler-Stalin-Pakt' zugesprochenen Gebiete. Diesen territorialen Verlust kompensierte eine Westverschiebung Polens, das damit die deutschen Ostgebiete kontrollierte, was die anderen Siegermächte auf der Potsdamer Konferenz 1945 auf Bestreben Stalins hin sanktionierten. Ebenfalls stimmten die englische und amerikanische Regierung der „Überführung" der noch in diesen Gebieten lebenden Deutschen „in ordnungsgemäßer und humaner Weise" zu.[1]

Diese Zustimmung der Alliierten markierte jedoch ‚nur' den Endpunkt. Der ganze Prozess der Flucht und Vertreibung lässt sich in drei Phasen einteilen. Zuerst setzte eine Fluchtbewegung ein, die mit dem Vorstoß der Roten Armee Richtung Ostpreußen im Januar 1945 begann. Aus Angst vor der erwartbaren Rache für das zuvor stattgefundene inhumane Verhalten der Deutschen gegen die Sowjetbevölkerung, aufgrund erster Augenzeugenberichte und auch der Goebbelschen Propaganda über das „Wüten der sowjetischen Bestien"[2] flohen Millionen Deutsche Richtung Westen.

Die zweite Phase bildeten die Vertreibungen ohne vertragliche Sanktionierung. Stalin stellte gegen den Willen der Westalliierten (Süd-)Ostpreußen, Pommern und Schlesien unter polnische Verwaltung. Dort und in der Tschechoslowakei begann nun die Vertreibung der Deutschen, was alle Siegermächte bis zur Potsdamer Konferenz akzeptierten. Allgemein standen Großbritannien und die Vereinigten Staaten der ‚Umsiedlung' der Deutschen – wenngleich nicht in willkürlicher Form – positiv gegenüber, da sie sich durch die Lösung der Minderheitenproblematik eine langfristige Befriedung der Gebiete erhofften.

So erläuterte der englische Premierminister
im Dezember 1944 im Unterhaus:

> *„Denn Vertreibung ist die Methode, die, soweit wir sehen können, am zufriedenstellendsten und dauerhaftesten sein wird. Es wird keine Vermischung von Völkern mehr geben, die endlose Querelen verursacht, wie es etwa in Elsaß-Lothringen der Fall war. Es wird reiner Tisch gemacht werden."* [3]

Die Tschechoslowakei – vor allem unter Staatspräsident Edvard Beneš – enteignete mit dem Dekret vom 21. Juni 1945 alle Deutschen, verhängte Ausgehverbote und verpflichtete zum Tragen einer Armbinde mit dem Buchstaben „N" (Němec, zu deutsch: Deutscher). Massive Ausschreitungen fanden fast täglich statt. So wurden bis Mitte Juli 1945 ca. 400 000 Deutsche aus den Ostgebieten und ebenso viele aus der Tschechoslowakei vertrieben. [4]

Bei der im gleichen Monat beginnenden Konferenz von Potsdam besprachen die Alliierten auch diese Thematik und einigten sich darauf, dass willkürliche Vertreibungen ausgesetzt würden und niemand zur Ausreise gezwungen werden dürfe. Weitere Umsiedlungen sollten in „ordnungsgemäßer und humaner Weise" geschehen. Damit sanktionierten sie aber gleichzeitig die bisherigen Vertreibungen sowie die Abtrennung der deutschen Ostgebiete. Nach diesem ,Verbot' gingen Polen und die Tschechoslowakei dazu über, die freiwillige Ausreise zu ,fördern'. Diebstähle, Plünderungen, Enteignungen und Untersagung von ärztlicher Behandlung wurden offiziell geduldet, um die ,freiwillige' Ausreise der verbliebenen Deutschen anzutreiben. So verließen bis Ende 1945 über 500 000 Deutsche oftmals in Viehwaggons die nun unter polnischer Verwaltung stehenden ehemaligen deutschen Ostgebiete. Zu den in Potsdam beschlossenen organisierten Umsiedlungen kam es erst zu Beginn des Jahres 1946; faktisch dauerten sie bis 1950. [5]

Insgesamt sind bis 1950 etwa 12,5 Millionen Deutsche – davon ca. sieben Millionen aus Polen und drei Millionen aus der Tschechoslowakei – in die vier Besatzungszonen geflohen oder vertrieben worden. Etwa zwei Millionen sind während der Flucht und Vertreibung durch Hunger oder Kälte sowie durch alliierte Angriffe auf Flüchtlingstrecks gestorben oder wurden von polnischen, tschechischen oder russischen Kräften ermordet.

Der Kienlesberg – Ort der Ankunft

Die Ankunft der Flüchtlinge und Heimatvertriebenen stellte Städte und Gemeinden vor große Probleme. Unmittelbar nach ihrer Ankunft mussten sie untergebracht, ernährt und registriert werden. Da direkt nach dem Krieg noch keine geschlossenen und organisierten Vertriebenentransporte nach Ulm gelangten, errichtete die Stadt am 31. Mai 1945 in der Wagnerschule ein Übernachtungslager mit einer Aufnahmekapazität von rund 2 000 Menschen. Hier kamen zu Beginn meist einzelne Personen – entlassene Kriegsgefangene, Evakuierte – zu Fuß an, die dann zusammen mit „sonstigen Ausländern" versorgt wurden.[6] Schon zwei Monate später war die Schule jedoch so überlaufen, dass die Stadt den Ausbruch ansteckender Krankheiten fürchtete und deshalb nach Alternativen suchte.[7]

Flüchtlinge in Ulm nach Heimatland
1948–1953

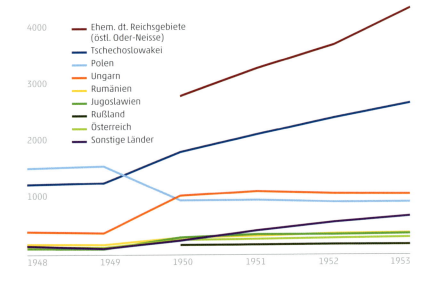

Die Diskussionen, die der Ulmer Beirat daraufhin führte, drehten sich jedoch nicht allein um die Suche nach einem geeigneten Ersatzgebäude. Er wägte am 26. Oktober 1945 ab, ob eine von Fliegerangriffen so zerstörte Stadt wie Ulm sich nicht ganz gegen die Aufnahme von Flüchtlingen wehren sollte. Die Wohnungsnot der Ulmer Bevölkerung müsse Priorität besitzen, bevor man sich um die Flüchtlinge kümmern könne, denn „die eigenen Angehörigen lägen einem doch näher." Als Ergebnis wurde festgehalten, „dass die Flüchtlinge, soweit es in der Macht und der Möglichkeit der örtlichen Instanzen liege, von Ulm ferngehalten werden."[8] Allerdings schätzten einige Mitglieder des Beirates die Lage realistischer ein und sahen, dass ein Kommen der Flüchtlinge nicht zu vermeiden war, diese aber nicht in der Stadt untergebracht werden könnten und

„es werde wohl notwendig sein, diese Leute dann auf den Landkreis zu verteilen. [...] Obwohl grundsätzlich den Städten Stuttgart, Ulm und Heilbronn die Unterbringung von Flüchtlingen aus dem Osten erspart werden soll, dürfe man nicht ohne weiteres annehmen, dass die Ulmer Kasernen der Stadt für ihre Wohnzwecke überlassen werden können, sie werden vielmehr für die genannten Flüchtlinge zur Verfügung bleiben müssen. In Ulm als Grenzstadt werde in den Kasernen ein Auffang- und Durchgangslager errichtet. Dagegen könne man sich nicht sträuben. In den zugewiesenen Bestimmungsorten müssten die Leute dauernd untergebracht werden, damit sie eine Existenz gründen können."[9]

Ulm verfügte zwar über unzerstörte Kasernengebäude, jedoch hatte die US-Armee die meisten beschlagnahmt und ehemalige Zwangsarbeiter beziehungsweise Displaced Persons einquartiert. Aus der Not heraus verlagerte die Stadt am 20. Juli 1945 das Übernachtungslager in der Wagnerschule auf den Kienlesberg und errichtete in der dortigen freigegebenen Kaserne ein Auffang- und Durchgangslager,[10] das im Volksmund den Beinamen „Berg der Schmerzen" bekam.

↑ **07** Der erste Transport von Vertriebenen aus der Tschechoslowakei kam am 3. Mai 1946 am Ulmer Hauptbahnhof an der Schillerrampe an.

Zu Beginn kamen auf den Kienlesberg noch keine Flüchtlinge, sondern ‚entwurzelte' Menschen. Heimkehrende Soldaten oder heimatlose und fliegergeschädigte Frauen mit Kindern erhielten erste Hilfe durch Vertreter des Roten Kreuzes, das dort eine Verpflegungsstelle unterhielt; später kamen die Caritas und das Evangelische Hilfswerk hinzu.

Ab Ende des Jahres 1945 erhöhte sich das Flüchtlingsaufkommen durch die Ankunft von geschlossenen und organisierten Transporten massiv. Die Züge trafen am alten Güterbahnhof in der Schillerstraße ein, auch oftmals bis nachts um ein oder zwei Uhr; LKW brachten die Flüchtlinge dann zum Lager Kienlesberg, wo sie eine warme Mahlzeit erhielten.[11] Anschließend begann die ärztliche Untersuchung – teilweise mit Entlausung durch DDT – und die Registrierung der angekommenen Personen. Diese Prozedur zog sich anfangs durchschnittlich nur wenige Tage hin.[12] Das Lager war ausgestattet mit

↘ **08** In der Wilhelmsburg existierte auch eine Schule, wo die Kinder der Vertriebenen und Flüchtlinge unterrichtet wurden, wie dieses Mädchen, deren Kleid von ihrer Mutter aus Stoff genäht wurde, den sie aus Ungarn mitgebracht hatte.

→ **09** Nach der Ankunft erhielten die Neuankömmlinge auch eine Mahlzeit, wie dieses ältere Ehepaar im Jahr 1946.

↘ **10** Als Erstes erhielten die Flüchtlinge eine medizinische Betreuung, wie hier in einem Ulmer Flüchtlingslager im Jahr 1946.

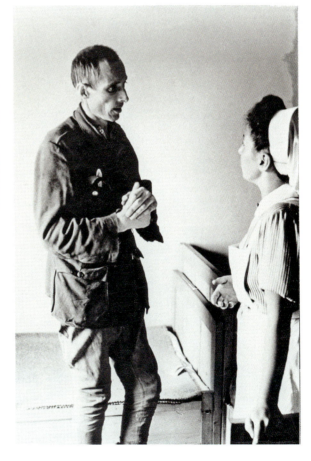

← **11** Auch der Haushalt musste in der Wilhelmsburg den Umständen entsprechend gemeistert werden, wie dieses Bild beim Wäscheaufhängen zeigt.

↓ **12** Im Lebensmittelladen im Südosten der Wilhelmsburg, der von den Familien Kneer, Kaufmann und Lutzeier betrieben wurde, konnten die Bewohner einkaufen. (Für die Bilder 11 und 12 sowie Informationen ist Herrn Lothar Kneer herzlich zu danken).

sanitären Einrichtungen, einer Röntgenabteilung sowie einer Station zur Bekämpfung von Geschlechtskrankheiten. Im Laufe der Zeit erweiterte sich die Infrastruktur auf dem Kienlesberg und es entstanden beispielsweise eine Schneiderei sowie ein Fotoatelier. Ein Jugendlager, ein Kindergarten und sogar ein Kinderhort für Drei- bis Sechsjährige wurden eingerichtet.[13] Allmählich trafen aber immer mehr entlassene Kriegsgefangene in Ulm ein, die zur ersten Betreuung ins Lager Kienlesberg kamen, bevor man sie in ihre Heimatstädte entließ. So wurde es auch zum Heimkehrerlager. Die Zahl der Heimkehrer nahm stark zu, so dass bis zur Auflösung des Lagers im Jahr 1952 rund 200 000 Heimkehrer, darunter 100 000 aus Russland,[14] den Kienlesberg passierten.[15]

Ab 1950 sank die Zahl der Heimkehrer. Flüchtlinge und Vertriebene stellten wieder die Mehrheit auf dem Kienlesberg. Der beginnende Flüchtlingsaustausch, der die Hauptaufnahmeländer entlasten sollte, brachte beispielsweise

↑ **13** Die Flüchtlingsunterkunft an der Römerstraße im Jahr 1954.

im Januar 1949 552 Vertriebene aus Bayern auf den Kienlesberg, wovon
45 auf den Stadt- und Landkreis Ulm verteilt wurden.[16] Auch kamen Vertriebene aus Schleswig-Holstein, Dänemark oder auch aus anderen Flüchtlings-
lagern, die geschlossen wurden, nach Ulm.[17]

Schließlich schloss die US-Armee das Lager auf dem Kienlesberg, da sie im
Zuge ihrer erweiterten Stationierung zu Beginn der 1950er Jahre Kasernen in
der Bundesrepublik für ihre Soldaten benötigte.[18] Deshalb beschloss die Stadt,
einen Ersatz an der Römerstraße mit sieben Wohnblocks für ca. 1 200 Personen
zu bauen und die Lagerverwaltung sowie die weiteren Dienststellen und
karitativen Verbände dorthin zu verlagern. Der „Umzug" war im September
1952 abgeschlossen.[19] Bis zur endgültigen Schließung des Lagers Kienlesberg
hatten es über 250 000 Heimatvertriebene und Flüchtlinge durchlaufen.[20]

Erzwungene Hilfe – die Unterbringung

Vor allem die Militärregierung bestand darauf, dass die Unterbringung der Heimatvertriebenen und Flüchtlinge in den Lagern sich so kurz wie möglich gestaltete. Mit zunehmender Aufenthaltsdauer einer solch großen Menschenmenge auf engstem Raum und ohne Beschäftigung befürchteten sie eine politische Radikalisierung. Aus diesen Gründen untersagten die US-Behörden auch reine Flüchtlingsorganisationen mit politischem Charakter.[21] Der Grundgedanke einer reibungslosen Eingliederung in Verbindung mit dem Demokratisierungsprozess der deutschen Bevölkerung hatte Priorität.[22]

Diese Eingliederung meinte ganz konkret, dass die Heimatvertriebenen und Flüchtlinge in die Häuser und Wohnungen der Einheimischen in den umliegenden Gemeinden – also im Landkreis Ulm – ziehen sollten. Mit dem Einsetzen der Massentransporte ab ca. 1946 ergaben sich allerdings Probleme aufgrund des an sich schon knappen Wohnraumes, und die Aufenthaltsdauer im Durchgangslager Kienlesberg verlängerte sich zunehmend. Diese Tatsache prangerte die Militärregierung immer wieder gegenüber den deutschen Behörden an, die für die Verteilung zuständig waren. Stichproben der Militärregierung von Württemberg-Baden hatten ergeben, dass „die ärztlich vorgeschriebene Aufenthaltszeit" von zehn Tagen – so die Quarantänebestimmungen – weit überschritten werde und Vertriebene in manchen Lagern bis zu drei Monaten zurückgehalten würden, obwohl ausreichend Wohnraum zur Verfügung stehe.[23] Ulm besaß zudem in der Hindenburg-Kaserne[24] ein Ausweich- und Nebenlager des Kienlesbergs, in dem die Aufenthaltszeiten noch länger waren. Die Wohnverhältnisse gestalteten sich dort wohl etwas besser, wie eine Zeitzeugin berichtet. In der Kienlesberg-Kaserne lebten 20, manchmal bis zu 60 Personen in einem Raum, wobei die Stockbetten nicht ausreichten und deshalb Decken und Strohsäcke verteilt wurden. In der Hindenburg-Kaserne hingegen hatte sie mit ihrer vierköpfigen Familie ein Zimmer mit ca. 20 m² für sich.[25]

Zuerst versorgten karitative Verbände die in der Kienlesberg-Kaserne ankommenden Flüchtlinge. Die städtische Wohnungskommission verteilte sie anschließend auf den Landkreis Ulm. Für den Stadtkreis hingegen bestand eine
Zuzugssperre, da durch die Kriegszerstörungen kaum Wohnraum zur Verfügung
stand[26] und auch viele Displaced Persons in Wohnungen und Kasernen untergebracht waren. Nur in Einzelfällen gewährte die Stadt eine Genehmigung für
die Ansiedlung, beispielsweise wenn ein Facharbeiter in einer städtischen
Fabrik eine Anstellung bekam.

→ **15** Die von vielen Zeitzeugen geschilderte Enge in den Lagern verschärfte sich auch, weil immer wieder russische Kriegsgefangene eintrafen, wie hier im Hof des Durchgangslagers Kienlesberg 1949.

↘ **16** Dieses Schild in der Kienlesbergkaserne gab Auskunft über die Anwesenheit von Flüchtlingen und Heimkehrern im Jahr 1949.

Die Wohnungskommission, die aus ca. vier bis fünf Lagermitarbeitern bestand, prüfte in Zusammenarbeit mit den jeweiligen Bürgermeistern der Gemeinden die Häuser der Einheimischen, legte Listen über die beschlagnahmten Wohnungen an und requirierte entsprechende Räume, in denen die Heimatvertriebenen und Flüchtlinge untergebracht werden sollten.[27]

Es gab jedoch immer wieder Vorschläge, vor allem von Flüchtlingsvertretern, dass auch der Stadtkreis Ulm vermehrt Vertriebene aufnehmen solle. Sie warfen den städtischen Behörden vor, nicht genau zu kontrollieren, ob noch ungenutzter Wohnraum zur Verfügung stehe. Das Wohnungsamt Ulm sah in einer intensiveren Prüfung aber kein adäquates Mittel, da die Belegungsdichte in der Stadt mit 9,6 m² pro Person sowieso schon sehr eng sei. Außerdem, so das Wohnungsamt, stünde der eventuelle Erfolg einer solchen Aktion nicht im Verhältnis zum personellen und finanziellen Aufwand. Aufschlussreich ist auch die Einschätzung der Ulmer Bevölkerung durch das Wohnungsamt: „Erfahrungsgemäß sorgt schon die liebe Hausgemeinschaft und Nachbarschaft dafür, dass, wo noch überschüssiger Wohnraum vorhanden ist, derselbe dem Wohnungsamt gemeldet wird."[28]

LAGERBELEGSCHAFT AM 4.11.49
u. Flüchtlinge
Ständige Insassen: 466
Russlandheimkehrer: 505
Übernachtungen:
Anmeldung von 285 von Hof
Heimkehrern für den 4.11.49 23.16ʰ
Sonntags 4.16ʰ 700 v. Bebra

So kamen die Flüchtlinge und Heimatvertriebenen in den Landkreis Ulm. Und das waren nicht wenige: Im Jahr 1946 lebten dort bereits 11 825 registrierte Flüchtlinge, was 16,8 % der Gesamtbevölkerung ausmachte.[29] Probleme blieben daher nicht aus. Oftmals existierte in den Häusern nur eine Küche und eine Waschgelegenheit, weshalb die Flüchtlinge von einem Tag auf den anderen in die Intim- und Privatsphäre der Einheimischen ‚eindrangen'. Die (lokale) Politik appellierte stets an die Hilfsbereitschaft und die „christliche Einstellung", die gerade in solchen Zeiten unter Beweis zu stellen seien. Doch nicht immer fruchteten solche Aufrufe, wie ein **Brief von Albert Scheuringer** zeigt:

„Es muss offen gesagt werden, dass viele Erfahrungen in der letzten Zeit bitter enttäuschen. Ich denke hierbei nur an den Widerstand, den fast jeder zweite bei der Beschlagnahme von Wohnräumen durch zum Teil äußerst fragwürdige Einsprüche leistet."[30]

Da die Situation sich nicht verbesserte, reagierte das **Innenministerium**:

„Wer sich weigert, eine ihm als Mieter zugewiesene Person aufzunehmen, macht sich [...] strafbar. Die erfassten Räume können nötigenfalls unter polizeilichem Zwang geöffnet und der zugewiesenen Person übergeben werden."[31]

Die US-Armee – welche in der Nachkriegszeit die Exekutivgewalt und die entscheidenden Funktionen bei den polizeilichen Aufgaben innehatte – wie auch die amerikanischen Behörden attestierten allerdings, dass der Großraum Ulm keine ungewöhnlichen oder vermehrten Auffälligkeiten aufweise: „Die Militärregierung Ulm hat mir [dem Flüchtlingskommissar für Stadt- und Landkreis Ulm] versichert, dass der Landkreis Ulm bis heute in der Flüchtlingsfrage noch nicht unangenehm aufgefallen ist."[32]

In Zeitzeugengesprächen und Akten finden sich immer wieder Klagen von Heimatvertriebenen und Flüchtlingen: So entfernten Hauseigentümer die Glühbirnen aus den Flüchtlingswohnungen oder sie verwehrten die Herausgabe des Haustürschlüssels beziehungsweise ließen ihn über Nacht von innen im Schloss stecken, so dass die Zugewiesenen die Wohnung nicht öffnen konnten.[33] Auch subtilere Ausgrenzungen fanden statt. So bediente z. B. der örtliche Schuhmacher nur Einheimische und keine Flüchtlinge, weil (angeblich) kein Material zur Verfügung stand. Solche Klagen bearbeitete der Flüchtlingskommissar, der auch in diesem Fall reagierte: „In diesem Punkt verstehe ich keinerlei Spaß. Rücksichtslos werde ich gegen den Schuhmacher vorgehen, dem ich in dieser Beziehung unreelle Machenschaften nachweisen kann."[34] Diese Drohung stammt von Albert Scheuringer, einem ehemaligen Kaufmann, der seit Mai 1945 die Stellung des Flüchtlingskommissars bekleidete. Er sah seine Aufgabe als Vermittler zwischen beiden Seiten, als „ruhender Pol" zwischen den Einheimischen und den Flüchtlingen, der aber klare Worte fand:

> „Bereits in jeder Gemeinde haben wir heute 30–40 % Ortsfremde. Wehe dem Bürgermeister, der in diesen Heimatsuchenden nur einen unerwünschten Ballast sieht. Er lässt diese vom Leid schwer geprüften Menschen in dem falschen Glauben, dass sie nur allein es sind, die den Krieg verloren haben. Der Flüchtlingskommissar muss den Mut haben, z. B. einem Bauern sein Unrecht vorzuhalten, wenn dieser bei der Ankündigung von Flüchtlingen das Bett, das schon Jahrzehnte im Zimmer gestanden hat, noch in letzter Minute herausnimmt und sich im letzten Augenblick vor einer anständigen Pflicht seiner Mitmenschen gegenüber drückt, der selbst angesichts der fragenden Kommission Stein und Bein beteuert, es habe niemals in diesem Raum eine Lagerstatt gestanden, obwohl die staubigen Kerben im Fußboden eine eindeutige Sprache reden."[35]

Scheuringer ließ seinen Worten auch Taten folgen. Auf Schikanen eines Bürgers aus Illerrieden gegenüber Flüchtlingen reagierte er mit folgenden Worten, die etwas Interpretationsspielraum zulassen:

> „Um seine Gehirnbremsen etwas zu lockern, sah ich mich veranlasst, B. das menschenunwürdige eines derartigen Tuns vor Augen zu führen. Paradox ist, dass ein solcher Typ wie B., dessen Schlägereien an der Tagesordnung sind, sich ungerecht behandelt fühlt, wenn er selbst einmal, und zwar in diesem Fall nur eine kleine Kostprobe von Prügel bezieht."[36]

Einen Bäcker, der sich gegen die Aufnahme von Flüchtlingen in seinem Haus wehrte, ließ er verhaften und ihn in ein Zimmer im Kienlesberg sperren. Die Strafe zeigte Wirkung: Beim Anblick des Elends der ankommenden Flüchtlingstransporte nahm er nach seiner ‚Entlassung' mehr Flüchtlinge als vorgesehen auf.[37]

Doch die Heimatvertriebenen und Flüchtlinge stießen nicht nur auf negative Resonanz. Vor allem Politiker riefen die einheimische Bevölkerung dazu auf, die Ankommenden nicht abweisend zu behandeln. Im Oktober 1946 wurde eine Rede des damaligen Innenministers des neugegründeten Landes Württemberg-Baden,[38] Fritz Ulrich,[39] aufgrund ihrer Popularität veröffentlicht, die sich weit verbreitete. Sie fasst die Grundgedanken, Ansichten und Hoffnungen der Zeit gut zusammen und nimmt dezidiert die Einheimischen in die Pflicht:

„Seid aufnahme- und hilfsbereit! Auch von dieser Stelle aus richte ich namens der Regierung den aus tiefstem Verantwortungsbewusstsein kommenden Appell, unser knappes Brot und unseren engen Wohnraum mit den Flüchtlingen und Vertriebenen brüderlich zu teilen und gemeinsam mit ihnen den Weg in eine bessere Zukunft zu erarbeiten. Wir wollen alles tun, um die Vertriebenen und Flüchtlinge in unser Volk einzugliedern. Aber eine Garantie dafür, dass wir all diese Unglücklichen menschenwürdig unterbringen, ernähren und versorgen werden, können wir angesichts der realen Verhältnisse beim besten Willen nicht übernehmen."[40]

Bei der Ankunft der ersten Flüchtlinge überwog bei den Einheimischen Mitleid und Verantwortungsgefühl gegenüber den Landsleuten, die alles verloren hatten. Immer wieder gab es Aufrufe für Kleiderspenden „für entlassene Soldaten und Ostflüchtlinge".[41] Hier trat eindrucksvoll Magdalena Scholl, die Ehefrau des damaligen Ulmer Oberbürgermeisters und Mutter der von den Nationalsozialisten ermordeten Geschwister Scholl, in Aktion, die Sammlungen initiierte und so im Jahr 1946 ca. 1 800 Kleidungsstücke für „Ostflüchtlinge" sammelte.[42] Mit zunehmender Sicherheit jedoch, dass es keine Rückkehroption für die Ostflüchtlinge und Vertriebene gab, wandelte sich die Stimmungslage in der Bevölkerung: Aus den „Gästen" sollten nun „Nachbarn" werden – und diese waren somit in die Gesellschaft zu integrieren, was zu der Angst führte, das Wenige, was zur Verfügung stand, auch noch teilen zu müssen.[43] Allerdings gingen immer noch Spenden ein, besonders zu christlichen Hochfesten: So dankte der Oberbürgermeister um den Jahreswechsel 1947/48 in persönlichen Schreiben vielen Geld- und Sachspendern, worunter sich Privatpersonen, aber auch in Ulm ansässige Firmen befanden.[44]

Zu einer Tradition entwickelte sich die „Weihnachtsfeier für Ausgewiesene und Neubürger". Das Innenministerium von Württemberg-Baden rief 1946 dazu auf und ließ auch Plakate drucken, die in Gemeinden mit „Neubürgern" aufgehängt wurden.[45] Doch nicht nur in den Gemeinden, auch für das Durchgangslager entwickelte der Flüchtlingskommissar ein sechstägiges Programm, das neben einer Kinderweihnachtsfeier auch ein kulturelles Programm der Stadt enthielt. Die Städtische Bühne, die Christengemeinschaft Ulm und auch die Oberschule für Mädchen trugen durch schauspielerische Einlagen zur Veranstaltung bei.[46] Die Beweggründe für die Weihnachtsfeier im Jahr 1947 erklärten die Ulmer Politprominenz sowie Pfarrer und karitative Organisationen folgendermaßen:

> *„Das gegenseitige Verhältnis zwischen Einheimischen und Ausgewiesenen hat sich in den letzten Wochen und Monaten fühlbar verschlechtert. [...] Diese Entwicklung erfüllt die verantwortlichen Stellen mit Besorgnis. Es gilt daher, jede Möglichkeit wahrzunehmen, um die gemeinsamen Nöte und die gemeinsamen Aufgaben in den Vordergrund zu rücken, das gegenseitige Verständnis zu fördern und alles Trennende auszuschalten. Eine herrliche Gelegenheit, neue Brücken zu schlagen, bildet das nahe Weihnachtsfest, das Fest der Liebe und des Friedens."*[47]

Alle Gemeinden im Landkreis Ulm sollten eine Weihnachtsfeier mit Gedichten, Liedern und Weihnachtsspielen ausrichten. 1949 veranstaltete die Liga der Freien Wohlfahrtspflege Ulm ein Weihnachtsfest für die Bewohner des Kienlesbergs, wo zu dieser Zeit 144 Kinder unter 14 Jahren wohnten. Ulm spendete 2 000 DM zum Kauf von Geschenken und das Innenministerium von Württemberg-Baden gab pro Kind noch 2 DM hinzu.[48] Bis zur Auflösung des Lagers im Jahre 1952 setzte sich diese Tradition fort.[49]

Organisationen und Politik

Die drängendsten Sorgen der meisten Flüchtlinge und Heimatvertriebenen nach ihrer Ankunft in Ulm galten wohl eher der reinen Existenzsicherung und weniger lokalpolitischen Aktivitäten. Und selbst wenn, es gab Hürden: An der ersten freien Gemeinderatswahl seit 13 Jahren in Ulm am 26. Mai 1946 schlossen die Bestimmungen der US-Militärregierung eine Beteiligung von Vertriebenen und Flüchtlingen von vornherein aus. An der zweiten, am 7. Dezember 1947, konnte nur teilnehmen, wer schon ein Jahr in Ulm wohnte, so dass zu dieser Zeit 4 400 Ulmer Flüchtlinge nicht wählen durften. Dies führte dazu, dass die lizenzierten Parteien – also diejenigen, die die Militärregierung genehmigte – anfangs kein spezifisches Interesse der Vertriebenen und Flüchtlinge vertraten.[50]

Ursache für die politische (In-)Aktivität der Vertriebenen und Flüchtlinge bis Ende der 1940er Jahre war das Koalitionsverbot, das die Militärregierung aus Angst vor einer Hinwendung zum Rechtsradikalismus und der Befürchtung, dass sich eine Minderheit etabliere, aussprach. Dies ging sogar so weit, dass „besondere Kennzeichnungen der Neubürger", wie beispielsweise „Flüchtlings-Schmucknadeln" verboten waren.[51] Sie befürchtete ein revolutionäres Potential, das durch das zermürbende Lagerleben aufflammen könnte, und mahnte deshalb, wie oben bereits erwähnt, immer wieder zur schnellen Weiterleitung in Wohnungen. Um dieses Potential nicht zu institutionalisieren, verbot sie Vereinigungen mit politischem Charakter für Flüchtlinge und Heimatvertriebene. Der demokratische Neuanfang sollte auf den Schultern der etablierten Parteien beginnen und so die Integration vorantreiben. Auf eine Anfrage bezüglich einer „politischen Betätigung von Flüchtlingen und Ausgewiesenen" hin teilte die Militärregierung des Landes Württemberg-Baden mit: „Die Militärregierung hat im allgemeinen das Bestreben, dass die Interessen der Ausgewiesenen und Flüchtlinge am besten wahrgenommen werden, indem sie in die bestehenden politischen Parteien des Deutschen Volkes eingereiht werden."[52] Den Parteien kam dieses Verbot nicht ungelegen, da sie so keine zusätzliche Konkurrenz fürchten mussten. Gleichzeitig begann die Werbung um die Stimmen der Neubürgerinnen und Neubürger. Innerhalb der Parteien etablierten sich Flüchtlingsausschüsse, wodurch sie organisiertes Mitspracherecht erhalten sollten.[53] Im Februar 1949 gründete sich in Ulm – in Anwesenheit eines Vertreters der Militärregierung und der verschiedenen Parteien – beispielsweise die „Union der Ausgewiesenen", die zum Ziel hatte, alle Flüchtlinge, „die auf christlicher Grundlage stehen", zu sammeln. Sie sollte, so der Tenor der Reden, eine Plattform darstellen, aus der Flüchtlingsvertreter in allen Parteien die Interessen der Vertriebenen artikulieren sollten. Bald stellte sie jedoch eine Neubürgergruppe innerhalb der CDU dar.[54] Allgemein gab es unter den Vertriebenen und Flüchtlingen keine hohe Bereitschaft zu einer Mitgliedschaft innerhalb einer Partei, was zu einer Abwärtsspirale führte: Aufgrund des fehlenden personellen Rückhalts konnten sich bei Nominierungen von Kandidaten kaum Flüchtlinge durchsetzen. Diese Schwäche schadete wiederum dem Ansehen dieser parteiinternen Ausschüsse, weshalb wiederum wenige in Parteien eintraten.[55]

Das Verbot von Organisationen betraf ausschließlich politische. Der oben zitierte Runderlass der Militärregierung sieht ganz explizit vor: „Gruppen und Vereine von Ausgewiesenen und Flüchtlingen, die sich zwecks Kulturbestrebungen zusammenschließen wollen, können [...] gegründet werden."[56] In Interessensverbänden solcher Art entwickelten sich zahlreiche Initiativen und Aktivitäten, so dass viele Vertriebene sich darin engagierten. So bildete sich z. B. 1948 in Ulm der „Hilfsverband der Neubürger", der seinen Sitz auf dem Kienlesberg hatte. Dieser half seinen Mitgliedern bei Behördengängen, beriet in rechtlichen Angelegenheiten, trat gegenüber den Einheimischen für deren Forderungen ein und engagierte sich im kulturellen Bereich. In regelmäßigen Treffen und Versammlungen des Hilfsverbandes artikulierten sich in „lebhaften Aussprachen" vor allem Enttäuschungen gegenüber den „geringen Hilfsmaßnahmen".[57] Im Laufe der Zeit gründeten sich in Ulm auch mehrere Landsmannschaften mit hohen Mitgliederzahlen.[58] Davon profitierte der 1957 gegründete und heute noch existierende Dachverband „Bund der Vertriebenen". Dessen Vorgängerorganisation fand international Beachtung durch die am 6. August 1950 offiziell in Stuttgart verkündete „Charta der deutschen

↑ **17** Das Vereinsheim des „Bundes der Vertriebenen" in Ulm im Fort Unterer Kuhberg im Jahr 2009.

Heimatvertriebenen", worin sie einerseits auf Rache und Vergeltung für die Vertreibung verzichteten, andererseits das „Recht auf Heimat", also die Rückkehr in die von Deutschland abgetrennten Gebiete im Osten, postulierten. Es existierten jedoch nicht nur Vereine für beziehungsweise von Landsmannschaften, sondern beispielsweise auch Sportvereine, die vor allem für die Integration jugendlicher Vertriebener eine wichtige Rolle spielten, um im Wettkampf mit Gleichaltrigen Kontakte knüpfen zu können. Als Beispiel soll hier der VfB Ulm dienen, den hauptsächlich Flüchtlinge und Heimkehrer in einem Kellerraum der Wilhelmsburg schon Ende 1949 gründeten. Mit der Räumung ‚der Burg' zog der Verein auf den Eselsberg und etablierte sich dort im sportlichen Bereich – zusätzlich zum Fußball kamen unter anderem Tischtennis, Tennis, Basketball und eine Turnabteilung dazu. Gleichzeitig richtete der Verein auch rege besuchte Kinderfeste für die Eselsbergbewohner aus und trug so zu einem guten Verhältnis nicht nur unter den Mitgliedern, sondern auch zur allgemeinen gesellschaftlichen Integration bei.[59]

Im Jahr 1950 gestattete die Militärregierung auch die Bildung von „Flüchtlingsparteien".[60] So gründete sich in Ulm der „Block der Heimatvertriebenen und Entrechteten" (DG/BHE). Innerhalb der Partei bestanden zwei eher unvereinbare Grundströmungen, die entweder die Verbesserung der Lebensbedingungen im Westen oder die Revision der deutschen Ostgrenzen forderten.

Mit der „Liste der vertriebenen Deutschen" (LvD) bildete sich eine konkurrierende Partei. Sie warf dem BHE vor, nicht die Interessen der Heimatvertriebenen und Flüchtlinge zu vertreten, da deren gesamte Liste nur *einen* Heimatvertriebenen an aussichtsreicher Stelle aufwies. Im Gegensatz dazu stellte die LvD nur Heimatvertriebene aller Landsmannschaften ohne Rücksicht auf parteipolitische Zugehörigkeiten auf.

Beide Parteien enttäuschten bei der Gemeinderatswahl 1951: Die LvD konnte keinen und der BHE nur einen Sitz erreichen.[61] Aufgrund dieser Wahlniederlage schlossen sich die zwei Listen zusammen und versuchten mit der neugegründeten „Überparteilichen Liste der Heimatvertriebenen und Sowjetzonenflüchtlinge" (ÜLdH) 1953 einen erneuten Anlauf. Sie schaffte zwar den Einzug in den Gemeinderat, konnte erneut nur ein Mandat erringen, blieb jedoch bis 1962 im Stadtparlament vertreten.[62] Danach dürfte einerseits durch den Mauerbau die Wählerklientel stagniert haben und andererseits die Integration so weit fortgeschritten gewesen sein, dass eine reine Vertriebenenpartei keine Mobilisierungserfolge mehr erzielen konnte.[63]

Die Leitlinien der Politik in der direkten Nachkriegszeit bestimmte die Militärregierung, die auch die einschneidende Währungsreform im Jahr 1948 durchführte. Diese ging anfangs stark zu Lasten der Vertriebenen, da sie Menschen mit Eigentum bevorzugte und Guthaben aufgrund des Umstellungsverhältnisses von Reichs- auf Deutsche Mark im Verhältnis von 100 RM zu 6,50 DM belastete. Einheimische besaßen teilweise noch Häuser oder zumindest Grund; Vertriebene hatten oftmals alles verloren. Jedoch begann durch die Sanierung der Währung gekoppelt mit der sozialen Marktwirtschaft ein Wirtschaftsboom, der ab den 1950er Jahren auch auf den Wohnungsbau belebend wirkte. Politiker verschiedener Parteien forderten zwar schon bei der Währungsreform einen Lastenausgleich, der allerdings erst 1952 in Kraft trat. Bis dahin milderte das Soforthilfegesetz von 1949 nach sozialen Gesichtspunkten die größten Nöte von Geschädigten; hierzu zählten nicht nur die Vertriebenen, sondern auch Kriegssach- und Währungsgeschädigte, Spätheimkehrer oder auch Verfolgte des NS-Regimes. Es richtete sich also nach dem *aktuellen* Bedarf.

Mit dem Lastenausgleichsgesetz orientierte sich der Bund dann an der Höhe der individuellen Verluste und einer Herstellung des *früheren* Vermögens, der sogenannte „quotale" Ausgleich. Die Auszahlungen – die aus Steuern finanziert werden sollten und somit keine grundlegenden Eingriffe in bestehende Besitzverhältnisse vornahm – an die Berechtigten verzögerten sich allerdings einerseits durch das geringe Budget des Lastenausgleichsfonds, weshalb am Kapitalmarkt Kredite aufgenommen werden mussten, und andererseits gestaltete sich die Feststellung beziehungsweise der Nachweis der persönlichen Verluste als schwierig und langwierig.[64]

Trotz der Probleme waren das Soforthilfegesetz und der Lastenausgleich von großer Bedeutung für die Eingliederung der Heimatvertriebenen und Flüchtlinge. Sie förderten die Finanzierung des sozialen Wohnungsbaus: Aus dem Lastenausgleich flossen ca. elf Millionen Mark Zuschüsse des Landes für zinslose Kredite nach Ulm, wodurch rund 3 500 Sozialwohnungen und 700 Eigenheime gebaut werden konnten.[65] Die Gesetze stärkten durch die danach erhöhte Kreditwürdigkeit der Vertriebenen auch die Flüchtlingswirtschaft und führten so zu einem Rückgang der Arbeitslosigkeit. Rund 250 Vertriebene in Ulm nahmen ca. 1,5 Millionen DM an Aufbaukrediten des Ausgleichsamtes in Anspruch, um sich eine berufliche Existenz aufzubauen.[66] Daneben ist vor allem der psychologische Effekt nicht zu unterschätzen: Ein Gefühl der Gleichberechtigung und Selbstbestimmung ließ radikale Positionen unter den Vertriebenen mehr und mehr verstummen. So trug (zumindest nach den statistischen Zahlen) diese Gesetzgebung zu einer, wie es der stellvertretende SPD-Vorsitzende Erich Ollenhauer formulierte, „geglückten Integration der Vertriebenen" bei.[67]

Wirtschaft – Engagement und Eingliederung

Die Unterbringung im Landkreis und dabei besonders die Einquartierung bei Landwirten hatte auch Vorzüge: Die Vertriebenen mussten zwar auf dem Hof und vor allem bei der Ernte mithelfen, erhielten dafür aber meist eine Entlohnung mit Naturalien, so dass die allgemein knappe Versorgungslage mit Lebensmitteln hier etwas besser war. Diese Arbeitsverhältnisse brachten aber wieder Probleme: Die Vertriebenen fühlten sich von den Bauern ausgenutzt und wie Zwangsarbeiter und Leibeigene behandelt. Diese wiederum klagten über deren mangelnden Arbeitseifer und -einsatz. Dies schien im Juli 1946 so akut geworden zu sein, dass der Flüchtlingskommissar versuchte, in zwei Briefen an die Bürgermeister der Landgemeinden seiner Position als Vermittler und „ruhender Pol" zwischen Einheimischen und Vertriebenen gerecht zu werden: Einerseits lobte er die „enorme Arbeitsleistung des schwäbischen Bauern", andererseits mahnte er zu einer gerechten Bezahlung.[68]

Ein großer Teil der Neubürgerinnen und Neubürger kam aus dem landwirtschaftlichen Sektor – manche Quellen sprechen von über 50 % – und fanden sich in der neuen Umgebung als Angestellter am Hof oder gar als Knecht oder Magd wieder.[69] Die davon Betroffenen erlitten so einen beruflichen und damit auch sozialen Abstieg. Der Flüchtlingskommissar Ulms stellte sogar die Forderung, dass der Staat Zuschüsse zum geringen Monatsverdienst dieser Landarbeiter – der sich 1946 zwischen 50 und 60 Reichsmark bewegte – gewähren sollte, damit „eine Abwanderung dieser für die Landwirtschaft so wertvollen Arbeitskräfte in die besser bezahlten Fabrik-Arbeitsstellen" vermieden werde.[70] Noch 1949 galt auf einem Treffen der „Union der Ausgewiesenen" neben der Wohnungsnot eine Hauptsorge der „berufsfremden Beschäftigung der Neubürger und [der] ungewisse[n] Lage der Flüchtlingslandwirte."[71]

Viele Betroffene hofften auf einen Neuanfang mit einem eigenen landwirtschaftlichen Betrieb, mit dem der gesamte Lebensunterhalt bestritten werden konnte. Dies scheiterte aber, denn es gab zu wenig Land.[72] Ein Versuch, Vertriebenen Nebenerwerbsstellen – also kleine Höfe mit bis zu fünf Hektar Anbaufläche – anzubieten, konnte aufgrund der geringen Einnahmen nicht vor einer beruflichen Neuorientierung, meist in Richtung Industriearbeit, bewahren.[73] Ein anderer Ansatz stellte die Vergabe von Gartenland, dem sogenannten „Grabeland", dar. Vertriebene wie Einheimische erhielten kleine Gärten zugewiesen, die sie bewirtschaften konnten,[74] wobei sich hier auch erste persönliche und kulturelle Berührungspunkte ergaben. So lernten Ulmer beispielsweise die Paprika kennen, die Flüchtlinge aus der Batschka (Gebiet zwischen Serbien und Ungarn) in den Kleingärten anpflanzten.[75]

Aber nicht nur in der Landwirtschaft existierte Arbeitskräftemangel. In der Kienlesberg-Kaserne arbeitete eine Abteilung des städtischen Arbeitsamtes, um qualifizierte Arbeiter unter den Vertriebenen ausfindig zu machen. Arbeitgebern war es verwehrt, in den Lagern Arbeitskräfte anzuwerben und ebenso durften die Lagerinsassen nicht selbst in der Stadt auf Arbeitssuche gehen.[76] Wegen der notwendigen Aufbauarbeiten suchte besonders das Bau- und Handwerksgewerbe Arbeiter, wozu speziell Heimatvertriebene und Flüchtlinge angesprochen wurden. Die Dienststellen auf dem Kienlesberg richteten sogar separate Sprechstunden für mögliche „Handwerker-Flüchtlinge" ein und versorgten Firmen mit Arbeitskräften für Gips-, Zement- und Ziegelarbeiten.[77] Auch die (wiederaufgebauten) Fabriken in Ulm suchten: Zwar gab es verschiedene Hürden, wie Rohstoffmangel oder Demontagen wie bei Magirus und Wieland, dennoch benötigten sie ab Mitte der 1940er Jahre wieder Arbeitskräfte.[78]

Hierbei wird jedoch das Problem der Unterschichtung sichtbar: Viele hatten eine höhere Qualifikation mitgebracht und mussten nun meist schlechter bezahlte und unattraktive schwere körperliche Arbeiten verrichten. Aber genau danach wurde gesucht: Dezidiert fragten Firmen nach Arbeitskräften, wofür „größtenteils Hilfskräfte in Frage kommen, die angelernt werden."[79] Bei einer Versammlung in Ulm um die Jahreswende 1947/48 gab Staatskommissar Bettinger an, dass 60 bis 80 % der Neubürgerinnen und Neubürger als Hilfsarbeiter tätig sind.[80] Dadurch war das gesellschaftliche Ansehen niedriger als in der ‚alten Heimat'. Im Gegensatz zu den Einheimischen, die bei Anstellungen oftmals bevorzugt wurden, fiel den Vertriebenen so die Wiedererlangung dieses ‚verlorenen Status' schwerer und der Eingliederungsprozess verzögerte sich.

Meist erreichte erst die nächste Generation den sozialen Wiederaufstieg, die aufgrund der Erfahrungen der Eltern unter besonderem Leistungsdruck stand beziehungsweise sich selber stark unter Druck setzte.[81]

Auch weitere Strukturveränderungen wurden dadurch in Gang gesetzt: Da für Ulm eine von der Militärregierung verhängte Zuzugssperre die Ansiedlung von Vertriebenen innerhalb des Stadtkreises verhinderte, setzte ein massives Pendlerwesen ein: Im April 1949 arbeiteten 39 521 Personen in Ulm, wovon 12 621 nicht in der Stadt wohnten. Betroffen war vor allem die Industriebranche: Zu Magirus pendelten täglich 60 % der Belegschaft aus einem Umkreis von 50 km um Ulm und bei Telefunken fast 50 %. Deshalb forderte unter anderem die IHK Ulm auch eine Verbesserung des Schienenverkehrs, da die Züge im Berufsverkehr zu überfüllt waren. Selbstverständlich setzte sich die gesamte Masse der Pendler nicht ausschließlich aus Heimatvertriebenen und Flüchtlingen zusammen, sondern auch einheimische Bewohner des Landkreises oder Ausgebombte und Evakuierte befanden sich darunter. Jedoch ist eine

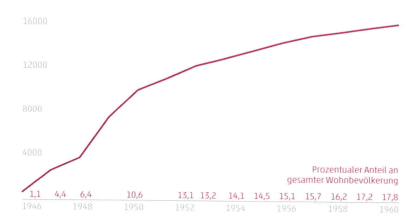

16000

12000

8000

4000

Prozentualer Anteil an
gesamter Wohnbevölkerung

| 1,1 | 4,4 | 6,4 | 10,6 | 13,1 | 13,2 | 14,1 | 14,5 | 15,1 | 15,7 | 16,2 | 17,2 | 17,8 |
| 1946 | 1948 | 1950 | 1952 | 1954 | 1956 | 1958 | 1960 |

Vergleichszahl aus dem Jahr 1939 aufschlussreich: Damals pendelten insgesamt nur 4 613 Personen aus dem Umland zur Arbeit nach Ulm.[82]

Die Wirkung der Zuzugssperre ging jedoch noch weiter: Da die Vertriebenen
gleichmäßig auf den Landkreis verteilt worden waren, war die Distanz zur
Stadt und zum Arbeitsplatz unterschiedlich groß. So kam es ab den 1950er
Jahren vermehrt zu Umzügen in stadtnahe oder verkehrsgünstig besser
gelegene Gemeinden, so dass diese einen enormen Zuwachs durch diese
Sekundär- und Binnenwanderung aufwiesen als der südliche (und ländlichere)
Teil des Landkreises Ulm. Jedoch zogen meist nur die arbeitsfähigen und
jüngeren Vertriebenen um, so dass die Älteren in den abgelegenen Dörfern
zurückblieben.

Mit dem Aufheben der Zuzugssperre und dem Beginn des Wohnungsbaus in
Ulm zu Beginn der 1950er Jahre stiegen die Zahlen der Heimatvertriebenen
und Flüchtlinge in der Stadt sprunghaft an: 1948 lebten in Ulm 3 852 Vertriebene; bis 1952 erhöhte sich die Zahl auf 10 056. Das bedeutete einen Anstieg
von 6,4 % auf 13,1 % im Verhältnis zur Gesamtbevölkerung der Stadt.[83] Einerseits entstanden ganze Siedlungen, aber auch Firmen bauten speziell Wohnungen für ihre Arbeiter, unter denen sich viele Vertriebene befanden. Vor
allem die Firma Magirus, der größte Industriebetrieb im Ulm der Nachkriegszeit, dachte bereits 1949 in diese Richtung. Anfangs stellte sie Hauseigentü-
mern zum Aus- und Aufbau ihrer Häuser noch zinslose Kredite zur Verfügung,
die dann die Arbeitnehmer mit Zustimmung des Wohnungsamtes beziehen
konnten.[84] Schon zwei Jahre später baute Magirus, zusammen mit ihrer

Tochtergesellschaft „Wohnungsbaugesellschaft Wohlfahrt", im Rahmen eines werkseigenen Wohnungsbauprogramms für Betriebsangehörige mehrere Wohnblocks oder z. B. auch Reihenhäuser im Neunkirchenweg auf dem Kuhberg.[85] Die Firmen ließen sich dabei von amerikanischen Strategien inspirieren, wie der 1949 in Ulm vorgestellten „Richt-auf-Methode", wodurch eine Industriearbeiterwohnung mit 50 m² trotz geringen Budgets und innerhalb kürzester Zeit mit Fertigbeton erstellt werden konnte.[86]

Land- und Fabrikarbeit zählte jedoch nicht allein zu den Arbeiten, die die leistungsorientierten und aufstiegswilligen Vertriebenen annahmen. Um die wirtschaftliche Integration voranzutreiben, lag ein besonderes Augenmerk auf den sogenannten „Flüchtlingsbetrieben". Dafür gründete sich für Württemberg-Baden schon 1946 die „Wirtschaftliche Arbeitsgemeinschaft für die Flüchtlingshilfe GmbH" mit dem Ziel der „Verbesserung der Existenzbedingungen der Flüchtlinge durch die Vorbereitung der wertschaffenden Flüchtlingshilfe."[87] Trotz anfänglicher Skepsis seitens der Stadt[88] hatten sich bis 1948 149 Neubürgerbetriebe gegründet, die 457 Personen beschäftigten.[89]

Zur Illustration wie auch zur Werbung für diese Betriebe, veranstaltete Ulm um die Jahreswende 1947/48 die **Ausstellung „Neues Schaffen"**. Die Initiatoren – neben Ulm nahmen auch die Städte Geislingen, Aalen, Heidenheim, Crailsheim und Göppingen teil – hatten folgende Zielsetzung:

„Die Messe soll einen Überblick über die bisherigen wirtschaftlichen, gewerblichen, handwerklichen und kulturellen Leistungen und Bestrebungen der Neubürger vermitteln. Vor allem aber die Bemühungen um eine reibungslose und erfolgreiche Einbürgerung vertiefen und wesentlich zum Erfolg dieser Einbürgerung beitragen."[90]

↑ **19** Auf dem Eselsberg kamen viele Vertriebene und Flüchtlinge nach ihrem Auszug aus
den Lagern unter, wie dieses Ehepaar aus
Ungarn, das dort seine erste eigene Wohnung
in Ulm hatte.

Die Messe fand vom 30. Dezember 1947 bis zum 6. Januar 1948 in der Kienlesberg-Kaserne statt und rund 120 Firmen, die ausschließlich aus den Kreisen
der Neubürgerinnen und Neubürger kamen,[91] nahmen daran teil. Daneben
gab es ein Rahmenprogramm, das aus einem bunten Abend von Radio Stuttgart, sowie einer Schmuck- und Modenschau und Aufführungen der städtischen Bühne Ulm bestand. Ob das Ziel von Oberbürgermeister Scholl erreicht
wurde, der sich von der Aktion einen „Erfolg und eine Aufmunterung für die
Neubürger" erwartete,[92] ist konkret nicht verifizierbar. Die Besucherzahl von
knapp 14 500 lässt jedoch auf einen Erfolg schließen. Auch finanziell konnte
die Ausstellung einen nicht unbeträchtlichen Gewinn erzielen, so dass die
Stadt 15 000 RM für das „Altersheim für Flüchtlinge in Ulm" spenden konnte.[93]
Generell jedoch hatten die Vertriebenen auf dem Arbeitsmarkt weitaus
schlechtere Ausgangsbedingungen als die Einheimischen und fanden oftmals
keine Arbeitsstelle, wodurch die Arbeitslosenquote unter den Neubürgerin-

nen und Neubürgern recht hoch blieb. Auch waren ihre Plätze weitaus weniger gesichert, denn sie wurden nicht nur später eingestellt, sondern auch wieder als erste entlassen, was sich bei den Einsparungen und dem Personalabbau nach der Währungsreform zeigte: Das Arbeitsangebot schrumpfte und die Kreditvergabe stagnierte. Dies brachte besonders die Bauwirtschaft in Bedrängnis, in der viele Vertriebene eine Stelle gefunden hatten.[94]

Erst im Laufe der 1950er Jahre und mit dem Beginn des ‚Wirtschaftswunders‘, an dem maßgeblich auch die Vertriebenen Anteil hatten, fand eine Integration auf dem Arbeitsmarkt statt. Die Firmen, die im Zuge des Aufschwungs Arbeitskräfte benötigten, fanden hier ein oftmals gut qualifiziertes Potential vor, das ohne zusätzliche Kosten, z. B. für eine Ausbildung, sofort rekrutiert werden konnte. Im Gegensatz zu vielen Einheimischen waren die Vertriebenen äußerst mobil, anpassungsfähig und leistungsorientiert, was sie für die Unternehmen interessant machte. So konnten (beziehungsweise mussten) neuentstandene Arbeitsplätze mit Vertriebenen besetzt werden, da mit den Einheimischen das gestiegene Produktionspotential nicht gedeckt werden konnte.[95]

Wohnungsbau

Die Neujahrswünsche der Ulmer für das Jahr 1947 veröffentlichte die SDZ pünktlich zu Weihnachten 1946. Hinter Versorgungsangelegenheiten stand auf Platz 3 der Liste die Schaffung von Neuland zur Ansiedlung von Neubürgerinnen und Neubürgern.[96] Trotz der oben beschriebenen Verteilung der Vertriebenen auf den Landkreis, führte das Stadtplanungsamt Ulm Anfang 1947 Beratungen über die Erstellung einer „Flüchtlingssiedlung" für 3 000 Menschen auf dem Pionier-Landübungsplatz hinter dem Fort Albeck durch. Diesen Überlegungen lagen wirtschaftliche Gedanken zugrunde: Facharbeiter der Bauwirtschaft sollten hier angesiedelt werden, die „bis jetzt im Landkreis Ulm zerstreut untergebracht sind und für den Wiederaufbau der Stadt Ulm nicht herangezogen werden können." Aufgrund der fehlenden Infrastruktur fand dieser Plan keinen großen Zuspruch. Baurat Zimmermann schlug als weitere Siedlungsgebiete das Lehrertal und das Gebiet des „Söflinger Türmles" vor, die später realisiert werden sollten.[97]

In der direkten Nachkriegszeit – und teilweise auch darüber hinaus – bestimmten eher am Stadtrand gelegene ‚wilde Siedlungen' und Baracken die Wohnsituation hunderter Neubürgerinnen und Neubürger in Ulm: In der Friedrichsau, beim Fort Alter Fritz, an der Heidenheimer Straße oder eben auf dem Pionier-Landübungsplatz.[98] Noch Mitte 1949 lebten knapp 1 500 Menschen in Baracken.[99] In den 1950er Jahren begann in Ulm ein großer Bauboom und die Stadt lag mit den Neubauten im Vergleich zur restlichen Bundesrepublik im Spitzenfeld, da innerhalb von zehn Jahren über 15 000 Wohnungen erstellt wurden.[100] Bis 1950 lebten 60 % aller Heimatvertriebenen und Flüchtlinge in den drei Hauptaufnahmeländern Schleswig-Holstein, Niedersachsen und Bayern. Zur Entlastung dieser Länder und auch im Hinblick auf die zu erwartenden Flüchtlinge aus der SBZ/DDR – bedingt durch die Verschlechterungen der Beziehungen des Westens zur Sowjetunion – führte die Militärregierung „Umsiedlungen" zwischen den Bundesländern durch. Durch diesen sogenannten Flüchtlingsaustausch erhöhte sich die Zahl der Vertriebenen in Württemberg-Baden von 590 795 (1947) auf 729 101 Personen im Jahr 1950.[101] Im Zuge dieses Austausches und im Zusammenhang mit dem Aufheben der Zuzugssperre für Ulm gelangte erst das Gros der Vertriebenen nach Ulm, deren Zahl sich innerhalb kurzer Zeit um mehrere Tausend erhöhte.

Bereits 1949 begann der massive Wohnungsbau in Ulm, der ebenso zum Zuzug von Neubürgerinnen und Neubürgern führte: So entstanden beispielsweise auf dem Kuhberg an der Warndtstraße 103 Wohnungen und am Merzigweg ein Zwölffamilienhaus für Neubürgerinnen und Neubürger; beim Fort Albeck fanden über 200 Personen ein neues Zuhause.[102] Ab 1950 begannen dann die Bauten für die oben genannten „Umsiedler" aus den Hauptaufnahmeländern: In Wiblingen entstand mit der Sägefeldsiedlung Wohnraum speziell für Umsiedlerinnen und Umsiedler aus Schleswig-Holstein. Für diese sogenannten „Sekundärwanderer", die ursprünglich meist aus Schlesien und Ostpreußen stammten und auch über Bayern und Niedersachsen nach Ulm kamen, musste die Stadt bis 1954 im Rahmen des Umsiedlerprogrammes fast 600 Wohnungen erstellen.[103] Auch in diesem Zusammenhang ist der Eselsberg zu nennen, mit dem im Jahr 1951 ein neuer Stadtteil entstand, der schon im gleichen Jahr 300 Flüchtlingsfamilien aufnahm. In den Jahren darauf kamen immer wieder Vertriebene auf den Eselsberg, die zuvor entweder in „verkehrsungünstigen" Gemeinden im Landkreis Ulm gewohnt hatten oder aus noch bestehenden Baracken aus der Friedrichsau verlegt worden waren.[104] Auch die sogenannten „Kasernenverdrängten", die aufgrund der Beschlagnahmungen durch das US-Militär aus den Kasernen ausziehen mussten, fanden auf dem Eselsberg eine neue Bleibe, wo im Oktober 1951 das Richtfest für 283 Wohnungen gefeiert wurde.[105] Dieser Ulmer „Sprung auf die Alb" fand ab etwa 1956 – mit dem allmählichen Abschluss der baulichen Entwicklung auf dem Unteren Eselsberg – langsam ein Ende, da absehbar war, dass hier die Kapazitäten nicht für die Menge der Wohnungssuchenden ausreichen würde.

So kam das „Braunland" (Böfingen) als neues Baugebiet ins Gespräch.[106] 1957 plante Ulm das Wohngebiet Braunland für rund 10 000 Menschen, um den noch suchenden Neu- aber auch Altbürgern Wohnfläche zur Verfügung stellen zu können. Um den Jahreswechsel 1959/60 bezogen die ersten Bewohner die entstandenen Häuser.[107] Unter anderem war es die Gemeinnützige

Siedlungsgesellschaft Evangelisches Hilfswerk, die nach dem Zweiten Weltkrieg gegründet wurde, um sich der Probleme der Vertriebenen im Wohnungsbau anzunehmen und sich aktiv an den Bauten ab 1960 im Braunland
beteiligte. Mit dem Bau der evangelischen Auferstehungskirche Mitte der
1960er Jahre erhielt die Siedlung ein religiöses Zentrum, das bis in die heuti-
ge Zeit „Heimatgottesdienste" pflegt, zu denen die Landsmannschaft Ostpreußen und Westpreußen drei Mal im Jahr – zu Advent, Erntedank und am Palm-
sonntag – einlädt. Auch eigene Stadtteilfeste wurden ausgerichtet, wie das im
Jahr 1979 unter dem Motto: ‚Alte Heimat – Neue Heimat'. Ausstellungstafeln
mit Landkarten zeichneten die Flucht- und Vertreibungswege nach. Die Kultur
der ‚alten Heimat' wurde durch Trachten, Tänze und kulinarische Spezialitäten
gepflegt und so nicht nur der nächsten Generation, sondern auch der interes-
sierten Öffentlichkeit näher gebracht.[108]

→ Fazit

Die Flüchtlinge und Heimatvertriebenen fallen eindeutig in die Kategorie der Zwangsmigration. In der neuen Heimat gestalteten sich Ankunft wie Integration oftmals schwierig, wobei die Einquartierung in Privathäusern – was Einheimische als Eindringen in die Privatsphäre empfanden – zu massiven Konflikten führte, wodurch das Ansehen der Vertriebenen stark litt. Verdächtigungen, Beschuldigungen und Beleidigungen waren nicht selten.

Mit den enormen ökonomischen Wachstumsraten in den 1950er Jahren – an denen die Vertriebenen mit ihrer oftmals gut qualifizierten Ausbildung und ihrer leistungsorientierten Einstellung einen nicht unerheblichen Anteil hatten – ging ein wirtschaftlicher und beruflicher Aufstieg der Neubürgerinnen und Neubürger einher, der, im Vergleich zu später folgenden Migrationsgruppen, spezifische Bedingungen und Voraussetzungen aufwies: Die Vertriebenen trafen auf eine ‚mobile', im Aufbau begriffene Gesellschaft. Sie hatten keine Sprachbarrieren – bis auf leichtere, dialektbegründete Verständigungsprobleme – und mit der Militärregierung existierte eine Triebkraft der Eingliederung. Sie konnten ihre Traditionen – sogar auf gesetzlicher Grundlage – bewahren und, meist in den verschiedenen Landsmannschaften, ihr kulturelles Erbe pflegen sowie an nachfolgende Generationen weitergeben.

1 Vgl. Morsey: Die Bundesrepublik Deutschland, S. 3.

2 Hierbei wurde vor allem Nemmersdorf bekannt, wo es zu ersten Ausschreitungen und Verge-
waltigungen an deutscher Zivilbevölkerung durch sowjetische Soldaten kam. Vgl. dazu
beispielsweise Beer: Flucht und Vertreibung, S. 69.

3 Beer: Flucht und Vertreibung, S. 18, 58.

4 Vgl. Hallerberg u. a. (Hg.): Heimat für Fremde? S. 33.

5 Vgl. Morsey: Die Bundesrepublik Deutschland, S. 3; Hallerberg u. a. (Hg.): Heimat für Fremde?
S. 34.

6 Vgl. Interview mit Herrn Joohs, in: StdAU, „Heute sind wir Ulmer/-innen". Gesprächsprotokolle
des vh-Arbeitskreises „Flüchtlinge und Vertriebene in Ulm nach 1945", 2.5.1955, S. 2f.

7 Vgl. StdAU, B 005/5–307: Niederschrift Besprechung Beirat 15.6.1945, S. 305. Stadtchronik
31.5.1945: Kienlesbergkaserne, Durchgangslager.

8 StdAU, B 005/5–307: Beratung des Oberbürgermeisters mit dem Beirat am 26.10.1945, § 71,
S. 699.

9 StdAU, B 005/5–307: Beratung des Oberbürgermeisters mit dem Beirat am 26.10.1945, § 71,
S. 695.

10 Vgl. Stadtchronik 10.1.1952: Durchgangslager Kienlesberg.

11 Aus Zeitzeugeninterviews geht hervor, dass die Züge teilweise auch am Hauptbahnhof Ulm
endeten und die Flüchtlinge dann auf den Kienlesberg gebracht wurden. Vgl. Interview mit
Frau Hanreich, in: StdAU, „Heute sind wir Ulmer/-innen". Gesprächsprotokolle des vh-Arbeitskreises „Flüchtlinge und Vertriebene in Ulm nach 1945", 2.5.1955.

12 Vgl. Interview mit Herrn Joohs, in: StdAU, „Heute sind wir Ulmer/-innen". Gesprächsprotokolle
des vh-Arbeitskreises „Flüchtlinge und Vertriebene in Ulm nach 1945", 2.5.1955.

13 Vgl. Stadtchronik 7.6.1946: Tagung der Flüchtlingskommissare von Württemberg-Baden;
ebd. 28.12.1946: Bekämpfung von Geschlechtskrankheiten; ebd. 15.2.1947: Durchgangslager Kienlesberg, Einrichtung eines Jugendlagers.

14 Vgl. Stadtchronik 4.5.1950: 100.000 Russlandheimkehrer darunter Werner Thiel.

15 Vgl. Palaoro: Stadt und Festung, S. 66.

16 Vgl. Stadtchronik 25.1.1949: Kienlesberg, Flüchtlingsaustausch Bayern-Württemberg. Vgl.
dazu auch Wennemann: Flüchtlinge und Vertriebene, S. 82–91 über die drei Hauptaufnahmeländer Schleswig-Holstein, das 33 % aller Flüchtlinge und Vertriebene aufnahm,
gefolgt von Niedersachsen mit 27 % und Bayern mit 21 %.

17 Vgl. dazu Stadtchronik 6.6.1950: Neuansiedlung von 51 Flüchtlingen; ebd. 21.12.1948:
Kienlesberg, Eintreffen von 15 Flüchtlingen aus Dänemark; ebd. 31.10.1951: Flüchtlingslager
Kienlesberg aufgelöst.

18 Vgl. hierzu das Kapitel US-Armee in Ulm in dieser Publikation.

19 Vgl. Stadtchronik 8.1.1952: Wohnungsbau Kienlesberg; ebd. 10.1.1952: Durchgangslager
Kienlesberg; ebd. 7.9.1952: Umzug des Flüchtlingslager Kienlesberg abgeschlossen.

20 Vgl. Palaoro: Stadt und Festung, S. 66.

21 Vgl. StdAU, B 421/0–1: Flüchtlingskommissar für Stadt- und Landkreis Ulm an die Bürgermeister des Landkreises Ulm, 10.1.1947.

22 Vgl. Wennemann: Flüchtlinge und Vertriebene, S. 91f.

23 Vgl. StdAU, B 421/0–3: Innenministerium Württemberg-Baden an Oberbürgermeister Ulm,
22.10.1946.

24 Vgl. StdAU, B 421/0–3: Flüchtlingskommissar Ulm an den Staatsbeauftragten für das Flüchtlingswesen im Innenministerium, 17.5.1946.

25 Vgl. Interview mit Frau Hanreich und Herrn Joohs, in: StdAU, „Heute sind wir Ulmer/-innen".
Gesprächsprotokolle des vh-Arbeitskreises „Flüchtlinge und Vertriebene in Ulm nach 1945",
2.5.1955.

26 In Ulm waren 10 000 Wohnungen zerstört, was fast die Hälfte des Vorkriegsbestandes aus-
    machte. Vgl. dazu Albers: Planung und Aufbau, S. 25.
27 Vgl. Interview mit Herrn Joohs, in: StdAU, „Heute sind wir Ulmer/-innen". Gesprächsprotokolle
    des vh-Arbeitskreises „Flüchtlinge und Vertriebene in Ulm nach 1945", 2.5.1955.
28 Vgl. StdAU, B 421/8-2: Stadt Ulm, Wohnungsamt, an Carl Reichelt, Vertreter der Flüchtlinge im
    Kreisausschuss des Stadt- und Landkreises Ulm, 16.8.1948.
29 Vgl. Birkenfeld/Hepach: Bewegte Jahre, S. 40.
30 StdAU, B 421/0-1: Flüchtlingskommissar für Stadt- und Landkreis Ulm an die Bürgermeister
    des Landkreises Ulm, 10.10.1946.
31 So der Runderlass Nr. 72 des Innenministeriums vom 5.9.1946, zit. nach StdAU, B 421/0-1:
    Flüchtlingskommissar für Stadt- und Landkreis Ulm an die Bürgermeister des Landkreises
    Ulm, 21.11.1946.
32 StdAU, B 421/0-1: Flüchtlingskommissar für Stadt- und Landkreis Ulm an die Bürgermeister
    des Landkreises Ulm, 10.10.1946.
33 Vgl. StdAU, B 421/0-1: Kreiskommissar für Ausgewiesene und Neubürger von Stadt und Land-
    kreis Ulm an die Bürgermeister des Landkreises Ulm, 3.7.1947.
34 StdAU, B 421/0-1: Flüchtlingskommissar für den Stadt- und Landkreis Ulm an die Bürger-
    meister des Landkreises, 22.7.1946.
35 StdAU, B 421/0-1: Flüchtlingskommissar für den Stadt- und Landkreis Ulm an die Bürger-
    meister des Landkreises, 15.6.1946.
36 StdAU, B 421/6-1: Scheuringer an Landrat Sindlinger, 3.7.1946.
37 Vgl. Interview mit Herrn Joohs, in: StdAU, „Heute sind wir Ulmer/-innen". Gesprächsprotokolle
    des vh-Arbeitskreises „Flüchtlinge und Vertriebene in Ulm nach 1945", 2.5.1955, S. 12. Solches
    Vorgehen besaß jedoch keinerlei Rechtsgrundlage, da ein Flüchtlingskommissar keinen
    Haftbefehl aussprechen konnte. Allerdings, so Joohs, kam von den eigentlich dafür zustän-
    digen Organen der Militärregierung keinerlei Hilfe.
38 So benannten es die Amerikaner. Eig. trug es den Namen Nordwürttemberg-Nordbaden.
    Vgl. Sauer: Das Land Württemberg-Baden 1945-1952, S. 351.
39 Fritz Ulrich hat sich schon vorher durch entsprechende Reden, die sich mit der Flüchtlings-
    frage beschäftigten, hervorgetan. So beispielsweise mit seiner Rede bei den Verhandlungen
    der Vorläufigen Volksvertretung am 27. März und 17. April 1946. Vgl. Sauer: Das Land
    Württemberg-Baden 1945-1952, S. 373.
40 Vgl. StdAU, B 421/0-3: Broschüre „Flüchtlinge und Vertriebene. Vortrag von Innenminister
    Fritz Ulrich" vom Oktober 1945, S. 13.
41 Vgl. Amtsblatt der Stadt Ulm und des Landkreises Ulm 29.11.1945: Kleider für entlassene
    Soldaten und Ostflüchtlinge.
42 Vgl. StdAU, B 421/7-1: Flüchtlingskommissar der Stadt Ulm an Oberbürgermeister, 21.1.1946.
43 Im Jahr 1948 spricht Herr Eckert, der Nachfolger von Albert Scheuringer sogar von einem „un-
    liebsamen Verhältnis zwischen diesen beiden Bevölkerungsteilen" und an manchen Stellen
    bestehe sogar „direkt eine Feindschaft zwischen Alt- und Neubürgern." Vgl. StdAU, B 421/5-1:
    Kreisbeauftragter für das Flüchtlingswesen, Dr. Eckert, an das Landratsamt Ulm, 18.8.1948.
44 Vgl. StdAU, B 421/7-1: Verschiedene persönliche Schreiben des Oberbürgermeisters an die
    Spender, 1957.
45 Vgl. StdAU, B 421/0-3: Runderlass Nr. 92 des Innenministerium Württemberg-Baden an u. a.
    kreisfreie Städte, 2.12.1946.
46 Vgl. StdAU, B421/0-3: Flüchtlingskommissar des Stadt- und Landkreises Ulm an den Ober-
    bürgermeister Ulm, 12.12.1946.
47 StdAU, B 421/7-1: Oberbürgermeister Scholl u. a. an die Herrn Bürgermeister des Landkreises,
    Seelsorger und Schulleiter des Stadt- und Landkreises Ulm, 15.11.1947.

48 Vgl. StdAU, B 421/7-1: Liga der Freien Wohlfahrtspflege an den Oberbürgermeister Ulm, 18.11.1949. StdAU, B 421/7-1: Entschließung des Oberbürgermeisters, 20.12.1949; StdAU, B 421/7-1: Innenministerium Württemberg-Baden an Oberbürgermeister Ulm, 2.12.1949.

49 Vgl. StdAU, B 421/7-1: Staatsbeauftragter für das Flüchtlingswesen an u. a. Oberbürgermeister Ulm, 5.12.1951.

50 Vgl. Gerlach: Demokratischer Neubeginn nach 1945, S. 439f., 468f.; Fink: Der Ulmer Gemeinderat, S. 144.

51 Vgl. StdAU, B 421/0-1: Aktennotiz des Kreiskommissars für Ausgewiesene von Stadt und Land Ulm, o. D.

52 Vgl. StdAU, B 421/0-3: Innenministerium, Der Staatskommissar für das Flüchtlingswesen an u. a. das Bürgermeisteramt Ulm, Runderlass 73, 15.11.1947. Schon im Januar 1947 hatte sich die Militärregierung dahingehend geäußert: „Eine Blockbildung der Neubürger ist von Seiten der Militärregierung nicht erwünscht." Vgl. StdAU, B 421/0-1: Kreiskommissar für Ausgewiesene von Stadt und Land Ulm an die Bürgermeister des Landkreises Ulm, 10.1.1947. Am 11. Juli 1947 verbot die Militärregierung alle Flüchtlingsparteien. Vgl. Steinert: Organisierte Flüchtlingsinteressen, S. 68.

53 Vgl. Steinert: Organisierte Flüchtlingsinteressen, S. 68.

54 Vgl. Stadtchronik 12.2.1949: Gründung der Union der „Ausgewiesenen"; ebd. 2.4.1949: Union der Ausgewiesenen.

55 Vgl. Steinert: Organisierte Flüchtlingsinteressen, S. 68.

56 StdAU, B 421/0-3: Innenministerium, Der Staatskommissar für das Flüchtlingswesen an u. a. das Bürgermeisteramt Ulm, Runderlass 73, 15.11.1947.

57 Vgl. Stadtchronik 3.4.1948: Hilfsverband der Neubürger; ebd. 20.7.1949: Eine Versammlung des Hilfsverbandes der Neubürger.

58 Z. B. gründete sich in Ulm 1949 die Landsmannschaft der Deutschen aus Polen, 1950 die Landsmannschaft der Sudetendeutschen. Vgl. Stadtchronik 1.10.1949: Heimattreffen; ebd. 18.3.1950: Gründung der Sudetendeutschen Landsmannschaft auf dem Kienlesberg.

59 Vgl. Stadtchronik 26.8.1956: Sportplatzweihe; ebd. 13.12.1959: VfB „Schwarz-Rot"; ebd. 4.8.1957: 1. Kinderfest der Eselsbergbewohner; VfB Ulm e. V.: November 1949 - Gründung eines Sportvereins (Iv).

60 Vgl. Wennemann: Flüchtlinge und Vertriebene, S. 101.

61 Vgl. Gerlach: Demokratischer Neubeginn nach 1945, S. 472f.; Stadtchronik 28.1.1951: Bei der heutigen Gemeinderatswahl wurden 17 Männer und 1 Frau in den Stadtrat gewählt.

62 Im Landkreis Ulm hielt sich vor allem der BHE länger, der in manchen Gemeinden bis 1968 noch eigene Listen für Neubürger aufstellen konnte. In zwei Gemeinden bekleideten Vertriebene sogar das das Amt des Bürgermeisters. Vgl. Birkenfeld/Hepach: Bewegte Jahre, S. 86f.

63 Vgl. Gerlach: Demokratischer Neubeginn nach 1945, S. 472f.; Fink: Der Ulmer Gemeinderat, S. 140-144.

64 Vgl. Morsey: Die Bundesrepublik Deutschland, S. 49-51; Sauer: Das Land Württemberg-Baden 1945-1952, S. 415f.; Wennemann: Flüchtlinge und Vertriebene, S. 94-96; Hallerberg u. a. (Hg.): Heimat für Fremde? S. 87-91.

65 Buzengeiger: Not überwinden, S. 180.

66 Oftmals wird vergessen, dass auch einheimische Geschädigte von diesen Leistungen Gebrauch machen konnten: In Ulm profitierten 400 einheimische Geschädigte mit rd. 3 Mio. DM davon. Vgl. Buzengeiger: Not überwinden, S. 180.

67 Zit. nach Schillinger: Entscheidungsprozeß beim Lastenausgleich, S. 298.

68 Vgl. StdAU, B 421/0-1: Flüchtlingskommissar für Stadt- und Landkreis Ulm an die Bürgermeister des Landkreises, 15.7.1946 und 24.7.1946.

69   Vgl. Buzengeiger: Not überwinden, S. 180; Birkenfeld/Hepach: Bewegte Jahre, S. 84f.;
     Stadtchronik 2.4.1949: Union der Ausgewiesenen; ebd. 21.2.1953: Bislang kommen
     Ostflüchtlinge aus Brandenburg, Mecklenburg und Sachsen-Anhalt.

70   Vgl. StdAU, B 421/0-1: Flüchtlingskommissar für Stadt- und Landkreis Ulm an die Bürger-
     meister des Landkreises Ulm, 23.9.1946. Hier zeigt sich die Nachfrage nach Arbeitskräften in
     der Nachkriegszeit, die mit den Heimatvertriebenen und Flüchtlingen geschlossen werden
     sollte – ca. zehn Jahre später kamen die ersten italienischen Landarbeiter nach Ulm.

71   Stadtchronik 2.4.1949: Union der Ausgewiesenen.

72   Vgl. Buzengeiger: Not überwinden, S. 180.

73   Vgl. Birkenfeld/Hepach: Bewegte Jahre, S. 85.

74   Vgl. StdAU, B 421/0-3: Innenministerium, Staatskommissar für das Flüchtlingswesen an u. a.
     die Bürgermeisterämter von Ulm, 4.12.1947.

75   Vgl. Linse: Ulmer Arbeiterleben, S. 98.

76   Vgl. StdAU, B 421/0-3: Innenministerium an Landräte und Flüchtlingskommissare in Nord-
     württemberg und die Bürgermeister u. a. von Ulm, 12.8.1946.

77   Vgl. StdAU, B 421/0-1: Aktennotiz des Ulmer Oberbürgermeisters, 26.2.1946; ebd., B 421/0-3:
     Innenministerium, Flüchtlingswesen an u. a. Oberbürgermeister Ulm, 17.5.1946.

78   Vgl. Stadtchronik 15.12.1945: Wirtschaftspolitik der heimischen Industrie; ebd. 31.12.1946:
     Ulmer Wirtschaft.

79   Vgl. StdAU, B 421/0-3: Innenministerium, Flüchtlingswesen an u. a. Oberbürgermeister Ulm,
     17.5.1946.

80   Vgl. Stadtchronik 20.12.1947: Versammlung von Neubürgern im Schuhhaussaal.

81   Vgl. Wennemann: Flüchtlinge und Vertriebene, S. 114.

82   Vgl. Stadtchronik 8.4.1949: Auswärtige Arbeiter in Ulm; ebd. 9.2.1949: Beirats-Sitzung der
     Industrie- und Handelskammer 1949; ebd. 15.6.1949: Der Ulmer Bahnhofsteg; ebd.
     23.4.1952: Ulmer Arbeiter reichen nicht für alle Arbeitsplätze aus.

83   Vgl. Stadt Ulm (Hg.): Ulmer Statistik 1948–1952.

84   Vgl. Stadtchronik 31.12.1946: Ulmer Wirtschaft; ebd. 28.4.1949: Magirus.

85   Hierbei besonders im Neunkirchenweg, wo Magirus mehrere Anlagen zwischen 1951 und
     1955 bauen ließ. Vgl. dazu Stadtchronik 11.10.1951: 2 Wohnblocks der Firma Klöckner-Hum-
     boldt-Deutz, Werk Ulm fertiggestellt; ebd. 26.10.1951: Wohnungsbaugesellschaft Wohlfahrt;
     ebd. 30.4.1952: Firma Magirus baut Drei-Zimmerwohnungen am Neunkirchenweg; ebd.
     21.6.1955: Richtfest. Weitere Bauten von Magirus gab es auf dem Kuhberg im Kauteräcker-
     weg und der Köllestraße sowie im Logauweg auf dem Eselsberg. Vgl. ebd. 18.12.1953:
     Wohnungen.

86   Vgl. Stadtchronik 15.6.1949: Der Chef der Ulmer Mil. Reg., Mr. John F. Capell.

87   Vgl. StdAU, B 721/7-1: Innenministerium, Flüchtlingswesen an u. a. die Landräte in Landkreis
     Ulm und den Oberbürgermeister Ulm, 23.4.1946.

88   Die Oberbürgermeister von Ulm, Heilbronn und Karlsruhe sahen in dieser Wirtschaftsorgani-
     sation eher eine Abspaltung der Vertriebenen statt einer Integration. Mit dem Argument, dass
     eher die bestehenden Produktionsstätten, die wegen Rohstoffmangels sowieso nicht voll
     ausgenützt seien, besetzt werden sollte, intervenierten, letztendlich erfolglos, beim
     deutschen Städtetag. Vgl. StdAU, B 421/7-1: Oberbürgermeister Ulm an die Oberbürger-
     meister von Stuttgart, Karlsruhe und Heilbronn, 15.5.1946.

89   Vgl. Stadtchronik 1.8.1948: Neubürgerbetriebe.

90   StdAU, B 774/41-22: Kreiskommissar für Ausgewiesene und Neubürger, Stadt- und LK Ulm,
     Kulturreferat an den Oberbürgermeister Ulm, 13.9.1947.

91   Vgl. StdAU, B 774/41-22: Kreiskommissar für Ausgewiesene und Neubürger, Stadt- und
     LK Ulm, Kulturreferat an den Oberbürgermeister Ulm, 13.9.1947.

92 StdAU, B 774/41-22: Niederschrift über die Verhandlungen des Wirtschaftsausschusses des Gemeinderats vom 17.10.1947, § 469 Neubürgermesse im Kienlesberg.
93 StdAU, B 774/41-22: Sitzung des Kuratoriums der Ausstellung „Neues Schaffen" in Ulm, 5.2.1948.
94 Zum Arbeitsmarkt in Ulm nach der Währungsreform vgl. Stadtchronik 20.7.1948: Arbeitsmarkt Ulm, nach der Währungsreform; ebd. 24.7.1948: Ulmer Wirtschaft nach der Währungsreform.
95 Vgl. Wennemann: Flüchtlinge und Vertriebene, S. 116f.
96 Vgl. Stadtchronik 24.12.1946: Ulmer Neujahrswünsche.
97 Vgl. StdAU, B 647/7-1: Stadtplanungsamt Ulm an Oberbürgermeister Ulm, 28.3.1947.
98 Vgl. StdAU, B 421/0-1: Amt für Besatzungskosten an Oberbürgermeister Ulm, 30.7.1948. StdAU, B 421/8-2: Gewerbeamt Ulm an Oberbürgermeister Ulm, 26.8.1948; Stadtchronik 22.5.1948: Neubürgerbaracken; Buzengeiger: Not überwinden, S. 182.
99 Stadtchronik 10.4.1949: SPD.
100 Vgl. Nestler: Ulm, S. 123.
101 Vgl. Sauer: Das Land Württemberg-Baden 1945–1952, S. 396f.
102 Vgl. Stadtchronik 12.7.1949: In Anwesenheit von Bürgermeister; ebd. 11.8.1949: Schwörwoche; ebd. 27.9.1949: 1948 gegründete Flüchtlings-Wohnungsbaugenossenschaft feiert im „Lamm"; ebd. 20.12.1949: Heimatvertriebene haben in den letzten Jahren eine vorbildliche Neubürgersiedlung geschaffen.
103 Vgl. Stadtchronik 29.4.1952: Umsiedlerfamilien treffen im Durchgangslager Kienlesberg ein; ebd. 27.1.1953: Umsiedlerwohnungen erstellt; ebd. 27.3.1954: Wohnungen.
104 Vgl. Stadtchronik 24.11.1951: Flüchtlings-Umsiedlungsprogramm; ebd. 24.7.1952: Staatlich gelenkte Umsiedlerwohnungen am Eselsberg bezogen; ebd. 30.10.1952: Umsiedlung der Flüchtlingsfamilien; ebd. 17.12.1954: Wohnungen, Multschlerschule.
105 Vgl. StdAU, B 005/5-368: Niederschrift Verhandlungen Bauabteilung, 17.5.1951, § 557.
106 Vgl. Albers: Planung und Aufbau, S. 35-37.
107 Vgl. Stadtchronik 1.7.1959: Richtfest; ebd. 11.12.1959: Braunland.
108 Vgl. Interview mit Herrn Plank.

03

SBZ-/DDR-
Flüchtlinge

In der wissenschaftlichen Literatur finden sich Flüchtlinge aus der SBZ beziehungsweise DDR[1] oftmals nur im Kontext mit den Flüchtlingen und Heimatvertriebenen vor allem aus den ehemaligen deutschen Ostgebieten. Dies hat aufgrund der Gemeinsamkeiten dieser beiden Gruppen auch seine Berechtigung: Beide flohen in der Zeit nach dem Zweiten Weltkrieg in die Westzonen beziehungsweise die Bundesrepublik und durchliefen einen schwierigen Eingliederungsprozess. Anfangs meist als Belastung empfunden, wandelte sich die Sichtweise im Zuge des ökonomischen Booms ab Mitte der 1950er Jahre und die Menschen wurden zu gefragten Arbeitskräften, die den Bedarf der expandierenden Wirtschaft befriedigten.

Allerdings gibt es bei genauerer Betrachtung auch erhebliche Unterschiede zwischen den beiden Gruppen, die eine separate Analyse rechtfertigen: War die Einwanderung der Vertriebenen in einer ungleich größeren Zahl bis 1950 abgeschlossen, so kam der Großteil der DDR-Flüchtlinge erst später und dann als eigenständige Gruppe in das öffentliche Bewusstsein der bundesrepublikanischen Bevölkerung. Sie trafen auch nicht geballt in Trecks oder Massentransporten ein, sondern sukzessive über einen längeren Zeitraum bis zum Mauerbau 1961. Überspitzt könnte man bei den Heimatvertriebenen von einem eher punktuellen Ereignis sprechen, bei den DDR-Flüchtlingen von einem längerfristigen Prozess.

Auch die Fluchtgründe und die -form unterschieden sich: Auch wenn die DDR-Flüchtlinge Druck und Repressionen ausgesetzt waren, erlebten sie nicht die gleiche Extremerfahrung wie die Heimatvertriebenen, die oftmals unter Kriegsumständen und/oder massiver Gewalt kurzfristig gezwungen worden waren, ihre Heimat zu verlassen. Im Gegensatz dazu trafen die DDR-Flüchtlinge eine individuelle Entscheidung zur Flucht aus politischen, wirtschaftlichen und/oder persönlichen Motiven. Die Heimatvertriebenen waren Objekte, die SBZ-/DDR-Flüchtlinge Subjekte der Flucht.[2]

Deshalb unterscheidet sich auch die Flüchtlingsstruktur: Während bei den Heimatvertriebenen alle deutschen Bewohner, also auch Kranke und Alte, vertrieben wurden, trafen in der SBZ/DDR eher jüngere und noch am Beginn des Berufslebens stehende Personen die Entscheidung zur Flucht, um sich in der Bundesrepublik eine neue Existenz aufzubauen.[3]

Ihr Beginn als „illegale Grenzgänger"

Schon kurz nach Kriegsende versuchten Menschen aus der SBZ in den Westen zu gelangen und kamen so auch nach Württemberg. Im Stuttgarter Innenministerium sprach man zwar schon 1946 von „bekannten Gründen", warum es Fluchtversuche gebe, jedoch sollte über „Zuzugsanträge [...] unter allen Umständen negativ" entschieden werden.[4] Denn, einerseits mussten erst die Heimatvertriebenen untergebracht werden und andererseits waren die ideologischen Fronten noch nicht so verhärtet, als dass man es als moralische Pflicht sah, die ‚Ostflüchtlinge' aufzunehmen.

Im Sommer 1949 behandelte der Ulmer Gemeinderat dann erstmals das Thema ‚Grenzgänger' – so ein offizieller Terminus für DDR-Flüchtlinge zu dieser Zeit. Anlass zu der relativ kurzen Debatte – das Protokoll umfasst nicht einmal eine Seite – war das Gerücht, dass Ulm ein Grenzgängerlager erhalten sollte. Die Gemeinderäte einigten sich schnell, dass dagegen Einspruch eingelegt werden müsse,[5] woraufhin das Amt für Besatzungsleistungen in einem Brief an das Innenministerium in Stuttgart ausführte,

> „dass sich die schwer getroffene Stadt zwar gern der Flüchtlings- und Heimkehrerdurchschleusung unterzogen hat, dass sie aber nicht gewillt ist, nun den Zustrom der ganzen Illegalen nach hier zu ziehen, unter dem zugegebenermaßen ein hoher Prozentsatz unerfreulicher Elemente ist, von denen erfahrungsgemäß ein großer Teil in der Stadt und näheren Umgebung letzten Endes doch hängen bleibt."[6]

Dass sich die Stadt „gern" der Flüchtlingsdurchschleusung unterzogen hat, war eine Beschönigung, wie im vorigen Kapitel ausgeführt ist. Vielmehr gab es denselben Reflex, die Flüchtlinge zunächst von der Stadt fernzuhalten, und immer wieder Versuche, die Einrichtung von Lagern abzuwenden. Die Stadt zählte zusammen mit dem Landratsamt Ulm vier Gründe gegen eine Belegung auf: erstens den hohen Grad an Zerstörung, zweitens die Überfüllung der Stadt mit DPs, drittens den großen Anteil an „asozialen und kriminellen Elementen" unter den ‚Ostflüchtlingen' und viertens schließlich, dass Ulm ein Verkehrsknotenpunkt sei, was den ‚Illegalen' ein schnelles Sich-Absetzen vor polizeilicher Erkennung durch Bus, Bahn und Auto erlaube.[7]

Neben diesen schriftlichen und auch persönlichen Protesten gab es eine „eindrucksvolle Einschreibungsaktion" der Ulmer Bürgerinnen und Bürger gegen das geplante Lager,[8] zu der die SDZ aufgerufen hatte.[9] Das Lager solle eher nach Bayern oder Hessen – oder, wenn es schon Württemberg-Baden sein müsse, dann doch wenigstens nach Kornwestheim.[10] Selbst in seiner Rede am Schwörmontag im Jahr 1949 ging Oberbürgermeister Pfizer auf diese Thematik ein:

„Wir glauben, dass trotz der bisherigen Mitteilungen, die zu uns gelangt sind, es möglich sein muss, Ulm, das mit so vielen besonders gearteten Hypotheken beschwert ist, nicht auch noch mit dem Auffanglager für illegale Grenzgänger in der amerikanischen Zone zu belasten."[11]

Das Fluchtjahr 1953

Ulm verhinderte also lange, dass ein „Grenzgängerlager" für DDR-Flüchtlinge errichtet wurde. Allerdings änderte sich die politische Lage in der ‚Ostzone' ab Sommer 1952 so gravierend, dass der Staatsbeauftragte für das Flüchtlingswesen in einem Brief an alle Landratsämter und Oberbürgermeister Württembergs schrieb:

> „[...] durch die derzeitige politische Lage und den sich daraus ergebenden verstärkten Zustrom illegaler Zuwanderer aus der sowjetischen Besatzungszone [...] sind alle staatlichen Durchgangslager des Landesbezirks Württemberg überfüllt, Neuzugänge können nicht mehr untergebracht werden."[12]

Diese „politische Lage" ging auf die im selben Jahr gefassten Beschlüsse der Zweiten Parteikonferenz der SED zurück. Dabei wurde der „Aufbau des Sozialismus zur grundlegenden Aufgabe" erhoben, worunter die Beseitigung der noch bestehenden Privatwirtschaft und auch die Kollektivierung der Landwirtschaft fielen. Um dieses Ziel zu erreichen, übte die SED-Führung massiv Druck aus, indem sie z. B. rückständige Steuern rigoros einzog, privaten Unternehmen Kredite kündigte oder neue verweigerte. Für private Landwirte wurde das Ablieferungssoll so stark erhöht, dass es die Betriebe und Höfe überforderte.[13] Die Folgen waren Produktionsrückstände und Insolvenzen, was zu Engpässen in der Versorgung und Preiserhöhungen führte. Bei Nichterfüllung drohten Geld- und Haftstrafen, so dass sich viele Landwirte gezwungen sahen, in die Bundesrepublik zu flüchten, weshalb das Jahr 1953 die höchste Fluchtquote überhaupt aufweist.

Anzahl der Bewohner der Ulmer Flüchtlingslager
1953–1969

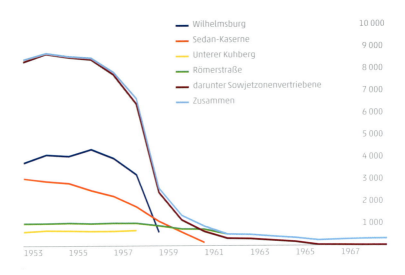

Flüchtlinge DDR in BRD
1949–1961

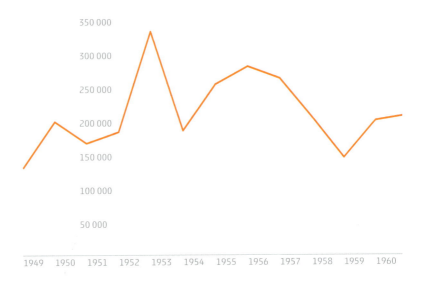

Im Januar 1953 gab die Besatzungsmacht die Untere Kuhberg-Kaserne für die Flüchtlinge frei, in der ca. 500 Menschen unterkommen sollten.[14] Am 19. Februar trafen dann die ersten zwei Omnibusse mit je 50 Personen aus dem Durchgangslager Stuttgart-Stammheim dort ein.[15] Danach folgten täglich mehrere solcher Transporte, bis Anfang März die noch in der Renovierungsphase befindliche Kaserne voll belegt war.[16] Schon zu Beginn war absehbar, dass die hohe Anzahl der Flüchtlinge die Kapazitäten der Kaserne sprengen würde, weshalb die von der US-Armee freigegebene Sedan-Kaserne ebenfalls für Flüchtlinge genutzt wurde.[17] Aber auch diese gelangte schon Ende März mit über 2 000 Bewohnern an ihre Grenzen,[18] so dass sogar Verlegungen an andere Orte wie Balingen und Rastatt vorgenommen werden mussten.[19] Mitte April entschloss sich deshalb das Stuttgarter Ministerium für Heimatvertriebene und Kriegsbeschädigte, die Wilhelmsburg wieder für Flüchtlinge zu nutzen.[20] Am 5. Mai siedelten dann die ersten 600 Bewohner der völlig überbelegten Sedan-Kaserne in die ‚Burg' über, in der bald rund 4 000 Flüchtlinge lebten.[21] Im September des Jahres 1953 wohnten ca. 9 000 Flüchtlinge in den vier Ulmer Lagern,[22] was ca. 11 % der städtischen Gesamtbevölkerung ausmachte.[23]

Die Gründe für eine Flucht waren vielfältig. So erzählte ein Jugendlicher der SDZ, dass er wegen seiner „Kapitalistenfrisur" immer wieder Anfeindungen und Gerichtsverfahren ausgesetzt gewesen war:

> *„Ein etwa 18-jähriger ist ausgerissen, weil er als westlich verseucht galt und darum zu drei Monaten Gefängnis verurteilt wurde. Seine ‚Versuchung' schloss man aus seinen kritischen Äußerungen in der Schule, aus seinen langen Haaren und aus der Tatsache, dass er am FDJ-Dienst nur als zahlendes Mitglied und nicht als Aktiver teilnahm."*[24]

Wie oben erwähnt, befanden sich unter den Flüchtlingen aus der DDR über-
proportional viele Landwirte, die ihre Heimat aufgrund von Schikane, Repressalien und/oder Tyrannei verlassen mussten. Die Einzelschicksale ähneln sich
stark: In einem Interview mit drei DDR-Flüchtlingen in der Unteren Kuhberg-
Kaserne sprechen diese von der Angst vor einer Anklage wegen „Sabotage"
und einer darauffolgenden Verhaftung:

*„Er sah in dem Dorf, in dem er arbeitete, die Bauern einen
nach dem anderen wegen Nichterfüllung ihres Abgabesolls
verschwinden' oder nach Westberlin flüchten. Einer von ihnen
wanderte ins Zuchthaus, weil man in seiner Drillmaschine etwas
liegengebliebenes Korn fand. [...] Der Bauer besaß 9,15 Hektar
Land, aber seine Familie hungerte. Um wenigstens Brot zu haben,
tauschte er mit einem Bäcker seines Dorfes zwei Äcker gegen
Brot für seine Frau und Kinder. Er tat das, weil das ihm auferlegte
Ablieferungssoll keinen Bissen zum Leben übrig ließ."*[25]

So kam der Westberliner Sozialminister Otto Bach in Bezug auf die DDR-
Flüchtlingswelle zu dem Schluss, dass diese zur „Auflösung ganzer Bevölke-
rungsschichten in der Sowjetzone" führe, wobei unter den Flüchtlingen
neben Bauern auch der Anteil an Facharbeitern und ‚technischer Intelligenz'
stark gestiegen sei.[26] Der Deutsche Städtetag sah in dieser Entwicklung durchaus Potential: „Die altersmäßige Schichtung der Flüchtlinge sei gegenwärtig
günstig. Viele von ihnen könnten in der Landwirtschaft untergebracht werden."[27] Ein Problem lag allerdings darin, dass die Höfe in Süddeutschland
meist kleiner waren, oftmals ‚nur' Angestellte gesucht wurden und der dabei
verdiente Lohn nicht ausreichte, um auch die Familien der geflohenen Landwirte zu ernähren.[28] Deshalb wanderten viele zur (Groß-)Industrie ab und
suchten dort Arbeitsplätze.

Unterbringung

Im Mai 1953 wurden die ersten DDR-Flüchtlinge von der überfüllten Sedan-Kaserne auf die Wilhelmsburg verlegt. Zwar sprachen die Verantwortlichen immer davon, dass bei anhaltendem Flüchtlingsstrom die Unterbringung schwierig würde, aber die Wenigsten hatten wohl mit einer derartigen Zunahme gerechnet. Innerhalb nur eines Jahres war die ‚Burg' mit durchschnittlich 4 000 Menschen belegt. Diese konstant hohe Belegungszahl änderte sich auch bis Ende der 1950er Jahre nicht. Neben dem Stammlager, in dem der Großteil der Bewohner oftmals Monate oder Jahre untergebracht war, hatte die Wilhelmsburg auch ein Durchgangslager, wo die Geflüchteten ‚nur' wenige Tage oder Wochen ausharren mussten. Die Fluktuation dort war so hoch, dass innerhalb nur eines Monats im Jahre 1954 über tausend Menschen durchgeschleust wurden.[29]

→ **20** Tausende von Ostzonenflüchtlingen erreichten Ulm und erhielten, wie hier im Jahr 1953 im Landesdurchgangslager Sedan-Kaserne, eine Mahlzeit.

Dass sich eine menschenwürdige Unterbringung solcher Menschenmassen nicht einfach gestaltete, ist leicht vorstellbar. In der völlig überfüllten Wilhelmsburg mussten sich beispielsweise zwölf Personen nur 30 m² Wohnraum teilen, was zu katastrophalen hygienischen Verhältnissen führte. Mit der Zeit entwickelte sich auf der Wilhelmsburg eine eigene Infrastruktur, die wie eine kleine Stadt funktionierte: Neben der Sammelverpflegung versorgte ein kleiner Lebensmittelladen, den die Konsumgesellschaft Ulm betrieb, die Flüchtlinge. Gebetsräume der beiden Konfessionen ermöglichten den Kirchgang. Kino, Theaterbühne und Bücherei verschafften Zerstreuung. Für Kinder und Jugendliche gab es Kindergärten, Schulen und auch ein Haus der Jugend.[30]

Diese Form der Massenunterbringung in den Ulmer Lagern war so nicht vorgesehen gewesen. Es sollte eine sogenannte ‚wohnungsmäßige Unterbringung' der DDR-Flüchtlinge folgen, was die Stadt vor große Probleme stellte, da auch die Heimatvertriebenen, ‚heimatlosen Ausländer' und US-Soldaten

Wohnungen benötigten. 1953 fand in der Ulmer Stadtbauverwaltung eine Besprechung über den Neubau von 355 Wohnungen explizit für „Umsiedler und Sowjetzonenflüchtlinge" statt, was die zusammenhängenden Grund- stücksreserven der Stadt völlig erschöpfte.[31] Zwar gab der Bund Finanzspritzen, die anteilsmäßig auf die Länder und dann die Gemeinden verteilt wurden,[32] jedoch war die größte Sorge Ulms immer das Bauland. Sie bemühte sich vor allem um den bundeseigenen Pionier-Landübungsplatz, der schon lange im Fokus der Stadt stand.

Im Januar 1959 lebten in den vier Ulmer Lagern noch 6 869 Personen.[33] Zu dieser Zeit hatten die zuständigen Stellen aber die Absicht, die Lager zu schlie- ßen und diese unhaltbare Situation im ‚Wirtschaftswunderland' zu beenden. Die Stadt sei in diesem Jahrzehnt allerdings nicht untätig gewesen, wie der Oberbürgermeister bei einer Gemeinderatssitzung im Februar 1959 bilanzierte: Bis 1959 hatte die Stadt 1 223 Wohnungen für DDR-Flüchtlinge gebaut und in absehbarer Zeit sollten nochmals 373 Wohneinheiten hinzukommen.[34]

So schlossen mit der Zeit auch die Flüchtlingslager: erst die Untere Kuhberg-Kaserne 1958, ein Jahr später die Wilhelmsburg und 1961 die Sedan-Kaserne. Das Flüchtlingslager in der Römerstraße blieb zwar bestehen, aber der Anteil der DDR-Flüchtlinge sank kontinuierlich und die ersten Asylbewerber fanden dort Unterkunft.

Der Flüchtlingsstrom aus der DDR endete mit dem Mauerbau 1961 abrupt. Ein Jahr zuvor hatte dort wieder eine Kollektivierungskampagne eingesetzt, die zusammen mit einer Missernte zu einer Versorgungskrise führte und den Flüchtlingsstrom wieder anschwellen ließ. Schon nach der ersten großen Abwanderungswelle im Jahr 1953 hatte die SED-Führung mit der Einrichtung eines Sperrgebietes an der innerdeutschen Grenze reagiert und 1961 wollte Walter Ulbricht den Bevölkerungsschwund von jungen und qualifizierten Arbeitern sowie Landwirten ganz beenden und setzte in Moskau den Bau der Berliner Mauer durch, der gewaltsam die letzte Fluchtmöglichkeit von Ost nach West schloss und in der Folgezeit viele Todesopfer forderte.[35]

Nicht nur Tausende von DDR-Flüchtlingen in der Bundesrepublik, sondern auch viele Einheimische reagierten empört auf diese Maßnahme. Seit 1954 gedachte die Bundesrepublik jährlich am 17. Juni der Vorgänge des Volksaufstandes in der DDR. Seit 1962 beinhalteten die Gedenkveranstaltungen nun auch den Protest gegen die Berliner Mauer. Die Gedenkfeiern in Ulm erhielten großen Zulauf, wie z. B. bei einer Rede des prominenten Politikwissenschaftlers Klaus Mehnert oder der nahe des Münsterplatzes vor dem Neuen Bau errichteten symbolischen Mauer mit der Aufschrift „Denk an Berlin".

Propaganda im Kalten Krieg

Die im Kalten Krieg betriebene Propaganda von Ost und West ging an Ulm nicht spurlos vorüber. Immer wieder berichteten die Zeitungen kritisch über die Vorgänge in der DDR. So z. B.: „Die gesamte Erziehung liegt in den Händen des Staats. Schon die Dreijährigen erhalten den Hass gegen die ‚Westlichen‘ eingetrichtert und lernen mit ihren Bauklötzen den Namen ‚Stalin‘ zu legen."[36] Teilweise enthielt diese Kritik an der DDR auch stark nationalistische Färbungen, wie bei einer Ulmer Versammlung des ‚Volksbundes für Frieden und Freiheit‘, auf der die „Kaltblütigkeit und Unerbittlichkeit" von Moskau und die „systematische Sowjetisierung der deutschen Lande zwischen Werra und Oder" kritisiert wurden. Wörtlich: „Alles ursprünglich Deutsche wird ausgemerzt, alle deutsche Vorgeschichte vernichtet." Besorgt zeigte sich die Versammlung über die Militarisierung in der DDR: „Alles, was heute in der Sowjetzone geschieht, steht im Zeichen der Rüstung. Man sagt, ‚Frieden‘ und meint ‚Krieg‘." Schlussfolgerungen, die daraus gezogen wurden, sind symptomatisch für die eskalierenden Argumentationslinien im Kalten Krieg: „Und während man sich im Westen seit Jahren über eine Wiederaufrüstung streitet und debattiert, wird drüben seit Jahren mit gewaltiger Kraft gerüstet."[37] Dieser ‚Volksbund‘ passt nicht nur wegen seines rigiden Antikommunismus und der Unterwanderungshysterie in die McCarthy-Ära,[38] sondern er erhielt auch von den USA eine großzügige Finanzierung, obwohl die Gründer des ‚Bundes‘ aus dem Umfeld des Goebbel'schen Propagandaministeriums im Dritten Reich zu finden waren.[39]

Die Hysterie in der aufgeladenen Stimmung kam jedoch nicht von ungefähr, denn SED-Führung und KPD-Aktivisten im Westen versuchten immer wieder, direkt Einfluss zu nehmen – auch auf die DDR-Flüchtlinge. So gerieten FDJ-Funktionäre in die Schlagzeilen, als sie versuchten, die Bewohner der Flüchtlingslager – wenn auch größtenteils erfolglos – zu beeinflussen.[40] Vor allem, als sich die Aufenthaltszeiten der DDR-Flüchtlinge in den Lagern aufgrund der stockenden Wohnungszuweisungen immer mehr verlängerten, fielen ihre Worte auf fruchtbaren Boden. Im Sommer 1954 konnten zwei Agenten aus der Ostzone auf der Wilhelmsburg – mit rund 4 200 Bewohnern „das größte

Flüchtlingslager in Westdeutschland", so die Ulmer Nachrichten – einen „ernsthaften Aufstand" anzetteln, der „nur unter großem Polizeiaufgebot niedergeschlagen werden konnte."[41] Ausweiskontrollen sollten solche Situationen fortan vermeiden.

→ **23** Wie die Heimatvertriebenen versuchten auch die Sowjetzonenflüchtlinge über Interessengemeinschaften auf ihre Belange aufmerksam zu machen und politische Forderungen zu artikulieren.

Sowjetzonenflüchtlinge!

Gründung einer Interessengemeinschaft

Samstag, 14. Februar 1953, abends 19.30 Uhr

Ulm, Gasthaus Zur Blauflesch, Lindenstr. 2

Vertreter der Landesleitung sprechen über:

Soforthilfe, Lastenausgleich usw.

Sowjetzonenflüchtlinge, wahrt Eure Interessen!

Eintritt frei!

Verband der Sowjetzonenflüchtlinge - Südwestdeutschland
Stuttgart, Silberburgstraße 30

Druckhaus Robert Kohlhammer, Leinfelden-Stuttgart

→ Fazit

Insgesamt flohen in der Zeit bis 1988 über drei Millionen Menschen aus der SBZ beziehungsweise DDR in den Westen, wobei man hier von Anfang an von einer Dauermigration ausging. Die in den Quellen sogenannten „Sowjetzonen-vertriebenen" bildeten in Ulm eine erstaunliche Größe. Das Hauptproblem stellte wieder die Versorgung mit Wohnraum dar, deren Fortschreiten auch als Integrationsmesser gelten kann. Erst als der Bund sich stärker finanziell beteiligte, trat die Bundesrepublik von der Phase der Aufnahme in die Phase der Eingliederung ein.[42]

Wie die Heimatvertriebenen versuchten auch die DDR-Flüchtlinge über Ver-bände ihre Interessen zu artikulieren und in politische Entscheidungsprozesse einzugreifen. So bildete sich z. B. in Ulm 1953 eine Interessengemeinschaft des „Verbandes der Sowjetzonenflüchtlinge Süddeutschlands". Allerdings erreichten die Organisationen der DDR-Flüchtlinge schon allein aufgrund ihrer geringeren Anzahl niemals die Bedeutung jener der Heimatvertriebenen.

Für den Arbeitsmarkt stellten die DDR-Flüchtlinge eine Bereicherung dar:[43] Sie wiesen auch aufgrund ihres hohen Anteils junger Erwerbsfähiger eine hohe Beschäftigungsquote auf und trugen dazu bei, den durch das ‚Wirt-schaftswunder' der 1950er Jahre gestiegenen Bedarf an Arbeitskräften zu decken. Allerdings klagte die einheimische Landwirtschaft weiterhin über nichtbesetzte Stellen,[44] was an den oben beschriebenen geringeren Verdienst-möglichkeiten lag. Um diese Defizite auszugleichen, kam schon 1953 der Wunsch auf, für derartige Arbeitsverhältnisse „ausländische Wanderarbeiter" heranzuziehen[45] – zwei Jahre später trafen die ersten italienischen Gastarbeiter in Ulm ein.

1 Im Folgenden wird auf die Unterscheidung zwischen Flüchtlingen aus der SBZ (Sowjetische Besatzungszone) und der 1949 gegründeten DDR (Deutsche Demokratische Republik) verzichtet.

2 Vgl. Heidemeyer: Flucht und Zuwanderung aus der SBZ/DDR, S. 25.

3 Vgl. zu dieser Thematik Heidemeyer: Flucht und Zuwanderung aus der SBZ/DDR, S. 23–27.

4 Vgl. StdAU, B 421/0–3: Innenministerium Stuttgart, Fürsorgereferat, an u. a. den Oberbürgermeister von Ulm, 22.2.1946.

5 StdAU, B 005/5–363: Niederschrift aus den Verhandlungen des Gemeinderats vom 21.7.1949 § 72.

6 Vgl. StdAU, B 422/10–5: Amt für Besatzungsleistungen an Bürgermeister Dr. Hailer, 18.7.1949.

7 Vgl. StdAU, B 422/10–5: Bürgermeisteramt Ulm und Landratsamt Ulm an das Staatsministerium Stuttgart, 22.7.1949.

8 Vgl. StdAU, B 422/10–5: Bürgermeisteramt Ulm an Staatsministerium Stuttgart, 22.8.1949.

9 Vgl. SDZ 26.8.1949: Grenzgängerlager nicht nach Ulm.

10 Vgl. StdAU, B 422/10–5: Aktenvermerk, 24.8.1949.

11 Pfizer: Neubau der Stadt, S. 24.

12 StdAU, B422/10–7: Polizeidirektion Ulm an Bürgermeisteramt Ulm, 20.6.1952.

13 Schon 1945 kämpfte die KPD auch unter dem Slogan „Junkerland in Bauernhand" dafür, dass sich die Landwirte in den sogenannten Landwirtschaftlichen Produktionsgenossenschaften (LPG) zusammenschließen, was jedoch wenig erfolgreich war: Bis 1960 traten nur 3,2 % der Einzelbauern freiwillig ein.

14 Vgl. SDZ 16.1.1953: Sedankaserne wird Flüchtlingslager; SDZ 20.1.1953: Auch Kuhberg-Kaserne für Flüchtlinge freigegeben.

15 Vgl. UN 19.2.1953: Ostzonenflüchtlinge kommen heute an.

16 Vgl. SDZ 4.3.1953: Wieder 600 Flüchtlinge ab 6. März.

17 Vgl. UN 26.2.1953: Mitte März wird Sedan-Kaserne belegt.

18 Vgl. UN 24.3.1953: Ein stetes Kommen und Gehen.

19 Vgl. SDZ 1.4.1953: 400 Flüchtlinge werden von Ulm weg verlegt.

20 Vgl. UN 15.4.1953: 1200 Ostzonenflüchtlinge sollen in die Burg.

21 Vgl. Stadt Ulm (Hg.): Ulmer Statistik 1953 sowie SDZ 30.4.1953: Wilhelmsburg wir dringend benötigt; UN 5.5.1953: Wilhelmsburg ab heute Flüchtlingslager.

22 Vgl. dazu Stadt Ulm (Hg.): Ulmer Statistik 1953. Die vier Lager waren die Wilhelmsburg, die Untere Kuhberg-Kaserne, das Römerlager und die Sedan-Kaserne.

23 Vgl. SDZ 9.9.1953: Flüchtlinge brauchen dringend Wohnungen.

24 SDZ 9.3.1953: „Hier haben wir wenigstens unsere Freiheit".

25 SDZ 24.2.1953: „Saboteure wählten die Freiheit".

26 Vgl. StZ 4.3.1953: Neue Sorgen mit den Sowjetzonenflüchtlingen.

27 SDZ 23.2.1953: Städtetag zur Unterbringung von Flüchtlingen.

28 Vgl. StZ 5.3.1953: Auch in Stuttgart wird man jetzt schwer tun.

29 Vgl. Stadelhofer (Hg.): Die Wilhelmsburg in Ulm 1945 bis 1960, S. 97.

30 Weiterführende Informationen ermöglicht die umfangreiche Publikation des Zentrums für Allgemeine Wissenschaftliche Weiterbildung der Universität Ulm.

31 Die verschiedenen Plätze waren u. a.: Bauplatz Neunkirchenweg, Leonhardstraße, Stifterweg, Türmle, das Sonderprogramm Altstadt Bauplatz an der Dreifaltigkeitskirche. Die Ulmer Wohnungs- und Siedlungs-GmbH übernahm dabei auch die Aufgabe, gebundene Wohnungen für Käßbohrer und auch für Lehrer, Post, städtische Angestellte usw. zu erstellen. Vgl. StdAU, B 422/10–7: Aktenvermerk der Stadtbauverwaltung, 21.3.1953.

32 SDZ 20.2.1953: 26 % aller Flüchtlinge nach Baden-Württemberg; StZ 27.2.1953: Die Unterbringung der Sowjetzonenflüchtlinge. Der Bund gab 1953 180 Millionen DM für ein

Wohnungsbauprogramm für zweckgebundene Wohnungen für DDR-Flüchtlinge aus, von denen Baden-Württemberg 44 Millionen erhielt. Das Land gab zu dieser Summe nochmals 7,4 Millionen dazu, so dass insgesamt 52 Millionen DM an die Gemeinden verteilt werden konnten. Vgl. StdAU, B 422/10-7: Württembergisch-Badischer Städteverband an die Mitgliedsstädte, 2.3.1953.

33   Belegung der einzelnen Lager: Wilhelmsburg 3 153, Sedan-Kaserne 2 057, Römerstraße 1 018 und Untere Kuhberg-Kaserne 641. Vgl. StdAU, B 005/5-392: Niederschrift aus den Verhandlungen des Gemeinderats vom 6.2.1959, § 2.
34   StdAU, B 005/5-392: Niederschrift aus den Verhandlungen des Gemeinderats vom 6.2.1959, § 2.
35   Vgl. Malycha: Geschichte der DDR, S. 33-36.
36   SDZ 3.3.1953: Warum Sowjetzonenflüchtlinge? Vgl. auch SDZ 23.2.1953: „Lernaktiv" und Kriegsfilme.
37   UN 4.3.1953: Warum Sowjetzonenflüchtlinge?
38   Vgl. dazu beispielsweise Adams: Die USA im 20. Jahrhundert, S. 86f.
39   Vgl. Körner: Politische Broschüren im Kalten Krieg 1947-1963.
40   Vgl. UN 21.2.1953: FDJ-Funktionäre schon am Werk.
41   UN 5.6.1954: „Hungermarsch und Aufstand auf der Wilhelmsburg".
42   Vgl. Heidemeyer: Flucht und Zuwanderung aus der SBZ/DDR, S. 332f.
43   Vgl. zu dieser Thematik Bethlehem: Heimatvertreibung, DDR-Flucht, Gastarbeiterzuwanderung, S. 38-48.
44   Vgl. NUZ 6.3.1953: Landwirtschaft bemüht sich um Ostonenflüchtlinge.
45   Vgl. SDZ 20.2.1953: 26 Prozent aller Flüchtlinge nach Baden-Württemberg.

04

Ausländische Arbeitskräfte

„Man wollte Arbeiter und es kamen Menschen." Dieses oft benutzte Zitat von Max Frisch über die einst sogenannten ‚Gastarbeiter' trifft wohl den Kern der Arbeitsmigration nach Deutschland. Der steigende Bedarf an Arbeitskräften durch das extreme Wirtschaftswachstum überstieg die personellen Kapazitäten Deutschlands, weshalb ab 1955 (offiziell) ausländische Arbeitskräfte für eine begrenzte Zeit angeworben wurden. Millionen folgten diesem Ruf und viele davon fanden in Deutschland eine neue Heimat. Während der Konjunkturphasen versprachen sich Politik wie Öffentlichkeit von ausländischen Arbeiterinnen und Arbeitern Vorteiled auch Wohlstand. Allerdings tat man sich in den folgenden Zeiten der Rezession mit der Aufnahme von Ausländerinnen und Ausländern in das Gesellschaftssystem schwer.

Deutlich tritt bei der Lektüre der zeitgenössischen städtischen Akten ab Mitte/Ende der 1970er Jahre die Akzeptanz der Einwanderungssituation auf kommunaler Ebene hervor. Sprachlich fällt allerdings auf städtischer Ebene eine Paradoxie auf, da die von der Bundespolitik ausgegebene, im Rückblick selbsthypnotisch anmutende Parole „Deutschland ist kein Einwanderungsland" galt, gleichzeitig jedoch von der real existierenden, zunehmenden Sesshaftigkeit die Rede war, was bei Einheimischen und Ausländern mehr irritierend denn integrativ gewirkt haben muss.

Wirtschaftswunder und der Beginn der Anwerbeabkommen

Dass in Deutschland über die Anwerbung von ausländischen Arbeitskräften diskutiert wurde, lag im Grunde an der Aussicht auf Vollbeschäftigung. Bei anhaltendem Wirtschaftswachstum stieg auch der Arbeitskräftebedarf, den die einheimische Bevölkerung nicht mehr decken konnte, wodurch die Zahl der offenen Stellen anstieg.[1] Schon 1952 hatten baden-württembergische Bauern die Genehmigung erhalten, ca. 500 Italienerinnen und Italiener auf Eigeninitiative hin anzuwerben. Die zu dieser Zeit noch hohen Löhne und die vom Arbeitgeber zu bezahlenden Fahrtkosten machte deren Einsatz finanziell allerdings nicht rentabel und der Ruf nach staatlicher Regulierung in Verbindung mit Subventionierung wurde lauter.[2]

Die eigentliche Initiative zur Anwerbung von Arbeitskräften ging – wie bei allen weiteren Abkommen mit den Mittelmeerländern[3] – jedoch nicht von der Bundesrepublik aus. Vielmehr fragte Italien 1953 an, ob nicht italienische Arbeiterinnen und Arbeiter die freien Stellen im primären Sektor – also in der Landwirtschaft – füllen könnten. Die italienische Regierung versprach sich dadurch Deviseneinnahmen sowie eine bessere Handelsbilanz und gleichzeitig die Senkung der Arbeitslosenquote, die vor allem in Süditalien hoch war. 1954 begann der damalige Bundeswirtschaftsminister Ludwig Erhard Verhandlungen mit italienischen Vertretern, was in Deutschland zu einer gewissen Verwunderung führte, da die Arbeitslosenquote immer noch bei ca. 7 % lag. Vorherige Forderungen nach der Hereinnahme ausländischer Arbeiterinnen und Arbeitern waren am Inländerprimat gescheitert: Es sollten erst alle Deutschen Arbeit haben, bevor Ausländer geholt würden.[4] Verschiedene Punkte kamen dabei immer zur Sprache, wie die regionale Ungleichverteilung der Arbeitslosen. In Baden-Württemberg lag die Quote bei 2,2 % und beispielsweise in Schleswig-Holstein bei 11,1 %. Eine mögliche Kompensation scheiterte aber an der Verfügbarkeit von Wohnungen. Während es in Schleswig-Holstein genug Wohnraum, aber wenig Arbeitskräftebedarf gab, herrschte in Nordrhein-Westfalen Mangel an Arbeitskräften, ohne dass Wohnraum zur Verfügung stand.

Bei der kurzfristigen Hereinnahme von italienischen Arbeiterinnen und Arbeitern, so die zeitgenössische Sicht, bestünden all diese Probleme nicht, denn sie würden keinen Wohnraum benötigen, Baracken würden reichen. Die Probleme der Unterbringung könnten so sehr gut umgangen werden. Die sehr positiven wirtschaftlichen Prognosen ließen auf einen baldigen Arbeitskräftemangel schließen, was sich auch bewahrheitete: Im Januar 1955 lag die bundesweite Arbeitslosenquote bei 5,1 % und im September bei 1,8 %.[5] Das damit verbundene enorme Wirtschaftswachstum und die Steigerung des Bruttosozialprodukts hatten mehrere Ursachen: Gegen Ende des Zweiten Weltkrieges hatte sich die deutsche Industrie mit neuen, aus dem Boden gestampften Anlagen stark erweitert. Diese waren durch den Bombenkrieg und den Einmarsch der alliierten Truppen weit weniger zerstört worden als die Wohngebiete, so dass ‚nur' die Infrastruktur erneuert werden musste, was nach der Währungsreform 1949 geschah.[6] Die Geldmittel und Investitionen aus dem Marshall-Plan sowie der weltweite Konjunkturaufschwung nach dem Korea-Krieg (1950–1953) wirkten sich im Laufe der 1950er Jahre in Deutschland sehr prosperierend aus, was zu verstärktem Arbeitskräftebedarf führte. Deutschland hatte durch den Weltkrieg ca. vier Millionen Arbeitskräfte im Vergleich zu 1939 weniger. Diese Lücke füllten zu Beginn die Heimatvertriebenen und Flüchtlinge wie auch die Flüchtlinge aus der SBZ/DDR bis zum Mauerbau 1961.[7]

Von der breiten Öffentlichkeit wurde die Diskussion über die Anwerbung zu Beginn wenig wahrgenommen. Auf institutioneller Ebene allerdings existierten gegensätzliche Ansichten: Grundsätzlich für eine Hereinnahme plädierten das Wirtschaftsministerium und die Arbeitgeber(-verbände). Sie spekulierten, dass der Arbeitskräftemangel Lohnforderungen in die Höhe schnellen lassen könnte und versuchten durch ausländische Arbeiterinnen und Arbeiter dieser befürchteten Entwicklung entgegenzutreten. Damit stießen sie auf die Ablehnung der Gewerkschaften, die allgemein der Hereinnahme von Ausländern skeptisch gegenüberstanden. Sie befürchteten genau das Gegenteil, nämlich dass durch die Anwerbung Lohndumping und somit eine Lohnabwärtsspirale entstehe. Sie stimmten den Anwerbeabkommen erst zu, als ihre Forderung nach arbeits-, tarif- und sozialrechtlicher Gleichstellung von ‚Gastarbeiterinnen‘ und ‚Gastarbeitern‘ mit deutschen Arbeiterinnen und Arbeitern gesichert war. Auch die Idee, die Arbeitszeit für deutsche Arbeiterinnen und Arbeiter zu erhöhen, konnte nicht mit den gewerkschaftlichen Vorstellungen vereinbart werden. Der DGB plädierte eher dafür, alle noch vorhandenen Arbeitskraftreserven zu mobilisieren und dachte dabei auch an das zu dieser Zeit noch umstrittene Konzept der Halbtagsstellen für Frauen und Mütter, was aber schwerlich mit den familienpolitischen Vorstellungen der 1950er Jahre zu vereinbaren war. Das Auswärtige Amt sprach sich aus diplomatischen Gründen für die Aufnahme von Gesprächen aus, um die Beziehungen mit Italien zu verbessern. Hingegen war das Vertriebenenministerium gegen die Abkommen und forderte das Inländerprimat in Bezug auf alle deutschen Flüchtlinge.[8]

Im November 1954 traf sich schließlich Ludwig Erhard mit dem italienischen Außenminister, um über ca. 100 000 ‚Gastarbeiter‘ zu diskutieren, wobei in der Öffentlichkeit beruhigend von einer prophylaktischen Maßnahme gesprochen wurde. Erst ein Jahr später schlossen dann Italien und Deutschland ein Anwerbeabkommen, das am 20. Dezember 1955 in Kraft trat, offiziell immer nur für ein Jahr Gültigkeit hatte, jedoch stillschweigend bis 1973 mit nur geringen Modifikationen verlängert wurde. Da das Abkommen mit Italien als eine Art Blaupause für die folgenden angesehen werden kann, soll hier darauf genauer eingegangen werden.

Im Bundesarbeitsblatt vom 25. Januar 1956 wurde die Vereinbarung zwischen „der Regierung der Bundesrepublik Deutschland und der Regierung der Italienischen Republik über die Anwerbung und Vermittlung von italienischen Arbeitskräften nach der Bundesrepublik Deutschland vom 11. Januar 1956"[9] bekannt gegeben. Zu Beginn des Vertrages wird festgestellt, dass beide Regierungen „von dem Wunsch geleitet [sind], die Beziehungen zwischen ihren Völkern im Geiste europäischer Solidarität zu beiderseitigem Nutzen zu vertiefen und enger zu gestalten".[10] Dieser besonders von deutschen Politikern immer wieder betonte Passus sollte die nach dem Zweiten Weltkrieg veränderte Position Deutschlands in Europa und der Welt darstellen und zeigen, dass das Land für Völkerverständigung und europäische Integration steht. Bundesarbeitsminister Theodor Blank nahm in seiner Rede bei der Begrüßung des einmillionsten ausländischen Arbeiters am 30. Oktober 1964 ebenfalls diese Rhetorik auf: „Die Gastarbeiter haben bei uns den Beweis dafür erbracht, dass die Verschmelzung Europas und die Annäherung von Menschen verschiedenster Herkunft und Gesittung in Freundschaft eine Realität sind. Dafür schulden wir ihnen Dank."[11]

Das Abkommen regulierte exakt die Vorgehensweise der Anwerbung: Die Bundesanstalt für Arbeitsvermittlung und Arbeitslosenversicherung entsandte eine Kommission nach Italien, deren Hauptstelle sich in Rom befand, mit Zweigstellen in Mailand, Verona und Neapel. Diese übermittelten dem „Ministero del Lavoro e della Previdenza Sociale" die deutschen Stellenangebote, das daraufhin bei den italienischen Bewerbern eine „berufliche und gesundheitliche Vorauslese" traf.[12] Danach konnten die deutschen Arbeitgeberinnen und Arbeitgeber entscheiden, ob ein Bewerber eingestellt wurde. Wenn ja, händigte die deutsche Kommission einen zweisprachigen Arbeitsvertrag aus, woraufhin eine Aufenthalts- und Arbeitsgenehmigung von der „Ausländerpolizei" erteilt wurde. Auch Reisekosten und Reiseverpflegung fanden eine genaue Regelung.[13]

Dem Vertrag mit Italien folgten nach ähnlichem Schema 1960 Abkommen mit Spanien und Griechenland und schon ein Jahr später mit der Türkei. Weitere wurden mit Portugal (1964) und Jugoslawien (1968) geschlossen.[14] Von diesen Abkommen versprach sich nicht nur die Bundesrepublik Vorteile, auch die Entsendeländer verbanden damit hohe Erwartungen: Vom Devisenzuwachs durch die Rücküberweisung der Löhne wie auch dem Wissenstransfer der Rückwanderer sollte ein positiver Impuls auf die eigene Wirtschaft folgen. Ebenso konnte die hohe Arbeitslosenquote im Entsendeland gesenkt werden, was vor allem für die autoritären Regime, mit denen Deutschland Anwerbeabkommen abschloss, von Bedeutung war, da sich diese Staaten davon eine Eindämmung revolutionärer Entwicklungen erhofften.[15]

Die peniblen Vorgaben der Anwerbeabkommen stellten für viele Bewerber unüberwindliche Hürden dar, was zu zahlreichen Ablehnungen führte. So entwickelten sich neben diesem sogenannten *ersten Weg* über die offiziellen Stellen weitere Wege. Beim *zweiten Weg* lag den Arbeiterinnen und Arbeitern ein Angebot eines Unternehmens vor, mit dem sie beim deutschen Konsulat (oder einer Botschaft) ein Visum erhalten konnten, das sie zur Arbeit in der Bundesrepublik berechtigte. Oftmals nutzten Migrantinnen und Migranten diesen Weg der namentlichen Anwerbung, wenn sie schon einmal in Deutschland beschäftigt gewesen waren oder Familie beziehungsweise Verwandtschaft nachholen wollten. Dafür baten sie dann die Arbeitgeberin oder den Arbeitgeber, die jeweilige Person einzustellen, die dabei die Vermittlungsgebühren und auch die Kosten für die Unterkünfte einsparten. Der ebenfalls gängige *dritte Weg* führte über ein Touristenvisum nach Deutschland und die entsprechenden Genehmigungen wurden erst im Land eingeholt. Für die Migrantinnen und Migranten boten sich hier die Vorteile, dass sie – im Gegensatz zum Anwerbeverfahren – nicht „blind" nach Deutschland kamen, sondern sie konnten sich Ziel, Beschäftigungsbereich und Arbeitgeberin beziehungsweise Arbeitgeber selbst wählen. Auch Auswanderungswillige, die aus ihren autoritären Heimatländern ausreisen wollten oder von den Anwerbestellen als untauglich ausgesiebt worden waren, konnten so nach Deutschland einreisen.[16]

Arbeitsmigration von 1955 bis 1973

Dass zu Beginn keine breite öffentliche Diskussion über die Anwerbeabkommen stattfand, lag vor allem an der geringen Zahl an ausländischen Arbeitskräften. Noch 1959 arbeiteten in der gesamten Bundesrepublik – meist in landwirtschaftlichen Betrieben abseits der öffentlichen Aufmerksamkeit – nur rund 50 000 Italienerinnen und Italiener.[17] Neben ungünstigen Arbeitsbedingungen, geringem Lohn und der Konkurrenz zu anderen Anwerbeländern[18] trug dazu auch die im Italien-Abkommen vereinbarte Rückkehr – was auch an der saisonabhängigen landwirtschaftlichen Arbeit lag – der ‚Gastarbeiter' bei.[19] Die ersten ausländischen Arbeiterinnen und Arbeiter in Ulm kamen aus Italien und waren schon vor der Unterzeichnung des Anwerbeabkommens in der Stadt eingetroffen. Hierbei zeigt sich, dass die anschließende vertragliche Fixierung auch eine Regulierung bereits existierender Verhältnisse war. Am 6. Juli 1955 titelte die SDZ: „Die ersten italienischen Landarbeiter für Deutschland. […] 13 bleiben im Kreis Ulm."[20] Erst ein Jahr später kamen dann Italienerinnen und Italiener nach Ulm, die offiziell von der deutschen Verbindungsstelle in Mailand vermittelt worden waren und die gleiche Zeitung schrieb erneut: „Die ersten 25 Landarbeiter für den Kreis Ulm sind eingetroffen."[21] Bis 1958 sollten sich diese Zahlen nicht grundlegend ändern, wie die Statistik-Bücher zeigen.[22] Allerdings ist die Aussagekraft der statistischen Zahlen über die ‚Gastarbeiter' eingeschränkt: Sie spiegeln nur eine Momentaufnahme zum Zeitpunkt der Zählung wider und geben über die durch das stetige Kommen und Gehen verursachte enorme Fluktuation keine Auskunft.[23]
Erst 1960 kam es zu einem Wendepunkt, zu dem folgende Faktoren beitrugen: Die Wirtschaft wuchs weiterhin sehr stark und es griff die Sorge bei den Arbeitgeberinnen und Arbeitgebern um sich, dass die Stellen nicht mehr besetzt werden könnten. Und tatsächlich begann die Zahl der deutschen Erwerbstätigen zu sinken, was mehrere Ursachen hatte: Die geburtenschwachen Kriegsjahrgänge kamen ins erwerbsfähige Alter, die verbesserte Altersvorsorge trug zu einem früheren Ausscheiden aus dem Arbeitsleben bei, die durchschnittliche Ausbildungszeit verlängerte sich und die Wochenarbeitszeit sank durchschnittlich von 44,4 auf 41,4 Stunden.[24] Deshalb schloss die Bundesregierung

Wohnbevölkerung der Hauptanwerberländer
im Vergleich
1955–1973

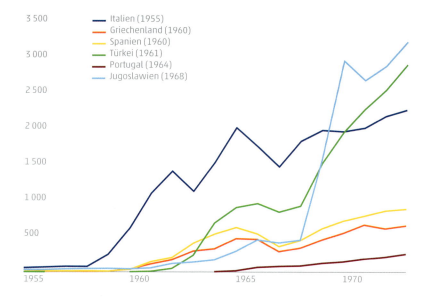

- Italien (1955)
- Griechenland (1960)
- Spanien (1960)
- Türkei (1961)
- Portugal (1964)
- Jugoslawien (1968)

schon 1960 zwei neue Anwerbeabkommen mit Spanien und Griechenland.
Ein Jahr später erschütterte ein Großereignis die Welt: Am 13. August 1961
zementierte der Bau der Berliner Mauer die Teilung Deutschlands und verhin-
derte fortan die Flucht aus der DDR. Bis dahin hatten diese Flüchtlinge den
Arbeitskräftemangel ausgeglichen.[25] Bei Unternehmen bestand nun die Sorge,
nicht mehr ausreichend Arbeiterinnen und Arbeiter zur Verfügung zu haben.
Diese Befürchtungen wurden aber durch das Abkommen mit der Türkei im
Oktober 1961 zerstreut.[26]

Zu dieser Zeit war die Bundesrepublik allerdings schon in der ersten großen
Anwerbephase: Von 1959 bis 1966 stieg die Zahl der ‚Gastarbeiter' bundesweit von 62 400 auf über eine Million an. Nach einem leichten Rückgang durch
die Rezession 1966/67 erhöhte sich ihre Zahl bis 1973 auf ca. 2,6 Millionen.[27]
Die Zahlen zeigen, dass nach 1968 ein ‚Anwerbeboom' einsetzte. Dafür gibt
es auch psychologische Gründe: Zuerst war die Rezession 1966/67 ein Schock
für die deutsche Gesellschaft, die nur hohe Wachstumsraten gewohnt war und

→ **24** Der italienische Konsul begrüßt die ersten Landarbeiter, die mit dem Zug aus Udine am 5. Juli 1955 auf dem Ulmer Hauptbahnhof eintrafen.

sich nun mit – 0,2 % konfrontiert sah.[28] Daraufhin setzte ein Rückgang der Ausländerbeschäftigung ein, denn es kehrten nicht nur, wie jedes Jahr, ca. 30 % ‚normal' heim, sondern die Unternehmen warben auch weniger Arbeiterinnen und Arbeiter an. Ebenso kehrten auch eigentlich bleibewillige Ausländer in ihre Heimat zurück, was unter anderem daran lag, dass viele in Unternehmensunterkünften wohnten und bei einer Kündigung nicht nur ihren Arbeitsplatz, sondern auch ihre Wohnung verloren.[29] So schrumpfte die Anzahl der ausländischen Erwerbstätigen rapide.[30] Die Theorie von den ‚Gastarbeitern' als „flexibler Konjunkturpuffer" schien sich zu bestätigen und Kritiker, die vor einer verkappten Einwanderung warnten, verstummten. Schon ein Jahr später hatte Deutschland seine erste ‚Wirtschaftskrise' überwunden und erreichte 1968 schon wieder ein Wirtschaftswachstum von 7,3 %. Aufgrund dieser ‚positiven' Erfahrungen in der Krise begann nun ein wahrer Boom an Anwerbungen, der sich stark auf die Türkei konzentrierte: In nur zwei Jahren (1968–1971) verdreifachte sich die Zahl türkischer Arbeitnehmerinnen und Arbeitnehmer auf fast eine halbe Million; ein Jahr später überholen sie die Italienerinnen und Italiener als stärkste ausländische Community.[31]

In Ulm stieg von ca. 1958 bis 1965 die ausländische Wohnbevölkerung aus den Anwerbeländern kontinuierlich von 148 auf 4 326 Personen an, was einen prozentualen Anteil von fast 5 % der Gesamteinwohnerschaft Ulms ausmachte. Die stärkste Gruppe mit 2 019 Personen bildeten mit weitem Abstand die Italienerinnen und Italiener – mehr als alle anderen Anwerbenationen zusammen. Die griechische und spanische Wohnbevölkerung kam 1965 zusammen ‚nur‘ auf 855 Personen. Das – zeitlich gesehen – effektivste Abkommen bestand mit der Türkei: Innerhalb von nur vier Jahren stieg die Zahl der Türkinnen und Türken von 9 auf 903, womit sie in Ulm zur zweitstärksten Gruppe innerhalb der Anwerbenationen aufstiegen.[32]

Die im Jahr 1966 einsetzende Rezession fand auch in Ulm ihren Niederschlag und damit auf die Zahl der ausländischen Arbeiterinnen und Arbeiter. Erstmals seit dem Abkommen mit Italien überstieg die Zahl der Fortzüge die der Zuzüge: 1967 verließen 3 111 Ausländer Ulm und nur 2 103 zogen zu, was einen negativen Saldo von 1 008 Personen ausmacht. Der nach der Rezession folgende Zuzug allerdings übertraf alle vorhergehenden Zahlen: In nur drei Jahren (1968–1970) gab es einen Wanderungsgewinn von 5 404 Ausländern.

Um die Dimensionen und das stetige Kommen und Gehen etwas klarer vor Augen zu führen, sollen hier kurz die absoluten Zahlen der Zu- und Fortzüge wiedergegeben werden: Von 1968 bis 1973 kamen insgesamt ungefähr 29 000 Ausländer nach Ulm und im gleichen Zeitraum verließen ca. 21 600 die Stadt wieder, wodurch ein Wanderungsgewinn von rund 7 400 Personen bestand. Der prozentuale Anteil der Gastarbeiternationen an der Gesamtbevölkerung der Stadt stieg von 4,52 % auf 12,54 % an.

Arbeitsmigration von Frauen

Dem in der Öffentlichkeit vorherrschenden Bild, dass ‚Gastarbeiter‘ Männer waren, widerspricht die Realität: Von 1960 bis zum Anwerbestopp 1973 stieg der Anteil an ausländischen Arbeitnehmerinnen in Deutschland um über 1 500 %; von 43 000 auf 706 000. Ende der 1970er Jahre waren bundesweit unter den rund 2 Millionen ausländischen Beschäftigten über ein Drittel Frauen.[33] Mitte der 1950er Jahre, also zu Beginn der Anwerbephase, waren allerdings ausländische Arbeiterinnen noch nicht so präsent: Das Abkommen mit Italien hatte kaum Auswirkungen auf die Anwerbung weiblicher Arbeitskräfte und die Bundesanstalt für Arbeitsvermittlung und Arbeitslosenversicherung (BAVAV) zog zu Beginn die „Anwerbung weiblicher Arbeitskräfte für die gewerbliche Wirtschaft [...] nur in Ausnahmefällen" in Betracht.[34] Nicht erwerbstätige deutsche Frauen und Mütter dienten sogar als Argument gegen Ausländerbeschäftigung, da sie als „stille" Reserve galten, die in Zeiten großer Nachfrage nach Arbeitskräften hätte herangezogen werden können. Jedoch herrschte auch bald auf dem weiblichen Arbeitsmarkt Vollbeschäftigung, so dass die gesamte Arbeitslosenquote 1961 unter 1 % lag. So begann mit den Abkommen mit Spanien und Griechenland die Frauenanwerbung zu einer bedeutenden Größe zu werden. Allerdings übertraf Mitte der 1960er Jahre die Nachfrage der Unternehmen das Angebot an weiblichen ausländischen Arbeitskräften. Deshalb rückten verstärkt die Türkei und Jugoslawien als Anwerbeländer für Arbeiterinnen in den Fokus. Vor allem während der Rezession 1966/67 stieg der Anteil der ausländischen Arbeitnehmerinnen an, da diese in weniger konjunkturabhängigen Berufszweigen, wie der Reinigung oder Pflege arbeiteten. Ihr Anteil lag 1967 bei knapp 40 %, fiel aber nach der Rezession auf rund 22 % (1970). Über die Motivation, warum Frauen zur Arbeit nach Deutschland kamen, hatten die Bundesstellen anfangs eine eindeutige Meinung: „Die Not zwingt sie".[35] Interviews mit Ulmer Zeitzeuginnen geben allerdings ein anderes Bild wieder. Eine 1962 angeworbene Griechin sagt: „Ich bin nach Deutschland gegangen, um arbeiten zu können und um die Sprache kennen zu lernen. Ich war so begeistert, in ein Land zu reisen, das ich nicht kannte und die Menschen dort kennen zu lernen. [...] Ich war sehr neugierig."[36] Auch die Kettenmigration spielt eine nicht zu unterschätzende Rolle. So besuchte eine junge Türkin ihren Bruder, der schon in Ulm arbeitete: „Ich sollte mir Deutschland anschauen und wenn es mir gefiele, eine Arbeitsstelle suchen. So kam ich zu Besuch nach Ulm, und als ich eine Arbeit gefunden hatte, ging ich zurück in die Türkei und ließ mich offiziell anwerben."[37]

Neben den ‚großen' Anwerbeabkommen schloss die Bundesregierung in den 1960er und 1970er Jahren auch Verträge mit Ländern, deren Auswirkungen in Bezug auf die Anzahl der Angeworbenen geringer war; so z. B. mit Marokko und Tunesien. Aber auch mit Südkorea, wurde eine Vereinbarung geschlossen, wobei hier Bergarbeiter, später aber vor allem Krankenschwestern angeworben werden sollten, die in Deutschland händeringend gesucht wurden.[38]

Über dieses Abkommen fand 1970 eine Südkoreanerin erst eine Anstellung in einem Krankenhaus in Berlin, heiratete später einen deutschen Mann und arbeitete ab 1978 an der Uniklinik in Ulm. Anfangs hatte sie Probleme mit der Ernährung, da z. B. Milchprodukte wie Käse oder Joghurt für sie ungewohnt waren. Mit der deutschen Mentalität, die sie mit Fleiß, Genauigkeit und Gründlichkeit charakterisierte, fand sie sich zwar schnell zurecht, wunderte sich jedoch über manch allzu akkurate Auslegung: „So typisch deutsch ist dies: Wenn in Korea ein Bild in der Wohnung aufgehängt wird, machen die Koreaner das nur so ungefähr (über den Daumen gepeilt), Hauptsache es hängt. Aber die Deutschen kommen gleich mit der Wasserwaage und es muss sehr genau und sehr ordentlich sein."[39]

Ein Problem bei der Anwerbung von Frauen stellten mögliche Schwangerschaften dar. Mit Rücksicht auf das gesellschaftliche Klima in den Anwerbeländern, die vom Weggang der meist jungen und ledigen Frauen keineswegs begeistert waren, wurde auf gynäkologische Untersuchungen – die weder von den Bewerberinnen noch von den nationalen Behörden gebilligt worden wären und somit die Anwerbechancen deutscher Firmen geschmälert hätten – verzichtet. Ende der 1960er wurden (billigere) Schwangerschaftstests eingeführt. Vor allem in der Zeit der Massenanwerbungen war es immer wieder zur Vermittlung von Schwangeren gekommen, was deutsche Firmen zum Teil als ‚Fehlvermittlung' bezeichneten und deshalb auf Rückführung pochten. Dennoch galten für ausländische Arbeiterinnen die gleichen Rechte wie für deutsche, egal ob sie im Herkunftsland oder in Deutschland schwanger geworden waren: Sie standen unter Mutterschutz.[40] Jedoch hielten sich nicht alle Arbeitgeberinnen und Arbeitgeber daran, wie eine Ulmerin mit türkischen Wurzeln erzählt: „Ich war dann schwanger mit unserem zweiten Kind und durfte ja dem Gesetz nach nicht am Band arbeiten. Doch sie haben mich trotzdem an einem Band eingesetzt und mir ging es wirklich schlecht. [...] In der Firma haben sie das nicht als krank oder schlimm angesehen und so musste ich weiter am Band arbeiten. Als dann mein Sohn auf die Welt kam, machte ich eine Pause von sechs Monaten. Danach fing ich wieder an zu arbeiten".[41]

Hinzu kam das Problem der Kinderbetreuung, dessen Lösung immer wieder angemahnt wurde: Eine der größten Sorgen war, „dass es in Ulm keine Plätze in den Kinderkrippen" gab.[42] Schon für einheimische Familien war es schwierig, einen Platz zu ergattern, was nach Aussage des Leiters der ältesten Kinderkrippe Ulms in der Schillstraße daran lag, dass die günstigeren Plätze auch von Kindern aus Bayern belegt worden seien: „Gäbe es in der Nachbarstadt Kindergärten für die jungen Neu-Ulmer Erdenbürger, dann könnten wir mehr Ulmer Gastarbeiterkinder beherbergen."[43] Ausländische Familien, bei denen beide Elternteile arbeiteten, mussten entweder, wenn es die Arbeitszeiten zuließen, im gegenseitigen Wechsel die Kinderbetreuung übernehmen, oder ältere Geschwister wurden dafür herangezogen. Das führte wiederum dazu, dass diese keine Schule besuchten, was Wohlfahrtsverbände kritisierten und weshalb sie vor erhöhtem Unfallrisiko und Verwahrlosung warnten.[44] Der italienische Verein in Ulm „Bell' Italia" versuchte die einheimische Bevölkerung für diese Probleme zu sensibilisieren und schlug eine gemeinsame Lösung vor: Er appellierte an Ulmer Familien, italienische Kinder nachmittags bei sich aufzunehmen. So könnten diese mit gleichaltrigen Deutschen spielen und gleichzeitig auch Hilfe bei den Hausaufgaben bekommen.[45]

Der Anwerbestopp 1973 und die Folgen

Am 23. November 1973 verließ eine **Anweisung von Walter Arendt**, dem Bundesminister für Arbeit und Sozialordnung, sein Ministerium mit folgendem Wortlaut:

„Es ist nicht auszuschließen, dass die gegenwärtige Energie-krise die Beschäftigungssituation in der Bundesrepublik Deutsch-land in den kommenden Monaten ungünstig beeinflussen wird. Unter diesen Umständen ist es nicht vertretbar, gegenwärtig weitere ausländische Arbeitnehmer über die Auslandsdienststel-len der Bundesanstalt für Arbeit für eine Arbeitsaufnahme in der Bundesrepublik zu vermitteln. [Ich] bitte […], ab sofort die Vermittlung ausländischer Arbeitnehmer einzustellen."[46]

Diese Anweisung ging als Anwerbestopp in die Geschichte ein. In Folge der angesprochenen „Energiekrise"[47] bauten viele Unternehmen in Deutschland Stellen ab beziehungsweise stellten keine neuen Arbeitskräfte mehr ein und die Arbeitslosenquote stieg. Das bedeutete auch, dass keine neuen Arbeiterinnen und Arbeiter mehr angeworben werden mussten und somit die deutschen Vermittlungsstellen (bis auf Italien) in den Anwerbeländern geschlossen wurden.
Ulrich Herbert weist in seinen Studien darauf hin, dass die Energiekrise von 1973 nur als Gelegenheit genutzt wurde, den Anwerbestopp ohne große öffentliche Aufmerksamkeit und Proteste durchzusetzen.[48] Schon zuvor hatte sich die politische ‚Sprache' gewandelt: Nicht mehr von „wachstumssichern-der Ausländerbeschäftigung", sondern von einem „kostenintensiven Gastarbei-terproblem" war die Rede. Walter Arendt sprach schon im März 1972 davon, dass „die Nachteile die Wachstumsvorteile aufzehren" könnten[49] und Willy Brandt stellte im Januar 1973 fest, dass „die Aufnahmefähigkeit unserer Gesellschaft erschöpft sei."[50] Auch Wirtschaftswissenschaftler warnten jetzt vor ökonomischen Schäden durch die massenhafte Anwerbung, die einer

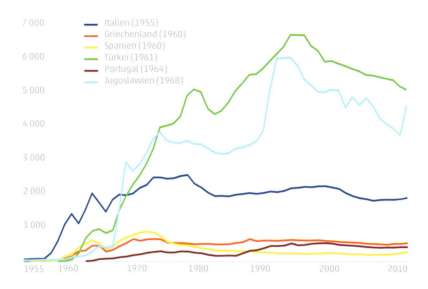

Ausländische Wohnbevölkerung
der Anwerbenationen
1955–2013

Legend:
- Italien (1955)
- Griechenland (1960)
- Spanien (1960)
- Türkei (1961)
- Portugal (1964)
- Jugoslawien (1968)

Modernisierung der deutschen Wirtschaft durch die Verstetigung von veralteten und unproduktiveren Arbeitsplätzen entgegenstünden.[51]

Es gab also schon vor dem Anwerbestopp Stimmen, die gegen den Zeitgeist eine Beschränkung der Anwerbung von ausländischen Arbeitskräften forderten. Wie schon in der vergleichsweise kurzen Rezession 1966/67 erhoffte sich die Bundesregierung mit dem Anwerbestopp 1973 nun einen erheblichen Rückgang bei den in Deutschland arbeitenden Ausländerinnen und Ausländern, welcher auch eintrat: Von 1973 bis zum Ende des Jahrzehnts sank die Zahl aller ausländischen Arbeiterinnen und Arbeiter um rund 1 Million auf ca. 1,6 Millionen. Dieser Rückgang geschah trotz der zwei Jahre zuvor geänderten Aufenthaltsordnung, laut der eine Arbeitserlaubnis für länger in Deutschland lebende Ausländer „unabhängig von der Lage und Entwicklung des Arbeitsmarktes" um fünf Jahre verlängert werden konnte.[52] Damit war der ursprüngliche Gedanke der Anwerbeabkommen untergraben, der darin bestanden hatte, ‚Gastarbeiter' rein als „Konjunkturpuffer" einzusetzen und bei einer Rezession zurückzuschicken beziehungsweise keine Arbeitserlaubnis mehr auszustellen.

Differenz der Wohnbevölkerung der Anwerbeländer in Ulm im Vergleich zu Vorjahr
1956–2013

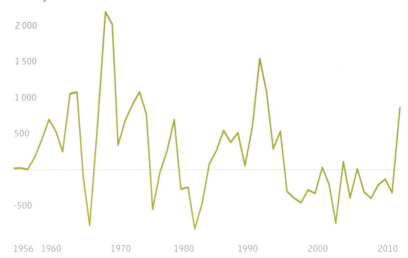

Vergleich: Gesamtzahl Ausländer mit Gesamtzahl Anwerbeländer
1955–2000

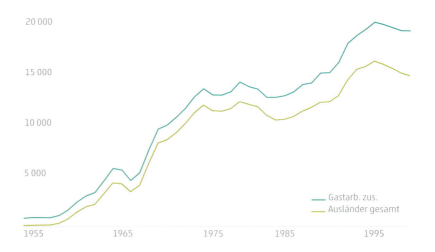

Dem gegenüber sank jedoch nicht die Anzahl der ausländischen Wohnbevölkerung in Deutschland, sie stieg sogar leicht bis auf über 4 Millionen an. Der
Hauptgrund dafür lag im verstärkten Familiennachzug, den der Anwerbestopp
nicht verboten hatte. Ebenso durften Arbeitskräfte aus Nicht-EG-Ländern im
Falle einer Rückkehr in die Heimat nicht wieder nach Deutschland einreisen,
weshalb viele sich entschieden, in der Bundesrepublik zu bleiben und ihre

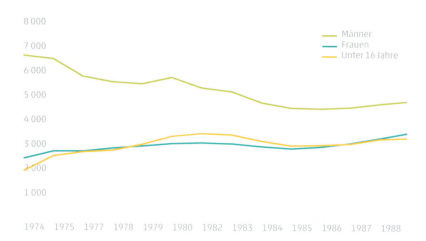

Anzahl Männer, Frauen und Kinder aus Anwerbeländer
1974–1989

8 000
7 000
6 000
5 000
4 000
3 000
2 000
1 000

— Männer
— Frauen
— Unter 16 Jahre

1974 1975 1977 1978 1979 1980 1982 1983 1984 1985 1986 1987 1988

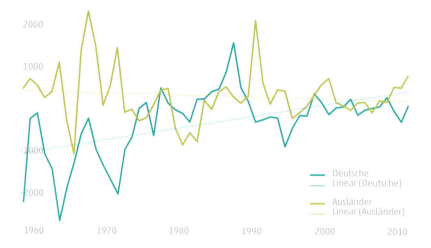

Wanderungsbewegungen:
Differenz zwischen Zu- und Fortzügen
1960–2013

2000
1000
-1000
-2000

— Deutsche
Linear (Deutsche)
— Ausländer
Linear (Ausländer)

1960   1970   1980   1990   2000   2010

Familien nachzuholen, da im Heimatland oftmals keine Aussicht auf wirtschaftliche Verbesserung bestand. Beim Verlust der Arbeitsstelle konnten sie
Arbeitslosenunterstützung beantragen, in die sie – wie in den Anwerbeabkommen vereinbart – in Deutschland eingezahlt hatten. Der Anwerbestopp
des Arbeitsministers hatte also mehr die kurzfristigen ökonomischen Effekte
als die längerfristigen gesellschaftlichen Auswirkungen im Blick.[53]

In Ulm ging der prozentuale Anteil der Gastarbeiternationen an der Gesamtbevölkerung nach dem Anwerbestopp zwar etwas zurück, jedoch nicht in dem
Maße wie von der Politik erwartet. Er blieb bis in die 1990er Jahre ziemlich
konstant zwischen 10 und 12 %. Auffällig ist, dass sich von 1973 bis 1980 mit
weitem Abstand die türkische Community als stärkste Gruppe etabliert hatte:
Mit einem Zuwachs von insgesamt 2 020 Personen lag sie weit vor allen anderen Anwerbenationen und auch die Zahl der Kinder stieg stark von 492 (1973)
auf 1 586 (1980) an. Die Wohnbevölkerung aus Italien, Jugoslawien und
Portugal verzeichneten in dieser Zeit zusammen nur einen Zuwachs von insgesamt 704 Personen und die Zahl der Kinder stieg bei ihnen um 734.[54] Allgemein
war die Zahl der Männer bei allen Anwerbeländern – bis auf die Türkei – rück-
läufig. Demgegenüber stieg die Zahl der Kinder bei allen ausnahmslos an.
Die Zahl der Frauen hatte sich in besagtem Untersuchungszeitraum insgesamt
um 1 023 erhöht.[55]

← 25 Im Jahr 1982 besuchte der italienische Botschafter Luigi Vittorio Ferraris aus Bonn die italienische Gemeinschaft in Ulm und erhielt von einem Kind Blumen überreicht. Zusammen mit Bürgermeister Hartung stellte er fest, dass die hier lebenden Italienerinnen und Italiener „keine Gastarbeiter, sondern Mitbürger" geworden sind.

↓ 26 Zeitgenössische Darstellung aus dem Jahr 1978 über den prozentualen Anteil von Kindern und Jugendlichen in den Ulmer Stadtteilen bis zum 15. Lebensjahr.

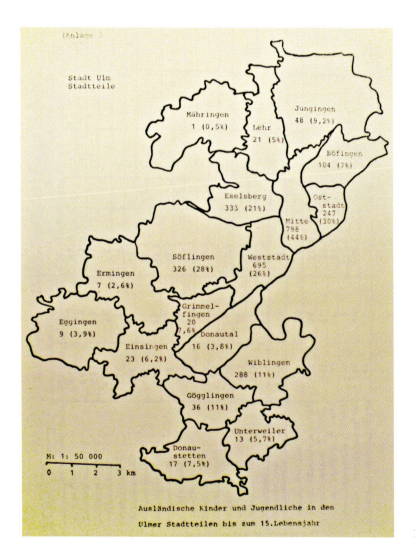

All dies ist ein Zeichen für den vermehrten Familiennachzug nach dem Anwerbestopp und die gestiegene Geburtenrate weist auf den erhöhten Bleibewunsch hin. Dies lässt den Schluss zu, dass sich zu diesem Zeitpunkt der
Lebensmittelpunkt der ‚Gastarbeiter' weg von ihrem Herkunftsland verschoben
und sie sich zu Einwanderern gewandelt hatten, wovor vor allem die Politik
noch lange die Augen verschloss.

Beschäftigung

Die Anwerbeabkommen zielten auf einen ganz bestimmten Typus von Arbeitern ab. Ludwig Erhard wollte, dass mehr Deutsche zu Facharbeiterinnen und
Facharbeitern aufsteigen und hatte auch eine Vorstellung, wie die dadurch
vakant gewordenen Stellen besetzt werden könnten: „Um das besorgen zu
können, müssen wir die relativ primitiveren Arbeiten bei Anhalten dieser
Konjunktur schließlich doch mal von ausländischen Arbeitskräften besorgen
lassen."[56] Zu Beginn kamen Italienerinnen und Italiener, die vor allem Arbeiten
in der Landwirtschaft übernahmen, was sich ab 1960 änderte und auch saison-
unabhängige Branchen, meist im produzierenden Gewerbe, auf ausländische
Arbeitskräfte setzten. So waren Anfang der 1960er Jahre bundesweit rund
90 % der Zugewanderten Arbeiterinnen und Arbeiter, davon über 70 % im

↓ **29** In einer Weberei in Ulm arbeiteten
italienische Arbeitskräfte, die hier vom italienischen Webmeister Anweisungen erhielten.

Ausländische Arbeitskräfte

→ **30** Viele ausländische Arbeitende waren bei der Stadt beschäftigt, wie hier zwei italienische Arbeitnehmer im Schwedenturm im Jahr 1973.

sekundären Sektor, also im produzierenden Gewerbe – 72 % davon an- oder ungelernt. Die höchsten Ausländerquoten hatten die Eisen- und Metallerzeugung sowie die Bauwirtschaft. Im Vergleich dazu waren nur ca. 48 % der Deutschen im sekundären Sektor tätig.[57] Nicht unerwähnt sollen auch diejenigen Ausländerinnen und Ausländer bleiben, die sich selbstständig gemacht hatten. Besonders der Gastronomiebereich ist hier wichtig – bis 1992 war über ein Viertel aller Restaurantbesitzer in Deutschland ausländischer Staatsangehörigkeit. Über das Kulinarische ergaben sich auch die meisten Anknüpfungspunkte mit Einheimischen, da in der Gastronomie Beschäftigte im Gegensatz zu den ‚abgeschotteten' Industriearbeiterinnen und Industriearbeitern in der Öffentlichkeit präsent waren.[58]

Die meisten Ausländerinnen und Ausländer besetzten also unqualifizierte Stellen und die Arbeit war oftmals anstrengend und schmutzig. Akkordlohn, Schichtsystem oder serielle Fertigungen am Fließband bedurften keiner speziellen Qualifikation, weshalb auch die Bezahlung niedrig war. Dabei spielte die wahre Qualifikation der Angeworbenen keine wirkliche Rolle. Es gab häufig nur Anwerbungen für oben genannte Stellen, wodurch von Anfang an eine geringe Einstufung angesetzt wurde. Die Firmen hätten Deutsche für derartige Arbeiten eben nur durch unerwünschte Lohnerhöhungen gewinnen können, wodurch sie unrentabel geworden wären.[59]

Es existierten für ausländische Arbeiterinnen und Arbeiter kaum anderweitige Arbeitsstellen und Aufstiegschancen – auch für diejenigen, die länger in Deutschland blieben – bestanden nahezu keine. Bis 1972 änderte sich wenig an der Aufteilung: 87 % aller ‚Gastarbeiter' waren in der Industrie, 8,1 % in der Landwirtschaft und 4,8 % im Dienstleistungssektor.[60] Ganz anders bei den Deutschen, bei denen durch die Besetzung der gering qualifizierten Stellen mit Ausländerinnen und Ausländern Aufstiegschancen bestanden. So setzte ein Strukturwandel ein: In den 1960er Jahren bildete sich mit den ausländischen Arbeitskräften ein Subproletariat heraus, wodurch für Deutsche erst die Möglichkeit geschaffen wurde, vom Arbeiter- ins Angestelltenverhältnis aufzusteigen.[61] Größere Proteste nur von ausländischen Arbeiterinnen und Arbeitern gegen die meist schlechten Arbeitsbedingungen, die auch mit häufigeren

Arbeitsunfällen einhergingen, gab es jedoch nicht. Wenn es zu Demonstrationen kam, dann oftmals in Verbindung mit deutschen Arbeiterinnen und Arbeitern. Die ‚Gastarbeiter' verglichen nicht die Arbeitsbedingungen innerhalb
Deutschlands, sondern mit den Verhältnissen in ihrer Heimat, die meist noch
schlechter waren.[62]

Die Rezession nach der Ölkrise 1973 hatte weitreichende Auswirkungen: Die
Bundesrepublik rutschte in eine längerfristig wirtschaftlich problematische
Lage mit stetig steigender Arbeitslosenzahl. Innerhalb von 10 Jahren stieg
die Zahl der Arbeitslosen von 273 433 Personen (Quote: 1,2 %) auf 2 258 235
(Quote: 9,1 %).[63] Sieht man im Untersuchungszeitraum isoliert die Arbeitslosenquote der Ausländer, wird die Steigerung noch drastischer: von 0,8 %
(1973) auf 14,7 % (1983). 1977 legte eine Bund-Länder-Kommission im Auftrag der Bundesregierung Vorschläge zur Fortentwicklung einer Ausländerbe-
schäftigungspolitik vor, die den bisherigen politischen Kurs des Dualismus von
„Integration auf Zeit" mit der Nicht-Einwanderungsland-These weiterführte
und die Grundlage für die Ausländerpolitik der folgenden Jahre bestimmte.[64]

↑ **31** Bei der Demonstration am 1. Mai 1978
gingen ausländische und deutsche Arbeiterinnen und Arbeiter geschlossen für die
35-Stunden-Woche und gegen „Lohnraub"
auf die Straße.

Die Ulmer Zahlen bestätigen den bundesweit absteigenden wirtschaftlichen
Trend der 1970er und 1980er Jahre. Die Beschäftigungssituation in der Stadt
nahm bei den Angehörigen aus allen sechs großen Anwerbeländern einen
negativen Verlauf. Von 1974 bis 1989 sank die Zahl der Frauen und Männer
über 16 Jahren[65] – also die Zahl der erwerbsfähigen Personen – nur relativ
leicht von 9 257 auf 8 454. Allerdings sank davon die Zahl der Erwerbstätigen
stärker und zwar von 8 373 auf 5 199. Hiervon waren über den gesamten
Zeitraum hinweg immer über 98 % unselbstständig erwerbstätig. Folglich lag
auch die Quote der selbstständig Tätigen sehr niedrig, die zwar von 0,19 % auf
1,58 % (von 16 auf 82 Personen) steigen konnte, jedoch niemals zu einer
bedeutenden Personengruppe anwuchs.

Beschäftigungssituation Anwerbeländer
1974–1989

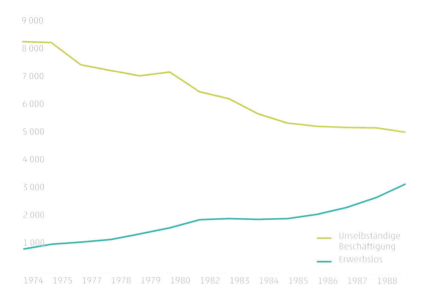

——	Unselbständige Beschäftigung
——	Erwerbslos

Differenz zwischen Erwerbstätigen und Erwerbslosen
1974–1989

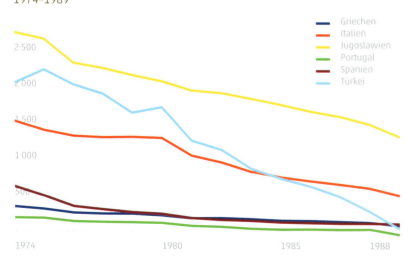

——	Griechen
——	Italien
——	Jugoslawien
——	Portugal
——	Spanien
——	Türkei

Ausländische Arbeitskräfte

Am auffälligsten waren jedoch die Erwerbslosenzahlen unter den angeworbenen Ausländern. Ihr Anteil sprang von 884 auf 3 255 beziehungsweise einer Quote von 9,5 % auf 38,5 % im angegebenen Untersuchungszeitraum. Dementsprechend ging der Anteil der Unselbstständigen von 90,28 % auf 60,53 % zurück. Am wenigsten von diesem Trend betroffen waren Jugoslawinnen und Jugoslawen, die unter allen Anwerbenationen auch nach dem Anwerbestopp die meisten Beschäftigten stellten. Den größten Abstieg erlebten Türkinnen und Türken, die 1983 die Italienerinnen und Italiener überholten und im Jahr 1989 nur noch gut zur Hälfte Arbeit hatten. Bei den Portugiesinnen und Portugiesen gab es in diesem Jahr einen negativen Spitzenwert: Mehr Personen waren arbeitslos als erwerbstätig.

Der Grund für die hohe Arbeitslosigkeit unter den ausländischen Arbeitnehmerinnen und Arbeitnehmern lag im Anwerbungsgedanken selbst begründet, da gerade nur gering Qualifizierte gesucht beziehungsweise in diesem Bereich eingestellt worden waren. Der Niedriglohnsektor sollte erhalten und das Lohnniveau niedrig bleiben. In Rezessionszeiten zeigte sich nun die andere Seite der Medaille, da genau diese Stellen als Erstes der Rationalisierung zum Opfer fielen. Auch die Aussichten auf eine Neuanstellung waren bei sinkendem Arbeitsplatzangebot weniger erfolgversprechend, da sich Firmen und Betriebe bei dem Überangebot an Arbeitssuchenden nun die Bestqualifizierten herauspicken konnten. Das Ulmer Arbeitsamt hatte 1983 errechnet, dass die durchschnittliche Erwerbslosigkeit bei Deutschen 6,5 Monate betrug, die von Ausländern hingegen über 10 Monate.[66] Zusammenfassend heißt das: Die in der Hochphase angeworbenen Ausländer waren nicht nur als erste, sondern auch länger arbeitslos.

Für bundesweite Schlagzeilen sorgte die Schließung des Ulmer Werkes *Videocolor* 1982, die starke Auswirkungen auf die Beschäftigungssituation in der Stadt hatte. „Die Zwänge des Welthandels" und die Konkurrenz vor allem zu japanischen Unternehmen, so teilte der multinationale Konzern in einem kurzen Schreiben mit, mache es notwendig, in Ulm zuerst die Arbeiterinnen und Arbeiter zu entlassen.[67] Von dieser Maßnahme waren insgesamt

1 700 Beschäftigte betroffen, davon 970 Ausländer, im Speziellen aus der Türkei und aus Spanien.[68] Dies ist ein Hauptgrund, weshalb in diesem Jahr die Erwerbs- und Arbeitslosenstatistiken der Anwerbenationen große Ausschläge verzeichnen. Besondere Beachtung in Bezug auf die Beschäftigungssituation erfuhr – wie auch bei der Bund-Länder-Kommission – die zweite beziehungsweise dritte Generation. Eine genaue Anzahl der arbeitslosen ausländischen Jugendlichen in Ulm ließe sich nicht genau ermitteln, da „sich nur ein Teil der Arbeitslosen beim Arbeitsamt melde" und folglich „eine hohe Dunkelziffer" bestehe, so ein Vertreter des Arbeitsamts.[69] Zwar bestand allgemein eine hohe und auch steigende Jugendarbeitslosigkeit in Ulm,[70] doch der prozentuale Anteil der Ausländerinnen und Ausländer darunter war erschreckend hoch: 1983 waren es 25 % bei der Altersgruppe zwischen 18 und 20 Jahren und sogar 60 % bei den 15- bis 18-Jährigen.[71] Bei der Suche nach den Ursachen identifizierten die Beteiligten neben der allgemein schlechten Wirtschafts- und Beschäftigungslage vor allem Sprachschwierigkeiten, mangelnde Allgemeinbildung und ein Informationsdefizit der Eltern über den Stellenwert einer deutschen (berufs-) schulischen Ausbildung.[72]

Letzteres wurde als mangelnde Unterstützung der Kinder durch die Eltern interpretiert, jedoch trug die Status- und Rechtsunsicherheit in Bezug auf Aufenthalts- und/oder Arbeitserlaubnis seit 1973 auch durch die doppelgleisige Bundespolitik von Rückkehrförderung und „Integration auf Zeit" nicht zu einer längerfristigen Planung der betroffenen Ausländer bei.[73] Damit die Eltern „den Wert einer deutschen Ausbildung richtig einzuschätzen verstehen, auch wenn sie später in ihre Heimatländer zurückkehren",[74] gründete sich im Frühjahr 1980 in Ulm der Koordinierungsausschuss zur beruflichen Eingliederung junger Ausländer.[75] Mit dem Ziel, einen geeigneten Beruf zu finden, organisierte dieser Elternabende und Informationsveranstaltungen für ausländische Jugendliche.[76] Außerdem setzte er sich für eine bessere Betreuung sowie den örtlichen Ausbau eines dualen Ausbildungssystems ein, das „umfangreiche Kenntnisse der deutschen Sprache sowie praktische Fähigkeiten in verschiedenen Berufsfeldern" vermitteln sollte.[77]

Defizite auf dem Gebiet der deutschen Sprache galten allgemein als das entscheidendste Hindernis für eine Integration, was jungen Ausländerinnen und Ausländern nicht nur an einer guten schulischen Ausbildung hinderte – zwei Drittel hatten 1978 keinen Hauptschulabschluss; bei den Deutschen lag der Prozentsatz dagegen bei zwölf[78] –, sondern auch Fortbildungen schwierig gestaltete.[79] Als besondere „Problemfälle" galten die sogenannten „Quereinsteiger", die einen Schulabschluss in den Heimatländern absolviert hatten und erst dann in die Bundesrepublik eingereist waren. Ihre Berufschancen auf dem deutschen Arbeitsmarkt waren äußerst schlecht.[80] Zu denjenigen, die das deutsche Schulsystem durchlaufen hatten, existierten allerdings unterschiedliche Meinungen. Während einige deutsche Stellen auch für diese Gruppe die Sprache stets als ausschlaggebendes Element der Arbeitslosigkeit angaben, hakten die ausländischen Vertreter in Ulm dagegen ein: Verständigungsschwierigkeiten spielten unter den ausländischen Jugendlichen keine große Rolle mehr und es werde nur die Schuld auf diese abgeschoben.[81] Es seien eher Vorurteile, die einen beruflichen Einstieg verhinderten.[82] Eine IHK-Umfrage unter Ulmer Betrieben aus dem Jahr 1983 bestätigt diese Sichtweise. Danach gab fast ein Viertel der befragten Betriebe an, dass sie grundsätzlich nicht bereit seien, ausländische Jugendliche auszubilden.[83] Auch das Ulmer Arbeitsamt kannte diese Umstände:

„Dem aus früheren Jahren stammende Vorurteil, dass junge Ausländer ein schlechteres Deutsch sprechen und Mängel in ihrer Schulbildung aufzuweisen hätten, könne allerdings noch immer begegnet werden. Das Arbeitsamt und die anderen mit Ausbildungsfragen konfrontierten Institutionen im Raum Ulm (wie IHK oder Handwerkskammer) treten dieser überholten Meinung jedoch entgegen, soweit dies möglich sei."[84]

In der Tat versuchten die Stadt wie auch andere Institutionen mit verschiedenen Maßnahmen mehr oder weniger erfolgreich, die ausländische Jugendarbeitslosigkeit zu bekämpfen: Neben dem Koordinierungsausschuss unterstützte Ulm mit finanziellen Mitteln Berufsfach- und Vollzeitschulen oder auch das Berufsvorbereitungsjahr.[85] Die IHK Ulm eröffnete den sogenannten Bauclub, der auf Vermittlung von Ausbildungsstellen im Baugewerbe für unterdurchschnittlich vorgebildete Ausländer ausgelegt war.[86] Das Staatliche Schulamt Ulm betrieb Fördermaßnahmen im Grund-, Haupt- und Sonderschulbereich und hatte dafür im Jahr 1979 1 800 Wochenstunden aufgewendet.[87] Die städtische Verwaltung selbst erhöhte ihr Ausbildungsangebot um 30 %

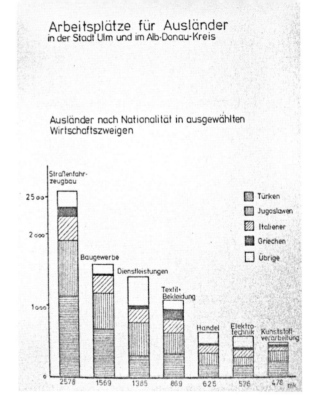

→ **32** Zeitgenössische Darstellung von 1983 aufgeteilt nach Nationalitäten und Wirtschaftszweigen, in denen hauptsächlich Ausländer Beschäftigung fanden.

und stellte im Rahmen eines Sonderprogramms des Landes Baden-Württemberg 24 Auszubildende ein, von denen 50 % Ausländer waren.[88] Auch in Ulm wurde das bundesweite MBSE-Programm durchgeführt, „das die Anpassung der ausländischen Jugendlichen an die Erfordernisse des deutschen Beschäftigungssystems" unterstützen sollte.[89] Auch ein Gespräch von Oberbürgermeister Lorenser mit arbeitslosen Jugendlichen im Jugendhaus Büchsenstadel gehörte zu den Bemühungen, Ausbildungsstellen zu vermitteln.[90]

Die Berufspalette der jungen Ausländerinnen und Ausländer gestaltete sich da noch sehr einseitig: Im Vordergrund standen meist der Metall- und Bausektor sowie Gesundheitsberufe. Allerdings erweiterte sich das Spektrum mit der Zeit und die IHK Ulm wies auf 50 von 100 Berufen hin, in denen Ausländer vertreten waren. Der Dienstleistungs- und Angestelltensektor war dabei meist noch in deutscher Hand, jedoch sprach die IHK hier von einer „Normalisierung", da eine Verdopplung der Berufsausbildungsverhältnisse im kaufmännischen Bereich von 1977 bis 1984 zu verzeichnen war. Jedoch hatte sich im selben Zeitraum der Anteil von Ausländern in gewerblichen Berufen vervierfacht.[91]

Vorteile hatten ausländische Jugendliche bei Berufen, die Kontakte mit ausländischen Kunden erforderten, wobei vor allem das Bankwesen und der

Ausländische Arbeitskräfte

Einzelhandel vertreten waren. Allerdings existierten hier hohe Hürden im Bereich der Sprache und der Allgemeinbildung und die Anzahl der in diesen Bereichen arbeitenden Ausländerinnen und Ausländer war gering.[92] Diese Umstände und die Ausbildungspraxis im Allgemeinen kritisierte ein **Ulmer Vertreter des DGB** 1982 scharf, da sie an der Realität und der Entwicklung vorbeiginge:

Die exportabhängige Bundesrepublik bilde nicht in diesem Bereich aus, sondern die Wirtschaft fördere Berufe, „in denen man genau wisse, dass der Jugendliche nach der 3-jährigen Ausbildung nicht weiterbeschäftigt werden könne und für teure, von den Versicherten der Bundesanstalt der Arbeit aufgebrachte Mittel wieder umgeschult werden müsse. [...] Speziell die türkischen Jugendlichen hätten bei der Suche nach einem Ausbildungsplatz erhebliche Probleme zu überwinden, da besonders sie einer überall spürbar zunehmenden Ausländerfeindlichkeit ausgesetzt seien. Auch wenn diese von anderen Seiten bestritten werden, werden immer wieder nach einer Lehrstelle suchende Jugendliche von den Betrieben wegen ihrer Nationalität ‚abgewimmelt'. [...] Tagtäglich müsste ihr [der Wirtschaft] vor Augen geführt werden, dass sie jetzt die Chance habe, ihren Facharbeitermangel von morgen abzudecken, indem sie diejenigen ausländischen Jugendlichen ausbilde, denen sie im Moment eine Lehrstelle verweigere. In vielen Bereichen lasse sich nämlich der künftige Facharbeiterbedarf nur durch junge Ausländer abdecken."[93]

Die Bundesregierung betrieb in den 1980er Jahren eine Begrenzungspolitik, die die Zuwanderung unterbinden und auch die Rückkehr fördern sollte. In Ulm startete 1983 ein bundesweit einmaliges Modellprojekt zur Rückkehrförderung von Türkinnen und Türken, die sich dann in der Türkei selbstständig machen sollten. Dafür richtete der Heidelberger Arbeitskreis Integration und Reintegration in der Stadt eine Beratungsstelle ein, um bei der angestrebten Existenzgründung zu helfen.[94] Auch aufgrund der düsteren Beschäftigungssituation im Heimatland, die keine Verbesserung der persönlichen Lage versprach, lehnten viele eine Rückkehr ab. Hier hakte die Beratungsstelle ein, die ihre Hilfestellung anbot, um das in Deutschland erworbene Know-how zu nutzen. „Es sei daher eine wichtige Aufgabe auch aus entwicklungspolitischer Sicht, mit diesen Rückwanderern eine Kleinindustrie, qualifizierte Dienstleistungsbetriebe oder Zulieferbetriebe aufzubauen"[95], so der Sprecher. Grob ging es hierbei um die Kapitalisierung bestehender Rentenansprüche ohne Wartezeit, um damit einen Betrieb aufzubauen.[96] Ganz selbstlos waren diese Zielsetzungen jedoch nicht, denn auch der Ulmer Oberbürgermeister Hans Lorenser versprach sich durch die Abwanderung der Türkinnen und Türken eine Senkung der Arbeitslosenquote in der Stadt.[97] Die Bewertung des Arbeitskreises aufgrund 200 „Ratsuchender" in Ulm kam zu dem Ergebnis, dass nur ca. ein Viertel als potentielle Betriebsgründer im entwicklungspolitischen Sinne in Frage kämen.[98]

Allgemein passte diese Maßnahme genau in das bundespolitische Konzept: Zuwanderung sollte mit allen Mitteln unterbunden und die Rückkehr gefördert werden.[99] Die immer undurchsichtigere Gesetzeslage zeugt von einer kurzsichtigen und ratlosen Politik, die auch Ergebnis eines Drucks der Öffentlichkeit war, die die wirtschaftlich schlechte Lage der 1980er Jahre mit der Anwesenheit der Ausländer interpretierte: „Zuwanderung wurde immer seltener als Hilfe von außen und immer häufiger als Belastung im Inneren verstanden."[100] Zur Verstärkung der Rückkehrbereitschaft sollte einerseits eine „Rückkehrhilfe" für arbeitslos gewordene Nicht-EG-Ausländer in Höhe von 10 500 DM und für jedes weitere Familienmitglied von 1 500 DM ausbezahlt werden. Dazu kam andererseits noch eine „Rückkehrförderung", die – wie bei der Existenzgründungsinitiative – eine sofortige Auszahlung der Rentenbeiträge, von Bausparverträgen und Spareinlagen ohne Verlust der staatlichen Zuschüsse vorsah. Die Regierung schätzte, dass rund 300 000 Ausländerinnen und Ausländer aufgrund dieser „Angebote" zurückgekehrt seien und versprach sich davon Einsparungen von 2,5 Milliarden bei der Sozialhilfe, dem Wohn-, Kinder- und Arbeitslosengeld sowie bei den Rentenauszahlungen. Allgemein wertete sie dies als Erfolg und postulierte: „Eine harte Ausländerpolitik senkt die Sozialkosten." Bei genauerer Betrachtung jedoch lagen die Rückwanderungszahlen schon seit 1973 immer über 365 000. Die zu zahlenden Rentenbeiträge überstiegen die erwartete Summe von einer Milliarde um mehr als das Doppelte, weshalb dieser Effekt fast komplett verpuffte.[101]

Wohnungssituation

Zu Beginn hatten die vorgefertigten Arbeitsverträge in den Anwerbeabkommen die Wohnungsfrage so geregelt, dass die Arbeitgeberinnen und Arbeitgeber der angeworbenen Arbeitskraft eine „angemessene Unterkunft gegen eine entsprechende Vergütung" zur Verfügung stellen mussten. So entstanden Werkswohnheime, die auf dem Unternehmensgelände oder in Fabriknähe erstellt oder angekauft wurden. Wenige wohnten anfangs schon in Mietwohnungen, was allerdings nötig war, wenn ein Familiennachzug erfolgen sollte, wie es schon im ersten Anwerbevertrag mit Italien stand: Wenn ausreichend Wohnraum vom ‚Gastarbeiter' nachgewiesen wurde, konnte ein entsprechender Antrag gestellt werden, der dann von der Ausländerpolizeibehörde „wohlwollend" geprüft werden sollte.[102]

Was eine „angemessene Unterkunft" war, legten Vorschriften fest: Anfangs galt als Mindeststandard, dass in einem Raum bis zu sechs Personen untergebracht werden durften und darin pro Person geringstenfalls 4 Quadratmeter zur Verfügung stehen mussten. Für eine Wasch- und Kochgelegenheit sollte Sorge getragen werden. Durch diese Vorschriften entstanden allerdings ganze Barackensiedlungen, was der Deutsche Städtetag 1960 kritisierte. Erst als der Bund Sondermittel zur Förderung zum Bau von Gastarbeiterunterkünften ausgab, verbesserte sich die Lage. Der Gesetzgeber legte neue Mindeststandards fest und bestimmte im Jahr 1971, dass jetzt vier Personen in einem Raum Anspruch auf jeweils 8 Quadratmeter hatten. Es musste eine Kochstelle für je 2 Personen und eine Toilette für je 10 Personen installiert sein.[103] Neben den Werkswohnungen konnten die angeworbenen Arbeiterinnen und Arbeiter auch private Wohnungen mieten, was mit zunehmender Aufenthaltsdauer und durch den vermehrten Familiennachzug immer üblicher wurde.[104]

Diese bundesweite Tendenz war auch in Ulm zu beobachten: Im Jahr 1976 befanden sich 12 032 Personen aus den Anwerbeländern in der Stadt, wovon noch rund 18 % in Gastarbeiterunterkünften wohnten. Die überwältigende Mehrheit lebte in Miet-, Betriebs- oder zu ganz geringem Teil auch in Eigentumswohnungen.[105] Allerdings gab es auf diesem Sektor Probleme: Oftmals entsprach vor allem die Wohnungsgröße nicht den Anforderungen der durch

↑ **33** Die von deutschen Firmen angeworbenen italienischen ‚Gastarbeiter' wohnten oftmals, wie hier 1960 in Ulm, in Wohncontainern, was sehr kontrovers diskutiert wurde.

Nachzug oder Geburten gewachsenen Familien und ca. 40 % klagten bei der Wohnungsvermittlungsstelle über zu beengte Wohnverhältnisse. Bis in die 1980er Jahre hinein war die Wohnraumbelegung von Ausländern mit 1,2 Personen pro Raum doppelt so hoch wie bei den Einheimischen. Dichte Belegung in kleinen Wohnungen, unzureichende sanitäre Einrichtungen in alter oder überalterter Bausubstanz sowie unzureichende Grünanlagen und Lärmbelästigung durch Verkehr und Industrie zählten zu den prägnantesten Problemen.[106] Auch deswegen gaben bei einer Ulmer Umfrage unter 91 Ausländerfamilien über die Hälfte an, mit der Wohnsituation unzufrieden zu sein,[107] weshalb der Anteil der Ausländer unter den Wohnungssuchenden weit über dem der alteingesessenen Ulmer lag und mehr Ausländer innerhalb der Stadt umzogen.[108] Die Wohnungssuche selbst gestaltete sich, trotz der offiziellen Gleichstellung von Ausländern und Deutschen auf dem Wohnungsmarkt, problematisch. Die Ulmer Vermittlungsstelle gab dafür folgende Ursachen: „Vorbehalte und Vorurteile und vor allem Verständigungsschwierigkeiten geben ihnen geringere

Chancen, ihre Wohnungswünsche selbst realisieren zu können." Zu den untergebrachten Ausländern gaben Stadt und UWS allerdings an, dass sich diese
„gut integriert haben und nennenswerte Beanstandungen nicht zu verzeichnen
sind. Wie uns vom Amtsgericht mitgeteilt wird, sind bisher nur in Einzelfällen
Räumungsklagen erhoben worden."[109]
Ausländer ließen sich in den Städten oftmals in billigen Wohnungen entweder in Fabriknähe oder in sanierungsbedürftigen Gebieten nieder.[110] Für Letzteres kann als Beispiel für Ulm das Altstadtgebiet „Auf dem Kreuz" dienen,
das Ende der 1970er Jahre saniert wurde. Die Presse schrieb von alten wie
verkommenen Häusern und sogar vom „Ghetto" war die Rede. Der Ausländeranteil lag 1977 bei 36 % – die Hälfte davon waren Türkinnen und Türken. Zum
Sanierungsvorhaben selbst gab es Informationsabende, die auch in mehreren
Sprachen angeboten wurden. Die größten Sorgen der Bewohner des „Kreuzes"
stellten eine exorbitante Mieterhöhung oder auch eine Steigerung der Neben-
kosten nach der Sanierung dar. Die verantwortlichen Stellen verneinten dies
stets, da die Mietobergrenze bei 4,50 DM/qm festgesetzt war. Im Sozialplan
selbst ist jedoch zu lesen: „Bei starken Mietsteigerungen, die durch die Sanierung ihrer [der Mieter] Wohnungen bedingt ist, soll einkommensschwachen
Personengruppen Härtefallausgleich [...] gewährt werden."[111] Nichtsdestotrotz sank in den Folgejahren nach der Sanierung der Ausländeranteil „Auf
dem Kreuz" auf rund 21 %.[112]

← **34** Ulmer Firmen errichteten auch Wohnheime, wie hier im Jahre 1962, zur Unterbringung ihrer Arbeiterinnen und Arbeiter, für die
der Gesetzgeber Mindeststandards aufstellte.

Hierbei wurde nun schon der Aspekt der Verteilung von Ausländer auf Stadtteile und Stadtviertel angesprochen, auf den im Folgenden näher einzugehen
ist: Ulm hatte seit den 1970er Jahren vergeblich versucht, eine sogenannte
„räumliche Durchmischung" zu erreichen. Vielmehr fand „ein Austausch der
deutschen Bevölkerungsgruppe durch Ausländer" statt,[113] was folgende Ursachen hatte: Einerseits lagen die Wohnungen meist in der Nähe zum Arbeitsplatz in oftmals wenig ansprechenden Gegenden, weshalb auch die Mieten
dementsprechend niedrig waren. Andererseits zogen Deutsche vermehrt aus
diesen Gegenden ab, da aus ihrer Sicht der Standort aufgrund des Ausländer-
anteils an Attraktivität verloren hatte. Durch diese Segregation entstanden
Stadtviertel mit hohem Ausländeranteil, was oftmals als „Ghettobildung"
betitelt wurde.

Allerdings sind in der Geschichte der Migration solche ‚Einwandererkolonien'
kein Spezifikum der ‚Gastarbeiter', sondern eher der Normalfall und unter Umständen auch als Teil des Integrationsprozesses zu verstehen. Innerhalb dieser
‚Kolonien' war der anfängliche ‚Kulturschock' etwas abgedämpft und die
Neuankömmlinge konnten sich so allmählich an die neue Umgebung gewöh-
nen. Schon länger zugewanderte Landsleute gaben Tipps zur Bewältigung
des Alltags oder halfen bei Behördengängen. Zugleich bot sich hierbei auch
die Möglichkeit, einen Teil der eigenen Kultur zu bewahren und den Assimilie-
rungsdruck der Aufnahmegesellschaft etwas abzufedern. Idealerweise traten
dann die kommenden Generationen vermehrt in Interaktion mit den Einheimischen, so dass eine Integration eher stufenweise stattfand. Allerdings
konnte eine ‚Kolonie' auch zu einer bewussten Abschottung führen und so
Integrationsbewegungen verhindern.[114]

In Ulm existierten derartige ‚Koloniebildungen' auch, wobei der prozentuale
Anteil im jeweiligen Stadtteil zur Analyse herangezogen werden kann: Das
erst 1951 neu ausgewiesene Industriegebiet Donautal erreichte im Jahr 1974
– also ein Jahr nach dem Anwerbestopp – einen absoluten Spitzenwert mit
über 79 % Ausländeranteil. Von 1 919 Einwohnern waren 1 526 Ausländer,
was über ein Zehntel aller Ausländer in Ulm darstellte. Somit konnte durchaus

von einer Ausländersiedlung im Donautal in den 1970er Jahren gesprochen werden.[115] Die zahlenmäßig meisten Ausländer lebten in der Stadtmitte, wo 1980 mit 3 837 ein Höchstwert erreicht wurde. Ab 1984 übernahm erstmals die Weststadt diese Spitzenposition. Bis heute leben dort zahlenmäßig die meisten Menschen mit ausländischem Pass und internationalen Wurzeln.[116] Im Mai 1975 befasste sich die sozialliberale Koalition in Bonn mit dem Problem der stark schwankenden Konzentration von Ausländern. Dieses bestand nicht nur auf der Ebene der Bundesländer, sondern auch die Verteilung auf die einzelnen Städte war äußerst unterschiedlich.[117] Straßenzüge oder ganze Stadtviertel wiesen einen äußerst hohen Ausländeranteil auf, für den der Ausdruck Ghetto gebräuchlich wurde, der ein ganzes Konglomerat von Negativmerkmalen beinhaltet.[118] Neben der Befürchtung sozialer Spannungen aufgrund dieser Entwicklung führe ein hoher Ausländeranteil auch zu Überlastungserscheinungen der dortigen Infrastruktur. Dem versuchte die Politik im Mai 1975 unter anderem mit einer Zuzugssperre für bestimmte Ballungsgebiete entgegenzutreten.[119]

Ulm gehörte zu den vom baden-württembergischen Innenministerium ausgewiesenen „überlasteten Siedlungsgebieten", womit für die Stadt eine Zuzugssperre – offizielle auch „Regionalsteuerung" oder „Regulierung der Innenwanderung" genannt – galt.[120] In der Tat sank in den folgenden Jahren die ausländische Wohnbevölkerung Ulms,[121] bis die Zuzugssperre am 1. Juli 1977 wieder aufgehoben wurde.[122] Die erwartete Verteilung der Ausländer beziehungsweise Entlastung fand allerdings nicht in gewünschtem Umfang statt,[123] denn 1981 rangierte Ulm mit 14,4 % bundesweit wieder auf Platz 9 der deutschen Städte mit den höchsten Ausländeranteilen.[124] Dies ist nur ein Beispiel für eine gewisse Konzeptlosigkeit der Bundespolitik in den 1970er Jahren bei der Ausländerpolitik, die von „Aktionismus" und gleichzeitiger „Ratlosigkeit" zeugt.[125]

Diskussion über Kriminalität[126]

Das Thema Migration und Kriminalität gehört „zu den politischen und ideologischen Minenfeldern des gesellschaftlichen Diskurses."[127] Es kann Ängste in der Bevölkerung schüren und deshalb leicht von politischen Kräften für fragwürdige Ziele missbraucht werden. Dass eine Art Prägung aufgrund der Nationalität oder Ethnie hin zu aggressivem oder gewalttätigem Verhalten existiert, wird in der ernstzunehmenden Literatur allgemein ausgeschlossen. Jedoch lässt sich in allen europäischen Staaten ein erhöhter Anteil von Migrantinnen und Migranten unter den Tatverdächtigen, Verurteilten oder Inhaftierten feststellen, wobei hier vor allem die zweite und dritte Generation im Gegensatz zu ihren Eltern oder Großeltern besonders hervortreten.[128] Interessant ist jedoch, dass in verschiedenen Ländern die jeweiligen Nationalitäten unterschiedlich auffällig sind: So fallen beispielsweise türkische Jugendliche in Deutschland durch höhere Verdächtigenzahlen auf, während diese in den Niederlanden eher unauffällig sind.[129]

Nach dem Anwerbestopp 1973 und auch in der folgenden Dekade entstanden Diskussionen, die sich mit der Kriminalität in Bezug auf die Gastarbeiter und hier im speziellen auf die zweite und dritte Generation beschäftigten. Deshalb soll im Folgenden kurz genauer auf die Lage in den 1980er Jahren eingegangen werden, um einen Einblick in die Debatten der Zeit zu bekommen, die auch im Ulmer Ausländerbeirat geführt wurden.

Ausschlaggebend für eine Sitzung des Beirats im Jahr 1982 waren Presseberichte, die einem negativen Image von Ausländern Vorschub leisteten und die öffentliche Meinung dahingehend beeinflussten. Der Vertreter der Polizei warf den Medien vor, die Ulmer Kriminalstatistiken undifferenziert zu betrachten und „darin lediglich Material für ihre Schlagzeilen" zu suchen.[130] Dies führte dazu, dass die Kontaktstelle für ausländische Mitbürger in Ulm selbst eine Studie anfertigte, weil „im Bereich der Gewaltkriminalität das Bild des Ausländers durch die Medien verfälscht werden könnte."[131] Hierbei spiele die Interpretation der Ulmer polizeilichen Kriminalitätsstatistik die entscheidende Rolle, die, undifferenziert wiedergegeben, ein verzerrtes Bild der Realität zeige und so sogar ein „den Tatsachen widersprechendes Bild entstehe."[132]

Auch Herr Miller von der Kriminalpolizei der Ulmer Polizeidirektion sagte, dass die Statistik keinesfalls ein Spiegelbild der Kriminalität darstelle, sondern diese nur als Anhaltspunkte für die Entwicklung von Strategien biete.[133] Ohne zu tief in statistische Analysen einzusteigen, soll hier nur kurz auf die Hauptschwachstellen der Kriminalitätsstatistik eingegangen werden:[134] Die Statistik erfasst lediglich Verdachtsfälle der Polizei, die der Staatsanwaltschaft übergeben werden und zeigt nicht die Anzahl der Verurteilungen.[135] Der Vertreter der italienischen Community im Ausländerbeirat bemerkte zu diesem Umstand, dass „Ausländer bei Autounfällen oder etwas ähnlichem gleich als erste beschuldigt werden, da sie schwarze Haare oder einen Schnurrbart tragen." Eine Stadträtin der Grünen sagte, „dass die ausländischen Mitbürger wesentlich öfter – vielfach zu Unrecht – einer Straftat bezichtigt werden."[136] Die Jugendkriminalitätsstatistik von 1985 bestätigte diese Aussage: Bei ausländischen Heranwachsenden im Alter zwischen 18 und 21 Jahren musste in 29 % der Fälle das Ermittlungsverfahren wegen nicht ausreichendem Tatverdacht eingestellt werden. Im Gegensatz dazu wurden bei verdächtigen Deutschen derselben Altersgruppe nur 3 % der Fälle fallen gelassen. Somit kam es bei ausländischen Heranwachsenden weit öfter zu Verdächtigungen als zu Ermittlungen.[137] Kerstin Reich verweist auf Studien, die Gründe dafür benennen: Danach neigen Anzeigeerstatter sowie Polizei dazu, Sachverhalte bei ausländischen Jugendlichen krimineller einzustufen als bei deutschen und auch die Anzeigebreitschaft sei höher, wenn die Ethnien sich unterschieden.[138] Weitere Punkte – und hier sind sich der Ulmer Beirat und auch die Vertreter der Polizei einig –, die bei einer Interpretation der Kriminalitätsstatistik mitberücksichtigt werden müssen, sind die Geschlechter-, Alters- und Sozialstruktur. Zur Geschlechterstruktur lässt sich in den 1980er Jahren sagen, dass in Ulm weit mehr männliche als weibliche Ausländer lebten. Männer sind aber, statistisch gesehen, häufiger straffällig, weshalb hier eine Differenzierung in der Zuwandererstatistik nötig ist. Gleiches gilt für die Altersstruktur: 1985 waren lediglich ca. 2 % der Ausländer in Ulm über 60 Jahre alt, aber ca. 20 % der Deutschen. Auch hier bedarf es einer Differenzierung, da die Kriminalitätsquote mit zunehmendem Alter stark sinkt. Ebenso unterscheidet die Ulmer Statistik nicht zwischen in Ulm gemeldeten Ausländern und nicht gemeldeten.[139]

Als wichtigste Punkte wurden von allen Beteiligten das Bildungsniveau und die Arbeitslosenquote angesehen, die einerseits zu sich selbst sowie aber auch zur Kriminalitätsrate korrelierten. Wegen mangelnder Schulbildung liege die Arbeitslosenquote vor allem bei ausländischen Jugendlichen und Heranwachsenden sehr hoch, wodurch Perspektivlosigkeit und eine soziale Randstellung begünstigt würden, was wiederum Kriminalität hervorrufe. Bei den Deutschen mache sich die breite ‚Mittelschicht' vorteilhaft bemerkbar; bei den Ausländern existiere dagegen eine ausgeprägte „Unterschicht".[140] Als Fazit über die Kriminalitätsstatistik hält der Bericht des Sozial- und Jugendamtes (Kontaktstelle Ausländische Mitbürger) deshalb fest, dass, wenn vergleichbare Lebenssituationen zu Grunde gelegt würden, ausländische Jugendliche kaum häufiger auffällig als deutsche seien. Ausschlaggebend sei: Je niedriger der Schulabschluss, desto höher der Tatverdächtigenanteil bei allen Nationalitäten, wobei jedoch mehr ausländische Jugendliche im Sonder- und Hauptschulbereich zu finden seien. Des Weiteren sei auch die Arbeitslosigkeit ein wesentliches Merkmal aller Straftäter, wobei auch hier wieder der Anteil der arbeitslosen Jugendlichen bei den Ausländern höher sei als bei den Deutschen.[141]

Die zusammenfassenden Aussagen der Polizei vor dem Ausländerbeirat fielen nach diesen Betrachtungen folgendermaßen aus: „Den in unserer Stadt lebenden Ausländern stellt Herr Miller [von der Ulmer Polizei] ein hervorragendes Zeugnis aus." Auch der Vertreter der Jugendgerichtshilfe gab als Fazit zu Protokoll: „Trotz der höheren Arbeitslosigkeit, schlechterer Sozialisations- und größerer Integrationsschwierigkeiten bleibe – so fasst Herr Schnurr zusammen – die Kriminalität der jungen Ausländer in respektablen Grenzen."[142]

Beratung, Betreuung und gesellschaftliche Mitwirkung

Schon das Abkommen von 1955 sah eine „Betreuung" der ausländischen Arbeitskräfte besonders bei der „Erteilung von Auskünften allgemeiner Art" vor. Es sollte „die Eingewöhnung der italienischen Arbeiter in die neuen Lebensverhältnisse" gefördert werden, wozu auch soziale und kirchliche Organisationen aus Italien beitragen könnten.[143] Zwar sollten sich die Italienerinnen und Italiener wohl fühlen, jedoch lag die Stoßrichtung nicht allein auf der reinen Verbesserung der Lebensqualität, sondern die ökonomische Effektivität und Effizienz stand stets im Vordergrund.[144] Allerdings gab es auch warnende Stimmen. So war in einer Ausgabe der Zeitschrift „Der Städtetag" vom Oktober 1962 zu lesen, dass „der Kommunalpolitiker und Verwaltungsmann einsehen muss, auch wenn es seinem funktionalen Denken schwer fällt, dass der Ausländer zuerst Mensch ist".[145] Mit dieser Erkenntnis war die Anschauung verbunden, dass die ‚Gastarbeiter' Beratung und Betreuung auch neben dem Arbeitsalltag benötigten.

Für die Sozialbetreuung, so auch die Sicht des Städtetages, sollten vor allem karitative Verbände zuständig sein. Nach einer Absprache mit Bund und Ländern galt ab den 1960er Jahren folgende Aufteilung der Betreuung, wie sie auch in Ulm geregelt war: Die Caritas kümmerte sich um Arbeitskräfte aus Italien, Spanien und Portugal, das Evangelische Hilfswerk nahm sich der Griechinnen und Griechen an und die nicht religiös geprägte Arbeiterwohlfahrt beriet die Arbeitnehmerinnen und Arbeitnehmer aus der Türkei und Jugoslawien.[146] Diese Zuordnung wurde erst um das Jahr 2000 aufgeweicht und andere Migrantenorganisationen konnten sich nun um die Belange der Zuwanderer kümmern. Die Seelsorge übernahmen die jeweiligen christlichen Kirchen, die dafür Priester aus den Herkunftsländern holten und nationale „Nebenkirchen" etablierten. Deshalb gab es meist keine Berührungspunkte mit einheimischen Gläubigen und eine integrative Funktion der Religion fand ganz im Sinne der politischen Sicht – die ja von einer Rückkehr der ‚Gastarbeiter' ausging – nicht statt. Dies ist ein deutlicher Unterschied zur kirchlichen Arbeit bei den Heimatvertriebenen und Aussiedlern, die explizit auf die gesellschaftliche Einbindung ausgerichtet war. Für einen Teil der türkeistämmigen

Musliminnen und Muslime übernahm die 1984 gegründete Türkisch Islamische Union der Anstalt für Religionen e. V. (DITIB) die religiöse Betreuung.[147]
Auch andere religiöse Dachverbände gründeten in Ulm Gemeinden mit
Gebetsräumen. So entstand bereits 1972/73 am Ehinger Tor eine Moschee
der islamischen Gemeinschaft Millî Görüş.[148]

Aber neben kirchlichen und nichtstaatlichen Organisationen betrieben auch
die Kommunen Beratungs- und Aufklärungstätigkeiten. Mitte der 1970er Jahre
begann Ulm einen sogenannten „Wegweiser für die Ausländer" auszulegen,
in dem die Verwaltung über städtische Angebote und Hilfen für Neuankömmlinge informierte.[149] Eine Erstauflage wurde 1977 in sechs Sprachen und mit
einer Auflage von 4 000 Stück veröffentlicht und in den Beratungsstellen sowie städtischen Ämtern ausgelegt.[150] Neben allgemeinen Angaben zu Behörden und Ämtern informierte der Wegweiser auch über finanzielle Angelegenheiten, beispielsweise durch Hinweise auf den Lohnsteuerausgleich oder
Warnungen vor dem Verkauf der eigenen Lohnsteuerkarte.[151] Problematisch
gestaltete sich die regelmäßige Informationsbeschaffung vor allem für die
erste Generation, die aufgrund der Sprachbarriere keine Möglichkeit hatte,
sich in den lokalen Ulmer Zeitungen zu informieren. Diesem Umstand wurde
z. B. im Wochenblatt „Neuer Ulmer Anzeiger" insoweit Rechnung getragen,
dass er in unregelmäßigen Abständen Behördennachrichten und später auch
gesellschaftliche Anlässe in italienischer, türkischer und serbokroatischer
Sprache abdruckte.[152]

Ab Mitte der 1970er Jahre begann durch den verstärkten Familiennachzug und
die Erhöhung der Geburtenrate auch eine Beratung auf persönlicher Ebene,
was sich – nicht ganz verwunderlich – zeitintensiver gestaltete. Allerdings
entstanden nicht nur durch Sprachbarrieren, sondern auch durch die kulturelle
Prägung im Heimatlands gewisse Probleme, was die deutschen Stellen teilweise überforderte. Die Resonanz auf diese Angebote hielt sich in Grenzen,
bis auf die Beratung bei Problemschwangerschaften, wo der ausländische
Besucheranteil bei ca. 30 % lag: Eine türkische Mitarbeiterin, die auch
als Dolmetscherin fungierte, sollte dort die dabei auftretenden Probleme im

↑ **36** Allerdings gab es auch andere Informationsmöglichkeiten: Die türkische Regionalzeitung „Merhaba" erschien 1991 das erste Mal in Ulm. Hier feierte ein Teil des Redaktionsteams den ersten Geburtstag der Zeitung, die über Politik aus der Türkei berichtete.

→ **35** Beispiel für eine viersprachige (deutsch, italienisch, türkisch und serbokroatisch) Anzeige „Information für ausländische Mitbürger" aus dem Neuen Ulmer Anzeiger vom 21. August 1986.

Informationen für ausländische Mitbürger

Informationen für Eltern von Schulanfängern: Der erste Schultag ist der 27. August 1986. Der Schulgottesdienst beginnt um 9 Uhr in der Kirche. Die Schule fängt um 10 Uhr an.

Tips für den Schulanfang:
● In Deutschland ist es Brauch, den Kindern am ersten Tag eine „Schultüte" mit Süßigkeiten, Obst oder kleinen Geschenken mitzugeben. Die Tüten sind zum Beispiel in Kaufhäusern erhältlich.
● Es ist sinnvoll, wenn Sie Ihrem Kind einen gutsitzenden Schulranzen kaufen. Weiteres brauchen Sie vor dem ersten Schultag nicht zu besorgen. Was noch benötigt wird, erfahren Sie dann vom zuständigen Klassenlehrer Ihres Kindes.

Servizio d' Informazione per gli Stranieri

Informazioni per i genitori dei figli in età scolare: Primo giorno di scuola: 27. 8. 1986. La funzione religiosa (S. Messa) avra 'luogo nella Chiesa parrocchiale alle ore 9. Le lezione inizieranno alle ore 10.

Informazioni per coloro che andranno a scuola.
● In Germania si usa dare al bambino che frequenta per la prima volta la scuola, una „Schultüte", chiò è un sacchetto contenente dolci, caramelle, frutta ecc . . Questa „Schultüte" si può acquistare presso i negozi.
● E quanto mai opportuno se potete acquistare per vostro figlio una cartella per i libri a forma di zaino (da portare a tracolla). Altro non è necessario prendere; ciò che sarà poi necessario per la scuola lo potrete sapere dall' insegnante di vostro figlio.

Informacijska Služba za Strane Sugradjane

Informacije za roditelje prvoškolaca: Prvi dan škole je 27. 8. 1986. Skolska služba božija počinje u 9 sati u crkvi. Škola započinje u 10 sati.

Saveti za Početak Škole
● U Njemačkoj je običaj, da prvoškoici ponesu u školu (samo prvi dan) tzv. školski fišek (Schultüte) sa slatkišima, vočem ili malim poklonima. Školske fišek možete nabaviti u robnim kučama.
● Preporučljivo je da svom detetu kupite dobru školsku torbu (ranac). Sto još da nabavite, saznati cete od učitelja svog deteta.

Yabancı Hemşeriler İçin İnformasyon Hizmeti

Okula başlayacak çocukların Anne ve Babaları için Bilgiler: Okolun ilk başladığı gün: 27. 8. 1986 saat 10.00 ' dadir.

Okul Başlangıcı ic in Öğütler
● Çocuğunzun sırtına iyi oturan bir okul çantası almanız akıllıca bir iş olur. Ilk gün çocuğunuz okola giderken okul çantasından başka hiç bir şey götürmesi gerekmez.
● Çocuğunuzun ne gibi okul malzemesine Ihtyacı olduğunu yetkili sınıf ogretmeni söyleyecektir. Ögretmenin tavsiyesine göre okul malzemesi temin etmeniz uygun olur.

Bezug auf die im Heimatland geltenden Werte und Normen lösen.[153] Da zwischen 1973 und 1979 die Zahl türkischer und jugoslawischer Kinder in Ulm um fast 1 400 anstieg,[154] entschied sich die Stadt als eine der ersten in Baden-Württemberg, eine „Kontaktstelle Ausländische Mitbürger" beim Sozial- und Jugendamt einzurichten. Vor allem Integrationsprobleme und Informationsdefizite in Erziehungs- und Bildungseinrichtungen machten deutlich, „dass die Integration vor allem der zweiten und dritten Ausländergeneration als eine kontinuierliche Aufgabe zu sehen ist."[155] Im Laufe der Zeit erweiterte sich das Aufgabenfeld und eine Institution entstand, deren Arbeit fast alle ausländerspezifischen Belange umfasste.[156]

Neben den deutschen Beratungsstellen gab es auch solche, denen Vertreter der einzelnen Nationen vorstanden. Als Beispiel kann hierfür die christliche Arbeitnehmerorganisation Patronato ACLI aus Italien angeführt werden, die in Ulm bereits seit 1967 gemeinsam mit der katholischen italienischen Gemeinde über soziale Angelegenheiten, insbesondere Fragen der Sozial- und Rentenversicherung beriet.[157] Zu diesen ‚klassischen' Bereichen der Beratung, zu denen auch allgemeine Arbeitsangelegenheiten, Ausländerrecht und Gerichtsvertretungen gehörten, trat in den 1970er Jahren als ein weiterer Schwerpunkt die Familienberatung hinzu. Eine intensive Beratung krankte aber an der oftmals unzureichenden Ausbildung der ausländischen Berater, die ihre Anstellung ursprünglich ihren Sprachkenntnissen verdankten und allenfalls in Einführungskursen auf diese Tätigkeit vorbereitet wurden. Im Gegensatz zu den deutschen Stellen waren die ausländischen vollkommen unterbesetzt und überlaufen. Für eine ausreichende persönliche Beratung wurde ein Verhältnis von einem Sozialarbeiter auf 3 000 Landsleute angenommen. In Ulm jedoch mussten sich zwei Angestellte der Beratungsstelle für türkische Mitbürger um 10 000 und der jugoslawische Sozialarbeiter sogar um ca. 7 000 Landsleute kümmern.[158] Mitte der 1980er Jahre bemühten sich auch die jeweiligen Konsulate um eine Beratungstätigkeit vor Ort: Den Anfang machte das italienische Generalkonsulat, das in der Olgastraße auf Fragen der Landsleute einging. Zu dieser Zeit hatte sich die Lage insofern verbessert, da nun alle ausländischen Beratungsstellen wenigstens in zentral gelegenen Räumlichkeiten untergebracht waren, die zu betreuende Zahl jedoch bei den Türkinnen und Türken sowie Jugoslawinnen und Jugoslawen immer noch enorm hoch war.[159] Die Frage der Freizeitgestaltung von ausländischen Mitbürgerinnen und Mitbürgern begann in den 1970er Jahren virulent zu werden, als der Ausländerbeirat erkannte, „dass es nicht damit getan sei, für Ausländer den Bahnhof als Freizeittreffpunkt anzusehen."[160] Da kulturelle Veranstaltungen aufgrund der Sprachbarriere von den meisten Ausländern nicht besucht werden konnten, gingen sie dazu über, Clubräume einzurichten. Neben den Beratungszentren traten nun oftmals karitative – meist religiöse – Organisationen, aber auch, wie beispielsweise bei den Jugoslawinnen und Jugoslawen sowie Türkinnen und Türken, eigens von den Angehörigen der jeweiligen Nationalitäten gegründete Gesellschaften als Träger von sogenannten „Freizeit-Zentren" auf.[161] Wo allerdings, so lässt sich aus den Forderungen schließen, Nachholbedarf bestand, war die Möglichkeit, sich sportlich zu betätigen. Vor allem die italienische und türkische Community legten Wert auf Fußballplätze, da die hierfür vermehrt genutzte Gänswiese in der Friedrichsau zu klein und besonders am Wochenende überbelegt sei.[162] Dagegen sprachen sich allerdings deutsche Vertreter im Ausländerbeirat aus, die darin eine Abschottung sahen und einen Eintritt in einen deutschen (Sport-)Verein empfehlen. Der italienische Vertreter erwiderte darauf, dass er bezweifle, „dass die Ulmer Vereine jeden Ausländer aufnehmen würden" und außerdem seien die ausländischen Volksgruppen stolz, eine eigene Mannschaft zu haben.[163] Der einzige gemeldete Sportverein zu diesem Zeitpunkt (1976) in Ulm war auch ein italienischer: der *U.S. Bernalda.* Knapp zehn Jahre später existierten 22 ausländische Vereine aus Anwerbeländern in der Stadt, worunter sich acht Sportvereine befanden.[164] Nachdem sich die Tendenz zur Sesshaftigkeit herauskristallisiert hatte, ging es neben der Betreuung auch um eine Partizipation am Ulmer Stadtgeschehen, die Möglichkeit in einem Gremium spezifische Themen von Ausländerinnen und Ausländern in Ulm anzusprechen und somit auch Einfluss auf die kommunale Politik zu nehmen. Dazu wurde ein „beratender Ausschuss des Gemeinde-

↑ **37** Ein Beispiel für einen türkischen Fußball-club ist der FC Birumut, der im Jahr 1989 ge-gründet wurde. Hier ist das Vereinsheim noch in einem Hinterhof in der Käsbohrerstraße, seit 2016 ist er auf den Kuhberg umgezogen.

rates in Gastarbeiterfragen" gegründet, der erstmals am 9. Dezember 1970 zur konstituierenden Sitzung tagte.[165] Die Geschichte dieses Ausschusses selbst ist aufschlussreich für den Umgang mit dem „Ausländerthema" in der Stadt. Denn trotz des ambitionierten Vorhabens entfaltete dieser keine ausrei-chende Wirkung, da er keine Exekutivbefugnisse hatte, sondern nur Anregun-gen für die Arbeit der städtischen Verwaltung geben konnte.[166] Dies wurde durchaus kritisch gesehen, wie das Urteil des türkischen Vertreters aus dem Jahr 1973 zeigt: „Es ist Tatsache, dass der bisher bestehende Gastarbeiteraus-schuss nichts erreicht hat und auch nichts getan hat."[167] Außerdem gab es im-mer wieder Klagen über die Besetzung sowie die Legitimität des Ausschusses selbst. Die ausländischen Arbeitnehmerinnen und Arbeitnehmer akzeptierten keine von der städtischen Verwaltung eingesetzte Institution, sondern setzten sich für eine demokratische Wahl von Vertretern der jeweiligen Nationen ein.[168] Auch aufgrund dieser Kritikpunkte gab es 1975 eine Neubildung des Aus-schusses, der nun regelmäßig tagte und offiziell „Ausländerbeirat" hieß und somit schon vom Namen her nicht mehr nur für die ‚Gastarbeiter' zuständig war. Er war anfangs paritätisch mit je 12 deutschen und ausländischen Vertretern

Ausländische Arbeitskräfte

besetzt,[169] wobei die deutschen vom Gemeinderat benannt und die ausländischen über eine Wahl[170] durch die einzelnen Nationalitätengruppen unter Leitung der jeweiligen Konsulate legitimiert waren.[171] Allerdings gab es immer wieder Veränderungen in der Zusammensetzung,[172] da die Fluktuation der ausländischen Mitglieder größtenteils bedingt durch den Wegzug aus Ulm sehr hoch war: Allein in der Wahlperiode von 1980 bis 1985 schieden 7 von 12 Vertretern aus. All dies spricht gegen eine kontinuierliche Arbeitsweise.[173] Trotz diverser Anlaufschwierigkeiten versuchte das Gremium, gezielt Themen ausfindig zu machen und zu besprechen, die spezifisch die in Ulm lebenden Ausländer betrafen. Hauptsächlich bestanden diese aus folgenden 4 großen Problemkomplexen: Wohnsituation, Arbeitsmarkt, Familiennachzug in Verbindung mit der zweiten Generation und die Verbesserung des Verhältnisses zwischen Deutschen und Ausländern.[174] Es wurden Sitzungen in den verschiedenen Clubs oder Treffpunkten der jeweiligen Länder abgehalten und Gespräche mit den Angehörigen und den Organisationen von einzelnen Nationen geführt, um eine differenzierte Sicht zu erhalten.[175] Im Jahr 1987 ist eine klare Öffnung der Vertretung hin zu weiteren Ausländergruppen sichtbar, als erstmals ein Thema über Asylbewerber auf der Tagesordnung stand.[176]

Dieses beratende Gremium durchlief in der Folgezeit diverse Namensänderungen und Neubildungen: Im Jahr 1990 erhielt es den Namen „Ausländerausschuss" und 4 Jahre später eine neue Zusammensetzung mit geändertem Wahlmodus „aufgrund geänderter Rahmenbedingungen", worunter nicht nur beispielsweise der Zerfall Jugoslawiens, sondern auch eine Neuausrichtung der „Integrationspolitik [als] eine gesamtgesellschaftliche Aufgabe" verstanden wurde.[177] Im Jahr 2000 wurde das Gremium in „Internationaler Ausschuss" umbenannt und erhielt im Jahr 2004 eine Änderung der Wahlordnung, so dass er seither aus dem Oberbürgermeister als Vorsitzendem beziehungsweise seinem Stellvertreter sowie 23 ordentlichen Mitgliedern (12 Stadträtinnen und Stadträten sowie 11 gewählten Vertreterinnen beziehungsweise Vertretern der ausländischen Bevölkerungsgruppen) besteht.[178] Die internationalen Mitglieder wurden zunächst durch eine Wahl durch die ausländischen Staatsangehörigen in Ulm bestimmt und anschließend dem Gemeinderat zur Berufung vorgeschlagen. Die sinkende Wahlbeteiligung, die im Jahr 2004 mit 4,6 % einen Tiefpunkt erreichte, führte 2015 zur endgültigen Abkehr von der Wahl und der Ausbau des Ausschusses zu einem Expertengremium wurde vorangetrieben. Daraufhin folgte im selben Jahr eine öffentliche Ausschreibung nach Themenfeldern, um Menschen mit internationalen Wurzeln und entsprechenden Sachkenntnissen zu finden.[179] Aufgabe des Ausschusses ist weiterhin die Beratung des Ulmer Gemeinderates in Angelegenheiten, die die Gestaltung des Zusammenlebens in der internationalen Stadtgesellschaft und insbesondere die Teilhabe der in Ulm lebenden Migrantinnen und Migranten betreffen.

Kultur und Verständigung

Verstärkt durch die wirtschaftliche Rezession und die Arbeitslosigkeit seit dem Anwerbestopp 1973 traten bei vielen Deutschen Zukunftsängste auf. Die Probleme, so glaubten manche, würden mit der hohen Zahl an Ausländern in Deutschland zusammenhängen und mit Rückführung, Begrenzung, Abschiebung oder „Rausschmiss" ergäbe sich eine Lösung beziehungsweise Entspannung der wirtschaftlichen und/oder gesellschaftlichen Situation. In den 1980er Jahren hatte auch Ulm mit Fremdenfeindlichkeit zu kämpfen. Der Ausländerbeirat musste sich mit dieser Thematik beschäftigen, da nicht nur öffentliche und private Gebäude mit ausländerfeindlichen Parolen beschmiert worden waren, sondern der türkische Vertreter des Ausschusses sogar Morddrohungen erhalten hatte. **Bürgermeister Götz Hartung** verurteilte in einer Sitzung Mitte der 1980er Jahre auch im Namen der Stadt Ulm jegliche Form der Ausländerfeindlichkeit:

„Was das Thema Ausländerfeindlichkeit angehe, so sei er der Meinung, dass über ihr Vorhandensein nicht diskutiert werden müsse. Sie sei ein Faktum, dem man jeden Tag begegnen könne. Deshalb halte er es für wichtiger zu überlegen, was aktiv dazu beigetragen werden könne, um der Ausländerfeindlichkeit entgegenzuwirken. Im Ausländerbeirat sei es daher sinnvoller, über etwas Konstruktives zu beraten, als nur faktisch Vorhandenes festzustellen."[180]

Polizeidirektion Ulm
Münsterplatz 47
89073 Ulm

im Juni 1993

Hinweis
für die
ausländische Bevölkerung

Liebe Mitbürger,

ausländerfeindliche Aktivitäten, insbesondere die schrecklichen Brandanschläge von Mölln und Solingen, haben unter unseren ausländischen Bürgern in Deutschland Angst und Unsicherheit hervorgerufen.

Glücklicherweise sind uns in Ulm und im Alb-Donau-Kreis gefährliche Anschläge bislang erspart geblieben. Die Polizei will alles tun, daß es auch weiterhin so bleibt. Dabei ist sie aber auch auf Ihre Aufmerksamkeit und Mithilfe angewiesen. Vernunft und Besonnenheit sind Grundlagen, dieses Ziel zu erreichen.

Nehmen Sie Verbindung mit Ihrer Polizei auf, wenn Sie bedroht oder belästigt werden.
Melden Sie verdächtige Wahrnehmungen.

Sie erreichen Ihre Polizei unter folgenden Telefonnummern:

Polizeidirektion Ulm	0731/188-1
Polizeirevier Ulm - Mitte	0731/188-310
Polizeirevier Ulm - West	0731/188-340
Polizeirevier Ehingen	07391/588-0

In Notfällen wählen Sie den Polizeinotruf 110

Ihre Polizei

Neben der juristischen Verfolgung solcher Straftaten versuchten Stadt und Verwaltung sowie deutsche und ausländische Organisationen über kulturelles Engagement Vorurteile und Ressentiments abzubauen. Dazu sollte vor allem die bundesweit organisierte „Woche des ausländischen Mitbürgers" beitragen, die jährlich unter einem anderen Motto stattfand und dezidiert zum Ziel hatte, „den zwischen der deutschen und der ausländischen Bevölkerung bestehenden Spannungen entgegenzuwirken und für das gegenseitige Verständnis zu werben."[181]

Die Wochen umfassten ein breites Spektrum an Informations-, Weiterbildungs- und Unterhaltungsveranstaltungen und scheuten auch keine schweren Themen: Der Kultur- und somit auch Identifikationsspagat der zweiten und dritten Generation in Verbindung mit der Jugendarbeitslosigkeit stand ebenso auf dem Programm wie die problematische Situation der Isolation von türkischen Frauen und Mädchen aufgrund der Konfrontation mit Verhaltensweisen, „die als ‚gefährlich' erlebt werden müssen, da sie innerhalb der türkischen Gesellschaftsordnung überwiegend als anrüchig gelten", so ein türkischer Vertreter im Beirat.[182] Problemanalysen und Lösungsansätze fanden im Rahmen dieser ‚Wochen' nicht allein auf dozierend-informativen Wegen, sondern auch auf szenisch-darstellende Weise statt, wie die deutsch-türkische Schauspielgruppe elele-compagnie (elele, zu deutsch: Hand-in-Hand) mit ihrem Theaterstück „Rosen und Dornen" zeigte, das sich mit Problemen von Kindern von ausländischen Arbeitnehmerinnen und Arbeitnehmern befasste und damit in ganz Deutschland auf Tournee ging.[183]

Allerdings kamen nicht nur interkulturelle Probleme von Ausländerinnen und Ausländern in Deutschland beziehungsweise Ulm zur Sprache, sondern es gab auch Informationen über die Heimatländer und deren Kultur, wobei auch kritische Stimmen zu Wort kamen. 1984 wurde der in Cannes prämierte, türkische Film „Yol – Der Weg" gezeigt, der sich mit dem Militärputsch in der Türkei auseinandersetzte.[184]

↑ **40** Im April 1990 demonstrierten in der Ulmer Fußgängerzone ca. 350 Bürgerinnen und Bürger gegen Fremdenfeindlichkeit und besonders gegen einen neuen Entwurf des Ausländergesetzes, der keine Rechtsgleichheit für ausländische Mitbürger bringe.

← **39** Protest formulierte sich auch auf der Straße: Im Juni 1993 zogen 1 000 Demonstranten durch die Ulmer Innenstadt, um gegen Fremdenhass und Ausländerfeindlichkeit zu protestieren.

Ausländische Arbeitskräfte

← → **41** Kultureller Austausch in der vh mit türkischem Tanz und Musik, 1979.

↓ **42** Das in Ulm ansässige, international gastierende „Theater Ulüm" thematisiert türkisch-deutsches Zusammenleben mit einem Augenzwinkern; hier bei einem Auftritt im Rahmen der Kulturnacht 2013 in der Oberen Donaubastion.

Die Rezeption dieser ‚Wochen' durch die Ulmer Bevölkerung war geteilt: Die Besucherzahlen lagen meist unter den Erwartungen der Initiatoren. Vor allem die Besucherstruktur war einseitig, denn die Veranstaltungen waren „vorwiegend von Deutschen, die den Ausländern wohlwollend gegenüberstehen (‚bekannte Gesichter'), geprägt."[185] Über einen längeren Zeitraum gesehen zogen die „Tage der offenen Tür" in den Clubs der einzelnen Nationen immer weniger Publikum an, während sich die Musik-, Folklore- und Theatervorführungen zu gut besuchten Veranstaltungen entwickelten. Dies zog Kritik, z. B. wegen der einseitigen Folkloredarstellung, nach sich, die nicht zur Gesamtpräsentation einer fremden Kultur diene, denn „ihr mangle es an Originalität, und obendrein drohe die andere Musik dieser Länder in Vergessenheit zu geraten. Beispielhaft führt er [der Vertreter der vh Ulm] die klassische türkische Musik an, der er eine erstaunliche Vielfalt zubilligt."[186] Daneben trat bei der Analyse

→ **43** Neben Imbissständen mit Kebab und Döner eröffnete schon Anfang der 1980er Jahre auch ein türkisches Restaurant in der Schillerstraße.

← **44** Seit 2004 ist der von der italienischen Gemeinde inszenierte Leidensweg Jesu zu einer Tradition mit Publikum aus ganz Süddeutschland geworden, die mit der Kreuzigung am Münsterplatz endet.

des Besuchsaufkommens vor allem ‚das Essen' als einer der wichtigsten Punkte zur Möglichkeit des gegenseitigen Verständnisses und Gesprächs hervor, was jedoch auch mahnende Stimmen provozierte: „Gelegentlich wird kritisch angemerkt, dass eine große Zahl der Angebote der ausländischen Vereine und Institutionen nur eine Art Kebab/Pizza beziehungsweise Paella-Kultur darstellen würden."[187] Nicht nur durch eine Erweiterung des allgemeinen kulturellen Angebots, sondern auch ganz speziell im kulinarischen Bereich gab es Versuche diesen Klischeevorstellungen entgegenzuwirken; und dies offensichtlich sehr erfolgreich: Die Nachfrage bei den internationalen Kochkursen der Familienbildungsstätte – jede Stunde leitete ein Vertreter einer anderen Nation und führte in die jeweilige Küche ein – entwickelten sich zu einem „Hit" in Ulm.[188]

Bei den Ulmern, so der Vertreter der vh, unterscheide sich das Interesse stark von Land zu Land. Italien nehme eine absolute Ausnahmestellung ein und Sprachkurse oder italienische Literatur sei weit verbreitet.[189] Mit dem türkischen Kulturangebot würden sich die Deutschen allerdings schwer tun, „das Ausmaß des gegenseitigen Misstrauens, der gegenseitigen Ablehnung, ist größer."[190]

← **45** Das deutsch-türkische Kabarett „Knobi-Bonbon" führte 1985 im Zug der Woche der ausländischen Mitbürger das Stück „Vorsicht – frisch integriert" auf.

Über Folklore und Kochkurse hinaus trat beispielsweise der „Polynationale Literatur- und Kunstverein" PoLiKunst – ein Verein von ausländischen Künstlern in der Bundesrepublik – mit einer Veranstaltungsreihe im Jahr 1986 in der Donaustadt auf. Neben Ausstellungen, Lesungen und Konzerten gab es auch die Premiere des bundesweit ersten, von Sinasi Dikmen und Muhsin Omurcain in Ulm gegründeten deutsch-türkischen Kabaretts *Knobi-Bonbon*, das im Jahr 1988 den Deutschen Kleinkunstpreis gewann.[191] Das Resümee über die Veranstaltungsreihe war zunächst allerdings weitestgehend ernüchternd: „Das Ziel, deutsche und ausländische Mitbürger in diesem kulturellen Rahmen verstärkt einander näherzubringen, gelang, wie die schwache Publikumsresonanz zeigte, nur unzureichend."[192]

Im Laufe der Zeit wurde die Beschäftigung mit Einwandererthemen jedoch zunehmend populärer. Die Volkshochschule Ulm hat in diesem Zusammenhang Begegnungsformate etabliert, wozu Länderabende oder auch die Reihe „Encuentros – Carnaval do Brasil", bei der Menschen gemeinsam den brasilianischen Karneval feiern, gehören. Ebenso bietet die vh Ulm umfangreiche Möglichkeiten an, sich bei Vorträgen und Diskussionen über politische und gesellschaftliche Themen in unterschiedlichen Ländern zu informieren.

→ Fazit

Die im Deutschland der 1950er bis frühen 1970er Jahre als wachstumssichernd geltende Arbeitsmigration führte in Ulm zur Zuwanderung Tausender ausländischer Arbeitnehmerinnen und Arbeitnehmer. Der bundesweite Anwerbestopp von 1973 brachte nicht die erwartete Rückkehr der ‚Gastarbeiter', sondern vielmehr blieben vieler dieser Arbeitskräfte im Land und fanden hier eine neue Heimat. Deutschland wurde nicht zuletzt aufgrund des Familiennachzuges zum Einwanderungsland. Ulm und andere Kommunen akzeptierten diese Einwanderungssituation früher als die Bundespolitik. Das gemeinsame Zusammenleben, die direkten Erfahrungen und Begegnungen vor Ort zeigten konkrete Handlungsfelder auf und führten auch zu (mehr oder weniger erfolgreichen) Maßnahmen, die die teils realitätsfernen und abstrakten Bestimmungen aus Bonn nicht leisten konnten, auch weil dort die Grundlinie der Ausländerpolitik – „Deutschland ist kein Einwanderungsland" – bestehen blieb und vor allem die Rückkehrförderung im Fokus stand. Die teils heftigen ausländerpolitischen Debatten der 1970er Jahre flauten im Folgejahrzehnt auch aufgrund sinkender Zuwandererzahlen in Deutschland ab, entzündeten sich allerdings wieder an der Asylpolitik, als zwischen 1990 und 1993 ein bis dahin historischer Höchststand an Asylsuchenden in Deutschland zu verzeichnen war.

1 Belastend für den Arbeitsmarkt im Bezug auf die Arbeitskräfte kam u. a. noch die Wiederbewaffnung 1955 mit der Einführung der Wehrpflicht 1956 und damit der Entzug von Wehr-
pflichtigen hinzu. Auch die damit verbundene ansteigende Rüstungsproduktion benötigte
wiederum Arbeitskräfte. Ebenso verstärkte die Landflucht – auch von auf dem Land angesiedelten Heimatvertriebenen und Flüchtlingen – Forderungen v. a. von süddeutschen Landwirten nach ausländischen Arbeitskräften.

2 Die Subventionen sollten auch die Lohnkosten drücken, die sich zu dieser Zeit noch an den
hohen Löhnen in der Schweiz orientierten. Der Arbeitsminister von Baden-Württemberg formulierte es folgendermaßen: „Für 35,– DM bekommt man heutzutage kein Knechtle mehr,
da die Schweiz dem italienischen Landarbeiter bis zu 200,– DM Barlohn zahlt." Zit. Dohse:
Ausländische Arbeiter, S. 149f.

3 Vgl. hierzu Steinert: Arbeit in Westdeutschland. Einschränkend weist beispielsweise Rieker
jedoch darauf hin, dass auch deutsche Arbeitgeberinnen und Arbeitgeber (und nicht zuletzt
auch verschiedene Bundesministerien) aufgrund der Vermeidung von Lohnerhöhungen
durch Arbeitskräftemangel auf ein Abkommen gedrängt haben. Vgl. Rieker: Südländer,
S. 231f.

4 Dieses Inländerprimat war bereits in der Weimarer Republik für ausländische Arbeiterinnen
und Arbeiter eingeführt worden, damit Betriebe nicht ohne staatliche Prüfung uneinge-
schränkt anwerben konnten. Dieses Prinzip stand auch in der Bundesrepublik niemals zur
Diskussion. Vgl. Dohse: Ausländische Arbeiter, S. 181. Die aufenthaltsrechtlichen Bestimmungen regelte das 1965 verabschiedete Ausländergesetz, das entsprechende Vorschriften aus
der Ausländerpolizeiverordnung aus dem Jahr 1938 enthielt und die Ausländer u. a. nach
„Zweckmäßigkeitserwägungen" bewertete, worin ein grundsätzlicher Unterschied zur
Wanderungspolitik gegenüber SBZ-/DDR-Flüchtlingen bestand. Vgl. hierzu Bethlehem:
Heimatvertreibung, S. 164–166.

5 Vgl. Matter: Anwerbung, S. 147. Gleichzeitig steigerte sich das Bruttosozialprodukt um
12 % und zwischen 1950 und 1960 das Wirtschaftswachstum um mehr als das Doppelte.

6 Vgl. Koch: Zwischen Anwerbeabkommen und Anwerbestopp, S. 87.

7 Vgl. Kapitel über SBZ/DDR-Flüchtlinge sowie Heimatvertriebene und Flüchtlinge in dieser
Publikation.

8 Vgl. Steinert: Migration und Politik, S. 220–238; Rieker: „Ein Stück Heimat findet man ja immer", S. 17–26; Dohse: Ausländische Arbeiter, S. 158–164. Zur Thematik der Halbtagsstellen
vgl. Oertzen: Teilzeitarbeit, S. 71–76 und Mattes: „Gastarbeiterinnen", S. 29f.

9 Bundesarbeitsblatt 1956, S. 31–36.

10 Bundesarbeitsblatt 1956, S. 31. Dieser „Wunsch" vom beiderseitigen Nutzen und der Hinweis
auf die europäische Solidarität, der bei vielen Reden über die Anwerbungen immer wieder
betont wurde, ist auch bei anderen Anwerbeverträgen in der Präambel zu finden; vgl. beispielsweise Griechenland (Bundesarbeitsblatt 1962, S. 77), Spanien (Bundesarbeitsblatt
1962, S. 80), Portugal (Bundesarbeitsblatt 1964, S. 381). Bei der Bekanntmachung über die
Anwerbevereinbarung mit Jugoslawien 1969 fehlte dieser europäische Passus und die Vereinbarung zwischen der „Bundesrepublik Deutschland und der Regierung der Sozialistischen
Föderativen Republik Jugoslawien" ist nur „in der Erwägung" geschlossen worden, „dass es
im beiderseitigen Interesse liegt, die Vermittlung jugoslawischer Arbeitnehmer nach dem
Bundesrepublik Deutschland und ihre Beschäftigung in der Bundesrepublik Deutschland zu
regeln". (Bundesarbeitsblatt 1969, S. 445.) Im Abkommen mit der Türkei ist der Wortlaut: „Im
Interesse einer geregelten Vermittlung türkischer Arbeitnehmer nach der Bundesrepublik
Deutschland" werden sich beide Seiten „für die praktische Durchführung der Vermittlung [...]
einsetzen. Sie werden sich bemühen, den Ablauf des Vermittlungsverfahrens im Rahmen
dieser Vereinbarung zu verbessern und zu vereinfachen." Bundesarbeitsblatt 1962, S. 69.

11 Blank: „Eine Million Gastarbeiter", in: Bulletin (Presse- und Informationsamt der Bundesregierung) 30.10.1964.

12 Neben beispielsweise dem Ausschluss von Bewerbern, bei denen „im Strafregister andere als
geringfügige Strafen eingetragen sind, und Bewerbern, die bei den Polizeibehörden wiederholt wegen asozialen Verhaltens in Erscheinung getreten sind" (Abschnitt II, Art. 5 Abs. 1
und 2) stellte das italienische Arbeitsministerium eine Bescheinigung über das Ergebnis der
beruflichen und ärztlichen Prüfung aus, wobei ein Formblatt dem Vertrag beilag (Abschnitt II,
Art. 5 Abs. 3). Der ärztliche Untersuchungsbogen ging dabei sehr gründlich vor und fragte
neben allgemeinen Beschwerden, wie dem Tragen einer Brille, auch nach intimeren Krankheiten, wie z. B. ob der Bewerber Bettnässer ist (Anlage 2, Teil II, Nr. 4 d). Vgl. Bundesarbeitsblatt 1956, S. 33. Bei dem Abkommen mit der Türkei ist bei der medizinischen Untersuchung
noch zusätzlich darauf hingewiesen, dass es sich hier nicht nur um Untersuchung für die

Arbeit handelt, sondern grundsätzlich für den Aufenthalt in Deutschland: „Hierdurch soll klargestellt werden, dass die ärztliche Untersuchung nicht nur auf Arbeitsverwendungsfähigkeit hin, sondern auch zum Schutz der Bevölkerung aus seuchenhygienischen Gründen vorgenommen wird." Zit. nach Jamin: Fremde Heimat, S. 148.

13 Vgl. für alle folgenden Angaben sind Artikel aus dem Bundesarbeitsblatt von 1956: Aufenthalts- und Arbeitsgenehmigung: Abschnitt II, Art. 9. Reisekosten und -verpflegung Abschnitt II, Art. 10 und Abschnitt V, Art. 17. Arbeitsvertrag: Anlage 4. Vgl. Bundesarbeitsblatt 1956, S. 31- 36.

14 Es gab noch weitere Verträge mit Marokko (1963) und Tunesien (1965), die aufgrund der geringen Quantität hier unbeachtet bleiben. Beispiel für eine Abweichung im Vertragsinhalt ist, dass der Familiennachzug bei den Abkommen mit der Türkei, Marokko, Tunesien und auch Jugoslawien nicht enthalten war. Vgl. zu weiteren Abweichungen beispielsweise im Abkommen mit der Türkei Hunn: Asymmetrische Beziehungen, S. 147–150 und dies.: „Türken sind auch nur Menschen ...", S. 127–154.

15 Neben der Franco-Diktatur in Spanien, dem Tito-Regime in Jugoslawien und dem Estado Novo unter Salazar in Portugal hatte in der Türkei 1960 wie auch in Griechenland 1967 - das schon zuvor ein an Bürger- und Freiheitsrechten eingeschränktes System hatte - ein Militärputsch stattgefunden. Vgl. hierzu beispielsweise Besier: Europa der Diktaturen.

16 Wegen dieser Verfahren erfuhr die Bundesrepublik Kritik aus den Entsendeländer, da diese hier keinen Einfluss auf die Wanderungsbewegungen hatten. Aber auch innerhalb Deutschlands galten diese Verfahren teilweise als unsicher, da es z. B. keine vorherige medizinische und fachliche Prüfung gab. Vgl. Dohse: Ausländische Arbeiter, S. 188–194; Oltmer: Anwerbeabkommen, S. 39; Mattes: „Gastarbeiterinnen", S. 67–70.

17 Vgl. Koch: Zwischen Anwerbeabkommen und Anwerbestopp, S. 105–107.

18 Das Abkommen mit Deutschland war für Italien eines der letzten Anwerbeabkommen, die das Land mit europäischen Staaten geschlossen hatte. Bis 1951 hatte Italien schon Abkommen mit Belgien, Frankreich, der Schweiz, Luxemburg, Niederlande, Österreich und Schweden. Daneben gab es auch noch ungeklärte Fragen mit der Krankenversicherung für die daheimgebliebenen Familienangehörigen oder auch die Frage nach dem Kindergeld, das für die meist kinderreichen italienischen Familien eine große Rolle spielte. Vgl. dazu Oltmer: Anwerbeabkommen, S. 38f.; Matter: Anwerbung, S. 148.

19 Vgl. Matter: Anwerbung, S. 148.

20 SDZ 6.7.1955: Die ersten italienischen Landarbeiter für Deutschland.

21 SDZ 14.7.1956: Italiener helfen unseren Bauern.

22 Hier muss kurz auf die Interpretationsreichweite der Statistiken verwiesen werden: Aufgrund der Quellenlage wird im Folgenden die ausländische Wohnbevölkerung der jeweiligen Entsendeländer mit den angeworbenen Arbeiterinnen und Arbeitern gleichgesetzt. Denn die Ulmer Statistik-Bände, aus denen die Zahlen entnommen sind, führen keine eigene Rubrik über ausländische Arbeiterinnen und Arbeiter, sondern die Zahlen geben nur die ausländische Wohnbevölkerung wieder. Aufgrund dieser Quellenlage können die folgenden Zahlen keine exakte Abbildung der ‚Gastarbeiter' sein, jedoch vermitteln sie vor allem in der Zeit der Anwerbung (1955-1973) ein realitätsnahes Bild, das jedoch mit der Zeit, z. B. durch den Familiennachzug, immer verwässerter wird.

23 Vgl. Koch: Zwischen Anwerbeabkommen und Anwerbestopp, S. 94.

24 Vgl. Herbert: Geschichte der Ausländerbeschäftigung, S. 194f.

25 Vgl. Kapitel über Flüchtlinge und Heimatvertriebene in dieser Publikation.

26 Das Türkei-Abkommen wies im Vergleich zu den vorherigen einige Unterschiede auf: Beispielsweise war ausdrücklich eine Befristung von zwei Jahren vorgesehen und die Klausel des Familiennachzugs findet sich nicht. Die Türkei hatte Druck auf die Bundesrepublik aufgebaut, dass ein Anwerbeabkommen zustande kam. Vornehmlich aus außenpolitischen Gründen - die Türkei stand als NATO-Mitglied an der Grenze - entschloss sich die Bundesrepublik dann für ein Abkommen. Vgl. Luft: Anwerbung türkischer Arbeitnehmer.

27 Vgl. Butterwegge: Von der „Gastarbeiter"-Anwerbung zum Zuwanderungsgesetz (Iv); Koch: Zwischen Anwerbeabkommen und Anwerbestopp, S. 90–93. Die Gesamtzahl blieb in dieser Zeit konstant zwischen 26 und 27 Millionen, so dass neben der zahlenmäßigen Erhöhung der ausländischen Arbeitnehmerinnen und Arbeitnehmer auch der prozentuale Anteil stark stieg. Vgl. ebd.

28 Vgl. Herbert: Geschichte der Ausländerbeschäftigung, S. 206f.

29 Die SWP berichtete in diesem Zusammenhang über ein Beispiel bei einer Wiblinger Firma, die zwei türkischen Arbeitern aufgrund zu geringer Leistung kündigten und auch aus der Gastarbeiterunterkunft warfen. Zusätzlich war ihnen noch die Vermittlungsgebühr, die

eigentlich die Arbeitgeberinnen und der Arbeitgeber trugen, vom Lohn abgezogen worden. Vgl. SWP 21.4.1972: Zwei Türken auf die Straße gesetzt.

30 Manche Zahlen sprechen von bis zu 400 000 ausländischen Arbeitnehmerinnen und Arbeitnehmer weniger von 1966 (1 313 500) im Vergleich zu 1967 (991 300).

31 Vgl. Luft: Anwerbung türkischer Arbeitnehmer; Herbert: Geschichte der Ausländerbeschäftigung, S. 211–216.

32 Vgl. Stadt Ulm (Hg.): Ulmer Statistik 1958–1965.

33 Vgl. Mattes: „Gastarbeiterinnen", S. 10.

34 Zit. nach Mattes: „Gastarbeiterinnen", S. 32f.

35 So Maria Böckling 1962, die zuständig war für die Frauenvermittlung in der BAVAV. Zit. nach Mattes: Verhältnis von Migration und Geschlecht, S. 298.

36 Vgl. Kontzinou: Man kann das Glück eines Menschen nicht stehlen, S. 20.

37 Sükran: Mein Kopf und mein Herz sind immer noch in der Türkei, S. 66.

38 Das offizielle Abkommen für südkoreanische Krankenschwestern wurde am 26. Juli 1971 geschlossen. Vgl. Goethe-Institut e. V.: Migration und Integration: In Deutschland angekommen – 50 Jahre deutsch-koreanisches Anwerbeabkommen (Iv); Deutsche Botschaft Seoul: Deutschland – Zweite Heimst für Bergarbeiter und Krankenschwestern (Iv); Pott: 50 Jahre koreanische Bergarbeiter.

39 W.: Neugierig auf die Welt, S. 85.

40 Vgl. Mattes: „Gastarbeiterinnen", S. 116f., 127f.

41 T. M.: Jetzt liebe ich Ulm, S. 41.

42 So Elena Montella, die im Auftrag der Caritas und des Konsulats ihre Landsleute in Ulm betreute. NUZ 28.9.1968: Kein Platz für Gastarbeiter-Bambini.

43 Pfarrer Böckheler zit. nach NUZ 28.9.1968: Kein Platz für Gastarbeiter-Bambini.

44 Vgl. SZ 31.1.1972: Verein „Bell Italia" dikutiert im Roncalli-Haus; Mattes Gastarbeiterinnen, S. 256, 281.

45 Vgl. SWP 13.10.1971: Problematisch: Unterricht für italienische Kinder.

46 Dieser Anwerbestopp von 1973 hatte noch den Zusatz: „Diese Maßnahme gilt bis auf Widerruf". Ab 1976 war der Anwerbestopp dann unbefristet gültig. BArch, B 149/54458: fol. 9–10, zit. nach bpb: Anwerbestopp 1973 (Iv).

47 Die „Energiekrise" war die erste Ölkrise von 1973, bei der die Erdöl exportierenden Länder (OPEC) durch die absichtliche Verknappung der Ölexporte eine Preisexplosion auf dem Weltmarkt auslösten, wodurch vor allem die Industrienationen, die auf fossile Brennstoffe angewiesen waren, in eine Wirtschaftskrise gerieten.

48 Vgl. Herbert: Geschichte der Ausländerbeschäftigung, S. 219f.

49 Zit. nach Herbert: Geschichte der Ausländerbeschäftigung, S. 218.

50 Zit. nach Bethlehem: Heimatvertreibung, DDR-Flucht, Gastarbeiterzuwanderung, S. 155.

51 Vgl. dazu z. B. Föhl: Stabilisierung, S. 125, 127, 144.

52 Vgl. BGBl 1971, Teil I, Nr. 17, 2.3.1971, Teil I, Verordnung über die Arbeitserlaubnis für nichtdeutsche Arbeitnehmer, § 2.

53 Vgl. Hallerberg u. a. (Hg.): Heimat für Fremde? S. 137.

54 Dieser Wert liegt deshalb über dem gesamten Zuwachs, weil bei allen drei Nationen die Zahl der Kinder und Frauen stieg, während die Zahl der Männer erheblich sank.

55 Hier muss angefügt werden, dass sich zwar die Gesamtanzahl der Frauen erhöht hat, jedoch einzeln betrachtet, ihr Anteil bei der Wohnbevölkerung aus Griechenland (um 72 Frauen) und Spanien (um 56 Frauen) zurückging. In der Gesamtansicht bleibt jedoch ein positiver Saldo bei den Frauen um 1 023.

56 Zit. nach Koch: Zwischen Anwerbeabkommen und Anwerbestopp, S. 89.

57 Vgl. Herbert: Geschichte der Ausländerbeschäftigung, S. 200.

58 Vgl. Hallerberg u. a. (Hg.): Heimat für Fremde? S. 148f.

59 Vgl. Herbert: Geschichte der Ausländerbeschäftigung, S. 200.

60 Vgl. Hallerberg u. a. (Hg.): Heimat für Fremde? S. 148.

61 Friedrich Heckmann geht in seinen Studien von 2,3 Millionen Deutschen aus, die in den 1960er Jahren durch die Hereinnahme von Ausländern und die damit einhergehende Besetzung von Arbeitsstellen überhaupt in ein Angestelltenverhältnis wechseln konnten. Vgl. dazu Herbert: Geschichte der Ausländerbeschäftigung, S. 201.

62 Vgl. Herbert: Geschichte der Ausländerbeschäftigung, S. 201.

63 Die Zahlen stammen vom Statistisches Bundesamt: Arbeitsmarkt (Iv).

64 Vgl. Herbert: Geschichte der Ausländerpolitik, S. 238, 244f.

65 Hierzu muss kurz auf die Statistiken der Stadt Ulm hingewiesen werden, die in den Jahren 1974-1978 unter den „Nicht Erwerbstätigen" auch Personen unter 16 Jahren aufzählte und

dadurch die Arbeitslosenquote sehr hoch war. Die hier folgenden Zahlen sind zwar um diese Personengruppe bereinigt, jedoch geben die Statistiken keine Auskunft über den Personenkreis der Ausländer über 65 Jahre, weshalb diese Personengruppe noch in den folgenden Zahlen enthalten ist.

66 Vgl. StdAU, H–122/3: Sitzung Ausländerbeirat 22.02.1983, § 2.
67 Vgl. Der Spiegel 25.1.1982: Perfekter Mord, der auch auf Ungereimtheiten bei der Stilllegung des Ulmer Werkes hinwies.
68 Vgl. StdAU, H–122/3: Sitzung Ausländerbeirat 7.9.1982, § 10.
69 Vgl. StdAU, H–122/3: Sitzung Ausländerbeirat 8.6.1982, § 5.
70 Zahl aller arbeitslosen Jugendlichen unter 20 Jahren in Ulm: April 1980: 120, April 1981: 246, April 1982: 435, Dezember 1982: 756, April 1983: 553. Vgl. StdAU, H–122/3: Sitzung Ausländerbeirat 10.5.1983, § 9.
71 Vgl. StdAU, H–122/3: Sitzung Ausländerbeirat 10.5.1983, § 9.
72 Vgl. StdAU, H–122/3: Sitzung Ausländerbeirat 21.2.1978, § 2 und ebd. 8.6.1982, § 5.
73 Vgl. Herbert: Geschichte der Ausländerpolitik, S. 234; StdAU, H–122/3: Sitzung Ausländerbeirat 11.3.1980, § 3.
74 StdAU, H–122/3: Sitzung Ausländerbeirat 21.2.1978, § 2.
75 Vgl. StdAU, H–122/3: Sitzung Ausländerbeirat 11.3.1980, § 3.
76 Vgl. StdAU, H–122/3: Sitzung Ausländerbeirat 30.9.1980, § 10.
77 StdAU, H–122/3: Sitzung Ausländerbeirat 11.3.1980, § 3.
78 Vgl. StdAU, H–122/3: Sitzung Ausländerbeirat 21.2.1978, § 2.
79 Vgl. StdAU, H–122/3: Sitzung Ausländerbeirat 7.9.1982, § 10.
80 Beispielsweise kamen türkische Jugendliche in die Bundesrepublik, die in der Türkei eine 5-jährige Schullaufbahn absolviert hatten und konnten mit dieser weder auf dem Arbeitsmarkt noch bei einer Berufsausbildung Fuß fassen. Vgl. StdAU, H–122/3: Sitzung Ausländerbeirat 10.5.1983, § 9.
81 Vgl. StdAU, H–122/3: Sitzung Ausländerbeirat 22.2.1983, § 2.
82 Vgl. StdAU, H–122/3: Sitzung Ausländerbeirat 21.2.1978, § 2.
83 Die Umfrage nach der Bereitschaft auch ausländische Jugendliche auszubilden, hatte das Ergebnis: 17,6 % der Betriebe gaben „ja, ohne Einschränkung" an, 58,1 % „ja, bei gleicher Eignung wie Deutsche", 14,2 % „ja, bei ausreichender Eignung" und 22 % „nicht bereit". Vgl. StdAU, H–122/3: Sitzung Ausländerbeirat 10.5.1983, § 9.
84 StdAU, OB/G–122/3: Sitzung Ausländerbeirat 14.2.1984, § 2.
85 Vgl. StdAU, H–122/3: Sitzung Ausländerbeirat 11.10.1983, § 17.
86 Vgl. StdAU, H–122/3: Sitzung Ausländerbeirat 11.3.1980, § 3.
87 Vgl. StdAU, H–122/3: Sitzung Ausländerbeirat 30.9.1980, § 10.
88 Vgl. StdAU, H–122/3: Sitzung Ausländerbeirates 10.5.1983, § 9.
89 Vgl. Schanda/Happach-Kaiser: Integration, S. 254 sowie StdAU, H–122/3: Sitzung Ausländerbeirat 8.6.1982, § 5 und ebd. 10.5.1983, § 9.
90 Vgl. StdAU, H–122/3: Sitzung Ausländerbeirat 22.2.1983, § 2 und ebd. 10.5.1983, § 9.
91 Vgl. StdAU, OB/G–122/3: Sitzung Ausländerbeirat 14.2.1984, § 2.
92 Vgl. StdAU, H–122/3: Sitzung Ausländerbeirat 10.5.1983, § 9.
93 StdAU, H–122/3: Sitzung Ausländerbeirat 8.6.1982, § 5.
94 Vgl. StdAU, H–122/3: Sitzung Ausländerbeirat 6.7.1983, § 12. Das Modellprojekt des Arbeitskreises Integration und Reintegration – eine Tochter der gemeinnützigen Gesellschaft zur Förderung der Wissenschaft in Ernährung und Technik – wurde vom württembergischen Arbeits- und Sozialministerium mit fast 100 000 Mark unterstützt und sollte sechs Monate dauern. Vgl. SZ 26.2.1983: Beratungsstelle für Rückkehrwillige eröffnet.
95 SZ 26.2.1983: Beratungsstelle für Rückkehrwillige eröffnet.
96 Vgl. StdAU, H–122/3: Sitzung Ausländerbeirat 6.7.1983, § 12; Staatsanzeiger 23.4.1983: Beratungsstelle für rückkehrwillige Türken.
97 SZ 26.2.1983: Beratungsstelle für Rückkehrwillige eröffnet.
98 Interessant ist, dass die Hälfte der Ratsuchenden, obwohl verheiratet und mit Kindern, ohne ihre Familienangehörigen in Ulm waren und 72 % zwischen 10 und 15 Jahren beziehungsweise 25 % über 15 Jahren in der Bundesrepublik waren. Die genauen Ergebnisse, die auch viel Aussagekraft über die Situation der Türken in Ulm im Jahr 1983 besitzen, halten zwei Berichte der Beratungsstelle fest. Vgl. dazu StdAU, H–122/3: Sitzung Ausländerbeirat 10.5.1983, § 10; ebd. 6.7.1983, § 12.
99 Vgl. Herbert: Geschichte der Ausländerpolitik, S. 247f.; Hallerberg u. a. (Hg.): Heimat für Fremde? S. 139, 145f.
100 Bade: Versäumte Integrationschancen, S. 41.

101 Vgl. Herbert: Geschichte der Ausländerpolitik, S. 253–256.

102 Bundesarbeitsblatt 1956, S. 35.

103 Vgl. Koch: Zwischen Anwerbeabkommen und Anwerbestopp, S. 98–100.

104 Vgl. Hallerberg u. a. (Hg.): Heimat für Fremde? S. 160.

105 Vgl. GD 141/76: BV Sitzung Ausländerbeirat 4.5.1976.

106 Vgl. StdAU, H–112/3: Sitzung Ausländerbeirat 29.9.1981, § 11.

107 Von 91 befragen Ausländerfamilien gaben 53 % an, mit der derzeitigen Wohnsituation unzufrieden zu sein. Vgl. StdAU, H–112/3: Sitzung Ausländerbeirat 29.9.1981, § 11.

108 Das Verhältnis der Wohnungssuchenden, das die städtische Wohnvermittlungsstelle im Jahr 1976 angab, war 11,32 % Ausländer zu 4 % Deutschen und im Jahr 1980 waren ein Drittel aller Wohnungssuchenden Ausländer. Vgl. GD 141/76: BV für Sitzung Ausländerbeirat 4.5.1976; StdAU, H–112/3: Sitzung Ausländerbeirat 29.9.1981, § 11.

109 Zu beiden Zitaten vgl. StdAU, H–112/3: Sitzung Ausländerbeirat 4.5.1976, § 11.

110 Hierbei kam es nicht selten vor, dass Spekulanten Wohnungen an Ausländer vermieteten, diese dann verfallen ließen, um die Abbruchgenehmigung zu erhalten und dann durch teure Wohnungen oder Bürogebäude zu ersetzen. Vgl. Herbert: Geschichte der Ausländerpolitik, S. 235.

111 Vgl. StdAU, H–112/3: Sitzung Ausländerbeirat 23.3.1979, § 3.

112 Vgl. Sanierungstreuhand Ulm GmbH: Ulm – Auf dem Kreuz (Iv).

113 Vgl. StdAU, H–112/3: Sitzung Ausländerbeirat 29.9.1981, § 11.

114 Vgl. Hallerberg u. a. (Hg.): Heimat für Fremde? S. 160–162.

115 Dies ist allerdings nicht verwunderlich, da in diesem wichtigsten Ulmer Industriegebiet bedeutende Firmen – z. B. Klöckner-Humboldt-Deutz AG, AEG-Telefunken, Raizner wie auch die Interessengemeinschaft Ulmer Firmen – große Gemeinschaftsunterkünfte für ausländische Arbeiterinnen und Arbeiter unterhielten. Vgl. StdAU, H–112/3: Sitzung Ausschuss für Gastarbeiterfragen 24.2.1971, S. 8.

116 Alle Zahlen sind aus Stadt Ulm (Hg.): Ulmer Statistik entnommen und gehen bis zum Jahr 2013, was als gegenwärtiger beziehungsweise heutiger Stand angenommen wird.

117 Baden-Württemberg hatte 1973 eine Ausländerquote von 16,5 % und Stuttgart von 26,5 %. Das Land Niedersachsen dagegen wies nur eine Quote von 5,9 % auf. Vgl. Herbert: Geschichte der Ausländerpolitik, S. 235.

118 Neben einer meist von Außenstehenden real empfundenen physischen Grundbedrohung gelten auch eine hohe Belegungsdichte, schlechte Baubeschaffenheit, hohe Arbeitslosigkeit und Kriminalität sowie eine allgemeine Verwahrlosung als Kennzeichen des Ghettos. Fijalkowski sieht als Ursache dieser Umstände nicht das Verhalten der Einwanderer als ausschlaggebenden Punkt, sondern das der Aufnahmegesellschaft den Einwanderern gegenüber beziehungsweise die Verhältnisse, die diese vorfinden und aus eigener Kraft nicht verändern können, als Ursache an. Vgl. Fijalkowski: Gastarbeiter, S. 439f.

119 Vgl. Herbert: Geschichte der Ausländerpolitik, S. 244.

120 Vgl. StdAU, H–112/3: Sitzung Ausländerbeirat 16.9.1975, § 3.

121 Von 1975 bis 1977 sank die Zahl der ausländischen Wohnbevölkerung um 610 Personen (davon 554 Personen aus den sechs Anwerbeländern). Vgl. Stadt Ulm (Hg.): Ulmer Statistik 1975–1977.

122 Die Zuzugssperre widersprach einerseits dem immer angeführten Vorteil der Mobilität bei den ‚Gastarbeitern' – deshalb führte diese Maßnahme auch zu Protesten seitens betroffener Unternehmen – und andererseits konnte die Sperre durch entsprechende EG-Vereinbarungen aus dem Frühjahr 1977 nur noch auf Jugoslawinnen/Jugoslawen und Portugiesinnen/Portugiesen angewendet werden, wodurch der erwünschte Effekt ausblieb. Vgl. Herbert: Geschichte der Ausländerpolitik, S. 244.

123 U. a. lag dies auch daran, dass von einem „Sperrgebiet" in ein anderes der Umzug möglich war, so z. B. von Stuttgart nach Ulm. Vgl. StdAU, H–112/3: Sitzung Ausländerbeirat 15.2.1977, § 2.

124 In der Tabelle von 1981 der zehn Städte mit dem höchsten Ausländeranteilen finden sich drei Städte aus Baden-Württemberg: Stuttgart (mit 18,3 % auf Platz drei), Mannheim (mit 15,1 % auf Platz sieben) und Ulm (mit 14,4 % auf Platz neun). Vgl. Fijalkowski: Gastarbeiter, S. 439.

125 Als Grund hierfür sieht Herbert die Doppelgleisigkeit an, mit der die Politik versuchte die Ausländerpolitik zu gestalten: Einerseits Begrenzung des Zuzuges und andererseits die Verstärkung der Integration der bereits in Deutschland lebenden Ausländer. Hierzu und auch weitere Beispiele vgl. Herbert: Geschichte der Ausländerpolitik, S. 244f.

126 Aufgrund der Definitonsbreite von Begriffen wie „Ausländer" oder „Migrationshintergrund" plädiert Kerstin Reich für die Verwendung des Terminus „Zuwandererkriminalität". Vgl. Reich: Migranten und Kriminalität, S. 177.

127 Gesemann: Migration, S. 23.

128 Vgl. Gesemann: Migration, S. 23, 30.

129 Manuel Eisner kommt aufgrund der Untersuchungs- und Forschungslage zu dem Schluss, dass einfache Erklärungsmuster für Kriminalität von Migrantinnen und Migranten ungeeignet sind und statt dessen „komplexe Wechselwirkungen zwischen gesellschaftlichen Dynamiken im Herkunftsland, spezifischen Mustern der Migration selbst und den neu entstehenden Lebensumständen im Gastland" berücksichtigt werden müssen. Eisner: Konflikte und Integrationsprobleme, S. 12

130 StdAU, H-112/3: Sitzung Ausländerbeirat 7.9.1982, § 13.

131 Die Auswertungen der Presse aus dem Monat April 1982 ergaben, dass sich 35 % aller Berichte mit Straftaten von Ausländern befassen. StdAU, H-112/3: Sitzung Ausländerbeirat 7.9.1982, § 13. Beispiele für Schlagzeilen, die sich mit Kriminalität von Ausländern beschäftigen: SZ 31.3.1981: 14-jähriger Schüler niedergeschlagen; SWP 16.4.1982: Geldbuße auf 3 600 DM erhöht; SZ 30.4.1982: Der Raum Ulm ist nach wie vor ein Schwerpunkt für Aktivitäten türkischer Extremisten-Gruppen; SZ 10.2.1983: Gestern in der Ulmer Hahnengasse, Hausdurchsuchung bei einem Türken; SWP 5.4.1979: Blutergüsse, Narben und gebrochenes Nasenbein.

132 StdAU, H-112/3: Sitzung Ausländerbeirat 7.9.1982, § 13.

133 StdAU, H-112/3: Sitzung Ausländerbeirat 7.9.1982, § 13.

134 Vgl. hierzu beispielsweise die zeitgenössische Publikation von Nann: Kriminalität der italienischen Gastarbeiter. Eine neuere Publikation weist auf die Interpretationsproblematik der amtlichen Kriminalitätsstatistiken als ein „wirkungsvolles Machtinstrument in den politischen Auseinandersetzungen um die Interpretation der sozialen Wirklichkeit" hin und zieht deren „Objektivitätsanspruch" stark in Zweifel. Vgl. Sommer: „Ausländerkriminalität". Auch die offizielle Polizeiliche Kriminalstatistik des Bundesministeriums des Inneren im Jahr 2013 stellt vorweg, dass die PKS kein getreues Spiegelbild der Kriminalitätswirklichkeit bietet, sondern eine Annäherung an die Realität ist. Vgl. BMI (Hg.): Polizeiliche Kriminalstatistik 2013 (Iv).

135 Vgl. StdAU, H-112/3: Sitzung Ausländerbeirat 7.9.1982, § 13.

136 Beide Zitate StdAU, OB/G-122/3: Sitzung Ausländerbeirat 24.9.1985, § 13.

137 Vgl. StdAU, H-112/3: Sitzung Ausländerbeirat 7.9.1982, § 13 sowie der der Niederschrift angefügten Jugendkriminalitätsstatistik von 1984.

138 Allerdings gebe es hier keine Einheitlichkeit, da auch Faktoren wie Tatschwere oder Tatfolge die Anzeigebereitschaft beeinflussten. Vgl. Reich: Migranten und Kriminalität, S. 179.

139 Hierzu zählen z. B. illegal in Ulm wohnende, Staatenlose, Touristen und Transitreisende sowie auch die Angehörigen der Stationierungskräfte, also v. a. der US-Armee, die 1981 alleine fast 8 % aller Straftaten von Ausländern in Ulm verdächtigt wurden. Vgl. StdAU, H-112/3: Sitzung Ausländerbeirat 7.9.1982, § 13.

140 StdAU, H-112/3: Sitzung Ausländerbeirat 7.9.1982, § 13.

141 Vgl. StdAU, H-112/3: Sitzung Ausländerbeirat 7.9.1982, § 13.

142 StdAU, H-112/3: Sitzung Ausländerbeirat 7.9.1982, § 13.

143 Bundesarbeitsblatt 1956, S. 35, Abs. IV, Art. 14.

144 Vgl. Koch: Zwischen Anwerbeabkommen und Anwerbestopp, S. 105-107.

145 Zit. nach Koch: Zwischen Anwerbeabkommen und Anwerbestopp, S. 105.

146 Vgl. StdAU, H-112/3: Sitzung Ausschuss für Gastarbeiterfragen 9.12.1970, S. 3. Nach der Zersplitterung Jugoslawiens übernahm die Caritas auch die mehrheitlich katholisch geprägten Kroaten.

147 Vgl. Thränhardt: Kirchen, S. 155f.; Thränhardt/Winterhagen: Einfluss der katholischen Migrantengemeinden.

148 Für diese Information danke ich Christine Grunert von der Koordinierungsstelle Internationale Stadt Ulm.

149 Vgl. StdAU, H-112/3: Sitzung Ausländerbeirat 4.11.1975, § 7.

150 Vgl. StdAU, H-112/3: Sitzung Ausländerbeirat 15.2.1977, § 2.

151 Vgl. StdAU, H-112/3: Sitzung Ausländerbeirat 17.2.1976, § 10.

152 Vgl. StdAU, OB/G-122/3: Sitzung Ausländerbeirat 19.9.1987, § 17.

153 Vgl. StdAU, H-112/3: Sitzung Ausländerbeirat 24.11.1981, § 13.

154 Insgesamt wohnten im Jahr 1979 über 3 000 unter 16-jährige Personen aus den Anwerbeländern in Ulm. Vgl. Stadt Ulm (Hg.): Ulmer Statistik 1973-1979 sowie eigene Berechnungen.

155 Vgl. StdAU, H-112/3: Sitzung Ausländerbeirat 24.11.1981, § 13.

156 Dazu zählte u. a. die Planung, Koordination und Durchführung von Maßnahmen mit und für ausländische Einwohner mit dem Schwerpunkt vor- und außerschulische Bereiche, Freizeit sowie Elternarbeit. Außerdem sammelte und veröffentliche die Kontaktstelle Informationen

für ausländische Mitbürger und erstellte Vorlagen für den Ausländerbeirat. Vgl. StdAU, H–112/3: Sitzung Ausländerbeirat 24.11.1981, § 13.

157 ACLI Baden-Württemberg: Il Patronato Acli (Iv).

158 Diese Zahl ist deshalb so hoch, weil der Einzugsbereich der Beratungsstellen nicht allein auf Ulm beschränkt, sondern teilweise bis zum Bodensee und Ost-Württemberg ausgedehnt war. Vgl. StdAU, H–112/3: Sitzung Ausländerbeirat 24.11.1981, § 13.

159 Vgl. StdAU, OB/G–122/3: Sitzung Ausländerbeirat 24.9.1985, § 17.

160 Vgl. StdAU, H–112/3: Sitzung Ausländerbeirat 5.10.1976, § 13.

161 Die Vereinsräume wechselten aufgrund beispielsweise von Sanierungen oder wegen Platz-mangels des Öfteren den Standort. Ein Verzeichnis aus dem Jahr 1976 listet erstmals auf, dass die Arbeiterinnen und Arbeiter aller großen Anwerbenationen ein „Freizeit-Zentrum" besaßen, weshalb hier darauf hingewiesen wird: Griechenland (Clubheim „Beim Alten Fritz" – Träger: Diakonisches Werk), Italien (Centro-Italiano in der Neutorstraße 28 – Träger: Caritas-Verband), Jugoslawien (Club der Jugoslawen in der Deinselsgasse 16 – Träger: Club der Jugoslawen e. V.), Kroatien (Kroatische Katholische Mission in der Rothstraße 28 – Träger: Bischöfliches Ordinariat Rottenburg), Portugal (Portugiesisches Zentrum, Harthauser Straße 36 und Hinter der Mauer 12 – Träger: nicht genannt), Spanien (Haus der Spanier, Neutorstraße 12 – Träger: Caritas-Verband) und Türkei (Haus der Türken, Schillerstraße 28 – Träger: Türkischer Gast-arbeiter-Verein e. V.) Vgl. StdAU, H–112/3: Sitzung Ausländerbeirat 5.10.1976, § 13.

162 Vgl. StdAU, H–112/3: Sitzung Ausschuss für Gastarbeiterfragen 24.02.1971, S. 13.

163 Vgl. StdAU, H–112/3: Sitzung Ausländerbeirat 5.10.1976, § 13.

164 Insgesamt gab es 24 „Ausländervereine und Ausländerverbände mit Sitz in Ulm". Vgl. StdAU, OB/G–122/3: Sitzung Ausländerbeirat 24.9.1985, § 17.

165 Vgl. StdAU, H–112/3: Sitzung Ausschuss in Gastarbeiterfragen 9.12.1970.

166 Vgl. StdAU, H–112/3: Sitzung Ausschuss in Gastarbeiterfragen 22.3.1972, S. 3.

167 Vgl. StdAU, H–112/3: Hearing zum Ausländerausschuss vom 12.9.1973, S. 4.

168 Vgl. StdAU, H–112/3: Sitzung Ausschuss für Gastarbeiterfragen 22.3.1973, S. 2.

169 Gemäß Beschluss des Ulmer Gemeinderats vom 11.12.1974 hat sich der Ausländerbeirat in der Sitzung am 16.9.1975 neu konstituiert. Die 12 ausländischen Mitglieder wurden in einem „besonderen Verfahren unter Beteiligung der Stadt Ulm, der ausländischen Konsulate bezie-hungsweise der zuständigen Betreuungsorganisationen ausgewählt und danach vom Ulmer Gemeinderat förmlich als Mitglieder des Ausländerbeirats berufen." Jeder ausländische Einwohner über 18 Jahre bekam einen Bescheid, in dem er gebeten wurde, eine geeignete Person seiner Nationalität zu benennen und dem jeweiligen Konsulat (bis auf die Spanierin-nen und Spanier, die es einer Betreuungsorganisation meldeten) mitzuteilen. Daraufhin gab es unter der Federführung der Konsulate im Frühjahr 1975 aufgrund der Wahlvorschläge eine Wahl. Jeweils zwei Vertreter – begrenzt wieder auf die Hauptanwerbeländer – der Nationen Spanien, Italien, Türkei, Jugoslawien, Portugal und Griechenland traten dann zunächst zeit-lich unbefristet später für eine Wahlperiode von fünf Jahren dem Ausländerbeirat als Mit-glied bei. Von deutscher Seite übernahm Oberbürgermeister Lorenser den Vorsitz mit Stellver-treter Bürgermeister Götz Hartung sowie 4 weiteren Stadträten. Ebenso saßen je ein Vertreter des Arbeitsamtes, des Schulamtes, der Caritas, des Diakonischen Werks und der AWO sowie ein Arbeitnehmer- und Arbeitgebervertreter am Tisch. Vgl. StdAU, H–112/3: Sitzung Auslän-derbeirat 16.9.1975, § 1; ebd. 7.2.1979, § 13; ebd. 27.3.1979, § 17.

170 V. a. bei der Wahl 1980 gab es Diskussionen über den Wahlvorgang und -ablauf selbst.
7 629 Ausländer waren dabei wahlberechtigt und wählten an unterschiedlichen Tagen. J
edoch kamen nur 2 509 diesem Recht nach, was eine Wahlbeteiligung von 32,88 % bedeutete, was jedoch auch mit einer Komplikation mit der jugoslawischen Botschaft und der Übersetzung zu tun hatte, da diese Nation nur eine Wahlbeteiligung von 4,8 % hatte. Die höchste
Beteiligung hatten die Türkinnen und Türken mit 56 %. Vgl. StdAU, H–112/3: Sitzung Ausländerbeirat 11.3.1980, § 4.

171 Vgl. StdAU, H–112/3: Sitzung Ausländerbeirat 21.2.1978, § 3.

172 Vgl. StdAU, OB/G–112/3: Sitzung Ausländerbeirat 30.1.1985, § 4.

173 Vgl. beispielsweise die Sitzungen das Ausländerbeirats vom 22.2.1982 (drei neue ausländische Mitglieder), 11.10.1983 (ein neues ausländisches Mitglied), 29.05.1984 (3 ausländische
Mitglieder scheiden aus)

174 Diese Problemfelder werden u. a. auch von Ulrich Herbert so identifiziert. Vgl. Herbert:
Geschichte der Ausländerpolitik, S. 234–242.

175 Vgl. StdAU, H–112/3: Sitzung Ausländerbeirat 22.2.1983, § 5.

176 Vgl. StdAU, OB/G–122/3: Sitzung Ausländerbeirat 17.2.1987, § 5.

177 Vgl. GD 314/94: BV Sitzung Gemeinderat, 22.9.1994: Neubildung des Ausländerausschuss;
StdAU, OB/G–122/3: Sitzung Ausländerausschuss 4.10.1994, § 10.

178 Vgl. GD 502/00: BV Sitzung IA, 6.12.2000; GD 62/04: BV Sitzung Gemeinderat, 27.1.2004.

179 Die Themenfelder sind Wirtschaft und Wissenschaft, Bildung, Stadt(teil)Entwicklung, Neuzu-
wanderung und Flüchtlinge, Zusammenleben im Alltag sowie Interkultur. Auskunft Koordinierungsstelle Internationale Stadt der Stadt Ulm, 12.07.2017. Vgl. ebenso Stadt Ulm (Hg.):
Ulm: Internationale Stadt, S. 52f.;

180 StdAU, OB/G–122/3: Sitzung Ausländerbeirat 29.5.1984, § 7.

181 StdAU, OB/G–122/3: Sitzung Ausländerbeirat 20.11.1984, § 19.

182 StdAU, OB/G–122/3: Sitzung Ausländerbeirat 29.5.1984, § 7.

183 Vgl. SZ 23.5.1984: „Elele" und die Probleme auswärts.

184 Vgl. StdAU, OB/G–122/3: Sitzung Ausländerbeirat 29.5.1984, § 14. Besondere Brisanz erhielt
der Film damals durch das vom Deutschen Bundestag ausgesprochene Einreiseverbot für
den Regisseur Yilmaz Güney, mit der Begründung: „Es sei zu befürchten, dass ein Auftritt von
Herrn Güney als Exponent der extremen Linken in der Bundesrepublik Deutschland zu ge-
waltsamen Auseinandersetzungen zwischen den unterschiedlichen türkischen Gruppierungen
in der Bundesrepublik Deutschland führen würde." Deutscher Bundestag: Stenographischer
Bericht, 8. Sitzung 19.5.1983, Bonn 1983, S. 358.

185 StdAU, H–112/3: Sitzung Ausländerbeirat 11.10.1983, § 19.

186 StdAU, OB/G–122/3: Sitzung Ausländerbeirat 16.9.1986, § 13.

187 StdAU, OB/G–122/3: Sitzung Ausländerbeirat 16.9.1986, § 13.

188 Vgl. StdAU, OB/G–122/3: Sitzung Ausländerbeirat 16.9.1986, § 13.

189 StdAU, OB/G–122/3: Sitzung Ausländerbeirat 16.9.1986, § 13.

190 StdAU, OB/G–122/3: Sitzung Ausländerbeirat 29.5.1984, § 7.

191 Gegründet wurde das Kabarett auf Anregung von Dieter Hildebrandt vom „Ulmer Duo",
dem Satiriker Şinasi Dikmen und dem Karikaturisten Musin Omurca. Vgl. Die Zeit 6.5.1988:
Da könnten ja alle kommen.

192 StdAU, OB/G–122/3: Sitzung Ausländerbeirat 11.11.1986, § 20.

05

Geflüchtete

„Politisch Verfolgte genießen Asylrecht."[1] So verfasste der Parlamentarische
Rat im Jahr 1949 den Artikel 16 des Grundgesetzes, der einer Formulierung im
Entwurf der Allgemeinen Erklärung der Menschenrechte der Vereinten Nationen
entsprach und so ein individuelles Asylrecht festlegte.[2] Diese prinzipielle Formulierung gründete sich auch auf die Erfahrungen der Mitglieder des Rates,
von denen viele in der Zeit des Nationalsozialismus das politische Asylrecht
im Ausland genutzt hatten, um dem Terror des Dritten Reiches zu entkommen.
Das Recht auf Asyl ist demnach an eine Zwangswanderung geknüpft; eine
Abwanderung ohne Alternative. Zwangswanderungen können politische,
ethno-nationale, rassistische und/oder religiöse Ursachen haben oder die
Folge von (Bürger-)Kriegen sein. Aber auch Krisen aufgrund von Umweltka-
tastrophen oder von akuten wirtschaftlichen und sozialen Notlagen können
zur Flucht zwingen.[3]

In den Anfangsjahrzehnten der Bundesrepublik kamen nur wenige Menschen
mit dem Ziel des Asyls nach Deutschland. Die junge Demokratie setzte sich
in dieser Zeit vor allem mit Arbeitsmigration auseinander, wobei der Anwerbestopp von 1973 einen spürbaren Einschnitt bildete. Danach gab es verschiedene Perioden, die, bedingt durch (welt-)politische Veränderungen oder Kriege,
mehr oder weniger Asylsuchende nach Deutschland führte. Wie bei der jüngs-
ten, größeren Fluchtbewegung seit 2015 auch, war und ist das Asylthema
Gegenstand heftiger öffentlicher und politischer Debatten.

Der lange Zeitraum sowie die Vielzahl an Nationalitäten und Ethnien, die in
Ulm als Asylbewerberinnen und -bewerber oder Asylberechtigte lebten und
leben, erlauben keine Gesamtdarstellung im Rahmen dieser Abhandlung. Deshalb wird versucht, anhand von einzelnen Herkunftsländern, aber auch durch
die Darstellung übergreifender, längerfristiger Begebenheiten von deutscher
wie ausländischer Seite einem Gesamtbild des Themas näher zu kommen.

Vietnam

Die Zahl der Asylbewerberinnen und -bewerber hing (und hängt) immer stark vom aktuellen Weltgeschehen ab. Bis Mitte der 1980er Jahre stammten die Asylbewerberinnen und -bewerber, die nach Deutschland kamen, vor allem aus Krisengebieten der Türkei, Afrika und Asien.[4] Eine der ersten größeren Gruppen in Ulm waren Südvietnamesen, die im Zuge des für ihre Seite verlorenen Vietnamkrieges 1975 vor dem kommunistischen Regime flohen. Über 1,6 Millionen Menschen versuchten nun – da eine Zuflucht in die Anrainerstaaten Laos, Kambodscha oder China nicht möglich war – über das Südchinesische Meer zu fliehen, weshalb sie auch als boatpeople bezeichnet wurden.[5] Im Jahr 1976 warteten 37 südvietnamesische Flüchtlinge im Ulmer Übergangswohnheim in der Römerstraße auf die Anerkennung ihres Asylantrages.[6] In der folgenden Zeit trafen immer wieder vereinzelt Flüchtlinge aus dem asiatischen Land in der Stadt ein, die auch die Strapazen ihrer Reise beschrieben. So waren 1978 sieben Südvietnamesen auf ihrer Flucht in Seenot geraten und vier Tage und Nächte auf dem Meer getrieben, bis sie ein deutscher Frachter vor den Philippinen rettete. Sie kamen dort in ein Lager, wo sie vier Monate zusammen mit ca. 2 000 weiteren Flüchtlingen lebten. Schließlich gelang es ihnen, mit einem Flug nach Stuttgart und dann nach Ulm zu kommen, wo sie 100 Mark Überbrückungsgeld erhielten und vom Ökumenischen Arbeitskreis im Übergangslager betreut wurden.[7]

Von der Ulmer Bevölkerung wurden sie sehr herzlich und spendabel empfangen, was, so Michael Bloos, der Leiter der GU in der Römerstraße, am bevorstehenden Weihnachtsfest gelegen hätte.[8] Vor dem damaligen Hintergrund des Kalten Krieges spielte jedoch auch die politisch-ideologische Seite eine Rolle: Die vor kommunistischer Verfolgung Geflohenen hatten nach hiesiger, weithin vorherrschender Auffassung auf der ‚richtigen Seite' gestanden und bedurften somit nun einer Unterstützung. Im Laufe der Zeit spendeten daher viele Privatpersonen Geld und Gebrauchsgegenstände: „Tatsächlich hat sich das Interesse für die vietnamesischen Flüchtlinge, deren Schicksal Schlagzeilen machte, in Ulm nicht als Strohfeuer entpuppt. Echte Hilfsbereitschaft hat sich gezeigt", so die SWP, drei Jahre nach der Ankunft der ersten Flüchtlinge in Ulm.[9]

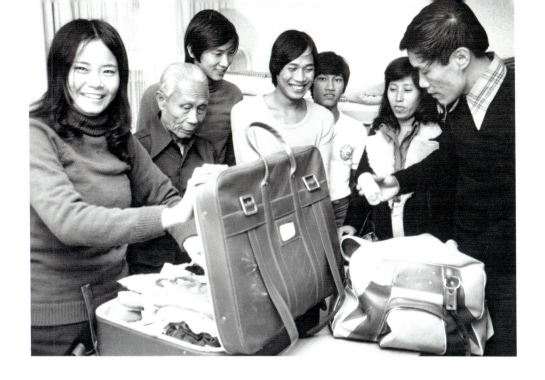

↑ **46** Nach Flucht und nach der Rettung durch einen deutschen Frachter haben sie endlich sicheren Boden unter den Füßen: Eine sieben-köpfige vietnamesische Familie im Übergangs-wohnheim in Ulm.

Vietnamesische Wohnbevölkerung
1980–2013

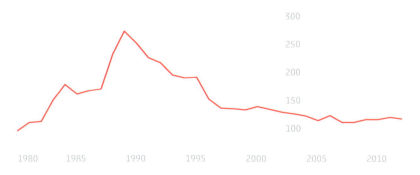

Allerdings kamen nicht alle Vietnamesen auf diesem gefährlichen Weg nach Ulm. Einige hatten ihre Auswanderung in die Bundesrepublik auch beantragt: z. B. kamen nach einer mehrmonatigen Wartezeit in der Landesaufnahmestelle Rastatt drei Familien mit insgesamt 15 Mitgliedern zwischen 17 und 72 Jahren in der Stadt an. Die Gründe, die sie für die Auswanderung angaben, waren stets dieselben: „In diesem sogenannten sozialistischen Land wollen wir nicht leben."[10] Es ist davon auszugehen, dass zahlreiche Asylsuchende ein dichtes Beziehungsgefüge zum südvietnamesischen Regime oder zu den amerikanischen Einheiten unterhalten hatten und nun die Rache der neuen Machthaber, das heißt schwerwiegende Menschenrechtsverletzungen, zu befürchten hatten.

Bei der Integration barg vor allem das Erlernen der neuen Sprache durch die völlig fremde Ausdrucksweise und die lateinische Schrift einige Hürden. Jedoch nutzten besonders die jüngeren Südvietnamesen, die aufgrund der Repressionen in der Heimat ab 1975 keine Schule mehr besuchen durften, die Volkshochschulkurse, um Deutsch zu lernen.[11] Von 1976 bis 1981 kamen insgesamt 110 Vietnamesen in Ulm an und zogen nach der Erstaufnahme in der Römerstraße in eigene Wohnungen in der Stadt.[12] Im Jahr 2013 lebten 123 Vietnamesen in Ulm.[13]

Eritrea

Neben der ursprünglich für (Spät-)Aussiedlerinnen und (Spät-)Aussiedler eingerichteten Unterkunft in der Römerstraße[14] existierte ab den 1980er Jahren noch eine Gemeinschaftsunterkunft in der Blaubeurer Straße, in der zu Beginn Asylbewerberinnen und -bewerber aus Eritrea untergebracht waren. Dieses Gebiet war eine Provinz von Äthiopien und kämpfte in einem 30-jährigen Krieg (1961–1991) für seine Unabhängigkeit. Die nach Ulm gekommenen Flüchtlinge, die meist im Untergrund gegen die Militärdiktatur gekämpft hatten, verließen das Land, um Massakern und Bombenangriffen zu entkommen.[15]

↓ **47** Geflüchtete aus Eritrea kamen 1984 an der Gemeinschaftsunterkunft in der Römerstraße an.

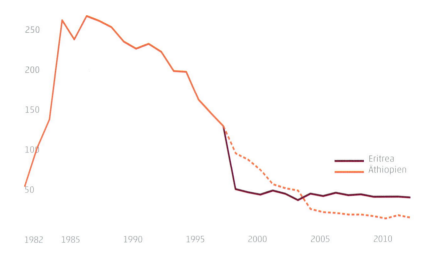

Im Jahr 1981 kamen ca. 1 900 Eritreerinnen und Eritreer allein nach Baden-Württemberg, wovon Ulm 24 aufnahm.[16] Hier fanden sie erste Unterkunft und warteten vorerst auf ihre Duldung – „eine Bescheinigung zur Aussetzung der Abschiebung" –, um anschließend Arbeit zu suchen. Der Leiter der Unterkunft in der Blaubeurer Straße sah als wichtigste Maßnahme ihre soziale Eingliederung, wozu der Umzug aus der Gemeinschaftsunterkunft in Wohnungen zählte. Dies barg allerdings einige Probleme, wie er in einem Interview ausführte: „Sie kennen doch die Verhältnisse und Vorurteile. Wer bietet schon einem Ausländer eine Wohnung an?"[17] Im Jahr 1987 machte sich ein evangelischer Pfarrer mit Eritreerinnen und Eritreern, die von der Ulmer Ausländerbehörde die Genehmigung zum Auszug aus den Sammelunterkünften erhalten hatten, auf Wohnungssuche und stellte dabei fest, dass viele aufgrund ihrer Hautfarbe abgelehnt wurden.[18] Allerdings machte die Caritas auch andere Erfahrungen: „Zwischen Vermietern und Mietern haben sich gute, manchmal auch freundliche Kontakte entwickelt."[19]

1993, zwei Jahre nach dem Ende des Krieges, kam es zu einem Referendum über die Unabhängigkeit Eritreas, zu der auch die Flüchtlinge im Ausland aufgerufen waren. Für die 300 in und um Ulm lebenden Eritreerinnen und Eritreer, die am 16. April 1993 ihre Stimme abgeben konnten, diente das Evangelische Gemeindezentrum in der Schaffnerstraße als Wahllokal. Trotz kleinerer Differenzen zwischen Vertretern zweier eritreischer Gruppierungen konnte die Wahl erfolgreich durchgeführt werden. Obwohl rund 90 % der Wahlberechtigten als Asylberechtigte in Deutschland anerkannt waren, äußerten

↑ **48** Im Rahmen der Tage der Begegnung lud Monsignore Kaupp zu einem Gottesdienst in die Kirche St. Michael zu den Wengen, die sich an acht Nationalitäten richtete. So führten deutsche sowie ein eritreischer, italienischer und slowenischer Geistliche durch die Messe.

viele ihre Hoffnung, nach einer erfolgreichen Abstimmung über die Unabhän-gigkeit nach Eritrea zurückzukehren: „Ich fühle mich hier zwar sehr wohl. [Aber] meine Heimat ist Eritrea."[20] Die Volksbefragung endete mit 99,79 % der Stimmen für die Unabhängigkeit. Danach benötigte das durch den Krieg zer-störte Land weithin Hilfe. Im Jahr 2000 startete die Eritreische Gemeinschaft in Ulm, in der sich ca. 50 in der Stadt und Umgebung wohnende Eritrer enga-gierten, eine Hilfsaktion, um von Deutschland aus Medikamente, Decken und Zelte mit Hilfe von örtlichen Firmen, Organisationen und Privatleuten in die Notgebiete zu senden.[21]

Neben diesem Verein gibt es auch eine größtenteils von Eritreern besuchte Glaubensgemeinschaft, die in der Kirche St. Michael zu den Wengen Gottes-dienste begeht. Auch separate Gottesdienste konnten angeboten werden, so der eritreische Pfarrer Yosieph Beyed Awod im Jahr 2000: „Die eritreischen Katholiken besuchen natürlich auch die Gottesdienste in den deutschen Ge-meinden. [...] Wenn ich aber einmal im Monat nach Ulm komme, dann fühlen sich zumindest die älteren unter ihnen in unseren Gottesdiensten wohler."[22]

Flucht aufgrund der Jugoslawienkriege

Ein zentrales Ereignis im Weltgeschehen des 20. Jahrhunderts war der Zusammenbruch der Sowjetunion, dem der Fall der Berliner Mauer vorangegangen war. Dadurch gewann die Fluchtbewegung von Ost nach West gegenüber der bislang dominierenden Süd-Nord-Wanderung zunehmend an Bedeutung. 1985 kamen 71 % aller Asylbewerberinnen und -bewerber in Deutschland aus Asien oder Afrika. Das drehte sich knapp zehn Jahre später um: 1993 stammten 72,1 % aus Europa. Der Anteil aus Osteuropa stieg dabei von 14,4 % (1985) auf 64,3 % (1992).[23]

Dies lag unter anderem daran, dass diese ‚Neuausrichtung' der Welt nicht überall friedlich ablief: Spätestens seit dem Tod Josip Broz Titos im Jahr 1980 – er hatte die Sozialistische Föderative Republik Jugoslawien als blockfreien, sozialistischen Staat geprägt – gab es Spannungen in diesem Vielvölkerstaat

Jugoslawische Wohnbevölkerung in Ulm
1948–2000

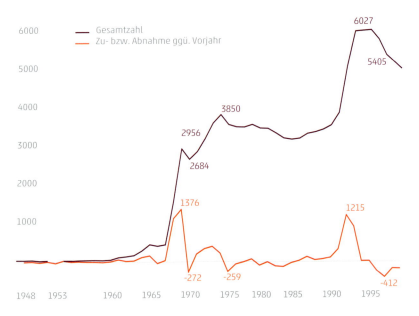

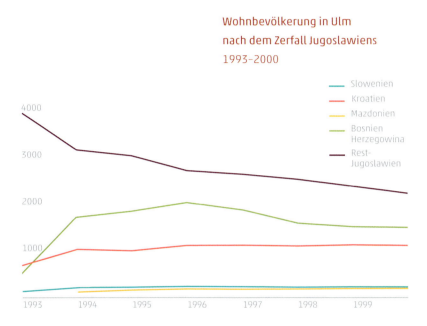

- Slowenien
- Kroatien
- Mazdonien
- Bosnien Herzegowina
- Rest-Jugoslawien

4000

3000

2000

1000

1993 1994 1995 1996 1997 1998 1999

und offene Souveränitätsbestrebungen in den einzelnen Teilrepubliken (Bosnien und Herzegowina, Slowenien, Kroatien, Mazedonien, Montenegro), die sich von Serbien lösen wollten. Belgrad versuchte, diesen Vorgang militärisch zu verhindern, was zu einer Reihe von Kriegen (1991 bis 2001) führte.[24] Die dabei begangenen Kriegsverbrechen führten zur Massenflucht aus Ex-Jugoslawien. Weltweites Entsetzen erregten dabei die ethnischen Säuberungen, wobei das Massaker von Srebrenica herausragt, bei dem 8 000 bosnische Jungen und Männer im Alter zwischen 13 und 78 Jahren trotz der Anwesenheit von UN-Friedenstruppen durch die serbische Armee unter der Führung von Ratko Mladić getötet wurden.[25] In Deutschland, vor allem in Baden-Württemberg, lebten damals schon viele Bosnierinnen und Bosnier als ‚Gastarbeiter‘, so dass Flüchtlinge vielfach dort Zuflucht suchten.

↑ **49** Bosnische Flüchtlinge kamen mit dem
Bus in der Nelson-Kaserne im August 1982 an.

Die Ulmer Statistik-Hefte geben nur die gesamte hiesige ausländische Wohnbevölkerung nach Nationalitäten wieder, so dass an dieser Stelle nicht zwischen den Flüchtlingen aus den jugoslawischen Folgestaaten und den, z. B.
durch das Anwerbeabkommen, schon zuvor in der Stadt lebenden Bewohnern
des Gesamtstaates Jugoslawien unterschieden werden kann. Jedoch fällt mit
Blick auf die Zahlen ab 1992 (3 897 Personen) ein starker Anstieg auf, der seinen
Spitzenwert im Jahr 1996 mit 6 061 Personen erreichte und dann bis 2012
(3 762 Personen) sukzessive wieder abfiel.
Die meisten Bürgerkriegsflüchtlinge aus dem ehemaligen Jugoslawien, die
in Ulm ankamen, stammten aus Bosnien-Herzegowina, das sich 1992 für sou-
verän erklärt hatte. Der Bosnienkrieg, der ca. 100 000 Menschenleben forderte, wurde erst nach über drei Jahren durch das Abkommen von Dayton (1995)
beendet. Dieser Friedensvertrag bestätigte die Souveränität und versuchte
durch die Festlegung von zwei Teilrepubliken[26] (die Serbische Republik und
die Föderation von Bosnien und Herzegowina) Stabilität zu erreichen.[27]

↑ **50** Schon 1991 gab es Proteste in Ulm gegen den Krieg in Kroatien. Nur ein Jahr später gab es die Mahnwache gegen den Krieg in Bosnien-Herzegowina.

In Ulm trafen im April 1992 die ersten Flüchtlinge aus Bosnien-Herzegowina ein, die vor allem bei Verwandten und Bekannten Unterkunft fanden. Ein Höchststand wurde im Mai 1993 mit 1 423 Personen erreicht, womit sie die größte Gruppe in der Stadt unter den Jugoslawienflüchtlingen stellten.[28] In Ulm liefen mehrere Hilfsaktionen für die gesamte Kriegsregion an: Die Stadt sowie ausländische und einheimische Vereine riefen zu Spenden auf und richteten dafür Konten ein (Stichwort „Bosnienhilfe"). Sie organisierten Hilfslieferungen mit Nahrung, Kleidung, Medikamenten und Geld[29] und sammelten Baumaterialien z. B. für den verwüsteten Ort Odzak im Norden von Bosnien-Herzegowina.[30] Im August 1992 übergab die Stadt einen Raum in der Oberen Donaubastion, der als Versammlungsort für Kriegsflüchtlinge und als Zwischenlager für Hilfsgüter genutzt wurde. Innerhalb von knapp zwei Monaten trafen dort rund 50 Tonnen an Spenden ein.[31] Die Caritas Ulm sammelte Geld (bis September 1997 über 80 000 DM) für ein Waisenhaus in Sarajevo und vermittelte Patenschaften für Waisenkinder.[32] Hilfe kam auch von den in

Ulm wohnenden Landsleuten, wie z. B. vom Deutsch-Kroatischen Verein oder der Katholisch Kroatischen Mission, die nach Ausbruch des Krieges vorwiegend Frauen und Kinder aus den Krisengebieten in ihren Räumlichkeiten aufgenommen und Geld sowie Medikamente und Kleidungsstücke gesammelt hatte.[33] Auch die Islamische Gemeinschaft der Bosnier in Ulm sammelte Spenden und organisierte Hilfskonvois. „Wir fühlen uns verpflichtet, etwas für unsere Landsleute zu tun. Wir wollen wenigstens mit Medikamenten helfen", so der erste Vorsitzende Fuad Bavcic.[34]

Mehrere Ulmer erklärten sich bereit, Familien aus Bosnien bei sich aufzunehmen, um der Wohnraumproblematik entgegenzuwirken.[35] Diese entstand, da die Flüchtlinge sich „nur halbwegs legal" in der Stadt aufhielten, wie es der damalige Leiter des Ulmer Einwohner- und Standesamtes formulierte. Sie mussten einen Bürgen in Deutschland finden, der beim Ausländeramt eine Verpflichtungserklärung unterschrieb und somit die Verantwortung für die ‚Gäste' übernahm.[36] Da durch das Anwerbeabkommen von 1968 schon viele Jugoslawen in Ulm lebten, kamen die Flüchtlinge bei Verwandten oder Bekannten unter, was zu sehr beengten Wohnverhältnissen führte. Z. B. nahm ein seit knapp zwei Jahrzehnten in Ulm arbeitender Familienvater mit drei Kindern 19 Flüchtlinge bei sich auf, wodurch in einer Zweieinhalbzimmerwohnung mit 60 Quadratmetern 24 Menschen wohnten.[37] Diese „Überbelegung" war keine Seltenheit und führte in manchen Fällen zu Kündigungen durch die Eigentümer, die so viele Leute nicht in einer Wohnung duldeten.[38] Zur Verdeutlichung der Wohnsituation können folgende Zahlen dienen: Im Jahr 1993 mussten insgesamt 1 800 betroffene Personen untergebracht werden. Davon kamen 130 in Heimen unter und 70 bei deutschen Familien. Die restlichen rund 1 600 lebten bei Verwandten oder Landsleuten in der Stadt.[39] MdL Eberhard Lorenz kritisierte diese Situation und die Haltung der Bundesregierung als untragbar, dass Flüchtlinge aus Jugoslawien prinzipiell nur einreisen dürften, wenn sie eigenständig unterkämen: „Man kann das Flüchtlingselend nicht privatisieren".[40]

Schon 1991 hatte die Stadt Überlegungen angestellt, auf dem Oberen Riedhof Container für Asylbewerberinnen und -bewerber aufzustellen, worin sie durch den folgenden, massiven Zuzug von Flüchtlingen aus dem ehemaligen Jugoslawien noch bestärkt wurde. Der Gemeinderat beschloss Ende Juni 1992, 44 Container für 120 Personen für 1,6 Millionen Mark anzuschaffen und dort aufzustellen. Oberbürgermeister Ivo Gönner erklärte die Situation in einem Zeitungsinterview so: „Wir wissen nicht mehr, wohin mit diesen Menschen."[41] Das Tübinger Regierungspräsidium erteilte diesem Vorhaben keine Genehmigung und auch in der Stadt gab es große Bedenken gegen diesen

→ **51** Kinder von Flüchtlingen erhielten 1991 in der Unterkunft Römerstraße als Weihnachts-überraschung Spielsachen geschenkt, die von Lesern der SWP gespendet worden waren.

Standort, nicht nur aufgrund der Nähe zum lärmintensiven Industriegebiet und der befürchteten Ghettobildung, sondern auch die Sicherheit der Bewohner könne dort nicht gewährleistet werden; dem auch die Polizei zustimmte.[42] Schlussendlich scheiterte also die Stadt mit diesem Vorhaben und mietete nun Räumlichkeiten in Ulm an, um die Flüchtlinge unterzubringen, was ihr den Vorwurf einbrachte, zu hohe Mieten zu bezahlen und so den Mietpreis in die Höhe zu treiben.[43]

In der Stadt gab es viele Aktivitäten und Initiativen, die sich mit bosnischen Flüchtlingen beschäftigten: Neben den 13 bereits existierenden Vorberei-tungsklassen für „Ausländer-, Aussiedler- und Asylbewerberkinder" kamen durch die wachsende Zahl an Flüchtlingen im Jahr 1992 zwei neue Klassen hinzu, die sich in erster Linie an Kinder aus Bosnien richteten und diesen in

Deutschkursen „ein Stück Normalität" wiedergeben wollten.[44] Daneben gab es in der „Oase 65" in Wiblingen eine Gesprächsrunde für bosnische Flüchtlingsfrauen und im Frauentreff „Sie'ste" eine bosnische Frauenfreundschaftsgruppe.[45] Auch bei den „Tagen der Begegnung" wurde 1994 ein „Bosnischer Abend" mit einer Ausstellung „Ein Bosnier sieht Ulm" eingerichtet.[46] Der bosnische Maler Husein Nalic, der zusammen mit seiner Frau in Ulm muttersprachlich unterrichtete, übergab dem städtischen Sozial- und Jugendamt Bilder, in denen er Impressionen aus Ulm eingefangen hatte, „zum Dank für dessen Hilfe für die hier lebenden Flüchtlinge aus dem ehemaligen Jugoslawien".[47] Die Schrecken des Krieges hatten viele Flüchtlinge traumatisiert. Ein Teil von ihnen konnte durch medizinische und therapeutische Begleitung stabilisiert werden. Während des Krieges hatten die Flüchtlinge aus Bosnien-Herzegowina einen unsicheren Rechtsstatus in Form einer Duldung auf der Grundlage von Abschiebestoppregelungen (§ 54 AuslG).[48] Nach dem Vertrag von Dayton (1995) begann die „Rückführung", wofür 1996/97 die Bundesrepublik Deutschland mit der Regierung von Bosnien und Herzegowina ein „Rückübernahmeabkommen" schloss, wobei die freiwillige Rückkehr favorisiert wurde.[49] Diese hing allerdings von den Zukunftsaussichten und der Sicherheitslage für die Rückreisenden ab. Dabei gab es Konfliktpunkte: Einerseits lag die Heimat vieler Bosnierinnen und Bosnier in der serbisch dominierten Republika Srpska, „was nicht mit dem Ziel einer sicherer Rückkehr vereinbar" war, so Bürgermeister Hartung – der als „Bosnienbeauftragter" für eine freiwillige Rückkehr werben sollte[50] – in einem Brief an den baden-württembergischen Innenminister Thomas Schäuble.[51] Dieser antwortete, „daß die Rückkehr nach Bosnien-Herzegowina, jedenfalls in das Gebiet der bosniakisch-kroatischen Föderation, in der Regel möglich und zumutbar ist". Wenn der frühere Wohnort der Flüchtlinge allerdings in der Republika Srpska gelegen habe, müsse die Rückkehr trotzdem vorgenommen werden, denn die Ausländerbehörden forderten „zur Rückkehr in ihren Heimatstaat, nicht jedoch in ihren Heimatort auf".[52] Ein weiteres Problem lag in der Minenversuchung, wozu Hartung schrieb:

„Noch mehr Sorgen bereitet uns die Situation, dass die Umgebung vieler Orte der Föderation minenverseucht ist und es schon zu Unfällen mit Verstümmelungen gekommen ist. Es gibt eine offizielle Minenkarte – zum Schutze der IFOR-Truppen. Sie sollte bei den Rückkehrkriterien zugrunde gelegt werden."

Darauf antwortete der Innenminister:

> *„Eine schlimme Hinterlassenschaft des Krieges sind in der Tat die Minen. Daher ist es auch nach meiner Ansicht sehr wichtig, Informationen über die Gebiete, die besonders stark vermint sind, an die Rückkehrer weiterzugeben. Wie Sie wissen, haben wir ein Informationszentrum sowie regionale Beratungsstellen eingerichtet, an die sich die Ausländerbehörden und die Flüchtlinge gerade auch mit jenen Fragen, die ihre sichere Rückkehr betreffen, wenden können."*

Über diese Themen diskutierte der Ausländerausschuss am 12. Mai 1998, wobei Peggy Schmihing eine Aufforderung zur freiwilligen Rückkehr aufgrund der dargestellten Sicherheitsprobleme nicht befürwortete:

> *„[…] jeden Tag höre man, dass es in Bosnien-Herzegowina Millionen Minen in den Feldern habe. Die Flüchtlinge kämen meistens vom Land und könnten ihre Felder nicht bewirtschaften. Dies seien absolut existentielle Gründe. Man könne nicht zu einer freiwilligen Rückkehr raten, wenn diese Gefährdung bekannt sei."*[53]

Bis 1998 hatte sich die Zahl der Flüchtlinge aus Bosnien und Herzegowina in Ulm auf 918 reduziert (Höchststand 1 423 im Mai 1993). Davon stammten 451 aus der Föderation, die alle schon eine Ausreiseaufforderung erhalten hatten, und 467 aus der Republika Srpska, bei denen diese kurz bevorstand.[54] In den Folgejahren ähnelten sich die städtischen Berichte, dass die Anzahl der unterzubringenden Personen „in den letzten Jahren durch die freiwillige Rückkehr von Kriegsflüchtlingen aus dem ehemaligen Jugoslawien" stark zurückgegangen sei.[55] Aufgrund dessen und dem gleichzeitigen allgemeinen Rückgang der Asylbewerberzahl schloss die Stadt von 1999 bis 2001 insgesamt sieben Sammelunterkünfte, darunter im Jahr 2001 auch die Gemeinschaftsunterkunft in der Blaubeurer Straße.[56]

Kurden

Die Anzahl von kurdischen Migrantinnen und Migranten in Deutschland kann nur geschätzt werden, da amtliche Statistiken nicht nach Ethnien erfassen. Allerdings gibt es verschiedene Schätzungen für die Bundesrepublik, die im Jahr 2000 von ungefähr über einer halben Million ausgingen.[57] Unter den ausländischen Arbeitern aus der Türkei waren bereits Kurden, die – wie auch viele Griechen und Portugiesen – diesen legalen Weg genutzt hatten, um den Repressionen in ihrem Heimatland zu entgehen. Vor allem nach dem Militärputsch in der Türkei 1980 flüchteten viele Kurden vor den ethnischen Konflikten in der Türkei (Kurdenkonflikt) nach Deutschland. Der Erste Golfkrieg zwischen dem Irak und dem Iran (1980 bis 1988) – vor allem mit dem Gasangriff auf die hauptsächlich von Kurden bewohnte Stadt Halabdscha im nordöstlichen Irak – verstärkte die Fluchtbewegung, die ihren Höhepunkt in den 1990er Jahren erreichte. 1992 waren in Ulm 5 735 türkische Staatsbürgerinnen und -bürger gemeldet, von denen nach Schätzungen ungefähr 1 200 kurdischer Abstammung waren, die überwiegend als Arbeitnehmer tätig waren. Ca. 200 davon waren Asylbewerberinnen und -bewerber.[58] Die 1980er und 1990er Jahre waren überschattet von Konflikten zwischen Kurden und dem türkischen sowie dem irakischen Staat. Beispielsweise erzählten zwei junge Kurden von ihrer Flucht aus der Türkei, weil sie offen mit dem kurdischen Widerstand sympathisiert hatten.[59] Über die gesamten 1990er Jahre organisierten Kurden immer wieder Demonstrationen in der Stadt und gingen mit Parolen wie „Schluss mit den Massakern in Kurdistan", „Gestern Vietnam, heute Kurdistan" und „Tod dem Faschismus in der Türkei" auf die Straße.[60] Besonders das kurdische Neujahrsfest am 21. März – an dem auch symbolisch der erfolgreiche Widerstand gegen Unterdrückung gefeiert wird – diente als Anlass zu Protestkundgebungen, wobei 1994 zwischen 300 und 500 Kurden durch die Ulmer Innenstadt zogen[61] und auch gegen Abschiebungen von Kurden in die Türkei demonstrierten.[62]

Deutsche Organisationen beteiligten sich ebenso an den Protesten: 1992 riefen unter anderem der DGB, die AWO und die Ulmer SPD zu einer „Solidaritätsaktion mit dem kurdischen Volk" auf. Vor allem kritisierten sie die Waffenlieferungen der Bundesrepublik an die Türkei und forderten ihre sofortige Einstellung.[63] Ein Sprecher der Ulmer Kurden sagte in einem Zeitungsinterview: „Kurden werden mit deutschen Waffen umgebracht. […] Stoppt die Militärhilfe in die Türkei. […] Mit den Waffen werden nicht nur PKK-Leute umgebracht, sondern auch andere kurdische Freunde."[64] Es kam auch zu Hungerstreiks von Kurden in Ulm, die sich solidarisch mit in der Türkei inhaftierten Häftlingen erklärten, sowie Informationsstände in der Fußgängerzone, die über die Lage der Gefangenen aufklären sollten.[65]

Der zwischen den verfeindeten Parteien auch in Deutschland ausgetragene Konflikt verlief nicht immer friedlich. Im Lagebericht des Stuttgarter Innenministeriums stand schon im Jahr 1981:

> „Der Raum Ulm gehört in Baden-Württemberg zu den regionalen Schwerpunkten der Aktivitäten extremistischer türkischer Gruppen. Während beide verfeindeten Lager – Links- und Rechtsextremisten – mit als Folklore- und Kulturveranstaltungen getarnten Versammlungen Landsleute für ihre politischen Ziele zu gewinnen versuchen, agierten linksextreme Gruppen zusätzlich vor allem mit Demonstrationen, Hungerstreiks, Kirchenbesetzungen, Flugblattaktionen und Farbschmierereien."[66]

In den 1990er Jahren erreichte der Konflikt in der Türkei eine neue Dimension und führte zu einer Anschlagserie auf türkische Einrichtungen in Deutschland. In Ulm wurde die Töbank, eine Filiale der Türkischen Staatsbank in der Frauenstraße, innerhalb weniger Wochen im Jahr 1992 Ziel von zwei Anschlägen, wonach die durch Molotowcocktails verwüstete Geschäftsstelle geschlossen wurde.[67] Ebenso 1992 gab es einen Brandanschlag auf ein türkisches Reisebüro in der Bahnhofunterführung[68] und am 24. Juni 1993 einen Überfall auf ein Reisebüro, im Universum-Center.[69] Wegen Letzterem wurde ein 28-jähriger kurdischer Asylbewerber angeklagt, der vor Gericht eine Koordination des Anschlags mit der PKK zwar verneinte, als Motivation dazu jedoch die Verfolgung seines Volkes durch den türkischen Staat angab. Er selbst sei in der Türkei mehrfach verhaftet und gefoltert worden und der unmittelbare Auslöser für die Tat wäre die Bombardierung seines Heimatortes gewesen.[70]

Im Universum-Center befand sich auch das Kurdische-Solidaritäts-Zentrum des kurdischen Vereins in Ulm, das wegen des bundesweiten Verbots der PKK nach einer Anschlagserie im November 1993 von der Polizei geschlossen wurde, da ein Verdacht zur Nähe zu der kurdischen Arbeiterpartei bestand. Daraufhin besetzten ca. 60 Kurden aus Ulm das Vereinsheim, um gegen die Schließung und den Generalverdacht gegenüber allen Kurden zu demonstrieren: „In Deutschland gibt es 500 000 Kurden, die Mitglieder der PKK hat das Innenministerium auf 500 geschätzt. Schauen Sie sich die Leute hier an, so viele Alte, Frauen und Kinder, glauben Sie, die machen die Gewalttaten?"[71] Nach längeren Verhandlungen einigten sich Polizei, Stadt und Vereinsvorstand unter Vermittlung des Ulmer Ausländerbeauftragten Gerhard Wörner darauf, einen neuen, dezidiert unpolitischen Verein (Serhet – kurdischer Kultur- und Sportverein) zu gründen, woraufhin die Räumlichkeiten wieder freigegeben wurden. Im Zuge dessen gab es dort auch einen 13-tägigen Hungerstreik von 22 Kurden: „Wir werden auch in Zukunft mit demokratischen Mitteln protestieren, bis Deutschland die Waffenlieferungen an die Türkei einstellt. Die deutsche Regierung beteiligt sich so an dem Mord an unserem Volk. [...] Wir wehren uns nach wie vor gegen eine Kriminalisierung", sagte der Sprecher der streikenden Kurden.[72]

Essensboykott und Hungerstreiks

Meist hatten Unmutsbekundungen von Asylbewerberinnen und -bewerbern die Aufenthaltsbedingungen in Deutschland im Blick. Allgemein setzte die deutsche Politik auf eine „Anreizminderung", wozu die Unterbringung in Sammellagern oder das sogenannte „Sachleistungsprinzip" beitragen sollten. Letzteres sah vor, kein Bargeld mehr auszugeben, da die Befürchtung bestand, gespartes Geld würde an Verwandte im Herkunftsland überwiesen und dadurch deren Nachzug provozieren, so ein Sprecher des Regierungspräsidiums Tübingen.[73] Zudem galt seit 1980 auch ein allgemeines Arbeitsverbot für Asylbewerberinnen und -bewerber, das – nach diversen Verschärfungen – 1991 wieder aufgehoben wurde, da es sich „zur Steuerung des Zugangs als untauglich erwiesen" hatte.[74]

Die zunehmende Ablehnung von Asylanträgen zu Beginn der 1980er Jahre wirkte sich auch auf die Höhe der in Ulm untergebrachten Asylbewerberinnen- und -bewerberzahl aus: 1980 verzeichnete Ulm mit 702 Personen noch einen ersten Höchststand; zwei Jahre später waren es nur noch 331.[75] Dieser Trend fand bundesweit statt: Von 1980 bis 1983 schrumpfte die Zahl der Asylbewerberinnen und -bewerber in ganz Deutschland um über 80 % auf rund 20 000.[76]

Probleme bestanden allerdings weiterhin, wobei vor allem die Verpflegung für große Reibungspunkte sorgte: 1985 klagten Asylbewerberinnen und -bewerber in der Sammelunterkunft Römerstraße über die Verpflegung aus einer Fernküche, die das vorgekochte Essen aus über 130 km Entfernung nach Ulm brachte. Offensichtlich, so eine Vertreterin der Caritas, führe dies zu Problemen bei den Kindern, die häufig mit Gewichtsabnahme, Verdauungsstörungen und Erbrechen ins Krankenhaus eingeliefert werden müssten.[77]

Die Beschwerden richteten sich zwar einerseits gegen die Verpflegung selbst, die teilweise ungenießbar sei, beschäftigten sich andererseits aber auch mit der Problematik, dass durch das Kochverbot *jegliche* Form der Beschäftigung untersagt war.[78] Dies führte nicht nur in Ulm, sondern beispielsweise auch in Tübingen[79] und Karlsruhe[80] zu Hungerstreiks: In der Flüchtlingsunterkunft in der Römerstraße demonstrierten im Jahr 1985 knapp 80 Asylbewerberinnen und -bewerber – vorwiegend Libanesen und Palästinenser – gegen die

Verpflichtung zur Teilnahme an der Gemeinschaftsverpflegung und verweiger-
ten die Nahrungsaufnahme.[81] Sie klagten auch über die „Ungleichbehandlung",
da die Asylbewerberinnen und -bewerber in der Blaubeurer Straße selbst
kochen durften. Dies erklärt sich dadurch, dass in Letzterer bereits anerkannte
Asylbewerberinnen und -bewerber untergebracht waren.[82] Der Caritas-Verband Stuttgart, der sich in der Ulmer Angelegenheit zu Wort meldete, sah in
der Sammelverpflegung einerseits den „Hauptgrund, dass die Leute psychisch
und physisch abrutschen."[83] Andererseits errechnete er, dass eine Selbstver-
pflegung für den Steuerzahler sogar billiger kommen würde, wobei allerdings
nur die Kosten für die Nahrungsmittel und nicht die Installations- und An-
schaffungskosten, beispielsweise für Herd, Ofen und Kühlschrank, aufgezählt
wurden.[84] Auch Eberhard Lorenz engagierte sich für die Belange der Asylbewerberinnen und -bewerber in der Flüchtlingsunterkunft Römerstraße, indem
er die baden-württembergische Landesregierung attackierte und ihr einen
Fragenkatalog übersandte. Auf seine Frage, ob die Gemeinschaftsverpflegung
Teil einer Abschreckungspolitik sei, antwortete das Innenministerium:

> *„Wesentlicher Bestandteil der Unterbringungskonzeption der
> Landesregierung ist die Gewährung von Sachleistungen anstelle
> von Sozialhilfe in Geld. […] Diese Unterbringungskonzeption
> habe in dieser Form und zusammen mit anderen Maßnahmen
> entscheidend zur Abschwächung des Asylbewerberzugangs von
> 1981 bis Mitte 1984 beigetragen, indem sie die materiellen
> Anreize […] eingeschränkt hat."*[85]

Ebenso befürchtete Lorenz, „dass das Unverständnis der deutschen Bevölkerung gegenüber solchen Protesten (der Asylbewerber gegen die Verpflegung) die Ausländerfeindlichkeit bestärkt".[86]

Dass dies nicht aus der Luft gegriffen war, zeigen einige Leserbriefe aus dieser Zeit, die einerseits die politische Verfolgung eines Großteils der hiesigen Asylbewerberinnen und -bewerber bestritten und teilweise eigene Kalkulationen aufstellten: „Die wenigen wirklich echten und verfolgten Asylanten können bleiben (vielleicht zwei bis drei %)." Andererseits taucht immer wieder der Vergleich zur Not in der direkten Nachkriegszeit gepaart mit dem Verweis auf den Wiederaufbau auf: „Was hatten unsere Eltern nach dem Krieg zu essen? Sie waren froh, wenn sie etwas zu beißen bekamen. Sie haben unser Land aufgebaut."[87]

Der damalige Ulmer Oberbürgermeister Ernst Ludwig versuchte zu beruhigen und besuchte die Unterkunft in der Römerstraße, um sich von den Zuständen selbst zu überzeugen und stellte fest, dass die Kapazitäten der Unterkunft völlig erschöpft seien: „Es reicht jetzt, mehr geht in dieses Haus nicht rein."[88] Bezüglich der Essensfrage konnte er jedoch nur auf die Regierung verweisen, die für diese Praxis verantwortlich sei. Diese wich von ihrer Position im Jahr 1987 ab, als es zu weiteren mehrtägigen Hungerstreiks in Ulm kam,[89] und begann unter anderem in der Römerstraße einen Modellversuch für ca. 250 Asylbewerberinnen und -bewerber, die ihr Essen jetzt selbst zubereiten durften. Allerdings blieb das Sachleistungsprinzip bestehen: Eine Firma aus dem Donautal lieferte die „Rohmaterialien", die selbstständig zubereitet werden konnten, was die Lage in den Sammellagern etwas entspannte.[90] Jedoch kam es im Jahr 1993 zu weiteren Schwierigkeiten um die „Lebensmittelpakete", was sich wieder bis zu einem Hungerstreik von drei Türken im Lager in der Römerstraße zuspitzte. Sie demonstrierten für eine abwechslungsreichere Kost und gegen die Versorgung mit unbeschrifteten Konserven, weil dabei nicht nachvollzogen werden könne, ob sich nicht Schweinefleisch darin befinde. Die Caritas bestätigte, dass die Lebensmittellieferungen auch aufgrund religiöser Vorgaben der Asylbewerberinnen und -bewerber immer wieder zu Problemen geführt habe und sprach sich auch für Geldzahlungen statt Sachlieferungen aus.[91] Unterstützung erhielten die Streikenden von einem Ulmer „Antifa-Plenum", das sich im Zuge der rechtsradikalen Übergriffe in Rostock gegründet hatte und ca. 20 Mitglieder zählte.[92]

Sommerfeste

Um einmal in die Rolle des Gastgebers zu schlüpfen, initiierte anfangs noch der Caritas-Verband Ulm zusammen mit den Asylbewerberinnen und -bewerbern in der Flüchtlingsunterkunft Römerstraße im Jahr 1985 erstmals ein Sommerfest. Dem Ziel, Kontakte zu deutschen Nachbarn herzustellen, versuchte die Caritas in der Hoffnung näher zu kommen, dass „durch ein solches Fest das negative Image der Asylbewerber ein wenig abgebaut wird."[93] Das erste Fest zog ca. 300 Gäste aus Ulm an, die an die Kultur der Bewohner – zu dieser Zeit stammten sie größtenteils aus Eritrea, Armenien, Pakistan und dem arabischen Raum – durch Musik und kulinarische Spezialitäten herangeführt wurden, wodurch sprachliche Hürden überwunden werden konnten. Auch eine Fotoausstellung warb bei den Deutschen um mehr Verständnis für ihre Situation.[94]

Lokale Zeitungen berichteten in größeren Artikeln auch über die folgenden Sommerfeste,[95] wobei jedoch auch Bilder von den Asylbewerben veröffentlicht wurden, obwohl diese darum gebeten hatten, aus Gründen der Verfolgung im Herkunftsland und den befürchteten Repressionen gegenüber den in der Heimat verbliebenen Verwandten darauf zu verzichten. Eine diesbezügliche Recherche der Schwäbischen Zeitung ergab, dass Fotografien vom Ulmer Sommerfest in einer Iraner Zeitung aufgetaucht seien.[96]

Die Festlichkeiten hatten neben der Information und dem Austausch auch konkrete, längerfristige Auswirkungen: Als eine CDU-Stadträtin auf den Frust der Asylbewerberinnen und -bewerber aufgrund des Arbeitsverbots aufmerksam wurde, hatte sie die Überlegung, Nähkurse in der Flüchtlingsunterkunft Römerstraße anzubieten. Auf ihren Aufruf hin spendeten Ulmer im Jahr 1986 acht Nähmaschinen, an denen Kleidung für den Eigengebrauch angefertigt werden konnte. Gegen diese Form der Arbeit hatte die Ausländerbehörde keinen Einwand, da es sich nicht um eine gewinnorientierte Tätigkeit handelte, die jedoch, so der Geschäftsführer der Caritas, Restriktionen wie das Arbeitsverbot, abmildern konnte.[97] Später organisierte der Evangelische Migrationsdienst die Sommerfeste in der Römerstraße.[98]

Der Ulmer Flüchtlingsrat

„Die Unterbringung der Asylbewerber in Sammellagern ist unserer Meinung nach menschenunwürdig." Manchmal müssten dort Familien mit Kind auf zehn Quadratmetern leben, so eine Abgeordnete der Grünen im Ulmer Gemeinderat.[99] Aufgrund dieser Situation gründete sich im Jahr 1988 der Ulmer Flüchtlingsrat aus mehreren Privatpersonen, Parteien und Organisationen. Die Ziele bestanden neben der Koordination und Erweiterung der bereits bestehenden Aktionen auch in konkreter materieller und juristischer Unterstützung der Asylbewerberinnen und -bewerber. Durch Veranstaltungen und der Verbreitung von Hintergrundinformationen sollten Ängste und Vorurteile bei Deutschen abgebaut und Kontakte hergestellt werden.[100]

Gerade in den folgenden Jahren wurde das „Asylthema" öffentlich heftig diskutiert. Die von der Union angetriebene Grundgesetzänderung des Asyls im einsetzenden Wahlkampf 1990 entwickelte sich zu einem der schärfsten und auch folgenreichsten Kontroversen seit 1945. Auch bundesweite (Boulevard-) Zeitungen heizten die emotionale Situation immer mehr auf, wenn sie von „Scheinasylanten", „Dammbruch" oder „Ausländerschwemme" schrieben. Rechtsradikalität und Fremdenhass nahmen zu, was sich durch gestiegene Gewaltbereitschaft wie Übergriffe auf Asylbewerberinnen und -bewerber und auch Gemeinschaftsunterkünfte äußerte. So beispielsweise in Hoyerswerda, als 1991 Hunderte von Jugendlichen teilweise unter Beifall von umstehenden Erwachsenen ein Ausländerwohnheim mit Steinen und Brandsätzen attackierten. Auch die anrückenden Polizeieinheiten wurden angegriffen und mussten schließlich das Wohnheim vor dem Mob räumen.[101]

Aufgrund dieser Vorkommnisse und auch wegen eines Überfalls auf eine Asylbewerber-Unterkunft in Dietenheim im Alb-Donau-Kreis rief der Flüchtlingsrat zusammen mit dem DGB-Kreis Ulm/Alb-Donau und politischen Parteien zu einem Demonstrationszug am 19. Oktober 1991 unter dem Motto „Flüchtlinge schützen gegen Ausländerhetze, Pogromstimmung und Rassismus" auf.[102] Vor den rund 3 000 Teilnehmern, unter denen sich auch prominente Vertreter aus Politik, Wirtschaft und Kirche befanden, sprach Peggy Schmihing vom Flüchtlingsrat. In ihrer Rede wies sie auf die verantwortungslos geführte Debatte hin: Viele Politiker „auch hier in Ulm schaffen durch Halbwahrheiten ein gefährliches Klima für Ausländer". Es werde behauptet, „die halbe Welt komme zu uns".[103] In diesem Zusammenhang kann auf ein Papier der Arbeitsgruppe Inneres, Umwelt und Sport der Bonner CDU/CSU-Fraktion verwiesen werden, worin stand, dass „mögliche Asylberechtigte [...] in der Größenordnung von 50 Mio" nach Westdeutschland kämen. „Jeder zweite Einwohner könnte dann ein Asylant sein".[104] Auf der Ulmer Demonstration verwies Pfarrer Thomas Keller darauf, dass derartige Diskussionen Rechtsradikalen in die Hände spielten. „Und es ist nicht nur unmenschlich, sondern auch schäbig, wenn ein Land, das zu den bestgestellten in der Welt zählt und seinen Wohlstand mit auf dem Rücken der armen Länder erwirtschaften konnte, die Schotten dichtmacht."[105] Diese Argumentation, dass die Not in den Ländern der Dritten Welt auf die ausbeutende Wirtschaftspolitik des reichen Nordens zurückzuführen sei, war vor allem unter den Grünen vertreten.[106] Der Demonstrationszug endete symbolträchtig auf dem Weinhof, wo der damalige wissenschaftliche Leiter des Dokumentationszentrums Oberer Kuhberg (DZOK), Dr. Silvester Lechner, auf die NS-Vergangenheit Deutschlands zurückblickte und an die Reichspogromnacht mit der brennenden Ulmer Synagoge im November 1938 erinnerte.[107] In der angesprochenen Asyldebatte meldete sich auch der Flüchtlingsrat in Ulm zu Wort. Er veranstaltete am 30. April 1993 eine Mahnwache in der Hirschstraße gegen die geplante Gesetzesänderung.[108] Vor allem das Prinzip der Drittstaatenregelung – Asylrecht findet keine Anwendung auf Personen, die aus einem Land der EU oder einem als sicheren Drittstaat klassifizierten Land nach Deutschland kommen[109] – stieß auf Ablehnung der Organisation:

> *„Wenn die Gesetzesänderung so durchgeht, werden mehr Tote gemacht, als die Rechten bisher angezündet haben, denn es wird zu verbotenen Kettenabschiebungen führen, wie Walesa [ehemaliger Staatspräsident von Polen] es ja schon angekündigt hat. So werden Leute heimgeflogen, direkt in die Hände ihrer Häscher, und wir kriegen davon nichts mehr mit."[110]*

↑ **53** Eine Mahnwache gegen Ausländerfeindlichkeit beim Berblinger Denkmal versuchte 1990 die Situation der Geflüchteten
in Ulm aufmerksam zu machen.

Der Rat schrieb 70 baden-württembergische Bundestagsabgeordnete mit
der Aufforderung an, nochmals über die Zustimmung zur Gesetzesänderung
nachzudenken.[111] Allerdings ohne Erfolg: Mit einer Stimmenmehrheit von
CDU, CSU, FDP und SPD und der damit benötigten Zweidrittelmehrheit konnte
das Grundgesetz geändert werden. Neben dem Drittstaatenprinzip und der
Einführung der Klassifizierung von sicheren Herkunftsstaaten kam das Flug-
hafenverfahren hinzu. Dabei konnten im Schnellverfahren eine Prüfung
vorgenommen werden, die ermöglichte, Asylbewerberinnen und -bewerber
direkt zurückzuschicken. Damit werde nun, so der Flüchtlingsrat, nicht mehr die
Verfolgung im Heimatland, sondern der Weg des Flüchtlings kontrolliert.[112]

Flüchtlingsbewegungen um das Jahr 2015

Allgemeine Situation

Der Migrationsbericht der Bundesregierung 2015 beginnt mit den Sätzen: „Die Zuwanderungssituation nach Deutschland war im Jahr 2015 durch einen erheblichen Anstieg von Schutzsuchenden geprägt. Damit setzte sich der steigende Trend aus dem Vorjahr fort und verstärkte sich noch."[113] In diesem Jahr kamen ca. 890 000 Asylsuchende[114] nach Deutschland, wovon das BAMF nur 476 649 Asylanträge aufgrund von Engpässen bearbeiten konnte. 2016 erhöhte sich die Zahl der Asylanträge mit 745 545 auf ein historisches Hoch. Seit September fiel die Zahl der Neuanträge auf rund 20 000 im Monat (Januar 2017: 17 964). In beiden Jahren kamen über ein Drittel (35,9 beziehungsweise 36,9 %) aller Asylsuchenden aus Syrien, gefolgt von Afghanistan und Irak.[115] Für diese Länder stellte Amnesty International Kriegsverbrechen, schwere Menschenrechtsverstöße und einen massiven Anstieg des Gewaltniveaus fest, was zu massenhafter Vertreibung und Flucht führte.[116] Die Gesamtschutzquote, das heißt die Zahl der positiven Asylentscheidungen für alle Herkunftsländer, lag 2011 noch bei 22 %. Bis 2015 und 2016 hatte sie sich mehr als verdoppelt und lag bei 50 % beziehungsweise 62 %.[117]

Die Lage in Ulm

Die städtische Verwaltung informierte die Gemeindevertreter regelmäßig über die Entwicklung der Flüchtlingszahlen: 2011 wies das Regierungspräsidium Tübingen der Stadt insgesamt 38 Geflüchtete neu zu. In den Folgejahren stieg die Zahl auf 106 und daraufhin auf 166 an. Somit erhöhte sich auch die Zahl der Flüchtlinge, denen Ulm eine Unterkunft zur Verfügung stellen musste: Im Mai 2014 wohnten 248 Asylbewerberinnen und -bewerber in der Stadt, was über die Kapazitäten der seinerzeit einzigen Gemeinschaftsunterkunft (GU) Römerstraße hinausging, weshalb ab diesem Zeitpunkt auch über das Stadtgebiet verteilt Wohnungen zur Unterbringung genutzt wurden.[118]

→ **54** Die Gemeinschaftsunterkunft für Flüchtlinge in der Römerstraße nach der Renovierung im Jahr 2016.

Bis Mai 2015 erhöhte sich die Zahl der Flüchtlinge in Ulm dann auf 482, bis sie im Juni 2016 mit 1 611 ihren Höhepunkt erreichte. Am 31. Dezember 2016 wohnten in Ulm 1 426 Geflüchtete.[119]

Da die Stadt – wie auch die Bundesrepublik – zu Beginn weitgehend unvorbereitet dieser Dimension der Fluchtzuwanderung gegenüberstand, mussten auf die anfängliche Phase der Improvisation weiterführende und tiefgreifendere Planungen folgen, weshalb Ulm im Dezember 2015 die Projektstruktur „Koordination Flüchtlingsarbeit" verabschiedete.[120] Die Stadt schuf neben dem Flüchtlingsbeauftragten, der im Januar 2016 seine Arbeit aufnahm, auch zahlreiche weitere Personalstellen in der Koordination Flüchtlinge, die von

der Unterbringung über Wohnraumakquise, Sprache, Arbeit, Gesundheit, Ehrenamtskoordination, unbegleitete Minderjährige und Öffentlichkeitsarbeit die wichtigsten Handlungsfelder abdeckten.

Zu Beginn war einer der wichtigsten Punkte die Unterbringung: Wegen der steigenden Flüchtlingszahlen renovierte oder baute die Stadt zahlreiche Gebäude. Neben der GU Römerstraße konnten insbesondere mehrere Wohnblöcke auf dem Areal der ehemaligen Hindenburg-Kaserne (Mähringer Weg) am Eselsberg für die Unterbringung nutzbar gemacht werden sowie auch ein Gebäude in der Magirunsstraße. Der Gemeinderat entschloss sich dazu, Flüchtlinge dezentral über die Stadtteile zu verteilen und neue Unterkünfte in Böfingen und Wiblingen zu errichten beziehungsweise zu belegen.[121] Gegen letzteres Vorhaben regte sich in Teilen der Einwohnerschaft durch eine Unterschriften- und eine Flugblattaktion Widerstand, wobei vor allem Bedenken hinsichtlich steigender Kriminalität und drohendem Wertverlust der umliegenden Immobilien formuliert wurden. „Um Ängsten und Vorbehalten zu begegnen", organisierte die Stadt mehrere Informationsveranstaltungen. Dabei

Geflüchtete in Ulm
2015 und 2016

421 452 473 491 482 531 602 675 787 921 1030 1280 1427 1460 1559 1592 1588 1611 1496 1466 1415 1410 1407 1426

Januar 2015 Februar 2015 März 2015 April 2015 Mai 2015 Juni 2015 Juli 2015 August 2015 September 2015 Oktober 2015 November 2015 Dezember 2015 Januar 2016 Februar 2016 März 2016 April 2016 Mai 2016 Juni 2016 Juli 2016 August 2016 September 2016 Oktober 2016 November 2016 Dezember 2016

verwies Oberbürgermeister Gönner auf den grundgesetzlichen Auftrag sowie die Umsetzung der UN-Menschenrechtskonvention und formulierte die Position der Stadt klar: „Ulm bekommt Menschen zugeordnet, die die Stadt unterbringen muss und unterbringen wird. [...] Das ist nicht verhandelbar."[122] Ein Vertreter des Polizeipräsidiums informierte auch über die Sicherheitssituation in Ulm, wobei er ausführte, dass begangene Straftaten von Flüchtlingen sich im Bereich von 0,1 % bewegten und „damit weit unter dem Rahmen, den die Normalbevölkerung an den Tag legt."[123]
Allgemein hat Deutschland festgelegte Quoten zur Verteilung von Geflüchteten auf die Bundesländer, die – nach einem weiteren kommunenbezogenen Schlüssel – über Landeserstaufnahme-Einrichtungen (LEA) den Städten oder

Landkreisen zugewiesen werden. Im Oktober 2015 gerieten die Landeserstaufnahme-Einrichtungen an die Grenzen ihrer Aufnahmekapazität, weshalb
das Land bei der Stadt Ulm anfragte, ob diese kurzfristig Gebäude zur Verfügung stellen könne. Die Stadt richtete daraufhin innerhalb weniger Tage vorübergehend die Ulmer Messehallen 5 und 6 für rund 600 noch nicht registrierte
Flüchtlinge hauptsächlich aus Syrien, aber auch aus dem Irak, Nigeria und
Eritrea ein. Ein breites ehrenamtliches Engagement half bei der Begleitung
der Menschen, wobei z. B. auch für Kinder Programme mit Spielen und kleinen
Ausflügen organisiert wurden. Das Rote Kreuz, Ärzte des Bundeswehrkranken-
hauses und Soldaten versorgten die Flüchtlinge medizinisch und internationale Studierende halfen als Notfalldolmetscherinnen und -dolmetscher im
Einsatz, so wie Najwar Zafir. Die 19-Jährige vom arabisch-deutschen Verein in
Ulm sah dieses Engagement als Selbstverständlichkeit an: „Wir sind als Menschen dazu verpflichtet."[124]

Ebenfalls im Oktober meldete das Land kurzfristig Bedarf für Unterkünfte in
der ehemaligen Bleidorn-Kaserne in der Weststadt als sogenannte Bedarfsori-
entierte Erstaufnahmestelle (BEA) an. Ende des Monats zogen dort die ersten
265 Flüchtlinge ein, die innerhalb Deutschlands weiterverteilt werden sollten.
Zwei Monate später mietete das Land zu diesem Zweck auch noch ein Mann-
schaftsgebäude und eine Halle in der ehemaligen Hindenburgkaserne an. Auf
dem Gelände am Eselsberg waren bereits Flüchtlinge untergebracht, die Ulm
zugewiesen worden waren. Unter den neu eingetroffenen Flüchtlingen befand
sich auch Mohammed Fayyad aus der umkämpften syrischen Stadt ar-Raqqa.
Er war schon 2013 in die Türkei und dann weiter über die ‚Balkanroute' nach
Deutschland geflohen, um „hier ein neues Leben zu beginnen."[125] Unter anderem durch die Schließung dieser Route und das EU-Türkei-Abkommen im März
2016 sank die Zahl der neu ankommenden Flüchtlinge, was sich in der Folge
auch in Ulm bemerkbar machte: Beide Erstaufnahmeeinrichtungen in den
Kasernen wurden im Juni (Eselsberg) beziehungsweise September (West-
stadt/Bleidorn-Areal) geschlossen und die noch verbliebenen Bewohner auf
andere Landeseinrichtungen verteilt.[126]

Die hohen Zuweisungszahlen führten in der Stadt zu Engpässen beim Wohnraum für Geflüchtete, so dass sich im Oktober 2015 Ivo Gönner mit einem
dringenden Appell an die Ulmer Einwohnerschaft wandte: „Wir suchen händeringend Wohnungen und Unterkünfte für alleinstehende Flüchtlinge und
Flüchtlingsfamilien, die wir nicht mehr in Sammelunterkünften unterbringen
können. [...] Auf diese Hilfe sind wir jetzt angewiesen: Bitte lassen Sie keine
Wohnung ungenutzt leer stehen!"[127] Vor allem große Immobilien, wie Bürogebäude oder Hallen, die als Gemeinschaftsunterkünfte genutzt werden
könnten, wollte die Stadt längerfristig anmieten oder auch kaufen. Allerdings
fanden sich so kurzfristig keine Unterkünfte, weshalb Turnhallen als Notquar-
tiere belegt werden mussten. Im Oktober zogen die ersten Flüchtlinge aus
Gambia und Nigeria in die Sporthalle am Kepler- und Humboldtgymnasium
und im November weitere aus Syrien, Irak und Afghanistan in die Meinloh-
Halle in Söflingen.[128] Aufgrund dieser prekären Unterbringungssituation sahen
sich auch kirchliche Einrichtungen in der Pflicht, weshalb die Gesamtkirchen-
gemeinde Ulm das Freizeitheim Ruhetal für Geflüchtete öffnete, in dem
31 Syrer Unterkunft sowie auch Betreuung durch Ehrenamtliche fanden.[129]
Besondere Beachtung erhielten unbegleitete minderjährige Ausländer (umA),
da sie nach der Kinderrechtskonvention der Vereinten Nationen ein Recht auf
Versorgung und Betreuung haben, das dem Kindeswohl entsprechend ist.
Deshalb wurden sie nicht in Gemeinschaftsunterkünften, sondern in Pflege-
familien, Pensionen oder in entsprechenden Wohngruppen – wie sie z. B.
durch den Oberlin e. V. oder das Zentrum Guter Hirte betrieben werden – untergebracht und auf das Leben in Deutschland vorbereitet.[130] Oftmals wurden
sie im Zug und am Bahnhof aufgegriffen oder sie meldeten sich selbst bei der
Polizei, die anschließend das Jugendamt informierte, das nach einer Alters-
prüfung die Vormundschaft und die Inobhutnahme übernahm. Um den jungen
Flüchtlingen eine niederschwellige Kontakt- und Anlaufstelle zu bieten, hat sich
in Ulm z. B. das Projekt INDALO gegründet, das den „jungen Menschen Lebens-
praxis für den Neubeginn in einem fremden Land vermitteln" will.[131] 2013
wurde auch der „Rund Tische unbegleitete Minderjährige" gegründet, wobei

Vertreter zahlreicher städtischer Stellen zusammen mit Jugendhilfeeinrichtungen, Schulen und Ehrenamtlichen nach Lösungen für die vielfältigen Themen der Jugendlichen suchten. So entstand ein Patenprojekt für junge Flüchtlinge, das bei der AG West angesiedelt ist.[132] Bei der Altersfeststellung wurde eine Begutachtung durch erfahrene Mitarbeiter der Jugendarbeit und Lehrkräfte vereinbart und auf standardmäßige medizinische Untersuchungen verzichtet. Eine weitere besonders schutzbedürftige Gruppe waren Frauen und Mädchen aus dem Nordirak. Über ein Sonderkontingent, das auf die Initiative von Winfried Kretschmann zurückging, nahm Baden-Württemberg über Tausend dieser „mit brutalsten Methoden" Verfolgten auf. 2016 kam eine Gruppe von ihnen auch nach Ulm und erhielten therapeutische Begleitung.[133]

Hilfsbereitschaft

Allgemein bescheinigten die städtischen Vertreterinnen und Vertreter der Ulmer Bevölkerung „eine enorme Bereitschaft, sich bürgerschaftlich für und mit Flüchtlingen zu engagieren."[134] Der im Dezember 2014 auf Anregung des Flüchtlingsrates gegründete „Runde Tisch Flüchtlinge" wurde eingerichtet, um diese Hilfsbereitschaft besser koordinieren zu können und Organisationen, die an der Flüchtlingshilfe beteiligt sind, zu vernetzen. Die Themenfelder, die am ‚Runden Tisch' besprochen wurden, reichen von Kinder und Familie über Ausbildung und Arbeit bis hin zu Sprache und Gesundheit.[135] Wie stark die Bereitschaft zum Engagement für Geflüchtete war, zeigen einerseits die vielfältigen Anfragen von Bürgerinnen und Bürgern, z. B. beim Ulmer Flüchtlingsrat, dem Diakonieverband, der Freiwilligenagentur „Engagiert in Ulm" und der Stadtverwaltung, sowie andererseits die Vielzahl an etablierten Angeboten, wobei exemplarisch die AG West e. V. genannt werden kann, die in den Bereichen Begleitung, Betreuung und Unterstützung engagiert ist.[136] Daneben entstanden in dieser Zeit verschiedene Initiativen, die sich dezidiert aufgrund der damaligen Entwicklungen und der Verhältnisse im Flüchtlings-

← 56 Unter dem Motto „Miteinander statt Gegeneinander" demonstrierten Ulmer für Solidarität mit Geflüchteten.

↓ 57 Matthias Hambücher und Selda Karaduman vom Rat der Religionen sprachen sich hierbei für ein friedliches Zusammenleben aus.

bereich bildeten, wie beispielsweise der im September 2015 gegründete Verein „menschlichkeit-ulm", der zum Ziel hat, „die Lebensbedingungen für Asylbewerber/Asylbewerberinnen und Flüchtlinge zu verbessern."[137] Um sich für ein friedliches Zusammenleben einzusetzen und Solidarität mit Flüchtlingen zu demonstrieren, organisierten der DGB und das „Bündnis gegen Rechts" eine Veranstaltung auf dem Münsterplatz im Februar 2015. Dort sprachen mit Matthias Hambücher und Selda Karaduman auch Vertreter des Rats der Religionen in Ulm[138] und bezogen dabei gegen Hass, Ausgrenzung und religiösen Extremismus klar Stellung: „Religionen stehen für Frieden unter den Menschen."[139] Auch Amnesty International rief zu einer Menschenkette auf, um für Flüchtlinge und gegen die EU-Politik der Grenzschließung zu demonstrieren.[140] In diesem Zusammenhang machte auch eine anonyme Aktivistengruppe auf sich aufmerksam, die symbolisch sieben Gräber in einer Julinacht auf der Wiese am Ulmer Donauufer ausgehoben hatte, um das öffentliche Bewusstsein für den Tod von Flüchtlingen auf hoher See zu sensibilisieren.[141] Für die körperliche und seelische Gesundheit der Flüchtlinge engagieren sich mehrere Organisationen und Institutionen in der Stadt. Mit dem Behandlungszentrum für Folteropfer Ulm (BFU), das 1995 auf Initiative von Amnesty International und Ulmer Bürgerinnen und Bürgern gegründet wurde, existiert eine

↑ **58** Um auf den Tod von Flüchtlingen auf hoher See aufmerksam zu machen, hob eine Aktivistengruppe symbolische Gräber am Ulmer Donauufer aus.

Einrichtung, die traumatisierte Flüchtlinge therapeutisch behandelt. Seit Mitte 2015 arbeitet das BFU in einem Projekt mit der Caritas Ulm und Refugio Villingen-Schwenningen zusammen, um Flüchtlingskinder therapeutisch zu betreuen.[142] Medizinische Hilfe bietet die Ulmer „Armenklinik"[143] oder die 2009 von Ulmer Medizinstudenten gegründete Initiative „Medinetz Ulm", die für Menschen ohne Pass oder Krankenversicherung sowie illegal Eingewanderte kostenlose und anonyme Sprechstunden anbietet und diese an approbierte Ärzte weitervermittelt, die mit dem Verein kooperieren und oftmals auf Bezahlung verzichten. Labortests oder Medikamente werden über Mitgliedsbeiträge und Spenden finanziert. Für dieses soziale und ehrenamtliche Engagement haben die Vereinsmitglieder den Landeslehrpreis Baden-Württemberg erhalten, der für besonderes studentisches Engagement bei der Unterstützung von Flüchtlingen verliehen wird.[144]

Sprache, Ausbildung und Erwerbstätigkeit

Als ein entscheidendes Kriterium für einen erfolgreichen Werdegang in Deutschland gilt das Beherrschen der Landessprache. Die Stadt Ulm hat mit den städtischen Sprachförderrichtlinien, die ein Schlüsselprojekt des Konzepts „Ulm: Internationale Stadt" umsetzen, auf freiwilliger Basis auch nicht anerkannten Flüchtlingen, die sonst von Sprachangeboten ausgeschlossen gewesen wären, den Zugang zu den Integrationskursen des Bundes geöffnet.[145] Im Herbst 2015 führte die Stadt vorübergehend selbst Sprachstandserhebungen bei Geflüchteten durch, aufgrund derer die Kontaktstelle Migration einen passenden Kurs bei einem anerkannten Sprachkursträger vermittelte, wie z. B. bei der vh Ulm. Die Integrationskurse, die sich an alle Zugewanderte richten, bestehen zum Großteil aus Deutschunterricht (600 bis 900 Stunden) und einem Orientierungsteil, der historische, politische und gesellschaftliche Grundlagen vermittelt. Spezielle Kursformate, die sich an Frauen, Eltern oder Schnell-Lernende richten oder der Alphabetisierung dienen, erweitern das Angebot ebenso wie (ehrenamtliche) Initiativen, wo in Sprach- und Kommunikationsgruppen das Gelernte praktisch angewendet werden kann.[146] An den großen Flüchtlingsunterkünften in der Römerstraße und dem Mähringer Weg wurden in Ergänzung zu den Integrationskursen niederschwellige Sprachangebote für Menschen eingerichtet, die (noch) keine Integrationskurse besuchen können. Bei Kindern und Jugendlichen wird besonders Wert auf die Bildungserweiterung gelegt. Geflüchtete Kleinkinder – die einen Rechtsanspruch auf einen Kita-Platz haben – erhalten dort eine entsprechende Sprachförderung.[147] Gemeinsam mit anderen Kindern, die ohne Deutschkenntnisse neu nach Ulm kommen, besuchen Flüchtlingskinder[148] internationale Vorbereitungsklassen (VKL), die speziell auf die Vermittlung sprachlicher Kompetenz sowie Kenntnisse in den Kernfächern ausgelegt sind. Im Schuljahr 2016/2017 gab es in Ulm zwölf Schulen mit insgesamt 25 Vorbereitungsklassen für 342 Schülerinnen und Schüler, darunter 156 Flüchtlinge (Stand 17.2.2017).[149] Um den Neuankömmlingen den Einstieg in die Schule zu erleichtern, bastelten z. B. Ulmer

Grundschüler Schultüten für die Flüchtlingskinder, die so mit Schulsachen ausgestattet wurden. „Eine wahre Meisterleistung der Bastler und gleichzeitig
eine schöne Willkommensgeste", kommentierte Iris Mann, Bürgermeisterin
für Bildung, Soziales und Kultur, die Aktion.[150]

Ab dem 16. Lebensjahr besuchen die neu zugewanderten Jugendlichen sogenannte VABO-Klassen (Vorqualifizierung Arbeit/Beruf mit Schwerpunkt Erwerb
von Deutschkenntnissen) an beruflichen Schulen, in denen neben sprachlichen
auch grundlegende handwerkliche Qualifikationen vermittelt werden. Die
VABO-Klassen standen auch jungen Erwachsenen bis 20 Jahre offen, um ihnen
den Zugang zur beruflichen Bildung zu erleichtern. Der Schultyp gewann mit
der Zuwanderung zahlreicher junger Geflüchteter neue Bedeutung, so dass
die vorhandenen Klassen schnell ausgebaut werden mussten. In Ulm wurde
dieser Schultyp im Schuljahr 2014/2015 an der Ferdinand-von-Steinbeis- und
Valckenburgschule eingeführt. Die jungen Flüchtlinge gingen in Werkstätten
und lernten Holz- und Metallarbeiten. Über das Bildungssystem war aber auch
der Einstieg in die schulische Laufbahn möglich. Die steigenden Zahlen der
jungen Geflüchteten, darunter auch viele unbegleitete Minderjährige, machten
bald eine Aufstockung notwendig, so dass auch private Schulen – wie der Internationale Bund oder ProGenius – ihr Lehrangebot dahingehend erweiterten.
2017 existierten in Ulm 24 VABO-Klassen mit 438 Schülerinnen und Schülern
(Stand 22.2.2017).[151]

Diese Situation brachte allerdings mehrfache Herausforderungen mit sich:
Die kontinuierliche wachsende Zahl von Schülerinnen und Schülern ohne
Deutschkenntnisse, die während des laufenden Schuljahres in die Klassen
kamen, die kulturelle Heterogenität innerhalb des Klassenverbandes sowie
eine oftmals bestehende Traumatisierung der Jugendlichen erschwerten Lerner-
folge und überforderten die dafür nicht speziell ausgebildeten Lehrkräfte.[152]
Um dabei Hilfe zu leisten, konzipierte die Stadt das Projekt HORIZONT, in dem
eine sozialpädagogische Fachkraft nicht nur Unterstützung im Unterricht,
sondern auch abseits der Schule Orientierungshilfe im Alltagsleben bot und
kultursensibel deutsche Werte und Normen vermittelte.[153]

Über die allgemeine Ausbildung und Qualifikation der Geflüchteten gibt eine Studie des BAMF aus dem Jahr 2014 Aufschluss, wobei besonders Flüchtlinge aus den Herkunftsländern Afghanistan, Irak und Syrien zu ihrem beruflichen und schulischen Werdegang befragt wurden: Rund 70 % der schriftlich Befragten gaben an, zwischen 5 und 14 Jahre lang eine Schule besucht zu haben. Weitere 10 % sind als hochqualifiziert einzustufen und 13 % haben keine formale Schul- oder Berufsausbildung.[154] Aus Sicht der Ulmer Arbeitsagentur sind allgemein Ausbildungen für Flüchtlinge unerlässlich, wobei sie gleichzeitig vor überzogenen Erwartungen warnt und schätzt, dass mindestens drei Jahre nötig seien, bevor eine Fachkraft für einen Betrieb zur Verfügung stehe.[155] Flüchtlinge, die bereits Bildungs- und Berufsqualifikationen aus dem Heimatland mitbrächten, könnten sich bei der Handwerkskammer, der IHK und dem IN VIA Kompetenzzentrum in Ulm Beratung und Unterstützung bei der Anerkennung ihrer Qualifikation einholen.[156] In diesem Zusammenhang ist auch die Universität Ulm zu nennen. Der Deutsche Akademische Auslandsdienst (DAAD) schätzt, dass bis Ende 2016 ca. 50 000 studierfähige Flüchtlinge nach Deutschland gekommen seien.[157] Das International Office der Universität Ulm bietet Geflohenen, die studieren wollen, Beratungsgespräche und seit 2015 auch Vorbereitungskurse an, die neben der deutschen Sprache auch einen erfolgreichen Weg ins Studium vermitteln sollen. Zudem werden innerhalb der Universität interkulturelle Kompetenzen gefördert. Weniger die Nachweise, wie z. B. Zeugnisse aus dem Herkunftsland, sondern die Studienwahl sei ein Problem, da „extrem viele Flüchtlinge Medizin studieren wollen", freie Plätze dabei aber äußerst begrenzt seien, so das International Office.[158] Arbeitsagentur und Jobcenter haben die Aufgabe, Geflüchtete in den Arbeitsmarkt einzugliedern, ihnen Qualifizierungskurse und Bildungsangebote anzubieten, Praktika zu vermitteln sowie bei der Jobsuche zu unterstützen.[159] In Ulm bemühte sich die Agentur für Arbeit, vielfach unterstützt durch ehrenamtliche Helferkreise, die Qualifikationen der Geflüchteten zu ermitteln, um ihnen ein passendes Angebot machen zu können. So fanden im Herbst 2015 neben den Sprachstandserhebungen in der Kepler- und der Meinlohhalle auch sogenannte Berufescreenings der Helferkreise statt. Die Investition der Stadt in die frühzeitige, qualifizierte Sprachförderung für alle Geflüchteten zahlten sich bald aus, da schon 2017 im Vergleich zu anderen Landkreisen deutlich mehr Geflüchtete in Arbeit oder Ausbildung waren.[160]

Ein Beispiel ist Cena Toré, der seine Ausbildung in der Altenpflege machte. Der aus Mali stammende 26-Jährige nutzte einen Versuch an der Valckenburg-Schule, die die Ausbildung auf zwei Jahre ausdehnte und dabei verstärkten Fokus auf Sprachunterricht legte.[161] In städtischen Diskussionen zu diesem Thema wird oft auf ein Pilotprojekt im Einzugsbereich der Handwerkskammer Ulm hingewiesen, bei dem drei Flüchtlinge aus Eritrea, Somalia und Pakistan eine Ausbildung bei der Großbäckerei Staib machten. Der Betrieb setzte dabei auf das „Tandem-Prinzip", bei dem deutschen Lehrlingen ein Flüchtling als Partner zugewiesen wurde. Gehbru aus Eritrea war von diesem Prinzip überzeugt: „Für mich ist das eine einzigartige Chance, die ich nutzen möchte."[162]

1 Stelzl u. a. (Hg.): Der Parlamentarische Rat, S. 616.
2 Vgl. Oltmer: Einführung, S. 26.
3 Vgl. Oltmer: Migration, Migrationsformen und Migrationsregime, S. 218f.
4 Vgl. Herbert: Geschichte der Ausländerpolitik, S. 264.
5 Vgl. dazu und auch allgemein zum Thema Vietnamkrieg Steiniger: Der Vietnamkrieg.
6 Vgl. SWP 11.8.1976: Deutschunterricht für Vietnamesen? SZ 7.12.1978: Ein Gericht aus der
   Heimat zum Empfang der Vietnam-Flüchtlinge.
7 Vgl. SZ 8.12.1978: Hinter den Vietnamesen liegt eine Odyssee.
8 Vgl. StZ 29.12.1978: Vietnamesen in karger Umgebung glücklich.
9 SWP 17.4.1979: Hinter ihrem Lächeln steckt oft Unsicherheit und Angst.
10 SZ 26.1.1979: Zweiter „Schub" Vietnamesen seit gestern mittag in Ulm.
11 Vgl. SZ 3.4.1979: Mit Begeisterung beim Studium der Sprache.
12 Vgl. SZ 6.8.1981: Über 80 Vietnamesen fanden in und um Ulm eine neue Heimat und
   gesicherte Existenz; SWP 17.4.1979: Hinter ihrem Lächeln steckt oft Unsicherheit und Angst.
13 Erst ab 1980 treten in den Ulmer Statistiken die Vietnamesen als eigene Gruppe auf.
   Vgl. Stadt Ulm (Hg.): Ulmer Statistik, 1980.
14 Vgl. SWP 9.2.1985: Caritas betreut Asylantenlager.
15 Während des Eritreischen Unabhängigkeitskrieges gründete sich die Separatistengruppe
   Eritreische Befreiungsfront und später die mit dieser konkurrierenden Gruppe Eritreische
   Volksbefreiungsfront. Beide Gruppierungen galten als marxistisch orientiert. Die lokalen
   Zeitungen machten bei diesen beiden Gruppen keine Unterscheidung. Zum Konflikt zwischen
   Äthiopien und Eritrea vgl. z. B. Bockwoldt: Alte und neue Kriege in Afrika, S. 65–87.
16 Vgl. SWP 18.4.1981: „Mein Körper ist hier, aber ich bin noch daheim".
17 SZ 4.6.1980: Leben und Freiheit haben sie gerettet.
18 Vgl. NUZ 10.2.1987: „Mein Haus bleibt ausländerfrei ..."
19 SZ 18.2.1987: Bei dunkler Hautfarbe gibt es in Ulm keine Privatunterkunft.
20 SZ 17.4.1993: Mit Spannung und zitternden Händen wählen die Eritreer in Deutschland.
   Vgl. auch SWP 19.4.1993: Opposition unerwünscht.
21 Vgl. SWP 15.7.2000: Hilfe für Eritrea. Der Verein hatte in der Frauenstraße 134 eine Begeg-
   nungsstätte eingerichtet, in der nicht nur die Hilfsgüter zum Weiterversand gesammelt wurden, sondern sich die rd. 250 in der Region Ulm lebenden Eritreer trafen. Vgl. SWP 30.8.2000:
   Neues aus der Heimat. Schon während des Krieges hatte sich vor allem das Eritrea-Hilfswerk
   in Deutschland e. V. (EHD) in Ulm engagiert und um Spenden gebeten. Vgl. SWP 9.12.1987:
   Flüchtlinge bitten um Spenden für Eritrea; SZ 9.12.1987: Auch in Ulm wieder eine Sammlung
   für die Notleidenden in Eritrea.
22 SWP 25.11.2000: Rasseln und Tänze im Gottesdienst.
23 Vgl. Herbert: Geschichte der Ausländerpolitik, S. 270 (Tab. 25) und S. 274 (Tab. 26).
24 Grob gab es: den 10-Tage-Krieg in Slowenien (1991), den Kroatienkrieg (1991–1995), den
   Bosnienkrieg (1992–1995) und den Kosovokrieg (1999) und den Albanischen Aufstand in
   Mazedonien (2001). Vgl. dazu Melčić (Hg.): Der Jugoslawien-Krieg, bes. Kapitel III. Der Krieg,
   S. 327–484.
25 Vgl. Calic: Srebrenica 1995 (Iv).
26 Zusätzlich wurde noch über den Distrikt Brčko verhandelt, der 1 % der Fläche ausmachte.
   Da keine Einigung erzielt werden konnte, wurde die Entscheidung bis ins Jahr 2000 vertagt,
   als der Distrikt offiziell eingerichtet wurde.
27 Allgemeine Literatur z. B. Keßelring (Hg.): Bosnien-Herzegowina; Malcom: Geschichte
   Bosniens.
28 Im Vergleich dazu war der Höchststand der kroatischen Flüchtlinge 690 Personen (Stand:
   September 1992).
29 Vgl. SWP 25.4.1992: „In Bosnien wenigstens mit Medikamenten helfen"; SZ 29.7.1992: Die
   Stadt Ulm will nach Maribor geflüchteten Kriegsopfern helfen; SZ 30.7.1992: Ulmer können
   mit Sach- und Geldspenden Bürgerkriegsopfern helfen; NUZ 30.7.1992: Stadt erbittet Hilfe
   für Maribor; SWP 31.7.1992: Spenden für Kriegsopfer.
30 Vgl. StdAU, OB/G-112/3: Sitzung Ausländerausschuss 14.10.1997, § 14.
31 Vgl. SZ 21.8.1992: Bürgermeister Götz Hartung eröffnet ein Lager für Hilfsgüter; SWP
   22.8.1992: Stadt hält Hilfswillige hin und ruft erneut zur Solidarität auf; SWP 7.10.1992:
   Ein Stück Normalität für bosnische Kinder.
32 Vgl. StdAU, OB/G-112/3: Sitzung Ausländerausschuss 14.10.1997, § 14.
33 Vgl. SZ 10.8.1991: Flüchtlinge aus Krisengebieten Jugoslawiens sind bei Landsleuten in Ulm
   untergekommen; SWP 23.12.1991: Hilfsaktion für die Opfer in Kroatien.
34 SWP 25.4.1192: „In Bosnien wenigstens mit Medikamenten helfen"; SWP 31.7.1992:
   Spenden für Kriegsopfer.

35 Vgl. SZ 1.8.1992: 24 Menschen in einer 60-Quadratmeter-Wohnung.

36 Vgl. NUZ 12.8.1992: Flüchtlingshilfe etwas neben der Legalität; SWP 1.8.1992: Im Notfall entlastet die Sozialhilfe die Helfer.

37 Vgl. SZ 1.8.1992: 24 Menschen in einer 60-Quadratmeter-Wohnung. Ein weiteres Beispiel in NUZ 3.8.1992: Bosnische Flüchtlinge wohnen in qualvoller Enge.

38 Vgl. SWP 1.8.1992: Im Notfall entlastet die Sozialhilfe die Helfer.

39 Vgl. SWP 19.3.1993: Hartung: Die Stadt Ulm verdrängt keinen Mieter; SZ 19.3.1993: „Stadt übt keinen Druck auf Mieter aus".

40 Zit. nach SZ 11.5.1993: Forderung: Gesetz für Kriegsflüchtlinge.

41 SWP 5.6.1993: Asylunterkünfte am Riedhof noch immer nicht genehmigt.

42 Vgl. SWP 3.12.1991: „Menschenunwürdig und unmöglich".

43 Vgl. SWP 10.3.1993: Stadt heizt Druck auf Mieter an.

44 Vgl. StdAU, OB/G–122/3: Sitzung des Ausländerausschusses 6.12.1994, § 15; SWP 5.10.1992: Neue Klassen für bosnische Kinder; SWP 7.10.1992: Ein Stück Normalität für bosnische Kinder.

45 Vgl. GD 299/95, BV für Sitzung Ausländerausschuss 26.9.1995.

46 Vgl. GD 317/94, BV für Sitzung Ausländerausschuss 4.10.1994.

47 SZ 27.7.1994: Bilder als Geschenk für das Sozial- und Jugendamt der Stadt Ulm.

48 Vgl. AuslG § 54 Aussetzung von Abschiebungen sowie Currle: Migration in Europa, S. 48–50.

49 Vgl. BGBl 1997, Teil II, Nr. 12, 2.4.1997: Abkommen zwischen der Regierung der Bundesrepublik Deutschland und der Regierung von Bosnien und Herzegowina über die Rückführung und Rückübernahme von Personen (Rückübernahmeabkommen). Zur freiwilligen Rückkehr vgl. ebd. Art. 5 (1) 2.

50 Der baden-württembergische Innenminister hatte in einem Schreiben aus dem Jahr 1998 den Stadt- und Landkreise vorgeschlagen, „Bosienbeauftragte" zu bestellen, die hauptsächlich für die freiwillige Rückkehr werben und Maßnahmen für diese initiieren sollten. Vgl. GD 188/98: BV Sitzung Ausländerausschuss 12.5.1998.

51 Brief von Dr. Hartung an Innenminister Dr. Thomas Schäuble MdL, 1.8.1997, in: GD 394/97, BV Sitzung Ausländerausschuss 14.10.1997.

52 Brief von Dr. Thomas Schäuble an Bürgermeister Dr. Hartung, 15.9.1997, in: GD 394/97, BV Sitzung Ausländerausschuss 14.10.1997.

53 Vgl. StdAU, OB/G–112/3: Sitzung Ausländerausschuss 12.5.1998: § 9.

54 Vgl. GD 188/98, BV Sitzung Ausländerausschuss 12.5.1998.

55 Vgl. GD 494/01, BV Sitzung FAB Jugend, Familie und Soziales 7.12.2001 und IA 20.11.2001; GD 410/02, BV Sitzung IA 22.10.2002.

56 Vgl. GD 410/02, BV Sitzung IA 22.10.2002.

57 Deutscher Bundestag: 14. Wahlperiode, Drucksache 14/2676 vom 14.2.2000: Antwort der Bundesregierung auf die Kleine Anfrage der Abgeordneten Ulla Jelpke und der Fraktion der PDS (Drucksache 15/2580): Kurdische Minderheit in der Bundesrepublik Deutschland: „Etwa 500 000 Menschen kurdischer Abstammung sollen nach verschiedenen Schätzungen in der Bundesrepublik Deutschland leben, ein Drittel davon soll die deutsche Staatsbürgerschaft besitzen. Das Zentrum für Kurdische Studien e. V. – NAVEND (Iv) geht von ca. 600 000 Kurden in Deutschland aus.

58 Diese Schätzung nahm der damalige Ausländerbeauftragte Gerhard Wörner vor. Vgl. dazu SZ 25.3.1994: Kurden aus Ulm bei Krawallen? Ein Sprecher der in Ulm lebenden Kurden bezifferte die Zahl der in der Münsterstadt lebenden Kurden auf 2 500. Vgl. SZ 27.3.1992: Demonstration in der City. Im Jahr 1993 schätzte Wörner die Kurdenanzahl auf ca. 1 500 bis 2 000. Vgl. SWP 14.12.1993: Nur türkische Namen für Neugeborene.

59 Vgl. SZ 16.2.1991: „Wie es meiner Familie in der Türkei geht – keine Ahnung".

60 Vgl. SZ 27.3.1992: Demonstration in der City; SWP 27.3.1992: Kurden fordern Abzug der türkischen Truppen.

61 Vgl. NUZ 21.3.1994: Demo zum kurdischen Neujahr; SWP 21.3.1994: Neujahrsfest auch Fest des Widerstandes; SZ 21.3.1994: Kurden demonstrieren.

62 Vgl. NUZ 11.4.1994: Mahnwache gegen Kurden-Abschiebung; NUZ 16.4.1994: Friedlicher Protest gegen Kurdenabschiebung; NUZ 6.1994: Kurden gingen auf die Barrikaden.

63 Vgl. SWP 3.4.1992: Ulmer solidarisch mit den Kurden; SWP 6.4.1992: Demonstration unterm Regenschirm; SZ 6.4.1992: Aktionen gegen Waffenlieferungen in die Türkei.

64 SWP 7.12.1993: Friedliche Lösung zeichnet sich ab.

65 Vgl. NUZ 8.8.1987: Im Hungerstreik solidarisch mit türkischen Häftlingen.

66 Zit. nach SWP 4.8.1981: Linksextreme Aktivitäten überwiegen.

67 Vgl. NUZ 25.3.1992: Randale in türkischer Bank das Werk von Kurden? SZ 25.3.1992: Türkische Bank in Ulm verwüstet; SWP 25.3.1992: Mit Hammer gegen Kurdenverfolgung;

SWP 2.4.1992: Brandanschlag mit Molotowcocktail; SZ 21.4.1992: Sonnenschein lockt Fußgängerscharen in die Au; NUZ 2.4.1992: Töbank brennt nach Anschlag aus; SWP 22.4.1992: Türken fordern mehr Schutz von der Polizei; SWP 12.5.1992: Töbank in Ulm nach Anschlägen aufgelöst; NUZ 22.5.1992: Staatsanwalt ermittelt wegen Töbank-Anschlag; SZ 23.7.1992: Urteil nach Überfall auf Töbank; SWP 23.7.1992: Drei Monate wegen Verwüstung der Tö-Bank.

68 Vgl. SZ 27.7.1992: Brandanschlag auf türkisches Reisebüro in Ulm; SWP 27.7.1992: Brandanschlag auf türkisches Reisebüro; SZ 27.7.1992: Anschlag auf türkisches Reisebüro; NUZ 27.7.1992: Brandanschlag auf türkisches Reisebüro.

69 Vgl. NUZ 25.6.1993: Drei Männer überfallen türkisches Reisebüro; SWP 29.6.1993: Ministerium hat vor Anschlägen gewarnt; NUZ 30.6.1993: Noch fehlen Hintergründe zu Überfall auf Reisebüro. Am 24.6.1993 gab es eine Reihe von Anschlägen in europäischen Städten auf türkische Einrichtungen durch Kurden, u. a. in München auf das türkische Generalkonsulat, wo über mehrere Stunden Geiseln genommen worden waren.

70 Vgl. NUZ 6.10.1993: Gefängnisstrafe für Überfall auf Reisebüro; SWP 6.10.1993: Ein Jahr Haft für Überfall auf türkisches Reisebüro; SZ 6.10.1993: Gefängnisstrafe für Überfall auf Reisebüro im Ulmer Universum-Center.

71 NUZ 20.11.1993: Ulmer Kurden: „Wir wollen keine Gewalt".

72 SZ 15.12.1993: Kurden: Aktion hat sich gelohnt. Vgl. zur gesamten Thematik: SWP 27.11.1993: Polizei macht Kurden-Zentrum dicht; SZ 29.11.1993: Kurden demonstrieren für ihr Kulturzentrum; NUZ 20.11.1993: Ulmer Kurden: „Wir wollen keine Gewalt"; SWP 30.11.1993: Kurden besetzten ihr geschlossenes Vereinsheim; SZ 30.11.1993: Kurden besetzen ihr Kulturzentrum; SWP 1.12.1993: Kurden schließen Gewalt nicht aus; SWP 2.12.1993: Kurden halten Zentrum weiter besetzt; SWP 3.12.1993: Kurden wollen sich verbrennen im Falle einer Räumung; NUZ 3.12.1993: Kurden treten in Hungerstreik; SWP 4.12.1993: Runder Tisch frühestens am Dienstag; SWP 3.12.1993: Kurden wollen einen neuen Verein gründen; SZ 4.12.1993: Kurden wollen jetzt einen neuen Kulturverein gründen; NUZ 7.12.1993: Die Besetzung endet friedlich; SZ 7.12.1993: Die Besetzung endet friedlich; SWP 7.12.1993: Friedliche Lösung zeichnet sich ab; SZ 9.12.1993: Ende der Besetzung; NUZ 9.12.1993: Neuer Kurden-Verein durfte einziehen; SZ 8.12.1993: Neuer Kurden-Verein darf heute einziehen; SWP 9.12.1993: Kurden räumen Vereinsheim – und ziehen wenig später wieder ein; SWP 15.12.1993: Hungerstreik ist beendet; NUZ 15.12.1993: Kurden: „Es hat sich gelohnt"; SZ 15.12.1993: Kurden: Aktion hat sich gelohnt.

73 Vgl. SZ 7.3.1985: Warum das Lager-Mahl täglich 130 km fährt.

74 Zit. nach Münch: Asylpolitik in der Bundesrepublik Deutschland, S. 122.

75 Vgl. SZ 16.7.1982: Arbeitsverbot mindert Attraktivität.

76 1980 waren 107 818 Asylbewerberinnen und -bewerber in Deutschland, 1981 noch 49 391, 1982 37 423 und 1983 befanden sich nur noch 19 737 Asylbewerberinnen und -bewerber in Deutschland. Zahlen nach Herbert: Geschichte der Ausländerpolitik, S. 263.

77 Vgl. SZ 29.6.1985: Die armenischen Christen wollen nach USA.

78 Vgl. SWP 15.4.1987: Asylbewerber dürfen kochen.

79 Vgl. SZ 9.3.1985: Mit dem Essen kommt die Politik hoch.

80 Vgl. StZ 28.9.1985: Asylanten boykottieren Küche.

81 Vgl. SWP 26.9.1985: Asylbewerber boykottieren die unbefriedigende Kost.

82 Vgl. SWP 15.4.1987: Hungerstreik der Asylbewerber.

83 StZ 28.9.1985: Asylanten boykottieren Küche.

84 Vgl. SZ 1.10.1985: Mehr als eine halbe Million könnte eingespart werden; SWP 15.4.1987: 218 Asylbewerber dürfen in Ulm bald wieder selber kochen.

85 Zit. nach SZ 14.11.1985: Innenministerium bestätigt auf Anfrage Lorenz'.

86 Zit. nach SZ 2.10.1985: Was kostet Gemeinschaftsessen? Was würde Sozialhilfe kosten? Diese Frage von Lorenz ist als rhetorisch anzusehen, was seine weiteren Äußerungen zu diesem Sachverhalt verdeutlichen. Vgl. dazu beispielsweise SWP 14.11.1985: Asylanten-Verpflegung ist nicht nur eine Kostenfrage; SZ 24.12.1985: Demonstranten blockieren die Blaubeurer Straße.

87 SWP 3.10.1985: Wenn man seine Sachen pflegt …

88 Zit. nach SZ 4.10.1985: Ernst Ludwig ruft die Ulmer Mitbürger zu ehrenamtlicher Arbeit für Asylanten auf.

89 Vgl. SZ 12.1.1987: Asylbewerber im Hungerstreik.

90 Vgl. SZ 15.7.1987: 250 Asylbewerber dürfen ihr Essen vom 1. August an selbst kochen; NUZ 24.8.1987: Asylbewerber kochen jetzt ihr Essen selbst; NUZ 11.9.1987: Was auf den Tisch kommt, wird jetzt gern gegessen.

91 Vgl. SWP 12.1.1993: Asylbewerber: Protest gegen die Verpflegung; SWP 19.1.1993: Asyl-
    bewerber treten in den Hungerstreik; SZ 19.1.1993: Sozialhilfe statt der Lebensmittelpakete;
    SWP 19.1.1993: Drei Asylbewerber im Hungerstreik; SWP 20.1.1993: Die meisten Asylbewer-
    ber sind mit Essen zufrieden.
92 Vgl. SWP 20.01.1993: Antifa-Plenum unterstützt Streik.
93 So eine Caritas-Mitarbeiterin, zit. nach SZ 18.8.1986: Orientalische Spezialitäten und Folklore
    helfen beim Sommerfest über sprachliche Hürden hinweg.
94 Vgl. SWP 30.7.1985: „Wir sind zusammen gegen den Golfkrieg"; SZ 29.7.1985: Asylbewerber
    als Gastgeber.
95 Vgl. hierzu beispielsweise SZ 18.8.1986: Orientalische Spezialitäten und Folklore helfen
    beim Sommerfest über sprachliche Hürden hinweg.
96 Vgl. SZ 28.8.1986: Asylanten: Fotos gefährden uns.
97 Vgl. SZ 19.8.1986: Nähen für den Eigenbedarf gegen Frust und Langeweile; SZ 22.8.1986:
    Bis jetzt acht Nähmaschinen für die Asylfrauen gestiftet; SWP 17.12.1986: Fröhliches Treiben
    in der Nähstube.
98 Vgl. z. B. SWP 3.8.1998: Lebensfreude statt Langeweile. Vgl. auch z. B. Zwischenbericht 2001
    des Evangelischen Migrationsdienstes Ulm. Flüchtlingssozialarbeit, Bericht zur Unterbrin-
    gung und Betreuung von Asylbewerben und Flüchtlingen, 5.11.2001, S. 3.
99 SZ 23.9.1988: Informationen und konkrete Hilfe für Asylbewerber und Gemeinden.
100 Vgl. NUZ 23.9.1988: Flüchtlingsrat für Asylbewerber; SWP 26.9.1988: Flüchtlingsrat will
    Asylbewerbern helfen; NUZ 4.10.1988: Flüchtlingsrat besteht vorerst als „Rohbau".
101 Vgl. Herbert: Geschichte der Ausländerpolitik, S. 258, 299, 303.
102 StdAU, G 6 III 2.6.8, 1991–1992: Flugblatt des Flüchtlingsrates Ulm/Neu-Ulm/Alb-Donau, o. D.
103 Zit. nach SWP 21.10.1991: „Ermutigend auf Ausländer zugehen".
104 Der Spiegel 27.8.1986: „Der Druck muss sich erst noch erhöhen".
105 Zit. nach SWP 21.10.1991: „Ermutigend auf Ausländer zugehen".
106 Vgl. Herbert: Geschichte der Ausländerpolitik, S. 272.
107 Vgl. SZ 21.10.1991: 3000 Ulmer auf der Straße, um Ausländern Solidarität zu zeigen;
    SWP 21.10.1991: „Ermutigend auf Ausländer zugehen".
108 Vgl. NUZ 29.4.1993: Flüchtlinge nicht gefährden …
109 Vgl. GG Art. 16a, Abs. 2.
110 Dr. Alexander Schmihing vom Ulmer Flüchtlingsrat. Zit. nach SZ 11.5.1993: „Mehr Tote,
    als Rechte bisher angezündet haben".
111 NUZ 11.5.1993: Tote durch Asylkompromiss?
112 SWP 12.5.1993: „Die Angst vor Überflutung ist durch nichts zu belegen".
113 BMI/BAMF (Hg.): Migrationsbericht 2015, S. 13.
114 Die zuvor von Bundesinnenminister Thomas De Maizière angegebene Höhe von 1,1 Millionen
    hat sich durch eine Diskrepanz bei der Zählung im „EASY-System" (wie Fehl- oder Doppel-
    zählungen) ergeben. Bei einer Nachregistrierung im September 2016 verringerte sich die
    Zahl auf ca. 890 000. Vgl. hierzu Bundesministerium des Inneren: Pressemitteilung vom
    30. September 2016.
115 Die genauen, gemeinsamen Zahlen für die Asylerstanträge in den Jahren 2015 und 2016
    sind für Syrien 424 907, gefolgt von Afghanistan mit 158 394 und Irak mit 125 900. Vgl. dazu
    BAMF: Schlüsselzahlen Asyl 2016.
116 Amnesty International: Report 2015/16, S. 63–67, 199–204, 453. Allgemein zur weltweiten
    Flüchtlingslage vgl. z. B. Luft: Die Flüchtlingskrise.
117 Vgl. BAMF (Hg.): Asylgeschäftsstatistik für den Monat Dezember 2016 (Iv); ebd. Asylgeschäfts-
    statistik für den Monat Dezember 2015 (Iv); ebd.: Asylgeschäftsstatistik für den Monat
    Dezember und das Jahr 2011 (Iv).
118 Vgl. GD 392/14: Sitzung der Fachausschüsse Bildung und Soziales sowie Stadtentwicklung,
    Bau und Umwelt 11.11.2014.
119 Vgl. Stadt Ulm: Flüchtlingsunterbringung in Ulm. Infoveranstaltung am 11.01.2017 im
    Gemeindehaus zum guten Hirten.
120 Vgl. Stadt Ulm: Flüchtlinge in der Internationalen Stadt Ulm (Iv).
121 Vgl. Stadt Ulm: Unterbringung von Flüchtlingen (Iv); GD 444/15: Sitzung Gemeinderats
    18.11.2015; GD 079/16: Sitzung FBA Stadtentwicklung, Bau und Umwelt 10.5.2016;
    SWP 12.11.2015: Mehr Flüchtlinge nach Wiblingen und Böfingen.
122 Vgl. SWP 7.7.2015: „Wir wollen hier keine Flüchtlinge"; SZ 21.7.2015: 300 Unterschriften
    gegen Flüchtlinge; SZ 23.7.2015: Stadt will zu Flüchtlingsheim informieren. Vgl. dazu ebenso
    Interview mit Wolfgang Erler.
123 Vgl. SWP 1.10.2015: Platz für 120 Flüchtlinge.

124 SWP 2.10.2015: Hand in Hand für 600 Flüchtlinge. Vgl. auch NUZ 30.9.2015: Flüchtlinge ziehen in die Messehallen; SWP 1.10.2015: Notquartier Messehalle; NUZ 2.10.2015: Gönner appelliert an Hausbesitzer; NUZ 2.10.2015: Flucht nach Ulm; SWP 7.10.2015: „Jeder hilft, wie er kann"; NUZ 8.10.2015: Seine Flucht geht weiter.

125 SWP 26.10.2015: Gekommen, um zu bleiben.

126 Vgl. zum Absatz: SWP 10.10.2015: Flüchtlinge in die Bleidorn-Kaserne?; NUZ 10.10.2015: Platzen die Pläne für die Bleidorn-Kaserne?; NUZ 15.10.2015: Asyl: Herausforderungen nehmen zu; SWP 15.10.2015: Land belegt Bleidorn-Kaserne mit Flüchtlingen; NUZ 21.10.2015: Ein hundertfaches „Salem Aleikum"; SWP 21.10.2015: Bewohner sind gelassen; SWP 18.11.2015: BWK zieht sich zurück; SWP 2.12.2015: Anwohner sehen Zahl der Flüchtlinge kritisch; SWP 11.12.2015: Mehr Flüchtlinge in den Städten; NUZ 12.12.2015: Platz für bis zu 500 weitere Flüchtlinge; SWP 16.12.2015: Unterkunft für den Winter; SWP 31.3.2016: Sinkende Flüchtlingszahlen sorgen für Entspannung bei der Unterbringung; SWP 4.7.2016: Hindenburgkaserne steht wieder zur Verfügung; SWP 2.9.2016: Bleidorn-Kaserne wird geräumt; StdAU, G6 III 2.6.8: Unterlagen zur Bürgerinformationsveranstaltung am 19.10.2015 über Flüchtlingsunterbringung in der Bleidornkaserne-Ulm.

127 StdAU, G6 III 2.6.8: Stadt Ulm: Wohnraum dringend gesucht!

128 Vgl. SWP 11.9.2015: Wohnraum gesucht; SWP 11.9.2015: Ulm und Kreis Neu-Ulm belegen Turnhallen mit Flüchtlingen; NUZ 12.9.2015: Jetzt ist auch in Ulm der Notfall da; SWP 26.9.2015: Mit Zaun und Security; SWP 16.10.2015: Erstmals wird eine genutzte Turnhalle belegt; SWP 22.10.2015: Ankunft in Kepler-Turnhalle; NUZ 22.10.2015: Flüchtlinge ziehen in Meinloh-Halle; SWP 29.10.2015: Willkommen in Söflingen; SWP 19.11.2015: Flüchtlinge kommen an; NUZ 25.11.2015: Meinlohhalle wird Notquartier; SWP 28.11.2015: Erstmal kennenlernen; SWP 25.4.2016: Meinloh-Halle: Flüchtlinge ziehen weg und Helferkreis arbeitet anders weiter; SWP 19.8.2016: Weniger Flüchtlinge: 27 Personen pro Monat kommen nach Ulm.

129 SWP 20.10.2015: Flüchtlingssozialarbeit: Diakonie-Chef Grapke sieht Vielfalt als Chance. Vgl. dazu ebenfalls: SWP 25.9.2015: Flüchtlinge im Ruhetal.

130 Vgl. GD 452/15: Sitzung Jugendhilfeausschusses 11.11.2015; SWP 3.12.2015: Hilfe für junge Flüchtlinge; NUZ 3.12.2015: Stadt sucht Gastfamilien für junge Flüchtlinge; SWP 27.11.2015: Allein geflüchtet, allein in Ulm.

131 INDALO: Kontakt- und Anlaufstelle für junge Flüchtlinge (Iv). Vgl. dazu auch: SWP 9.10.2015: Menü zu Erntedank; SWP 22.8.2015: Heimat und Deutschland: Junge Flüchtlinge drehen in Ulm Videos.

132 AG West: Junge Flüchtlinge (Iv).

133 Vgl. Staatsministerium Baden-Württemberg: Hilfe für IS-Opfer aus dem Nordirak (Iv). Für Informationen danke ich Christine Grunert von der Koordinierungsstelle Internationale Stadt Ulm.

134 Vgl. GD 113/15: Sitzung FBA Bildung und Soziales 11.3.2015.

135 Vgl. Interview mit Wolfgang Erler und Dieter Lang. Alle Beteiligten am „Runden Tisch Flüchtlinge" sind aufgeführt in GD113/15: Sitzung FBA Bildung und Soziales 11.3.2015.

136 Vgl. hierzu die siebenseitige Liste mit Beteiligten für „Bürgerschaftliches Engagement für und mit Flüchtlingen", in: GD113/15: Sitzung FBA Bildung und Soziales 11.3.2015.

137 Menschlichkeit-ulm e. V.: Satzung menschlichkeit-ulm e. V., § 2 Zweck (Iv).

138 Der „Rat der Religionen in Ulm" wurde am 5.11.2012 im Rathaus gegründet, in dem sich Christen, Muslime und Juden zusammenschließen, um „zur Verständigung und zum friedlichen Zusammenleben der Menschen verschiedener Religionen in Ulm" beizutragen. Vgl. dazu Rat der Religionen in Ulm: Beitrag zur Verständigung und zum friedlichen Zusammenleben (Iv).

139 NUZ 9.2.2015: Ulm setzt ein Zeichen. Vgl. auch SWP 6.2.2015: Demo für Integration; SWP 9.2.2015: Demo gegen Rechts;

140 Vgl. SWP 6.10.2015: Menschenkette aus Solidarität mit Flüchtlingen.

141 Vgl. SWP 1.7.2015: Symbolische Gräber als Protest gegen die europäische Flüchtlingspolitik; SZ 3.7.2015: Grabkreuze als Protest gegen europäische Flüchtlingspolitik.

142 Vgl. Behandlungszentrum für Folteropfer Ulm: Das Behandlungszentrum (Iv); SWP 1.6.2015: Hilfe für Kinder der Flüchtlinge; SZ 15.6.2015: Mehr Hilfe für traumatisierte Flüchtlinge;

143 Vgl. NUZ 23.8.2014: Mehr als nur ein Trostpflaster für Bedürftige.

144 Vgl. Uni Ulm Pressemitteilung 3.12.2015: Landessonderpreis für Studierende (Iv); BR: Krank und ohne Papiere (Iv); NUZ 4.12.2015: Studenten helfen Flüchtlingen.

145 Hierbei wurde die Stadt durch eine Förderung des Landes Baden-Württemberg unterstützt. Information von Christine Grunert sowie Wolfgang Erler.

146 Stadt Ulm: Sprache (Iv); Stadt Ulm: Offene Sprachtreffs (Iv).

147 Vgl. z. B. Stadt Ulm: Dokumentation des Kommunalen Flüchtlingsdialogs in Ulm 26.11.2016.

148 Für Flüchtlingskinder besteht nach § 72 Abs. 1 des Schulgesetzes für Baden-Württemberg auch Schulpflicht.

149 Die Zahlen für die Flüchtlinge in Primarstufe, die 6- bis 10-Jährige besuchen, ist 68 und die Sekundarstufe, für 11- bis 16-Jährige, ist 88. Zu den Zahlen sowie die genaue Auflistung der Schulen vgl. GD 016/17: Sitzung Schulbeirats 23.2.2017.

150 Vgl. SWP 13.1.2016: Grundschüler basteln Schultüten für Flüchtlingskinder.

151 Vgl. dazu GD 374/15: Sitzung Schulbeirats 15.10.2015; GD 016/17: Sitzung Schulbeirats 23.2.2017; SWP 4.3.2015: Für Lehrerin Simone Gröber ist Flüchtlingsklasse eine Herausforderung; SWP 27.10.2015: Einstieg mit Hindernissen.

152 Vgl. GD 374/15: Sitzung Schulbeirats 15.10.2015.

153 Vgl. GD 056/17: Sitzung Jugendhilfeausschusses 22.2.2017.

154 Worbs, Susanne/Bund, Eva: Asylberechtigte und anerkannte Flüchtlinge in Deutschland. Qualifikationsstruktur, Arbeitsmarktbeteiligung und Zukunftsorientierungen. Ausgabe 1/2016 der Kurzanalysen des Forschungszentrums Migration, Integration und Asyl des Bundesamtes für Migration und Flüchtlinge, Nürnberg 2016.

155 Vgl. SWP 10.11.2015: Ausbildung zwingend notwendig; SWP 10.11.2015: Das kann es nicht gewesen sein; SWP 4.12.2015: Handwerk will Flüchtlinge integrieren.

156 Vgl. Stadt Ulm: Arbeit und Ausbildung (Iv).

157 Vgl. DAAD: Geflüchtete Studierende. DAAD-Förderung zur Integration (Iv).

158 Gespräch mit Jan Rick und SWP 12.4.2016: Asylbewerbern den Zugang zum Studium erleichtern.

159 Vgl. SWP 10.11.2015: Ausbildung zwingend notwendig; NUZ 10.10.2015: Ein hartes Stück Arbeit für Flüchtlinge.

160 Für Informationen danke ich Christine Grunert von der Koordinierungsstelle Internationale Stadt Ulm.

161 Vgl. SWP 7.12.2015: Pflege-Azubi mit Hang zur Fröhlichkeit.

162 SWP 23.9.2015: Neuanfang in der Backstube. Vgl. dazu auch SWP 17.9.2015: Auf dem Weg zum Bäckergesellen.

06

(Spät-)Aussiedle-rinnen und (Spät-) Aussiedler

Aussiedlerinnen und Aussiedler[1] werden in Publikationen als „Rückwanderer über Generationen hinweg"[2] beschrieben. Vor der Einwanderung in die Bundesrepublik stand also erst eine Auswanderung, die weit in die Geschichte zurückreicht. Besonders im 18. und 19. Jahrhundert herrschte eine starke Migrationsbewegung Richtung Osten, wobei Ulm für die Emigrierenden ein Abfahrtsort war.[3] Dort entstanden neue und auch autonome Siedlungsgebiete, in denen deutsche Auswanderer ihre kulturelle Eigenständigkeit bewahrten, was sich beispielsweise in der Beibehaltung der Sprache, in der Siedlungsarchitektur, der praktizierten Religion, der Zubereitung von Speisen oder der Bewahrung von Liedgut und Spielen verfestigte.[4]

Der Beginn des Zweiten Weltkrieges 1939 und die Kriegserklärung Hitlers an die Sowjetunion 1941 veränderte die Lage dieser Deutschen, die pauschal als „Kollaborateure" diskreditiert, diskriminiert und oftmals nach Westsibirien, Mittelasien oder Kasachstan deportiert wurden. Nach dem Ende von Flucht und Vertreibung als Folge des Krieges lebten nach 1950 noch ca. 4 Millionen Deutsche im Osten Europas, auf denen ein starker Assimilationsdruck lastete. Rumänien verfolgte unter Nicolae Ceaușescu eine radikale Zwangsrumänisierung und Polen dementierte bis weit in die 1980er Jahre die Existenz einer deutschen Minderheit.[5] Neben diversen historischen Ereignissen[6] verbesserten einerseits binationale Verträge[7] die Lage der Deutschen in diesen Ländern, andererseits zahlte die Bundesregierung auch für deren Ausreise.[8] Sprunghaft stiegen die Zuzugszahlen von Aussiedlerinnen und Aussiedlern aus dem osteuropäischen Raum allerdings erst im Zuge des politischen Tauwetters im Ostblock durch Gorbatschows Glasnost und Perestroika ab Mitte der 1980er Jahre.

→ **59** Die 1968 von Julius Schramm gestaltete Heimatkette der Donauschwaben ist ein repräsentatives Symbol aller donauschwäbischen Gruppen. Die silbernen Kettenglieder stehen für die Donau. Die Goldplaketten versinnbildlichen die wichtigsten Stationen der Auswanderung und Ansiedlung im 17. und 18. Jahrhundert: Ulm – Regensburg – Wien – Peterwardein/Petrovaradin und Temeswar/Timişoara. Auf dem untersten, größten Kettenglied ist eine stilisierte Ulmer Schachtel dargestellt.

Unter dem Eindruck der Heimatvertriebenen und Flüchtlinge in der direkten Nachkriegszeit sah die Bundesrepublik in der Aufnahme der Aussiedlerinnen und Aussiedler eine historische wie moralische Verantwortung, weshalb das Grundgesetz sie allen anderen Deutschen gleichstellte.[9] Das Bundesvertriebenengesetz vom 19. Mai 1953 legte die Aufnahmebedingungen fest und definierte unter § 6 die zur Aufnahme nötige „Volkszugehörigkeit": „Deutscher Volkszugehöriger [...] ist, wer sich in seiner Heimat zum deutschen Volkstum bekannt hat, sofern dieses Bekenntnis durch bestimmte Merkmale wie Abstammung, Sprache, Erziehung, Kultur bestätigt wird."[10] Hierbei zeigt sich, dass das ‚Bewusstsein' des ‚Deutschtums' teils über acht Generationen hinweg weitergegeben wurde; die Identifikation geschah also über das Herkunftsland – und nicht wie z. B. bei den Amerika-Auswanderern über das Zielland.[11]

Entwicklung der Aussiedlerzahlen

1950 bis zum Ende des Eisernen Vorhangs

Von 1950 bis zur Durchlässigkeit des Eisernen Vorhangs verlief die Aussiedler-zuwanderung – bis auf die Jahre 1957 und 1958[12] – relativ konstant.[13] Bis 1987 kamen bundesweit im Durchschnitt jährlich zwischen 15 000 und 30 000 Personen; insgesamt ca. 1,36 Millionen.[14] Vor der Ankunft in den Städten durchliefen die meisten zuerst das Grenzdurchgangslager Friedland[15] und wurden anschließend auf die Bundesländer beziehungsweise Kommunen verteilt. In Ulm war das Wohnheim in der Römerstraße bis in die 1970er Jahre die erste Anlaufstelle,[16] wo die Neuankömmlinge von den Kirchengemeinden auf dem Kuhberg bis zum Umzug in eine eigene Wohnung Betreuung und Begleitung erhielten.[17] Als in den 1980er Jahren das Regierungspräsidium Tübingen entschied, das Gebäude für Asylzwecke zu nutzen,[18] dienten fortan ein Neubau der UWS in Böfingen sowie ein Übergangswohnheim in Wiblingen zur Unterbringung der Aussiedlerinnen und Aussiedler.[19]

Mit ihrer Aufnahme verband die BRD neben ethisch-moralischen auch politische Ziele, die im Zeichen des Ost-West-Konflikts standen: Die staatliche Diskriminierung und Verfolgung der deutschen Minderheit bestätigte die Überlegenheit der freiheitlich-demokratischen Ordnung des ‚Westens' gegenüber der sozialistischen Gesellschaftsordnung des ‚Ostens'. Jede Aussiedlerin und jeder Aussiedler mit seiner persönlichen Erfahrung von Diskriminierung, Verfolgung und Verschleppung gab mit seiner Rückwanderung ein politisches Statement im Kampf der Systeme ab. Veröffentlichte persönliche Schicksale klärten die Einheimischen über die Situation der ‚Deutschstämmigen' im Ostblock auf. So schilderte die SWP die Geschichte eines in Odessa geborenen Aussiedlers, der 1968 in Ulm ankam: Er berichtete von seiner Deportation durch die Sowjets nach dem Zweiten Weltkrieg in ein Strafgefangenenlager, in dem er 13 Jahre lang Zwangsarbeit leisten musste, bevor er in einer Hütte in Kasachstan für weitere zehn Jahre vegetieren musste. Außerdem erzählte er von Schikanen durch sowjetische Behörden bei der Ausstellung der Ausreisegenehmigung, den damit verbundenen hohen Kosten sowie der Begrenzung des Barvermögens, das nach Deutschland mitgenommen werden durfte.[20]

(Spät-)Aussiedlerinnen und (Spät-)Aussiedler

↑ → **60** Im Jahr 1954 wurde Familie Soritsch –
hier vor dem Brunnen auf dem Ulmer Marktplatz – die Aussiedlung aus Serbien gestattet,
die als Reisegebäck nur zwei Holzkisten
mitnehmen konnten, wo die Etappen der Ausreise festgehalten sind: Sombor – Piding – Ulm.

↑ **61** OB Lorenser besucht im Rahmen der „Weihnachtsbesuche" das Übergangswohnheim im Wiblinger Hart und übergibt einen Spendenscheck der Aktion „Ulmer helft Euren Mitbürgern". Dabei unterhält er sich auch mit den Kindern einer kirgisischen Familie, die 1988 nach Ulm gekommen war.

→ **62** Familien aus Taschkent (heute Hauptstadt Usbekistan) teilen sich Wohnung und Küche im Übergangswohnheim im Buchenlandweg in Böfingen, 1988.

↓**63** Im Übergangswohnheim Buchenlandweg fehlt ein Gemeinschaftsraum, weshalb die Bewohner im Freien mit Heimleiter Erwin Egger (ganz rechts mit Bart) ins Gespräch kommen, 1988.

→ **64** Auf dem Bild ist Ulms älteste Spätaussiedlerin im Jahr 1987 zu sehen.

Der Fall des Eisernen Vorhangs und der Anstieg der Aussiedlerzahlen

Mit den politischen Umwälzungen im Ostblock ab Mitte der 1980er Jahre und der darauf folgenden Durchlässigkeit des Eisernen Vorhangs stiegen die Zahlen der Aussiedlerinnen und Aussiedler in der Bundesrepublik stark an: Allein zwischen 1986 und 1988 verfünffachte sich die Zahl der Neuankömmlinge (von 42 788 auf 202 673) und erreichte im Jahr 1990 den Spitzenwert von knapp 400 000.[21] Somit erhöhte sich auch die Zahl der Aussiedlerinnen und Aussiedler in Ulm, was die Kapazitäten der beiden Wohnheime bald überforderte. Die Stadt mietete als Ausweichplätze in der näheren Umgebung Räume in Hotels und Pensionen an, um die Neuankömmlinge unterzubringen. Allein im Jahr 1989 waren 1 600 Menschen in solchen Quartieren untergebracht.[22] Ab dem 1. Januar 1990 trat für Ulm eine entscheidende Änderung der Rechtslage bei der Betreuung von Aussiedlerinnen und Aussiedlern ein: Die Stadt musste ab diesem Zeitpunkt nur noch 159 Plätze für Aussiedlerinnen und Aussiedler zur Verfügung stellen und der bis dahin kaum in Anspruch genommene Alb-Donau-Kreis 609.[23] Im März erhöhte das Innenministerium in Stuttgart die Aufnahmequote für den Landkreis auf 1 102 Personen,[24] was diesen aufgrund mangelnder Unterbringungsmöglichkeiten vor große Probleme stellte und Diskussionen entfachte über die Belegung von Turnhallen[25] und den Bau neuer Übergangswohnheime – wogegen sich allerdings (Bürgerinnen- und Bürger-)Protest regte.[26] Langfristig sollten Mietpreisgarantien des Landes für Bauherrn und Vermieter[27] Linderung verschaffen, doch kurzfristig musste beispielsweise sogar die Rommelkaserne in Dornstadt als Unterkunft für Aus- und Übersiedler dienen.[28] „Wir sind froh um jedes Bett", hieß es aus dem Landratsamt.[29]

Bis 1990 existierte auf Bundesebene keine Regulierung oder Steuerung bei der Aussiedlerzuwanderung. Die Regierung unter Helmut Kohl erklärte deren Aufnahme und Eingliederung zu einer „nationalen Aufgabe"[30] und ernannte mit Horst Waffenschmidt 1988 erstmals einen Aussiedlerbeauftragten als zentralen politischen Ansprechpartner,[31] der die Informationslage bei der einheimischen Bevölkerung verbessern sollte und die positiven Seiten des Zuzugs für die Bundesrepublik meist mit folgenden Charakteristika herausstellte: Kinderreichtum, Fleiß, Tüchtigkeit, ausgebildete Fachkräfte und kulturelle Bereicherung. Um Akzeptanz in der Bevölkerung zu erreichen, wurde 1989 auch mit dem Slogan „Aussiedler sind keine Ausländer" geworben, was juristisch zwar korrekt, politisch jedoch umstritten war, da sich dieses Motto zur Spaltformel entwickelte und auf die bereits in Deutschland lebenden Migrantinnen und Migranten desintegrativ wirkte.[32]

Diese Konzepte und Programme bildeten ganz bewusst einen Gegenpol zur bisherigen, von Eindämmungsmaßnahmen und Rückführungspolitik geprägten Zuwanderungssicht, da bei ,Gastarbeitern' und Asylbewerberinnen und Asylbewerbern stets mit einer Negativ-Rhetorik argumentiert worden war, die kulturelle Überfremdung sowie Gefahren und Probleme für Wirtschaft und Gesellschaft prognostiziert hatte.[33] Die deutsche Bevölkerung hingegen nahm die Aussiedlung von Deutschstämmigen im Kontext der allgemeinen Zuwanderung wahr, da nach der Liberalisierung in den Ostblockländern auch die Mehrheit der Asylbewerberinnen und Asylbewerber aus Osteuropa stammte.[34] Sie konnte also oftmals nicht zwischen z. B. aus der ehemaligen Sowjetunion stammenden Aussiedlerinnen und Aussiedlern von dort kommenden Asylbewerberinnen und Asylbewerbern unterscheiden, da sich beide Gruppen in der Öffentlichkeit russischsprachig zeigten, wobei es sich im ersten Fall um das Ergebnis der dort über Jahrzehnte erlebten gezielten Unterdrückung deutscher Sprache und im zweiten um die tatsächliche Muttersprache handelte.

Die politische Seite

Ab 1990 musste die politisch unter Druck geratene CDU/CSU- und FDP-geführte Bundesregierung reagieren, da sich das Wahlverhalten vor allem aufgrund der hoch emotionalisierten Zuwanderungsdebatte verschob: Rechte Parteien begannen verstärkt in Kommunal- und Länderparlamente einzuziehen.[35] In Ulm erreichten 1989 erstmals Die Republikaner auf Anhieb drei Sitze im Ulmer Gemeinderat[36] und zogen 1992 ebenfalls das erste Mal in den baden-württembergischen Landtag ein, wobei sie in Ulm 9,2 % der abgegebenen Stimmen erhielten.[37] Dass die Asyldebatte dabei von Bedeutung war, steht außer Frage und wurde auch im Partei-Programm der Ulmer Republikaner deutlich, welches sofortige Abschiebung von abgelehnten und straffällig gewordenen Asylbewerberinnen und Asylbewerbern forderte und ein Wahlrecht für Ausländerinnen und Ausländer strikt ablehnte.[38] Allgemein stellten Wahlforscher in dieser Zeit eine „Konfusion des Ausländerbegriffs" fest, der sich gegen „alles Fremde" richtete, worunter auch die Aussiedlerinnen und Aussiedler subsumiert wurden. Die Rolle der Aussiedlerthematik erscheint in diesem politischen Kontext jedoch widersprüchlich: Einerseits sprachen Einheimische den Aussiedlerinnen und Aussiedlern ihr ‚Deutschtum' meist aufgrund mangelnder Sprachfähigkeit ab,[39] andererseits bemühten sich rechte Gruppierungen um deren Stimmen. So berichtete die SWP, dass rund um den Tannenplatz – also in der Nähe des Aussiedlerheims – eine „bisher mit Parolen gegen Ausländer" aufgetretene Gruppe versucht habe, Aussiedlerinnen und Aussiedler für sich zu gewinnen.[40]

Die Ulmer CDU setzte sich grundsätzlich für die Aussiedleraufnahme ein, denn sie sah, wie die Bundesregierung auch, die „Pflicht" zu helfen, da die Aussiedlerinnen und Aussiedler zum deutschen Kulturkreis gehörten.[41] Hier setzte nun die Kritik von links an, die sich nicht grundsätzlich gegen eine Aufnahme von Aussiedlerinnen und Aussiedlern sperrte, jedoch über das als unzeitgemäß kritisierte Abstammungsprinzip (ius sanguinis) das Asylrecht in diese Diskussion einbrachte.[42] Weiter stellte eine Ulmer Bundestagsabgeordnete der Grünen die Privilegierungspraxis der Bundesregierung im Bereich der Wohnungsbaupolitik im Hinblick auf die allgemeine wie auch die asylbewerberspezifische Wohnungsnot in Frage: In Deutschland gebe es 1 Million Menschen in Wohnungsnot und die Bevorzugung der Aussiedlerinnen und Aussiedler bei der Vergabe von Sozialwohnungen verschärfe diese Situation zusätzlich. Es sei unverständlich, dass bei bundesweit 140 000 Obdachlosen die Bundesregierung Einfamilienhäuser für Aussiedlerinnen und Aussiedler fördere.[43] Die Grünen-Fraktion im Ulmer Gemeinderat plädierte für eine finanziell stärkere Position der Stadt im sozialen Wohnungsbau, weshalb „zweifelhafte Prestige-Projekte" wie das Kongresszentrum und die Untertunnelung der Neuen Straße zurückstehen sollten.[44]

Bei der politischen Partizipation bestand bei den Aussiedlerinnen und Aussiedlern im Gegensatz zu anderen Zuwanderergruppen[45] keine Problematik, da sie mit ihrer Aussiedlung auch die deutsche Staatsangehörigkeit und somit das Wahlrecht erhielten, was sie für Politiker sehr attraktiv machte. Durch die mitgliederstarken Landsmannschaften besaßen sie eine Lobby und konnten ihre politischen Interessen öffentlich formulieren. Auf Parteiebene waren die Rollen klar verteilt: Die CDU/CSU agierte als Vertreterin der als konservativ geltenden Aussiedlerinnen und Aussiedler, machte Politik zu ihren Gunsten und konnte so auf deren Stimmen zählen.[46] Sichtbar wurden die Präferenzen der Aussiedlerinnen und Aussiedler für die Union beispielsweise an der Parteizugehörigkeit der Festrednerinnen und Festredner auf dem Ulmer Heimattag der Landsmannschaft der Banater Schwaben: Dominierte in den 1970er Jahren noch die FDP das Rednerpult, übernahmen ab den 1980er Jahren fast ausschließlich Politiker der CDU/CSU diese Aufgabe. Alle betonten bis in die 1990er Jahre die historisch-moralische Verantwortung der Bundesrepublik, erklärten ihre Solidarität und versicherten, dass die Privilegien nicht abgeschafft würden.

Die Verschärfungen der 1990er Jahre

Die gestiegenen Zuwanderungszahlen der Aussiedlerinnen und Aussiedler führten allerdings auch bei der unionsgeführten Bundesregierung zu einem Paradigmenwechsel. Neben diversen Einsparungen, die mit den wachsenden wirtschaftlichen und sozialen Belastungen – dabei galt auch die Wiedervereinigung als Argument – begründet wurden,[47] trat am 1. Juli 1990 das Aussiedleraufnahmegesetz und am 1. Januar 1993 das Kriegsfolgenbereinigungsgesetz (KfbG) in Kraft, die folgende Veränderungen mit sich brachten: Der Aussiedlungsantrag musste im Herkunftsland gestellt werden und die Zahl der Aufzunehmenden wurde auf maximal 226 000 pro Jahr begrenzt.[48] Außerdem galt das bis dahin für alle Aussiedlerinnen und Aussiedler angenommene Kriegsfolgeschicksal nur noch für Antragssteller aus der ehemaligen UdSSR und den baltischen Staaten;[49] Aussiedlerinnen und Aussiedler aus anderen Ländern mussten dies nachweisen.

Die Gesetze verfehlten ihre Wirkung nicht: Einerseits fielen die Gesamtzuzugszahlen rapide und andererseits verschob sich die prozentuale Verteilung im Hinblick auf die Herkunftsländer: Im Jahr 1972 bewohnten 246 Aussiedlerinnen und Aussiedler das Wohnheim Römerstraße, wobei 34 % aus der damaligen Tschechoslowakei, 26 % aus Polen, 21 % aus Jugoslawien und 16 % aus Rumänien kamen.[50] 1989 sah die Aufteilung der Bewohner der Ulmer Wohnheime deutlich anders aus: Jeweils 35 % kamen aus der UdSSR und Polen, 20 % aus Rumänien und 5 % aus Ungarn und der ČSSR.[51] Dieser deutliche Anstieg des Anteils aus der Sowjetunion wurde nach dem KfbG übermächtig, denn 1994 kamen über 96 % aller Aussiedlerinnen und Aussiedler aus den Folgestaaten der ehemaligen Sowjetunion.[52] In Ulm dominierten dabei vor allem Aussiedlerinnen und Aussiedler aus Kasachstan und Kirgisistan.[53]

Die Bundesregierung hatte also eine Regulierung und keine Schließung der Grenzen vorgenommen, weshalb die beruhigende Parole „Das Tor bleibt offen" ausgegeben werden konnte. Allerdings stand nicht mehr die Aussiedlung, sondern die Unterstützung der Aussiedlerinnen und Aussiedler in ihren

Herkunftsgebieten im Fokus und sie forderte von den jeweiligen Regierungen die Wahrung der Minderheitenrechte für Deutschstämmige. Auf dem Heimattag der Banater Schwaben in Ulm formulierte es Bundesinnenminister Wolfgang Schäuble vor ca. 20 000 Teilnehmern so: Das Ziel der Bundesregierung sei es nicht, „dass alle Deutschen, wo sie auch leben, in die Bundesrepublik kommen", sondern es soll „eine Perspektive zum Verbleiben in ihrer Heimat" ermöglicht werden.[54]

Allerdings hatte der Sog der Auswanderung ganze Landstriche und Städte erfasst, was auch mit dem Phänomen der sogenannten Kettenmigration zusammenhing: Unentschiedene, manchmal sogar Unwillige entschlossen sich wegen verwandt- oder bekanntschaftlicher Beziehungen ebenfalls zur Auswanderung, was einen allgemein negativen Effekt auf die immer kleiner und dadurch schwächer werdenden deutschen Siedlungen hatte, was wiederum zum Weggang animierte; ein sich selbst beschleunigender Prozess.[55] Um beim Beispiel der Banater Schwaben zu bleiben: Dort fand ein regelrechter Exodus der deutschen Minderheit statt: Wohnten in Timişoara (deutsch: Temesburg), der Hauptstadt des Banats, vor dem Zweiten Weltkrieg noch über 33 000 Deutsche, schrumpfte deren Zahl bis 1992 auf ca. 13 000 und bis 2011 auf ca. 4 000.[56] Die Landsmannschaft sah „die Existenz der Banater Schwaben in Rumänien [am] Ende."[57]

Die Versuche der Bundesregierung durch Bleibehilfen den Auswanderungsdruck zu mindern und Perspektiven zu schaffen, schlug fehl:[58] „Alle rein deutschen Dörfer auf dem Land sind verschwunden. Nur einige alte Leute bleiben."[59] Diese „selbstgewählte ,ethnische Säuberung'", wie es ein FAZ-Redakteur bezeichnete,[60] ließ oftmals die Alten und Schwachen zurück, die die beschwerlichen Reisestrapazen samt Übergangslager und Notunterkünfte in Deutschland nicht auf sich nehmen konnten oder wollten.[61] Für diese Gruppe griffen die Unterstützungen der Bundesregierung, die Altersheime und kulturelle Einrichtungen baute.[62]

Sprachprüfung und weitere gesetzliche Einschränkungen

Nach dem einschneidenden KfbG von 1993 verlagerte sich im Folgenden die Konzentration von der Aussiedlung hin zur Integration. Durch die starken Zuwanderungszahlen bildeten sich Ansiedlungsschwerpunkte, wobei in diesen Gebieten immer häufiger Integrationsschwierigkeiten wahrgenommen wurden: Medien berichteten verstärkt über Gewalttätigkeiten, Kriminalität, Arbeitslosigkeit sowie von Drogen- und Alkoholmissbrauch bei Aussiedlerinnen und Aussiedlern.[63] Als eines der entscheidenden Hemmnisse einer erfolgreichen Integration galt auch die mangelnde Kenntnis der deutschen Sprache. Der Assimilationsdruck und die Repressionen gegen die deutsche Minderheit in den Ostblockländern hatten hier ihre Spuren hinterlassen.

Schon in den 1970er Jahren boten – damals in der Gemeinschaftsunterkunft in der Römerstraße – Lehrer Kurse vor allem für Arbeitssuchende an.[64] Selbst wenn Aussiedlerinnen und Aussiedler die Sprache noch beherrschten, dann mit einem starken Akzent, der bei der einheimischen Bevölkerung auch wieder als ‚fremd‘ auffiel und zu Ablehnung und Bloßstellung führte – hier seien nur die negativ konnotierten Begriffe wie „Polacken" oder „Rußkis" genannt.[65] Die Integrationsmaßnahmen bei Kindern setzten auch verstärkt bei der Sprachvermittlung an. Dass ihnen in den Herkunftsländern oftmals der Zugang zu deutschsprachigem Unterricht verwehrt worden war, zeigte sich in der Verteilung an den Ulmer Schulen: Schon im Jahr 1988 konnten von 300 Aussiedler-Kindern nur die Hälfte am Regelunterricht teilnehmen. Deshalb richtete der Ulmer Schulbeirat Förderkurse und ganze Förderklassen ein, die auch erfolgreich die Weichen für die soziale Integration stellen sollten, so der damalige Schulrat, der allgemein den fleißigen und disziplinierten Lernstil der Aussiedler-Kinder lobte.[66] Allerdings waren diese Klassen so stark überlaufen, dass sich viele der jungen Bewerberinnen und Bewerber auf langen Wartelisten wiederfanden und sich auch deshalb der Übertritt in eine Regelschule verzögerte.[67] Unter den diversen Beschneidungen bei der Sprachförderung in den

1990er Jahren[68] litten auch die speziell auf die Jugendlichen zugeschnittenen Deutschkurse. Folglich scheiterte auch der Kontakt zu gleichaltrigen Deutschen oft an den Kommunikationsmöglichkeiten: „Das Haupthemmnis für eine rasche Integration ist die Sprachbarriere", beklagte eine Betreuerin vom Ulmer Jugendmigrationsdienst.[69]

Der Gesetzgeber reagierte auf diese Problematik der mangelnden Sprachkompetenz ab 1996 mit der Einführung eines (nicht wiederholbaren) „Sprachtests" vor der Aussiedlung, wobei die Fähigkeit zur Kommunikation in einfachen Lebenssituationen geprüft wurde. Der positive Bescheid musste ab März 1997 jedem Aufnahmeantrag beigefügt werden und war somit Grundlage für eine erfolgreiche Aussiedlung.[70] Dies entwickelte sich in der Folgezeit de facto zu einer Einreisebarriere: Lag die Erfolgsquote bei den Tests zu Beginn noch bei 60 bis 70 %, rutschte sie bis 2004 auf unter 45 % ab. So folgte auf seine Einführung ein weiterer deutlicher Rückgang bei der Aussiedlerzuwanderung nach Deutschland.[71]

Weitere Verschärfungen fanden 2005 statt: Ursprünglich musste nur *eine* Aussiedlerin beziehungsweise *ein* Aussiedler erfolgreich den Sprachtest bestehen und konnte danach Familienangehörige mit in den Aufnahmebescheid einbeziehen. Dies hatte dazu geführt, dass sich das Verhältnis von Aussiedler zu Familienangehörigen, das 1993 bei 75 zu 25 % lag, umdrehte und 2004 75 % der Zuwandernden Ehegatten oder Kinder waren.[72] Das Zuwanderungsgesetz von 2005 änderte diese Praxis und bezog nun auch die Angehörigen in den (für sie wiederholbaren) Sprachtest mit ein, wodurch die Zuwanderungszahl bundesweit auf 7 747 Personen (2006) sank.[73]

Dieser deutliche Rückgang durch die Gesetze seit den 1990er Jahren führte in Ulm dazu, dass das Übergangswohnheim in Wiblingen 1999 geschlossen wurde; allerdings blieb dort eine Beratungsstelle speziell für Aussiedlerinnen und Aussiedler erhalten.[74] Als 2005 noch 23 Personen in die Stadt kamen, endete im selben Jahr (21.12.2005) auch die Zeit des Böfinger Heims. Die seither zugewiesenen Aussiedlerinnen und Aussiedler wurden wieder, wie zu Beginn der 1970er Jahre, in der Römerstraße zusammen mit Asylbewerberinnen und Asylbewerbern und Wohnungslosen untergebracht.[75]

Einwanderung und Sich-Einleben

Die Aussiedlermigration in die Bundesrepublik verlief bis zur Liberalisierung im Ostblock kontinuierlich und die Integration auch wegen der deutlich privilegierten Stellung eher ‚beiläufig'. Ihre Berechtigung auf die deutsche Staatsbürgerschaft führte zu umfänglichen sozialstaatlichen Leistungen und spezielle Eingliederungsprogramme der Bundesregierung ab den 1970er Jahren sollten eine reibungslose Integration ermöglichen.[76] So erhielten Aussiedlerinnen und Aussiedler beispielsweise großzügige Finanzierungen von Sprachkursen, Umschulungs- und Fortbildungsmaßnahmen; Hilfen zur Existenzgründung und zum Aufbau eines eigenen Haushalts sowie die qualifikationsgerechte Vermittlung von Arbeit sollten die Integration erleichtern. Für Kinder und Jugendliche gab es eine spezielle Förderung mit sprachlichen, schulbegleitenden, beruflichen und sozialen Angeboten.[77] Diese Maßnahmen hoben sie zwar deutlich von sonstigen Zuwanderern ab, doch es existierte dabei eine Kehrseite: Durch die Intensität der Betreuung und die rechtliche Gleichstellung – die zu Beginn auch von der Öffentlichkeit wahrgenommen wurde („Das sind doch Deutsche") – lastete ein verstärkter Assimilationsdruck durch die Aufnahmegesellschaft auf den Aussiedlerinnen und Aussiedlern, der die Bewältigung der Integrationssituation vor allem auch bei Jugendlichen erschwerte.[78] Bei jungen Aussiedlerinnen und Aussiedlern entwickelte sich durch die Auswanderung eine gewisse kulturelle Zerrissenheit, die oftmals zu diesen Identitätskrisen führte. Die vermehrt von der älteren Generation angetriebene Aussiedlung zog deren Nachkommen, die in Sibirien oder Kasachstan eine Heimat gefunden und sich dort assimiliert hatten, aufgrund der starken Familienbindung mit.[79] Ein Kellerraum im Böfinger Übergangsheim fungierte als Clubraum für junge Spätaussiedlerinnen und Spätaussiedler, wo ein Zwölfjähriger aus dem Ural offen über diese Thematik sprach: „Meine besten Freunde sind alle in Russland geblieben", zurück wolle er aber auch nicht, da das Land zu instabil sei: „Man kann nachts nicht auf die Straße gehen." Auf die Frage, ob er sich als Russe oder Deutscher fühle, sagt er: „Als Mensch".[80]

Das Ulmer Jugendgemeinschaftswerk war die erste Anlaufstelle für frisch angekommene junge Aussiedlerinnen und Aussiedler, wo sie die ersten persönlichen, schulischen und auch beruflichen Beratungs- und Einstiegshilfen erhielten. Um die 1990er Jahre boten die nach Geschlecht getrennten Einrichtungen Marienheim (Mädchen) und Jakob-Griesinger-Heim (Jungen) Gruppen- und Einzeltherapien an, um die Eingliederung der Jugendlichen zu fördern. Sie klärten über wesentliche Werte und Normen sowie über Freizeit- und Konsumverhalten in der neuen Heimat auf. Die „Ellenbogengesellschaft" und die auf Konkurrenzdenken basierende Mentalität bereiteten den jungen Neuankömmlingen große Probleme.[81]

Dass Aussiedlerinnen und Aussiedler in der Bundesrepublik zuerst eine Eingewöhnungs- und Lernphase durchschreiten mussten, zeigt auch der unbefangene Umgang mit den unbekannten kapitalistischen Methoden des ‚freien Westens'. Über die Jahre versuchten unseriöse Geschäftsleute mit unlauteren Methoden Geld mit den Neuankömmlingen zu verdienen. Schon zu Beginn der 1970er Jahre hatte die Leitung des Durchgangslagers auf dem Kuhberg damit begonnen, Aussiedlerinnen und Aussiedler bei ihrer Ankunft eindringlich davor zu warnen, „irgendetwas zu unterschreiben". Allerdings nicht immer mit Erfolg: Ein Bewohner trat einem Partnervermittlungsinstitut bei, wobei das „Eintrittsgeld" 2 195 Mark betrug – zum Vergleich: Jede Aussiedlerin und jeder Aussiedler erhielt zu dieser Zeit 100 Mark Begrüßungsgeld.[82] Da auch die Werberin für das Institut davon ausging, dass der Aussiedler die Summe nicht aufbringen konnte, bot sie ihm einen schon vorgefertigten Darlehnsvertrag an, den er „etwas beschwipst" auch unterschrieb. Ein anderer Fall: Eine Bewohnerin des Kuhbergs erhielt eine fabrikneue Waschmaschine. Allerdings hatte sie erstens in dem Glauben den Vertrag unterschrieben, nur das vom Händler mitgebrachte Waschmittel zu quittieren. Und zweitens konnte die Frau kaum deutsch. Für solche Fälle versuchten besonders kirchliche Stellen eine gütliche Regelung zu finden. Wenn dies nicht möglich war, wurde ein Rechtsanwalt eingeschaltet.[83] Diese Phänomene waren keineswegs auf Ulm begrenzt: Aus dem ganzen Bundesgebiet berichteten Aussiedlerinnen

und Aussiedler aus eigener Erfahrung, dass ihnen mit „raffinierten Werbe-
methoden das Geld aus der Tasche gezogen" und sie zum „Abschluss von über-
flüssigen Versicherungspolicen" und „unsinnigen Käufen" verleitet wurden.[84]
Diese Einzelschicksale weisen auf eine Grundproblematik hin, was auf die
Systemunterschiede zurückzuführen ist. Das Leben in der sozialistischen Gesellschaft hatte sich in die Denk- und Handlungsmuster der Menschen ein-
gegraben. Politische Unerfahrenheit im Umgang mit Pluralismus und mangelnde Eigeninitiative waren teilweise zu beobachtende Folgen aus dem
jahrelangen Leben im totalitären System des Ostens. Eine Lehrerin aus Rumänien, die im seit 1985 neu erbauten Übergangswohnheim in Böfingen untergebracht war, sagte es deutlich: „Wir sind so erzogen worden [...] Das liegt am
System."[85] Dies führe zu Irritationen in den jetzt vorhandenen Freiheits- und
Gestaltungsspielräumen der Demokratie und Marktwirtschaft, die auch Gefährdungen mit sich bringen.[86] Ein davon betroffener Bewohner des Kuhbergs
äußerte sich dementsprechend: „So etwas gibt es drüben in der Tschechoslowakei nicht. Aber ich bin geheilt. Ich lasse mich auf nichts mehr ein."[87]

Ihr Verhältnis zu den Einheimischen

Meinungsumfragen unter der deutschen Bevölkerung um 1990 zeigten, dass
die Privilegierung der Aussiedlerinnen und Aussiedler (insbesondere im hart
umkämpften Wohnungs- und Arbeitsbereich) Unmut erzeugte und die unein-
geschränkte Aufnahme keineswegs von allen als selbstverständlich angesehen wurde.[88] Der Deutsche Städtetag ermahnte schon früh zu einer „realisti-
schen Einschätzung" hinsichtlich der Aufnahmebereitschaft der Bevölkerung
und warnte vor „sozialen Sprengstoff" aufgrund der Bevorzugung.[89] 1989 trat
der Vorsitzende des DGB-Kreises Alb-Donau/Ulm Wolfgang Neumaier vor die
lokale Presse und berichtete von „Unruhe" sowie „hass- und neiderfüllten
Reaktionen" in Ulmer Betrieben, die den Aussiedlerinnen und Aussiedlern
entgegenschlage. Er listete Beispiele in Bezug auf die Besserstellung durch

die Sonderprogramme der Bundesregierung im Wohnungs- und Rentenbereich gegenüber den Einheimischen auf und sprach davon, „dass sich zum Thema Aussiedler mittlerweile ein großer politischer Sprengsatz angesammelt" habe.[90] So verkehrten sich die zur besseren Eingliederung und Integration gedachten (Finanz-)Hilfen ins Gegenteil und förderten stattdessen Neid und Ausgrenzung. Die Mischung aus „Fremdheit" und ungerecht empfundener Privilegierung seitens des Staates führten zu einem Klima der Ablehnung und Feindseligkeit. Bei den Gastarbeitern beispielsweise hatte die offensichtliche Unterprivilegierung noch zu einer Kompensation dieser Gefühle beigetragen. Gleiches wurde nun auch bei den Aussiedlerinnen und Aussiedlern gefordert.[91] Verschiedene Ansätze sollten das Verhältnis von Einheimischen zu Aussiedlerinnen und Aussiedlern verbessern. Ein Mitglied der Ulmer CDU wandte sich 1988 an die Öffentlichkeit und plädierte dafür, Aussiedlerinnen und Aussiedler als „Herausforderung", nicht als „Last" zu sehen: „Wir sollten ihnen das Gefühl geben, dass sie bei uns gern gesehen und gut aufgenommen sind." Die deutschen Minderheiten in Ost- und Südosteuropa hätten nach dem Krieg ausbaden müssen, „was die Nationalsozialisten angerichtet haben" und jetzt stießen sie auf Ablehnung und würden als „Wirtschaftsflüchtlinge" diffamiert.[92] Dass auch wirtschaftliche Motive bei der Aussiedlung eine Rolle spielten ist zweifellos, jedoch wurden sie, nach Ansicht des Migrationsexperten Klaus J. Bade, überschätzt. Nach dem Push-Pull-Modell von Everett Lee[93] stellte er die Frage nach den Schubkräften im Ausgangsraum[94] und den Anziehungskräften im Zielraum, wobei um die Wendejahre bei letzteren nicht die wirtschaftliche und politische Komponente, sondern der Wunsch „als Deutsche unter Deutschen zu leben"[95] an erster Stelle gestanden sei.[96]

In seinem Plädoyer stellte der Ulmer CDU-Vertreter auch einen zu dieser Zeit beliebten Vergleich zur „weit schwierigeren" Eingliederung der 10 Millionen Flüchtlinge und Heimatvertriebenen in der direkten Nachkriegszeit an,[97] der bei genauerer Betrachtung etwas hinkt. Die Eingliederung nach 1945 verlief keinesfalls reibungslos oder konfliktfrei und der Integrationsprozess fand vor allem auf dem Land deutlich verspätet statt. Betrachtet man die Rahmenbedingungen, treten die Unterschiede deutlich hervor: In der Nachkriegszeit war durch den Zusammenbruch des politischen wie wirtschaftlichen Systems sowie durch die Zerstörung der Lebensgrundlagen die Gesellschaft eher nivelliert und das soziale Gefüge mobil. Nicht nur eine Zuwanderergruppe, sondern das ganze Land – also nicht nur die Heimatvertriebenen und Flüchtlinge, sondern auch die Ausgebombten, die Evakuierten, die Heimkehrer – war im wahrsten Sinne des Wortes ,in Bewegung'. Auch die Nähe der Ereignisse, die Erfahrung von Verlust und Zerstörung sowie die zu bewerkstelligenden Aufbauarbeiten stellten gemeinsam zu bewältigende Aufgaben dar. Demgegenüber migrierten die Aussiedlerinnen und Aussiedler in eine etablierte und stabilisierte (Gesellschafts-)Ordnung: ,Die Deutschen' hatten sich wieder eingerichtet, die sozialen Schichten waren abgesteckt. Der weitere Zuzug ließ Ängste am status quo aufkommen, oder wie die Bildzeitung es formulierte: „Ist unser Wohlstand in Gefahr?"[98]

Für das Verhältnis zu den Einheimischen bildete auch der mental-geschichtliche Aspekt eine weitere Komponente: Über die Aussiedlerinnen und Aussiedler wurde die bundesrepublikanische Öffentlichkeit immer wieder an die (teilweise verdrängte) NS-Vergangenheit erinnert. Das ,Deutschtum', das viele vertraten, mutete Teilen der Bevölkerung als antiquiert und überholt an, was durch die angegebenen Aussiedlungsmotive noch genährt wurde: Über die Hälfte gaben bei einer Befragung in den Jahren 1989/90 als Gründe an, „die deutsche Kultur für sich und die Kinder erhalten" oder „deutsch bleiben" zu wollen.[99] Somit trat die paradoxe Situation ein, dass die Aussiedlerinnen und Aussiedler im Herkunftsland aufgrund ihres Volkstums diskriminiert und ausgegrenzt und in der Bundesrepublik aufgrund ihrer dezidierten Brauchtumspflege mit Skepsis betrachtet wurden.[100]

Wohnsituation

Der erste Wohnort für die meisten Aussiedlerinnen und Aussiedler, die in die Bundesrepublik einreisten, war das Übergangswohnheim. Dort sollten sich die Neubürgerinnen und Neubürger bis zum Umzug in eine Privatwohnung akklimatisieren und sich auf die neuen Lebensumstände einstellen. In den 1970er Jahren dauerte es im Ulmer Übergangswohnheim (damals noch in der Römerstraße) durchschnittlich ein bis drei Monate, bis die Menschen das ‚Lager' wieder verlassen konnten. In dieser Zeit halfen Betreuer beim „bürokratischen Hürdenlaufen" und bei der Berufssuche, wobei sich die Betriebe „recht aufgeschlossen" zeigten.[101]

Durch den Anstieg der Aussiedlerzahlen dehnte sich die Aufenthaltsdauer im Wohnheim immer weiter aus: 1990 war sie auf zwölf Monate angesetzt, wobei in dieser Zeit die deutsche Sprache erlernt sowie eine eigene Wohnung und eine Anstellung gefunden werden sollte. Oftmals verschleppte sich jedoch der Auszug weit über den anberaumten Zeitraum durch die hohe Belegungsdichte hinaus. Trotz der äußerst beengten Verhältnisse und dem Fehlen von Rückzugsräumen und Privatsphäre[102] sah der damalige Ulmer Wohnheimleiter Erwin Egger auch bei den Bewohnern eine Teilverantwortung für den langen Aufenthalt: Die sehr geringe Miete gepaart mit den vergleichsweise hohen Einnahmen (z. B. aus dem Arbeitslosengeld) verleite zum Verbleib im Wohnheim. So erklärte er auch die weitaus höhere Fluktuation in den Ausweichquartieren (z. B. in Hotels), wo eine bis zu sechs Mal höhere Miete die Motivation zur Wohnungs- und Berufssuche verstärke.[103] Ob dies rein auf den finanziellen Aspekt verkürzt werden kann, ist allerdings fraglich. Neben der reinen Unterkunft boten die Wohnheime auch einen ‚Übergangsort', um sich sukzessive mit der neuen Umgebung vertraut zu machen und mit Landsleuten Gespräche über gemeinsame Probleme zu führen und dafür Lösungswege zu finden.[104] Diese für den Anpassungsprozess wichtige Komponente war in den gesonderten Ausweichquartieren deutlich erschwert und auch die Sozialbetreuung war weniger intensiv.[105] Um diesem Missstand der Isolation vornehmlich bei

↑ **66** Kinder von Aus- und Übersiedlern konnten bei Bastelstunden im Jugendhaus Büchsenstadel der Enge des Übergangswohnheims kurzzeitig entfliehen.

→ **67** Der Büchsenstadel bot jungen aber auch erwachsene Aussiedlerinnen und Aussiedlern eine Plattform, um in geselligen Stunden der Isolation der Hotelzimmer und Apartments zu entkommen, Kontakte zu knüpfen und Erfahrungen auszutauschen.

Kindern entgegenzuwirken, organisierte das Rote Kreuz zusammen mit dem Jugendhaus Büchsenstadel Spielnachmittage, damit diese keinen ‚Lagerkoller' erlitten und mit einheimischen Kindern in Kontakt kämen.[106]

Wenn der Auszug in eine Privatwohnung erfolgte, dann geschah dies meist in eine Sozialwohnung von gemeinnützigen Bauträgern, die jedoch in den Hochzeiten die Nachfrage kaum befriedigen konnten: Die Wohnungsproblematik dieser Zeit zeigen die Geschäftsberichte der UWS: Von 1987 bis 1990 stieg die Zahl der Aussiedlerinnen und Aussiedler in Ulm, die sich um eine Wohnung bewarben, um fast 900 % – von 71 auf 627 Personen. Die Fälle, die die UWS als „dringend" einstufte, bewegte sich um das Jahr 1990 immer über 60 %.[107] Hinzu kam die Konzentration dieser Wohnungen vor allem am Wiblinger Tannenplatz, das im Volksmund schon den Beinamen „Klein-Rumänien" oder „Klein-Russland" erhielt.[108] Die Übergangswohnheime und auch die Baupolitik begünstigten die dortige Schwerpunktansiedlung: Schon in den 1970er Jahren hatte die Stadt in Wiblingen begonnen, Sozialwohnungen für Aussiedlerinnen und Aussiedler zu errichten[109] und setzte dies in der Folgezeit weiter fort.

Auf dem freien Wohnungsmarkt waren sie schwerer vermittelbar, was einerseits an Vorurteilen deutscher Vermieter und andererseits an den Großfamilien lag: „Hund und Trompete gelten als angenehm, aber Kinder sind verpönt", so fasste Egger die Lage zusammen.[110] Auch die ,fremdartig' klingenden Namen führten zu Diskriminierung und Benachteiligung, was sich deutlich auf dem privaten Wohnungsmarkt zeigte: Bei einer Wohnungsvergabe auf dem Safranberg erhielt eine Bewerberin eine Absage wegen ihres Familiennamens, was zu einem kritisch-ironischen Kommentar in der SWP führte:

> *„Welche Lehre ziehen wir daraus? Alle Träger von Familiennamen, die nicht unbedingt deutsch klingen, alle -owskis, -awskis, -ows, -ellis, -tscheks und wie sie alle heißen, sollten sich ernsthaft überlegen, ob sie ihre Namen nicht durch ein -inger ersetzen oder sonst ein wenig eindeutschen sollten, um ihre Chancengleichheit zu wahren. Andernfalls laufen sie Gefahr, benachteiligt zu werden."[111]*

Um der Problematik der „Ansiedlungsschwerpunkte" entgegenzuwirken, hatte die Bundesregierung das Wohnortzuweisungsgesetz verabschiedet,[112] das die Aussiedlerinnen und Aussiedler auf die einzelnen Bundesländer prozentual verteilte[113] und so auch zu den restriktiven Gesetzen der 1990er Jahren zählt: Wer nicht zwei Jahre am zugewiesenen Ort blieb, verlor ab 1996 den Anspruch auf soziale Leistungen. Dies bedeutete allerdings, dass die im Grundgesetz verankerte Freizügigkeit aller Deutschen eingeschränkt wurde.[114] Trotzdem entstanden Gebiete mit hoher Aussiedlerdichte, was mehrere Gründe hatte: Die Zuwanderung fand meist im Familienverband statt, wo enger Zusammenhalt herrschte und bevorzugt auch Gebiete gewählt wurden, in denen bereits Verwandte oder Bekannte aus den Herkunftsregionen wohnten.[115] Allgemein bei Neuankömmlingen und so auch bei den Aussiedlerinnen und Aussiedlern diente die ‚Koloniebildung' als Schutz vor dem Assimilationsdruck der Aufnahmegesellschaft und als Ort der Bewahrung der eigenen Kultur.[116]

Berufliche Situation

Ebenso konfliktreich gestaltete sich die Arbeitssuche, die bei vielen Aussiedlerinnen und Aussiedlern nach der Ankunft in der Bundesrepublik und dem Verblassen der anfänglichen euphorischen Stimmung zu ernsten Orientierungs- und Identitätskrisen führte. Die NUZ konstatierte schon Mitte der 1980er Jahre: „Die Aussiedlung ist fast immer mit einem beruflichen Abstieg verbunden." Das Diakonische Werk der evangelischen Kirche in Ulm sprach in einem Bericht aus derselben Zeit davon, dass die „einsetzende ‚Auseinandersetzungsphase' [...] Verwirrung und Schocks und als Folge Zweifel an ihrem Selbstwertgefühl" bewirke.[117] Dabei spielten nicht nur Sprachprobleme, sondern auch ein aufzuholender technischer oder technologischer Rückstand eine Rolle. Meist musste der im Herkunftsland ausgeübte Beruf (trotz gleicher Berufsbezeichnung) neu erlernt beziehungsweise eine Anstellung angenommen werden, die unterhalb der Qualifikation lag.[118] So musste beispielsweise ein

51-jähriger Maschinenschlosser eine Anstellung als Hilfskraft annehmen.[119] Von Arbeitslosigkeit am stärksten betroffen waren Aussiedlerinnen mit Universitätsabschluss, deren Erwerbslosenquote bei ca. 90 % (1994) lag.[120] Um die Wendejahre plädierten Teile von Industrie, Handwerk und Politik für eine Neuausrichtung der Einwanderungssicht, was oftmals mit der demographischen, ökonomischen und sozialstaatlichen Entwicklung begründet wurde: Das überalterte Deutschland bräuchte Zuwanderung, um einerseits über jüngere Arbeitskräfte zu verfügen und andererseits auch, um damit die gesetzliche Rente und den diese stützenden Generationenvertrag zu sichern.[121] Die Zahlen gaben ihnen Recht: In Ulm lag im Jahr 1990 der prozentuale Anteil der Deutschen unter 18 Jahren bei 14 % und der über 65-jährigen bei rund 16 %.[122] Die Handwerkskammer Ulm, die in ganz Baden-Württemberg einen Mangel von 100 000 Fachkräften und 25 000 fehlenden Auszubildenden beklagte, sah in den Aussiedlerinnen und Aussiedlern eine Chance:

> *„Die Mehrzahl der Flüchtlinge ist relativ jung und gut ausgebildet und kommt aus gewerblich-technischen Berufen. Sie können daher die in vielen Bereichen des Handwerks bestehende Facharbeiterlücke sehr schnell und produktiv füllen."[123]*

Zuvor gab es jedoch einige Hürden zu nehmen, wobei das Arbeitsamt Ulm, das den Aussiedlerinnen und Aussiedlern eine hohe Motivation und einen guten Ruf bescheinigte,[124] bei beruflichen und sprachlichen Weiterbildungskursen die Kosten übernahm. Es gewährte Betrieben auch Lohnkostenzuschüsse, wenn das „Einarbeitungsrisiko über das normale Maß" hinausging.[125] Diese beruflichen Integrations- und Qualifikationsmaßnahmen wurden jedoch im Verlauf der 1990er Jahre im Zuge von Sparmaßnahmen stark eingedampft, so dass die Aussiedlerinnen und Aussiedler immer mehr eine ‚normale' Einwanderungssituation vorfanden.[126]

(Spät-)Aussiedlerinnen und (Spät-)Aussiedler

Der Familienverband

Der bereits erwähnten starken Stellung des Familienverbandes hat sich vor allem die jüngere Migrationsforschung angenommen und verweist auf dabei auf die hohe Bedeutung der (generationsübergreifenden) Familienbeziehungen auch für die Sozialintegration:[127] Im Regelfall führte die Einwanderungssituation zu einer Intensivierung oder Stabilisierung der Generationsbeziehung, die als wichtiger Schutzfaktor für Jugendliche dienen konnte, weshalb Konflikte – trotz des oftmaligen Ausschlusses der Kinder von der Migrationsentscheidung und der Belastungen durch die Akkulturation – weniger ausgeprägt waren.[128] Dennoch existierten Generationenkonflikte: Die oftmals konservativen Wertvorstellungen der (Groß-)Eltern kollidierten mit dem westlich-liberalen Lebensstil, den die Jugendlichen in der Öffentlichkeit wahrnahmen.

Allgemein aber, so wiesen Studien nach, nahmen jugendliche Aussiedlerinnen und Aussiedler die Rolle der Eltern als fördernd und stützend wahr, die sich für ihre Kinder eine gute Schul- und Berufsausbildung erhofften. So ist auch eine hohe Aufwärtsmobilität schon in der zweiten Generation zu beobachten – was auch der Rolle der Mutter und dem Gesellschaftssystem des Herkunftslandes zugeschrieben wird.[129]

Die Sowjetunion hatte ganz selbstverständlich die Frau in die Berufswelt eingebunden, wobei kein Unterschied in den Tätigkeitsbereichen zu den Männern bestand. Auf eine Aufgabenverteilung im häuslichen Bereich hatte dies allerdings keinen Einfluss, so dass Familie und Beruf als gleichwertige Bestandteile der Aussiedlerinnen betrachtet wurden.[130] Die Auswanderung in die Bundesrepublik konfrontierte sie nun mit dem ‚Entweder-Oder' – entweder Familie oder Beruf –, was die betroffenen Frauen als Rückschritt empfanden und Kritik an der unzureichenden staatlichen Kinderbetreuung wie auch an den angebotenen beruflichen Möglichkeiten hervorrief. Arbeitslosigkeit oder Teilzeitberufe führten dazu, dass sie öfters zu Hause waren, was zwar positiv gewertet wurde; der Wunsch nach Kinderbetreuung und einer Arbeitsstelle blieb aber ausgeprägt.

Bei Letzterem mussten Aussiedlerinnen einen Statusverlust hinnehmen: Sprachschwierigkeiten und Nichtanerkennung von Studien- oder Berufsabschlüssen führten zu einer Dequalifizierung, was vor allem bei Frauen aus gehobenen Berufen eine Einkommensminderung und psychische Belastung mit sich brachte. Eine Um- oder Nachschulung – oftmals zusammen mit Deutschen ohne berufliche Kenntnisse – trug nicht zur Besserung des Selbstwertgefühls bei.[131] Diese Studienergebnisse laufen dem Klischee der in erster Linie familienorientierten Aussiedlerin, die rein aus ökonomischem Zwang einem Beruf nachgeht, zuwider.[132]

Banater Schwaben

Ein besonderes Verhältnis pflegen Ulm und die aus Rumänien kommenden Banater Schwaben. Sie fühlen sich der Stadt in besonderer Weise verbunden, weil Ulm der Ausschiffungsort ihrer Vorfahren bei der Auswanderung ins Banat gewesen war. Dieses Verhältnis erhielt am 15. Dezember 1998 seine offizielle Bestätigung durch die Übernahme der Patenschaft der Stadt Ulm für die Landsmannschaft der Banater Schwaben.

Diese Gruppe der Donauschwaben war hauptsächlich im 18. Jahrhundert in das nach den Türkenkriegen dünn bevölkerte, von Österreich verwaltete Gebiet in der ungarischen Tiefebene übergesiedelt. Sie kultivierten das Land erfolgreich und erreichten im 19. Jahrhundert eine wirtschaftliche und kulturelle Blüte. Nach dem Ersten Weltkrieg und der Teilung der österreich-ungarischen Donaumonarchie fiel der größte Teil des Banats an Rumänien,[133] das im Zweiten Weltkrieg bis 1944 als Bündnispartner an der Seite des Deutschen Reiches kämpfte, anschließend auf die Seite der Alliierten wechselte und von der Roten Armee eingenommen wurde. Die Rumäniendeutschen galten in der Folge kollektiv als Nazi-Kollaborateure. Ein Teil flüchtete bereits vor Kriegsende nach Westen, von den Gebliebenen wurden Tausende zur Zwangsarbeit in die Sowjetunion verschleppt, die Übrigen enteignet. Das setzte später massive Auswanderungswellen in Gang, was der rumänische Diktator Nicolae Ceaușescu gewinnbringend nutzte, indem er Geld für die Auswanderung verlangte.[134]

Die in der direkten Nachkriegszeit nach Deutschland Übersiedelten gründeten 1950 den Vertriebenenverband „Landsmannschaft der Banater Schwaben", der ab 1974 seinen „Heimattag" in Ulm feierte, wo sich 1978 der Kreisverband Ulm/Neu-Ulm gründete. Der seit 1978 amtierende erste Vorsitzende Conrad Haas charakterisierte die Vereinstätigkeiten folgendermaßen: „Wir sind keine Revanchisten und nicht reaktionär, wollen uns lediglich um die Familienzusammenführung bemühen, unseren Landsleuten bei der Eingliederung in ihre neue Heimat helfen und das Brauchtum erhalten."[135] Vor Ort betreuten sie Neuankömmlinge, halfen bei der Arbeitsplatz- und Wohnungssuche und unterstützten bei Behördengängen. Umfassender lag vor allem in den 1970er/1980er Jahren der Fokus der Landsmannschaft auf der Familien-

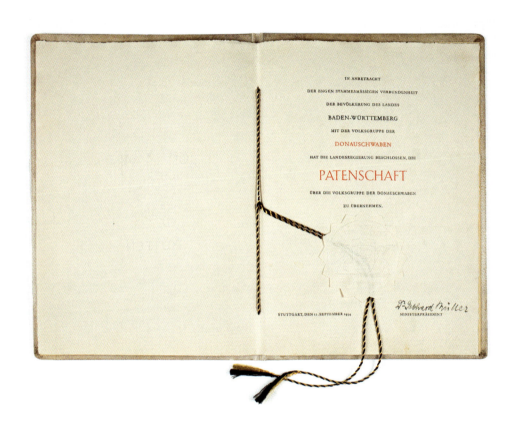

IN ANBETRACHT

DER ENGEN STAMMESMÄSSIGEN VERBUNDENHEIT

DER BEVÖLKERUNG DES LANDES

BADEN-WÜRTTEMBERG

MIT DER VOLKSGRUPPE DER

DONAUSCHWABEN

HAT DIE LANDESREGIERUNG BESCHLOSSEN, DIE

PATENSCHAFT

ÜBER DIE VOLKSGRUPPE DER DONAUSCHWABEN

ZU ÜBERNEHMEN.

STUTTGART, DEN 11. SEPTEMBER 1954

MINISTERPRÄSIDENT

↑ **68** Schon 1954 hat Baden-Württemberg die Patenschaft für alle Donauschwaben übernommen und fördert seitdem Kultur, Bildung, Wissenschaft, partnerschaftliche Kontakte und Jugendprogramme.

↑↗ **69** Empfang der Banater Schwaben in Ulm durch Oberbürgermeister Gunter Czisch und der Trachtenumzug auf dem Ulmer Marktplatz im Rahmen des Heimattages im Jahr 2016.

zusammenführung, der Kontaktpflege und -intensivierung mit den im Banat Verbliebenen und der Verbesserung des Verhältnisses zu Rumänien.[136] Besonders nach der Öffnung des Eisernen Vorhangs zog der Heimattag der Banater Schwaben starke Besucherströme nach Ulm: Kamen zu den ersten Treffen noch rund 5 000 Besucher (1978) brachte das Jahr 1992 einen Rekord mit über 20 000 Teilnehmern, der sich bei den darauffolgenden Treffen wiederholte. Ab den 2000er Jahren ging dann die Teilnehmerzahl stetig zurück.[137]

Der Heimattag zog über die Jahre höchste Prominenz aus Bundes- und Landes-
politik an, anfangs fast ausschließlich FDP-, später vorwiegend CDU-Vertreter.[138] Diese Treffen, die im Zweijahresrhythmus zu Pfingsten stattfinden, haben
neben einer sozialen und kulturellen auch eine politische Komponente: In
den 1970er und 1980er Jahren dienten sie als Forum, um auf das Schicksal der
in Rumänien Verbliebenen hinzuweisen. Auf dem Ulmer Heimattag im Jahr
1978 gaben die Banater Schwaben zusammen mit den gleichzeitig in Dinkels-
bühl tagenden Siebenbürger Sachsen eine „Vier-Punkte-Erklärung" an die
rumänische Regierung ab, die eine „Ausreisefreiheit für alle Ausreisewilligen,
ohne Begründungspflicht, ohne Diskriminierung oder Bedrohung" forderte.
Minderheitenrechte wie muttersprachlicher Unterricht, freie Entfaltung der
Kultur und freier Gebrauch der Muttersprache vor Behörden, in der Öffentlichkeit und am Arbeitsplatz sollten ebenso gewährt werden wie die „tatsachen-
gerechte Berücksichtigung der historischen Leistung der Deutschen Rumäniens
in Publikationen jeder Art."[139] Die Festansprachen der Politprominenz unterstützten derartige Anliegen, unterstrichen aber – vor allem ab Ende der
1980er Jahre – gleichzeitig das Ziel der Bundesregierung, „eine Perspektive
zum Verbleiben in der Heimat" zu erhalten.[140]

(Spät-)Aussiedlerinnen und (Spät-)Aussiedler

↗ **70** Bundesfinanzminister Theo Waigel sprach 1996 in der Donauhalle im Rahmen des Heimattages der Banater Schwaben und sicherte den noch im Banat Verbliebenen finanzielle Unterstützung zu.

↑ → **71** Grundsteinlegung für das Denkmal der Donauschwaben an der Stadtmauer. Zum Gedenken an die Auswanderer wird Banater Erde gestreut. In der Folgezeit werden an der Stadtmauer Gedenktafeln von sogenannten Heimatortsgemeinden angebracht.

Traditionell halten die Teilnehmer der Heimattage eine Gedenkfeier am Auswanderer-Denkmal ab und legen einen Kranz nieder. Dieser zum Kristallisationspunkt der Donauschwaben avancierte Erinnerungsort war 1958 im Rahmen des Tags der Donauschwaben, an dem 40 000 Menschen teilnahmen, enthüllt worden, wodurch Ulm zum ‚Wallfahrtsort‘ aufstieg.[141] Der außerhalb der Stadtmauern zwischen Wilhelmshöhe und Donauufer gelegene, mehrere Meter hohe Muschelkalksteinquader erinnert sowohl an die seit dem 18. Jahrhundert von Ulm aus aufgebrochenen Auswanderer als auch an deren nach dem Zweiten Weltkrieg vertriebenen Nachfahren.[142]

Dass zwischen Ulm und den Donauschwaben im Allgemeinen ein besonderes Verhältnis besteht, dokumentieren verschiedene Institutionen. Neben dem Donaubüro, das im Zweijahresturnus das Internationale Donaufest ausrichtet, wurde in der Stadt im Jahr 2000 das international bekannte Donauschwäbische Zentralmuseum (DZM) im Reduit der Oberen Donaubastion eröffnet, das von der Bundesrepublik, dem Land Baden-Württemberg und der Stadt Ulm gemeinsam getragen wird. Den im Vorfeld aufgeworfenen Bedenken der „Heimattümelei" widersprach der dezidiert europäische Ansatz des Museums.[143] Der Stiftung DZM kommt seither die Aufgabe zu, „die kulturelle Tradition und das Kulturgut der Donauschwaben zu bewahren, indem sie Geschichte, Kultur und Landschaft umfassend dokumentiert, Kulturgut sammelt und präsentiert sowie der landes- und volkskundlichen Forschung über die donauschwäbischen Herkunftsgebiete zugänglich macht."[144] Außerdem sei das Museum, so Bundesinnenminister Manfred Kanther 1998, ein „Mahnmal, dass nie wieder das Unrecht von Verfolgung und Vertreibung stattfinden möge."[145]

Die Entwicklung hin zur Etablierung des Museums ist auch mit dem Heimattag der Banater Schwaben verbunden: Schon 1992 hatte sich der damaligen Bundesvorsitzende der Landsmannschaft Jakob Laub dafür ausgesprochen, die Donaustadt zum Standort des geplanten Museums zu machen. Oberbürgermeister Ivo Gönner unterstützte dieses Anliegen: „Wir wollen unsere traditionell guten Verbindungen zu den Donauschwaben noch ausbauen"[146] und bezeichnete Ulm als die „eigentliche Hauptstadt" der Banater Schwaben.[147]

Als 1998 bei dem laufenden Projekt eine Finanzierungslücke von zwei Millionen Euro auftrat, landete Gönner einen erfolgreichen Coup, als er Kanther auf
dem Heimattag 1998 öffentlich um eine Finanzspritze bat: „Bringat se's glei',
oder schickad se's später."[148] Dieser spielte den Ball zurück: „Ich bringe eine
Million, Sie die andere,"[149] wodurch das Finanzloch gestopft war. Die Landsmannschaft der Banater Schwaben wirkte nicht nur bei der Errichtung des
Museums mit, sondern ist auch selbst in der Oberen Donaubastion mit einem
eigenen Kultur- und Dokumentationszentrum vertreten. Es stellt der Forschung
umfassend historisches Material zur Verfügung.[150]
Die engen Beziehungen zum Banat werden aber nicht nur innerhalb Ulms – so
auch durch die Umbenennung eines Feld- und Spazierwegs in Böfingen in
„Banater Weg"[151] – offenkundig, sondern auch durch verschiedene grenzüber-
schreitende städtische Initiativen und Kooperationen: Dazu zählen Hilfsaktionen
wie nach einer Flutkatastrophe 2005, die durch das DZM und das Donaubüro
gestartet wurde,[152] oder der Aufbau einer Waldorf-Klinik für chronisch Kranke
in der Nähe der Stadt Arad mit Unterstützung der Ulmer Waldorfschule, deren

Schüler beim Auf- und Ausbau mithalfen. Eine von Ivo Gönner geleitete Ulmer Delegation informierte sich im Jahr 2002 vor Ort darüber, wobei auch im kulturellen Bereich verschiedene Kooperationen entstanden: So vermittelte Peter Langer vom Donaubüro im Auftrag der „Akademie für darstellende Kunst Ulm" den Kontakt zum deutschen Staatstheater in Timișoara. Das DZM schloss 2001 Partnerschaftsverträge mit drei Museen im Banat (Reșița, Timișoara und Arad),[153] so dass Museumsleiter Christian Glass 2002 die erste als internationale Kooperation entstandene Ausstellung „Hausgeschichten" im Museum in Timișoara ankündigen konnte,[154] auf die später weitere folgten.

1. Im Folgenden wird der Terminus Aussiedler auch für die Personengruppe der Spätaussiedler verwendet. Der Unterschied zwischen den beiden Personengruppen ist, dass der Begriff Aussiedler in den frühen 1950er Jahren geprägt wurde, als eine Zuwanderung aus Ostmittel-/Südosteuropa und der Sowjetunion nach dem Ende von Flucht und Vertreibung in der direkten Nachkriegszeit weiterhin stattfand. Der Begriff Spätaussiedler wurde mit dem Inkrafttreten des Kriegsfolgenbereinigungsgesetzes im Jahr 1993 eingeführt. Vgl. Dietz: Aussiedler/Spätaussiedler in Deutschland seit 1950, S. 397f.
2. Bade: Aussiedler.
3. Vgl. hierzu vor allem die Publikation von Hauke: Aufbruch entlang der Donau, die im Zusammenhang mit der Ausstellung „Aufbruch von Ulm entlang der Donau 1712/2012" im Jubiläumsjahr in der Stadt diesen Themenkomplex beleuchtet. Eingehend auf den Stellenwert sowie den Mythos von Ulm als Ausschiffungsort vgl. Hauke: Die Entstehung eines Mythos. Vgl. ebenso Rada: Ulmer Donaugeschichten.
4. Vgl. Sarazin: Fremde Heimat Deutschland, S. 34.
5. Vgl. Bade: Ausländer – Aussiedler – Asyl, S. 147–174, bes. S. 150–156.
6. Hierbei seien beispielsweise nur genannt: der Moskau Besuch Adenauers 1955, dem diplomatische Beziehungen folgten; die Entspannungs- und Neue Ostpolitik von Brandt 1969–1975 in deren Zeit Verträge mit Moskau, Warschau und Prag fielen; die KSZE-Konferenz 1973–1975.
7. Erst in der Ära der Entstalinisierung weichte die Entrechtung der „Russlanddeutschen" in der Sowjetunion etwas auf und sie konnten sich wieder freier bewegen; allerdings gab es weder Entschädigung noch vollständige Rehabilitation in Bezug auf die Kollaborationsvorwürfe. Ein Jahr nach dem Mauerfall regelte der „Vertrag über gute Nachbarschaft, Partnerschaft und Zusammenarbeit zwischen der Bundesrepublik Deutschland und der Union der Sozialistischen Sowjetrepubliken" vom 9. November 1990 die Minderheitenrechte und sicherte die Bewahrung und Entfaltung von „Sprache, Kultur und Tradition." Vgl. BGBl 1991, Teil II, Nr. 15, 8.6.1991. Mit dem Warschauer Vertrag von 1970, der im Rahmen der Ostverträge (1963-1973) im Zuge der Brandtschen Ostpolitik (Entspannungspolitik) erkannte Polen indirekt über die Bewilligung der Ausreise von Einwohnern mit deutscher Volkszugehörigkeit erst die Existenz einer deutschen Minderheit in Polen an. Der „Vertrag zwischen der Bundesrepublik Deutschland und der Republik Polen über Nachbarschaft und freundschaftliche Zusammenarbeit" vom 17. Juni 1991 fixierte dann in Art. 20 – fast gleichlautend zum deutsch-sowjetischen Nachbarschaftsvertrag – die Minderheitenrechte. Vgl. Auswärtiges Amt: Deutsch-polnischer Nachbarschaftsvertrag (Iv).
8. Die Zahlungen waren z. B. ein „Kopfgeld" pro erteilter Ausreise, wie im Falle Rumäniens, oder, wie im Falle Polens, Kreditvergaben. Vgl. Schneider: Integration (Iv).
9. Hensen: Zur Geschichte der Aussiedler- und Spätaussiedleraufnahme, S. 48; Tröster: Aussiedler, S. 146f.
10. BVFG § 6, 19.5.1953.
11. Vgl. Schmidt-Bernhardt: Jugendliche Spätaussiedlerinnen, S. 26.
12. In beiden Jahren kamen insgesamt 246 174 Aussiedler nach Deutschland, wobei davon über 200 000 aus Polen zuwanderten. Vgl. Worbs: (Spät-)Aussiedler in Deutschland, S. 3.
13. Über die „Aussiedler"-Zuwanderungen während des Kaiserreiches und der Weimarer Republik vgl. Oltmer: „Unverdorbenes Deutschtum".
14. Vgl. Dietz: Aussiedler/Spätaussiedler in Deutschland seit 1950, S. 400. Ebenso die ausführliche und nach Herkunftsländern aufgeschlüsselte Tabelle in Worbs: (Spät-)Aussiedler in Deutschland, S. 31.
15. Es existierten neben Friedland auch noch weitere Erstaufnahmelager in Bramsche, Osnabrück, Schönberg, Dranse, Hamm, Unna, Rastatt, Nürnberg, Empfingen.
16. Vgl. SWP 21.1.1972: Am schlimmsten ist das Heimweh.
17. Vgl. SWP 30.7.2005: Der schwarze Egger zieht ins Weiße Haus.
18. Wegen des starken Zuzugs wurde aus dem Spätaussiedlerheim eine Einrichtung für Asylbewerberinnen und Asylbewerber. Vgl. SWP 9.2.1985: Caritas betreut Asylantenlager. Vgl. auch GD 339/86, BV für Sitzung Verwaltungsausschuss 8.10.1986.
19. In Böfingen befand sich das Wohnheim im Buchenlandweg 138/140 und hatte eine Kapazität von 132 Plätzen. In Wiblingen befand sich das Wohnheim Im Wiblinger Hart 3 und hatte eine Kapazität von 127 Plätzen. Vgl. dazu GD 298/08, BV für Sitzung FBA Bildung und Soziales 11.11.2008.
20. Vgl. SWP 7.12.1972.
21. Vgl. Herbert: Geschichte der Ausländerpolitik, S. 276.
22. Vgl. SWP 30.7.2005: Der schwarze Egger zieht ins Weiße Haus.

23 Vgl. SZ 23.1.1990: In den vier Ulmer Notquartieren warten noch 139 DDR-Übersiedler auf dauerhafte Bleibe.
24 Vgl. SZ 23.3.1990: Platzquote für Aussiedler um fast das Doppelte erhöht. Die Verteilung der Aussiedler regelten die Bundesländer innerhalb der Landesgrenzen uneinheitlich. Baden-Württemberg bezog den Verteilungsschlüssel auf die Fläche, wodurch eine stärkere räumliche Streuung entstand. In anderen Bundesländern orientierte man sich rein an der Einwohnerzahl, wodurch die Ballungsräume noch weiter verdichtet wurden. Vgl. Wenzel: Aussiedlerzuwanderung als Strukturproblem in ländlichen Räumen, S. 265.
25 Vgl. SWP 2.2.1990: Beschlagnahmt der Kreis bald die Turnhalle; SZ 23.3.1990: Platzquote für Aussiedler um fast das Doppelte erhöht.
26 Hierbei ist beispielsweiseSchelklingen zu nennen, wo sich eine „Bürgerinitiative Obere Wiesen" gründete, um das Projekt zu verhindern. Vgl. SWP 22.2.1990: Ist das Projekt nur ein lukratives Geschäft?
27 Vgl. SWP 23.2.1990: „Mir fällt auch nichts besseres ein"; SWP 23.2.1990: Jetzt lockt das Land mit Geld.
28 Vgl. SWP 1.9.1990: Das Leben in der Mehrzweckhalle.
29 SWP 23.2.1990: Jetzt lockt das Land mit Geld.
30 Vgl. hierzu beispielsweise Klötzel: Die Rußlanddeutschen, S. 267.
31 Vgl. Hensen: Zur Geschichte der Aussiedler- und Spätaussiedleraufnahme, S. 51.
32 Vgl. Bade: Ausländer – Aussiedler – Asyl, S. 170.
33 Vgl. Puskeppeleit: Der Paradigmenwechsel der Aussiedlerpolitik, S. 99-101.
34 Vgl. Herbert: Geschichte der Ausländerpolitik, S. 285.
35 Ein politisches „Erdbeben" stellte die Berliner Senatswahl Anfang 1989 dar, als Die Republikaner aus dem Stand 7,5 % der Wählerstimmen erreichten. Vgl. Herbert: Geschichte der Ausländerpolitik, S. 280.
36 Vgl. Gerlach: Demokratischer Neubeginn, S. 470.
37 Vgl. zu den Wahlergebnissen in Ulm: Stadt Ulm: Ergebnis Landtagswahl 1992 (Iv).
38 Vgl. ausführlicher zur Ulmer Situation Gerlach: Demokratischer Neubeginn, S. 470, 475.
39 Vgl. SWP 11.3.1989: Informationen gegen Vorurteile und Angst.
40 Vgl. SWP 20.8.1988: Zuviel Ängstlichkeit.
41 Vgl. NUZ 13.4.1989: CDU gegen Ausländerwahlrecht.
42 Vgl. dazu Herbert: Geschichte der Ausländerpolitik, S. 276 und 285.
43 Vgl. SWP 5.11.1988: Oesterle-Schwerin warnt vor Bevorzugung von Aussiedlern.
44 Vgl. SWP 31.8.1988: Sozialer Wohnungsbau nicht nur für Aussiedler.
45 Außer den Flüchtlingen und Heimatvertriebenen in der direkten Nachkriegszeit, die nach anfänglichen Einschränkungen selbst Parteien gründeten. Vgl. hierzu das Kapitel Flüchtlinge und Heimatvertriebene in dieser Publikation.
46 Zum Wahlverhalten der Aussiedlerinnen und Aussiedler vgl. Müssig/Worbs: Politische Einstellungen und politische Partizipation von Migranten in Deutschland, S. 30. Thränhardt spricht davon, dass die Bundestagswahl 1994 mit den Stimmen der Aussiedlerinnen und Aussiedler für die CDU gewonnen wurde. Vgl. Thränhardt: Einwanderungs- und Integrationspolitik, S. 17.
47 Vgl. Dietz: Die Zuwanderung und Integration von (Spät-)Aussiedlern, S. 124. Siehe auch Eingliederungsanpassungsgesetz vom 1.1.1990: Arbeitslose Aussiedler erhielten keine Arbeitslosenunterstützung mehr, sondern ein Eingliederungsgeld, dessen Bezugsdauer von neun auf sechs Monate gekürzt wurde. Auch die Dauer der Sprachkurse wurde 1992 von zwölf auf neun Monate eingedampft. Vgl. Eisfeld: (Spät-)Aussiedler in Deutschland.
48 Im Jahr 2000 wurde die Zahl weiter auf 100 000 gesenkt.
49 Ab 2007 mussten auch Bewerberinnen und Bewerber aus den baltischen Staaten dieses „Kriegsfolgeschicksal" nachweisen.
50 Zahlen aus SWP 21.1.1972: Am schlimmsten ist das Heimweh.
51 Vgl. SZ 23.12.1989: 1990 wird Aus- und Übersiedlerkuchen neu verteilt.
52 Um die Jahrtausendwende wurde die 100 000 Personengrenze unterschritten. Vgl. BMI (Hg.): Migrationsbericht 2006, S. 38.
53 Vgl. SZ 27.9.2002: Wenn Deutschland zum Neuland wird.
54 Zitate aus: SZ 5.6.1990: Erstmals Sudetendeutsche aus der DDR dabei; SZ 5.6.1990: Banater Schwaben finden auch künftig offene Tore bei uns.
55 Allgemein zum Phänomen der Kettenmigration vgl. Oltmer: Migration, Migrationsformen und Migrationsregime, S. 221-223.
56 Vgl. KIA: Temes megye településeinek etnikai (anyanyelvi/nemzetiségi) adatai (Iv); Institutul Naţional de Statistică : Populaţia stabila dupa etnie - judete, municipii, orase, comune (Iv).
57 SZ 5.6.1990: Bei Banater Schwaben in Rumänien macht sich nun allmählich Endzeit-Stimmung breit.

58   Dietz: Die Zuwanderung und Integration von (Spät-)Aussiedlern, S. 118 weist darauf hin, dass Belege fehlen, die bestätigen, dass die Bleibehilfen der Bundesregierung auch zum Verbleib der deutschen Minderheit in Mittelosteuropa und den Nachfolgestaaten der UdSSR führten.

59   NUZ 5.6.1990: Viele richten sich auf Freunde aus Rumänien ein.

60   Vgl. FAZ 28.2.1994: Zwischen Selbstpreisgabe und Hoffnung.

61   Vgl. SZ 5.6.1990: Bei Banater Schwaben in Rumänien macht sich nun allmählich Endzeit-Stimmung breit.

62   Bundesfinanzminister Theo Waigel sprach von 132 Millionen Mark, die zwischen 1990 bis 1995 von der Bundesregierung dafür investiert worden seien. Vgl. SWP 28.5.1996: Mit wehenden Röcken und fetzigen Juchzern durch Ulm.

63   Vgl. Dietz/Roll: Jugendliche Aussiedler. Porträt einer Zuwanderergeneration, S. 13, 26.

64   Vgl. NUZ 27.2.1971: Deutsch für Auslandsdeutsche.

65   Vgl. Bade: Ausländer – Aussiedler – Asyl, S. 161.

66   Vgl. SZ 26.11.1988: „Aussiedler-Kinder lernen zügig, fleißig und sehr diszipliniert".

67   Vgl. Der Neue Ulmer Anzeiger 13.10.1988: Wohnheime platzen aus allen Nähten; SWP 7.10.1988: „Aussiedler auf dem Weg in die Bundesrepublik".

68   Das Eingliederungsanpassungsgesetz (1990) und das KfbG (1993) reduzierte die Dauer der Sprachkurse von 12 (1991) auf 9 (1992) und ab 1994 auf 6 Monate. Aussiedlerinnen und Aussiedler ab 45 Jahren hatten ab 1995 nur noch dann ein Recht auf die Finanzierung eines Sprachkurses, wenn eine Arbeitsvermittlung als wahrscheinlich galt. Vgl. Eisfeld: (Spät-)Aussiedler in Deutschland.

69   SWP 7.3.2005: Im Club der deutschen Russen.

70   Dafür wurden in den Herkunftsländern Sprachtestbüros eröffnet und das Bundesverwaltungsgericht entsendete Sprachtester. Vgl. Hensen: Zur Geschichte der Aussiedler- und Spätaussiedleraufnahme, S. 56f.

71   Vgl. Dietz: Die Zuwanderung und Integration von (Spät-)Aussiedlern, S. 119.

72   Vgl. Hensen: Zur Geschichte der Aussiedler- und Spätaussiedleraufnahme, S. 58f.

73   Vgl. Dietz: Die Zuwanderung und Integration von (Spät-)Aussiedlern, S. 122.

74   Vgl. GD 34/97: Gemeinderat, Gemeinwesenarbeit in den Ulmer Stadtteilen, 7.2.1997.

75   Vgl. GD 298/08: BV für FBA Bildung und Soziales, 11.11.2008.

76   Zu dem Eingliederungsprogramm von 1976 gehörten u. a. die Finanzierung von Sprachkursen sowie berufliche Anpassungsmaßnahmen und spezielle Programme für jugendliche Aussiedlerinnen und Aussiedler. Es gab erleichterte Anerkennung von Prüfungen und Abschlüssen. Ebenso konnten Hilfen zur Existenzgründung über niedrig verzinste Darlehen in Anspruch genommen werden und diese Unternehmen sollten bei der Vergabe von öffentlichen Aufträgen des Staates bevorzugt werden. Vgl. Jan Schneider: Integration (Iv).

77   Vgl. Jan Schneider: Integration (Iv).

78   Vgl. Bade: Ausländer – Aussiedler – Asyl, S. 162.

79   Vgl. Bade: Ausländer – Aussiedler – Asyl, S. 162f.

80   SWP 7.3.2005: Im Club der deutschen Russen.

81   Vgl. Der Neue Ulmer Anzeiger 13.10.1988: Wohnheime platzen aus allen Nähten.

82   SWP 21.1.1972: Am schlimmsten ist das Heimweh.

83   Vgl. SWP 12.1.1971: Immer wieder Ärger mit unseriösen Vertretern.

84   Zitate in Ingenhorst: Die Rußlanddeutschen, S. 191.

85   NUZ 2./3.3.1985: Aussiedeln heißt: beruflich absteigen.

86   Vgl. Bade: Ausländer – Aussiedler – Asyl, S. 147–174, bes. S. 161.

87   SWP 12.1.1971: Immer wieder Ärger mit unseriösen Vertretern.

88   Vgl. Puskeppeleit: Der Paradigmenwechsel der Aussiedlerpolitik, S. 102.

89   Vgl. Puskeppeleit: Der Paradigmenwechsel der Aussiedlerpolitik, S. 100.

90 NUZ 12.1.1989: Aussiedlerhilfe birgt auch politischen Sprengsatz ...; vgl. auch SZ 14.1.1989: Übersiedler in Ulm.
91 Vgl. Herbert: Geschichte der Ausländerpolitik, S. 277f.; Puskeppeleit: Der Paradigmenwechsel der Aussiedlerpolitik, S. 100.
92 Zitate aus: SZ 8.10.1988: Hedwig: Spätaussiedler freundlich empfangen. Nicht in falsche Arme der Radikalen treiben und SWP 7.10.1988: „Aussiedler nicht in die falschen Arme treiben."
93 Vgl. Lee: A theory of migration.
94 Unter diese „push"-Faktoren fielen die Unterdrückung und Diskriminierung der ethnischen, religiösen, sprachlichen und kulturellen der deutschen Minderheit in den Staaten des Warschauer Paktes. Aber auch die allgemeine schlechte wirtschaftliche Lage. Vgl. Bade: Ausländer – Aussiedler – Asyl, S. 158.
95 Dieser Wunsch wurde auch mehrfach explizit geäußert. Vgl. dazu beispielsweise SWP 14.9.1988: Damit aus Deitsch Deutsch werden kann; SZ 17.12.1988: Als Ausländer unter ihren eigenen Landsleuten.
96 Zu diesem Ergebnis kam eine Umfrage des Münchner Osteuropa-Instituts aus dem Jahr 1991. Vgl. dazu Dietz: Erwartungen an die neue Heimat, S. ii, 22f.; Bade: Ausländer – Aussiedler – Asyl, S. 157
97 Vgl. SZ 8.10.1988: Hedwig: Spätaussiedler freundlich empfangen. Oder auch ein Kommentar in der SWP 20.8.1988: Zuviel Ängstlichkeit.
98 Bild-Zeitung 14.8.1991: Die Asylanten-Katastrophe. Morgen auch bei uns? Zit. nach Herbert: Geschichte der Ausländerpolitik, S. 303.
99 Dietz: Erwartungen an die neue Heimat, S. 22f.
100 Vgl. Bade: Ausländer – Aussiedler – Asyl, S. 161.
101 NUZ 8.3.91974: Zwischenstation für Asylsuchende.
102 Vgl. Boll: Kulturwandel der Deutschen aus der Sowjetunion, S. 155f.
103 Egger stellte die Rechnung auf, dass eine zweiköpfige Familie in einem Übergangswohn- heim im Monat 130 Mark Miete zahlte und dabei ein durchschnittliches Arbeitslosengeld von 1 400 Mark erhielt. Die Miete in den Ausweichquartieren betrug dagegen bei der gleichen Familie 720 Mark monatlich. Vgl. SZ 17.12.1988: Als Ausländer unter ihren eigenen Landsleuten.
104 Vgl. Fuchs: Die Wohnsituation der Aussiedler, S. 93.
105 Vgl. SWP 23.6.1988: Eine Notlösung fast nur mit Nachteilen.
106 Vgl. SWP 25.7.1990: Das Ungeheuer und eine Menge Müll.
107 Die Entwicklung der Wohnungsbewerber bei der UWS von 1985 bis 1995 ist in den Geschäfts- berichten beziehungsweise in den Wohnungsstatistiken aufgelistet. Vgl. dazu StdAU, OB/G-122/3: Sitzung Ausländerausschuss 10.5.1994: § 6; GD 145/95: BV Sitzung Ausländer- ausschuss 9.5.1995;
    GD 160/96: BV Sitzung Ausländerausschuss 7.5.1996.
108 Vgl. SZ 26.5.1988: Egger appelliert an Hotels und Pensionen.
109 Vgl. SWP 21.1.1972: Am schlimmsten ist das Heimweh; NUZ 8. März1974: Zwischenstation für Asylsuchende.
110 Vgl. SZ 8.10.1988: Hedwig: Spätaussiedler freundlich empfangen.
111 SWP 23.3.1994: Jetzt genügt bereits ein ausländischer Name. In diesem Zusammenhang kann auf den Schriftsteller und Fotograph Jewgenij Litwinow verwiesen werden, der im Jahr 1993 als sechsjähriger aus der Ukraine in die Bundesrepublik einreiste und auf dem Standes- amt seinen Vornamen in Eugen mit der Begründung ändern musste: „Jewgenij kennt man hier nicht." Vgl. dazu: SPIEGEL-ONLINE 24.11.2013: Du heißt jetzt übrigens Eugen.

112 Puskeppeleit spricht bei der Verabschiedung des „Gesetzes über die Festlegung eines vor-
    läufigen Wohnsitzes für Aussiedler und Übersiedler" im Jahr 1989 von einem symbolischen
    Akt. Vgl. Puskeppeleit: Der Paradigmenwechsel der Aussiedlerpolitik, S. 103. Es wurde 1996
    verschärft und 1999 bis 2009 verlängert. Vgl. Eisfeld: (Spät-)Aussiedler in Deutschland.
113 Hierbei galt – wie bei Asylbewerberinnen und Asylbewerbern auch – der Königsteiner
    Schlüssel als Grundlage, der anhand von Steueraufkommen und Bevölkerungszahl den
    Bundesländern die (Spät-)Aussiedler prozentual zuwies. Vgl. Haug/Sauer: Zuwanderung
    und Integration von (Spät-)Aussiedlern, S. 15, 24, 31.
114 Im Jahr 1999 wurde das Gesetz bis 2009 verlängert und die Sperrfrist für einen Wohnort-
    wechsel auf drei Jahre ausgedehnt. Vgl. Eisfeld: (Spät-)Aussiedler in Deutschland.
115 Vgl. Hallerberg u. a.: Heimat für Fremde? S. 214.
116 Vgl. dazu das Kapitel Ausländische Arbeitskräfte in Ulm in dieser Publikation und Hallerberg
    u. a.: Heimat für Fremde? S. 160–162.
117 Beide Zitate aus NUZ 2./3.3.1985: Aussiedeln heißt: beruflich absteigen.
118 Vgl. Bade: Ausländer – Aussiedler – Asyl, S. 147–174, bes. S. 168f.
119 NUZ 2./3.3.1985: Aussiedeln heißt: beruflich absteigen.
120 Vgl. Greif u. a.: Erwerbslosigkeit und beruflicher Abstieg, S. 81f.
121 Vgl. Herbert: Geschichte der Ausländerpolitik, S. 313.
122 Vgl. Stadt Ulm (Hg.): Ulmer Statistik, 1990.
123 SZ 24.1.1990: Hoffnungen im Nu zerstoben.
124 NUZ 2./3.3.1985: Aussiedeln heißt: beruflich absteigen.
125 SZ 24.1.1990: Hoffnungen im Nu zerstoben.
126 Vgl. Hallerberg u. a.: Heimat für Fremde? S. 217; Kohlmeier/Schimany (Hg.): Der Einfluss von
    Zuwanderung auf die deutsche Gesellschaft, S. 70.
127 Vgl. Schmidt-Bernhardt: Jugendliche Spätaussiedlerinnen, S. 81.
128 Vgl. Bade/Bommes: Einleitung, S. 18; Strobl/Kühnel: Dazugehörig und ausgegrenzt, S. 186.
    Die Weitergabe der Kultur steht allg. in einem Spannungsverhältnis: Die exakte Übernahme
    würde keinerlei Wandel oder Anpassung an die Aufnahmegesellschaft erlauben und ein
    vollständiges Fehlen würde koordiniertes Handeln zwischen den Generationen verhindern.
    Vgl. Nauck: Familienbeziehungen und Sozialintegration von Migranten, S. 101–103.
129 Vgl. Schmidt-Bernhardt: Jugendliche Spätaussiedlerinnen, S. 86, 91.
130 Vgl. Westphal: Berufs- und Bildungseinstellungen von Frauen, S. 307.
131 Vgl. Schmidt-Bernhardt, Jugendliche Spätaussiedlerinnen, S. 87–89.
132 Vgl. Gümen: Soziale Identifikation und Vergleichsprozesse von Frauen, S. 361–365.
133 Weitere Teile gingen an Ungarn und das Königreich der Serben, Kroaten und Slowenen
    (dem späteren Jugoslawien).
134 Eine kurze Zusammenfassung der Geschichte mit weiterführender Literatur der Deutschen
    in Rumänien bietet Schmitt-Rodermund: Zur Geschichte der Deutschen in den Ländern des
    ehemaligen Ostblocks, S. 61–66
135 SWP 24.4.1978: Wir bemühen uns nur um Familienzusammenführung; SZ 25.4.1978:
    An Pfingsten großes Treffen der Banater Schwaben in der Donauhalle.
136 Huth/Schmidt: Festschrift, S. 68.
137 Vgl. zu den Zahlen Huth/Schmidt: Festschrift, S. 65; StZ 5.6.1990: Solidarität mit Rumänien-
    deutschen gefordert; SZ 26.5.2004: 10 000 Banater Schwaben beim Heimattag in Ulm;
    SWP 10.6.2014: Ein Hoch auf die Heimat.
138 Unter anderem sprachen Werner Maihofer (1978), Wolfgang Schäuble (1990), Hans-Dietrich
    Genscher (1992), Theo Waigel (1996) oder Manfred Kanther (1998). Auch Ministerpräsidenten
    (Günther Oettinger 2006 und Peter Müller 2008), Staatssekretäre und Ministerialdirektoren
    kamen nach Ulm, um vor den Banater Schwaben zu sprechen.

139 SZ 16.5.1978: Maihofer ruft Bürger zu aktiver Mithilfe bei der Eingliederung der Aussiedler auf.
140 SZ 5.6.1990: Erstmals Sudetendeutsche aus der DDR dabei.
141 Vgl. Der Donauschwabe 17.8.1958: 40 000 Donauschwaben waren in Ulm.
142 Vgl. Beer: Schwaben und Donauschwaben, S. 254f., 263.
143 Vgl. SWP 2.6.1998: Kein Ort der Tümelei.
144 DZM: Stiftung (IV).
145 SZ 2.6.1998: Eine Million Mark und schöne Worte.
146 NUZ 9.6.1992: Patenschaft für die Banater.
147 SWP 24.5.1994: Banater Schwaben in ihrer Hauptstadt.
148 SZ 2.6.1998: Eine Million Mark und schöne Worte.
149 NUZ 2.6.1998: Ein Millionengeschenk zum Banater Heimattag.
150 Vgl. Landsmannschaft der Banater Schwaben e. V.: Kultur- und Dokumentationszentrum Ulm (IV); SWP 13.6.2000: Standort für Geschichte.
151 Vgl. SWP 31.1.1995: Banater Straße?; SWP 3.4.1996: Weg der Banater.
152 Vgl. SWP 14.5.2005: Von Donauflut weggespült.
153 Vgl. DZM: Verwandte Einrichtungen (IV).
154 Vgl. NUZ 15.10.2002: Unterstützung auf dem mühsamen Weg.

07

Angehörige
der US-Armee

Eine spezielle und eigenständige Migrationsform ist die militärische Migration.
Sie ist staatlich organisiert und war im Fall der US-Armee auch interkontinental.[1] Mit den ca. 22 Millionen US-Soldaten und deren Familienangehörigen,
die zwischen 1945 und 1990 in Deutschland stationiert waren, stellt sie möglicherweise die größte militärische Operation aller Zeiten dar, die der Zweite
Weltkrieg in Gang gesetzt hatte.[2]

Nach mehreren verheerenden Luftangriffen, wobei der 17. Dezember 1944
mit fast 100 000 abgeworfenen Bomben den schwersten darstellte,[3] endete für
Ulm der Zweite Weltkrieg am 24. April 1945 mit dem Einmarsch der US-Armee
in die Stadt.[4] Eine offizielle Übergabe fand nicht statt, da die verantwortlichen
Amtsträger geflohen waren.[5] Nach der Kapitulation Deutschlands richteten
die Amerikaner in Ulm eine örtliche Militärregierung ein und versuchten das
Chaos unter Kontrolle zu bringen.[6]

↑ **73** Im April 1945 übernahmen amerikanische Truppen die Stadt und wurden hier (Kreuzung Neue Straße/Friedrich-Ebert-Straße) von befreiten Polen begrüßt.

Die großen Siegermächte des Zweiten Weltkriegs – die Vereinigten Staaten, die Sowjetunion, Großbritannien und Frankreich – teilten nach der Eroberung des nationalsozialistischen Deutschlands das Land in 4 Besatzungszonen auf. Über den Südwesten und somit auch die Stadt Ulm regierten die Amerikaner, die durch Besatzungstruppen ein Wiedererstarken des Nationalsozialismus und Militarismus verhindern und gleichzeitig dem besiegten Land die westlichen Werte von Freiheit und Demokratie vermitteln sollten (die „4 D"[7]). Nach der Stabilisierung der Verhältnisse erübrigte sich eine starke militärische Präsenz in der Besatzungszone und auch die GIs drängten auf eine baldige Rückkehr. Die eigentliche Mission, der Sieg über das nationalsozialistische Deutschland, war erfüllt und Offensivpläne gegen die Sowjetunion bestanden zu dieser Zeit nicht. So ging die Zahl der amerikanischen Soldatinnen und Soldaten in Europa von über 3 Millionen am 8. Mai 1945 schon bis zum Januar 1946 auf ca. 600 000 zurück.[8]

Die amerikanische Präsenz schien auch in Ulm vorbei; die GIs verließen größtenteils die requirierten Gebäude, nur ein kleiner Stab der örtlichen Militärregierung blieb in der Stadt. Die verlassenen Kasernen dienten in der Folge zur Bekämpfung der Wohnungsnot und Unterbringung einheimischer Firmen, um die städtische Wirtschaft wieder anzukurbeln.

Der Ost-West-Konflikt und die „Überzeugungsarbeit" der Amerikaner

Nach 1945 begann die instabile Zweckkoalition der Alliierten zunehmend zu bröckeln und die ideologischen Kontrahenten zogen sich immer mehr in ihre Besatzungszonen zurück, wo sie politische, wirtschaftliche und gesellschaftliche Veränderungen getrennt voneinander vorantrieben.[9] Die USA nahmen das Wirken der Sowjetunion immer mehr als Gefahr auch für sich selbst wahr, was zu einem amerikanischen Strategiewandel führte: Mit der Truman-Doktrin von 1947, die unterdrückten Völkern amerikanische Hilfe anbot, begann die Eindämmungspolitik gegenüber sowjetischen Expansionsbestrebungen.[10] Der Kalte Krieg hatte die Fronten verschoben, die ehemaligen Gegner waren zunehmend aufeinander angewiesen, wobei die Amerikaner mit regierungsgesteuerten, überregionalen Maßnahmen versuchten, die Deutschen für sich zu gewinnen und damit an den Westen zu binden: Wirtschaftlich boten die USA mit dem Marschallplan – offiziell European Recovery Program (ERP) – ein großes Wiederaufbauprogramm mit Krediten, Rohstoffen und Lebensmittel an[11] und organisierten dafür eine großangelegte Werbekampagne, welche die deutsche Bevölkerung von der Zukunftsträchtigkeit des westlichen Systems überzeugen sollte:[12] Eine 1950 in Ulm gastierende ERP-Ausstellung wurde in nur 3 Tagen von 24 000 Menschen besucht.[13] Dabei wirkten die in die Stadt geflossenen Gelder für Wohnungs- und Schulhausbau, Wirtschaft sowie Industrie, die nach einer Liste der Amerikaner Ende 1951 bereits knapp 8 Millionen Mark betrug, beeindruckend.[14] In diesem Zusammenhang sind auch die CARE-Pakete zu nennen, die noch nach der Stabilisierung der Versorgungslage bis 1960 an Bedürftige ausgegeben wurden.[15] Die Deutschen schätzten diese Hilfsleistungen, wie Zeitungsartikel und persönliche Dankesbriefe zeigten.[16] Auch kulturpolitisch versuchten die Amerikaner vom ‚American Way of Life' zu überzeugen. Der Kongress der Vereinigten Staaten hatte 1949 das Ziel ausgegeben, ein besseres Verständnis zwischen der Bundesrepublik und den USA zu schaffen. Sympathieweckende Ideale wie Freiheit, Toleranz und Individualismus sollten als Säulen eines auf Wohlstand und Fortschritt ausgerichteten Landes propagiert werden.[17] Die bei Einheimischen beliebten Amerika-Häuser, die mit gut ausgestatteten Bibliotheken als ‚Window to the West' fungierten,

↑ **74** Das Amerikahaus in der Frauenstraße
wurde als „Window to the West" von vielen
Ulmern besucht, hier im Jahr 1953 bei Nacht.

spielten eine wichtige Rolle, um die Bevölkerung bei der Demokratisierung
zu unterstützen.[18] Allein im Jahr 1950 zählte das Ulmer Amerika-Haus
200 000 Besucher, weshalb ein Umzug in ein größeres Gebäude (Frauenstraße 4) nötig wurde.[19] Zum Repertoire des Ulmer Amerika-Hauses zählten
neben Englischkursen für Einheimische[20] auch Austauschprogramme, die sich
aber eher an die politische wie kulturelle Prominenz Ulms richteten. Sie sollten
nach ihrer Rückkehr als Multiplikatoren durch ihre Erfahrungen in den USA
das Amerikabild ihrer Mitbürgerinnen und Mitbürger beeinflussen beziehungsweise verbessern.[21] So reisten beispielsweise Bürgermeister Walter Hailer,
der Leiter der Volksbücherei Herbert Wiegand, Polizeiamtmann Otto Rall und
Kaplan Brauer in die USA.[22]

Das Haus diente auch als Treffpunkt z. B. von deutschen und amerikanischen Frauenverbänden, wobei es beispielsweise um die Mitarbeit der Frau in der Gemeinde, aber auch um die Thematik der Erwerbstätigkeit von Müttern ging.[23] Ob das Vorbild der selbstständigen amerikanischen Frau Einfluss auf die Emanzipation der deutschen Frau nahm, ist umstritten: Einerseits befürwortete die amerikanische Politik diese Bestrebungen, aber andererseits sollten sich die Frauen in Amerika nach der Arbeit für die Kriegsindustrie in den 1940er Jahren wieder Heim und Kindern widmen.[24] Aber schon allein die Thematik, dass Mütter arbeiten, war ein Tabu für die restaurativen Kreise in Deutschland. Sie sahen darin eine „Degradierung der Frauenseele".[25]

Die Amerikaner spendeten auch für kulturelle Institutionen: 1952 unterstützte der Hochkommissar John McCloy die Finanzierung der Hochschule für Gestaltung mit einer Million Mark, nachdem ihn Max Bill und Walter Gropius von der staatsbürgerlichen Charakterbildung der Schule überzeugt hatten; denn zunächst war ihm der politisch-gesellschaftliche Beitrag der im Vordergrund stehenden gestalterischen Fächer zu gering erschienen.[26] Beim Festakt im Ulmer Rathaus erinnerte McCloy an die Geschwister Scholl, die ihr Leben für die Freiheit gegeben hätten und prognostizierte: „[S]olange ihr Geist in Deutschland leuchtet, wird der deutsche Beitrag zu der europäischen Gemeinschaft demokratisch, friedlich und gut sein."[27]

US-Soldaten in Ulm

Die Amerikaner kommen

Den endgültigen Bruch zwischen Ost und West markierte die Berlin-Blockade 1948/1949, die erstmalig zu militärischen – nicht kriegerischen – Handlungen im begonnenen Kalten Krieg führte und die Rolle der Amerikaner in der Wahrnehmung der Westdeutschen neu definierte: Sie entwickelten sich von der Besatzungs- zur Schutzmacht.[28] Dass es in der Folge zu einer massenhaften Stationierung von US-Truppen in Deutschland (und Europa) kam, hing neben der Aufwertung von konventionellen Truppen durch das Ende des amerikanischen Atomwaffenmonopols 1949 vor allem mit dem Ausbruch des Koreakrieges ein Jahr später zusammen, der Ängste vor einem Überfall der Sowjetunion auf die Bundesrepublik schürte und Deutschland in den Mittelpunkt des Interesses der konkurrierenden Machtblöcke rückte. Die weltpolitische Lage sowie die militärischen Strategien des Westens erforderten aus übergeordneter Sicht also die erneute Etablierung von Garnisonen auf dem Gebiet der Bundesrepublik. Zuerst musste jedoch die praktische Umsetzung vor Ort, also in den Städten, geregelt werden: Im Februar 1951 schockte die Ulmer die Nachricht, dass die US-Armee in fast allen Kasernen der Stadt Truppen stationieren wollte, in denen inzwischen aufgrund der angespannten Wohnraumlage Zivilisten untergebracht waren.[29] Ca. 3 000 Menschen, 220 Betriebe und 6 Schulen waren in kürzester Zeit (von 1950 bis 1953) zu verlegen beziehungsweise umzusiedeln[30] und die teils vor dem Ersten Weltkrieg, teils in der NS-Zeit erbauten Kasernen mussten für eine moderne und mobile Armee renoviert und ausgebaut werden.[31] Am 5. Dezember 1951 mussten die Arbeiten beendet sein, da an diesem Tag „die ersten 3 Bataillone der in Zukunft in der Ulmer Garnison stationierten Einheiten eintrafen und in der Hindenburg-, Bölcke- [sic] und Ludendorff-Kaserne (Neu-Ulm) untergebracht" wurden.[32]

Nach den Soldatinnen und Soldaten trafen auch ihre Familienangehörigen ein. Deren Nachzug stand für die Militärplaner außer Frage, weil sie die Moral innerhalb der Mannschaften erhöhten und Disziplinlosigkeiten auf einem niedrigeren Stand hielten.[33] Allerdings ergab sich hierbei das Problem der

Unterbringung: Da im Zuge der angestrebten Beziehungsverbesserungen
auf Requirierungen – sie stellten ein großes Ärgernis bei den Einheimischen
dar – verzichtet werden sollte, musste gebaut werden. So entstand nördlich
der Hindenburg-Kaserne, welche die Amerikaner 1952 in Ford-Barracks
umtauften,[34] 6 Blocks mit 108 Wohneinheiten.[35] In der Folgezeit entwickelte
sich eine US-Garnison in Ulm und Neu-Ulm, die permanent 8 000 bis
9 000 Soldaten umfasste.

Angehörige der US-Armee

Ihre militärische Mission und der Übergang zur Bundeswehr

Die Mission der stationierten Streitkräfte diente dem Schutz Westdeutschlands vor einer befürchteten sowjetischen Expansion, wobei die Amerikaner 1951 verwundert feststellen mussten, dass nur 58 % der Westdeutschen im Kriegsfall an einen Sieg des Westens glaubten.[36] Zu diesem Ergebnis dürfte auch das Verhalten der Soldaten vor Ort beigetragen haben, das aus Sicht der Ulmer wohl zu lässig war: Schon beim Eintreffen der ersten US-Truppen in Ulm bemerkte die SDZ, dass der deutsche Polizist seinen Dienst „sehr viel strenger" als sein amerikanischer Kollege versah, da dieser eher auf den zivilen Verkehr als auf die Militäreinheiten Rücksicht nahm.[37] Als eine europaweite Alarmübung stattfand, schrieb die Zeitung, dass dieses Manöver nicht so ernst sein könne, denn „[n]icht nur der Posten, auch das Gewehr lehnte an der Hauswand und beide ließen sich von der leider noch nicht sehr warmen Frühlingssonne bescheinen."[38] Bei einer Straßenumfrage drückte ein Ulmer seine Skepsis so aus: „Marschieren können sie schon, aber halt nicht so zackig wie unsere Landser."[39] Die legere Haltung der US-Soldaten war den Deutschen fremd, denn vor allem das NS-Regime hatte ihnen eine äußerste Pflichtauffassung eingeimpft. Die Abkehr vom militärischen Heroismus des disziplinierte Landsers hin zum freundlichen, kaugummikauenden GI, der nun als Schutzmacht der Bevölkerung fungieren sollte, fiel vielen schwer und ließ sie an der psychischen Härte der US-Armee zweifeln. Militärparaden oder auch der in allen Garnisonsstädten gefeierte US-Armed Forces Day, der Tag der amerikanischen Streitkräfte, sollten die Westdeutschen von der Schlagkraft der US-Streitkräfte überzeugen. Dieser „Tag der amerikanischen Wehrmacht", so die Übersetzung in den Ulmer Zeitungen, bildete 1955 den Höhepunkt der Festlichkeiten der deutsch-amerikanischen Freundschaftswochen. Dabei hielt die US-Armee eine zweistündige Parade auf dem am Rande Neu-Ulms gelegenen Flugplatz in Schwaighofen ab.[40] Wie vielen regionalen Würdenträgern in Garnisonsstädten wurde auch Ulmer Politikern die Ehre zuteil, eine persönliche Einladung zur Truppenabnahme zu erhalten.[41] Daran schlossen sich Kampfausrüstungsausstellungen in Ulmer und Neu-Ulmer Kasernen an,[42] wobei Soldatinnen und Soldaten die Besucher z. B. zu Panzerrundfahrten einluden.[43]

In diesem Zusammenhang muss kurz auf die Etablierung der Bundeswehr eingegangen werden: Durch das erhebliche Ungleichgewicht an konventionellen Truppen in Europa zuungunsten des Westens lag ein deutscher Verteidigungsbeitrag nahe. Die USA stellten eine (von Adenauer geförderte)

↑ **76** Am US-Armed Foces Day sollten sich die Ulmer von der Schlagkraft der amerikanischen Truppen überzeugen können. Kinder und Jugendliche nutzen hier die Gelegenheit, auf den Panzer zu klettern.

Wiederbewaffnung offiziell schon 1950 in Aussicht, was vor allem Frankreich verhindern wollte, aber nicht konnte. Am 9. Mai 1955 – also direkt nach der Souveränität Westdeutschlands – trat die Bundesrepublik der NATO bei.[44] Den Bedenken im Ausland vor einem remilitarisierten Deutschland begegneten die Amerikaner mit der dual-containment-Strategie: Die in der Bundesrepublik stationierte US-Armee sollte durch ihre Anwesenheit auf der einen Seite eine sowjetische Expansion, auf der anderen auch eine Störung des Weltfriedens durch ein remilitarisiertes Deutschland verhindern. Schutz für und Schutz vor Deutschland hieß die Devise.[45]

Gegen die Einführung der Wehrpflicht (1956) regte sich Widerstand, der unter anderem mit finanziellen Lasten und der Angst vor der darauffolgenden gänzlichen Spaltung Deutschlands begründet wurde. Am stärksten betont wurde das pazifistische Argument – mit Rückblick auf den kaum eine Dekade zurückliegenden Zweiten Weltkrieg kaum verwunderlich –, das sich in außerparlamentarischen Protesten wie der antimilitaristischen „Ohne-Mich"-Bewegung manifestierte, die unter dem Motto „Nie wieder Krieg" einen deutschen Wehrbeitrag ablehnte. 1959 demonstrierten ca. 100 Teilnehmer des Jahrgangs 1922, der im Weltkrieg quantitativ die höchsten Verluste erlitten hatte, mit einem Schweigemarsch durch Ulm ihre Abneigung gegen ihre Wehrerfassung. Sie hatten schon als Soldaten in der Wehrmacht gedient und widersetzten sich dem

↑ **77** Mitte der 1960er Jahre zogen die US-Armee aus Ulm nach Neu-Ulm und hielten dort mit der Bundeswehr gemeinsam Paraden ab, wie hier in der Ludendorff-Kaserne im Jahr 1966.

erneuten Einzug zur Bundeswehr.[46] Derartige Proteste und Demonstrationen konnten jedoch die Einführung der Wehrpflicht nicht abwenden und 1956 zogen die ersten deutschen Soldaten in die Ulmer Kasernen ein, was zur Folge hatte, dass sie zusammen mit den Amerikanern arbeiteten und wohnten.[47] Aussagekräftig für das Verhältnis der Stadtverwaltung zur US-Armee ist ein Brief des damaligen Neu-Ulmer Oberbürgermeisters Dietrich Lang aus dem Jahr 1964 an den Kommandierenden General der US-Armee in Europa. Zu dieser Zeit bestanden Überlegungen, ob die Amerikaner ganz nach Neu-Ulm verlegt werden sollten, wogegen sich Lang vehement wehrte, der die Aufnahmefähigkeit der Stadt für weiteres Militär als erschöpft ansah. Gegen Ende des Briefes dreht sich dessen Lagebeurteilung jedoch: Für Bundeswehr-Einheiten könnte er sich jedoch die Neu-Ulmer Reinhardkaserne vorstellen.[48] Dieser Brief ging mit der Bitte um Unterstützung auch an den Ulmer Oberbürgermeister Pfizer, der allerdings nicht darauf reagierte, sondern offiziös Fühlung mit der Bundeswehr aufnahm, die schon eineinhalb Monate später zu einer Besichtigung der Ulmer Kasernen in der Stadt eintraf. Eineinhalb Jahre später war die Verlegung der US-Soldaten nach Neu-Ulm vollzogen und Ulm wurde eine reine Bundeswehrgarnison,[49] was der Münsterstadt gegenüber der Beherbergung einer autark ausgerichteten amerikanischen Garnison durchaus spürbare wirtschaftliche Vorteile brachte.

Beziehungen zwischen US-Armee und Ulm
in der Stationierungszeit

Bemühungen um Beziehungsverbesserung

Grundsätzlich bildet eine Garnison innerhalb einer Stadt einen gewissen Fremdkörper, wobei am sichtbarsten das Zutrittsverbot zu ausgewiesenen Militärbereichen für die Bevölkerung hervorsticht.[50] Doch auch die soziale Struktur von Soldaten und städtischer Bevölkerung gestaltet sich sehr verschieden: Beruf, Durchschnittsalter, Lebensweise oder auch Zukunftsplanung und Freizeitgestaltung unterscheiden sich stark von der Umgebung. Im Fall der US-Armee handelte es sich auch um ausländische Soldaten, die nur ein paar Jahre zuvor als Feinde die Stadt eingenommen hatten. Gegenüber den Kommunen versuchten die örtlichen US-Stellen eine strikte Anordnungspolitik zu vermeiden, stattdessen Anregungen aufzunehmen und gütliche Lösungen zu finden: Sie nahmen beispielsweise eine Anregung Pfizers auf und verlegten Einheiten näher zu den Übungsgebieten, um so tägliche Panzerfahrten durch die Stadt zu reduzieren.[51] US-Einheiten engagierten sich auch aktiv in der Stadt: Ein Baupionierbataillon behob Straßenschäden und nahm in kürzester Zeit ganze Teerungen vor, wofür Ulm weder die nötigen Finanzmittel noch Geräte zur Verfügung gestanden hätten.[52] Solche Hilfsleistungen honorierten die Zeitungen wie auch die Bevölkerung; sie trugen zu einem Wandel nicht nur des Amerikabildes, sondern auch der Wahrnehmung des stationierten Militärs bei. Aus der bewaffneten Besatzungsmacht entwickelte sich der helfende Nachbar.

Die zur Kontaktaufnahme und Beziehungspflege veranstalteten deutsch-amerikanischen Freundschaftswochen gewährten neben Zugang zu militärischen Bereichen auch Einblicke in die amerikanische Kultur und sollten zum besseren Verständnis der Belange des ‚Nachbarn' führen. Nach Anlaufschwierigkeiten[53] begannen diese Wochen ab 1955 zu einem großen Austausch der Nationen zu werden, der sich allerdings meist auf populär-kultureller Ebene abspielte, wie der Zeitungstitel „Boogie-Woogie mit Schuhplattler-Einlage" vermuten lässt.[54] Tanzveranstaltungen, Filmvorführungen und Sportturniere – wobei die Ulmer Baseball kennenlernten – intensivierten den ‚human contact' und durch

↑ **78** US-Soldaten verteilen vor der
Boelcke-Kaserne Lebensmittel an die
bettelnden Kinder.

Rundgänge in den Ulmer Brauereien oder die Besichtigung der Magiruswerke
führten die Deutschen ihre wirtschaftliche Leistungsfähigkeit vor.[55]
Die amerikanische (Populär-)Kultur beeinflusste besonders die deutschen
Jugendlichen, die nach der kulturellen Isolationspolitik der Nationalsozialisten neue Impulse zur Etablierung einer eigenen Lebensart suchten. Die GIs
vor Ort boten mit ihrer lässigen Art und einem unbekannten – bei der älteren
Generation verpönt und somit zur Rebellion geeigneten – Musikstil ein
neues Lebensgefühl an.[56] 1956 gründet sich in Ulm ein Club der Jugend, der
auch ein „Studio für Jazzfreunde" umfasste.[57]
Als gemeinsamer Nenner der unterschiedlichen Kulturen fungierte vor allem
die Religion, auch im Hinblick auf den antireligiösen Kommunismus. Gemeinsam gefeierte, zweisprachige Gottesdienste im Ulmer Münster unter anderem
mit Beiträgen von US-Chören, wie auch Einladungen von lokalen Amtsträgern
in die Kapellen der Kasernen zeigen dies deutlich.[58] Der amerikanische Militär-
geistliche predigte beispielsweise, „dass Gott die wachsende Freundschaft

zwischen dem deutschen und dem amerikanischen Volk segnen [...] möge."[59]
Das Weihnachtsfest bildete jedoch in diesem Zusammenhang den Höhepunkt:
Neben Einladungen von hilfsbedürftigen Ulmer Kindern in die Kasernen, die
dabei verköstigt und beschenkt wurden,[60] luden einheimische Familien auch
GIs (die sogenannten ‚christmas amis') zur gemeinsamen Feier zu sich nach
Hause ein, wobei den durchschnittlich 20 bis 21 Jahre alten Soldatinnen und
Soldaten auch das Heimweh erträglicher gemacht werden sollte.[61] Gleichzeitig
zeigten sich auch in der Feier die kulturellen und traditionellen Unterschiede:
Viele Deutsche teilten die amerikanische ‚the-bigger-the-better'-Haltung nur
bedingt, wie auch Beispiele aus anderen Garnisonsstädten zeigten, wo der
Weihnachtsmann mit dem Hubschrauber eintraf oder ihn Elfen begleiteten,
die den Deutschen völlig unbekannt waren.[62] Trotzdem fanden die Feste An-
klang, wie eine Ulmerin in einem Kommentar schrieb: „Erst wenn wir uns
menschlich nahegekommen sind, können wir auch politisch und militärisch
zusammenstehen, um wirkliche Freiheit und Menschenwürde gemeinsam zu
verteidigen."[63] Hier offenbarte sich auch der zu Zeiten des Kalten Krieges erwünschte und geförderte politische Hintergrund derartiger Beziehungen.
Trotz aller feierlichen Stimmung erinnerte man auch an die Menschen hinter
dem Eisernen Vorhang, vor allem an die in Ostdeutschland, die statt des bärtigen
Weihnachtsmanns den bärtigen Stalin auf den Plakaten betrachten mussten.[64]

Probleme zwischen Einheimischen und US-Soldaten

Trotz aller positiven Aspekte existierten freilich auch Reibungspunkte: Wenig überraschend sind Beschwerden über Ruhestörungen durch „Schreien, Schießen" und Entzündung von Sprengkörpern.[65] Vor allem sorgte laute Musik für Kritik, wobei diese sich oftmals auch auf den Musikstil bezog: Die „amerikanische Jazz-Musik" sei nur Lärm, der „keinem Menschen auf die Dauer zugemutet werden kann."[66] Ein Kommentar in den Ulmer Nachrichten witterte sogar ein amerikanisches Geltungsbedürfnis: „Als ob man beweisen wollte, wie sehr fortschrittlich man sei, stellt man die Radios und Lautsprecher in die Fenster der Kaserne."[67] Hinter dieser Aussage aus dem Jahr 1955 versteckt sich ein weiterer Aspekt: Die eigene technische Rückständigkeit kompensierten viele Einheimische durch eine kulturelle Hierarchisierung, indem sie die deutsche Kultur der angeblichen Kulturlosigkeit des amerikanischen Volkes gegenüberstellten, was seine vermeintliche Bestätigung im ‚hot jazz' fand.

Übermäßiger Alkoholkonsum, nächtliche Ruhestörungen und Randale gaben ebenfalls Anlass zu Klagen.[68] Dass sich die US-Armee dieser Probleme bewusst war und sie auch ernst nahm, zeigt die Einrichtung eines Komitees in Ulm, das einen Maßnahmenkatalog mit Verhaltensregeln für amerikanische Soldaten über korrektes Benehmen in Gasthäusern ausarbeitete.[69] Der Begründungsversuch eines Verantwortlichen weist aber auch in eine andere Richtung und prangert die Verantwortungslosigkeit ‚geschäftstüchtiger' Gastwirte an, die auch offensichtlich Betrunkenen weiterhin Alkohol ausschenken:[70] „Leider sind aber unsere Soldaten das starke Bier nicht so gewohnt, wie der deutsche Bürger, und bedauerlicherweise werden sie auch von den Gastwirten nicht zur Zurückhaltung aufgefordert."[71]

Ethische Bedenken bargen höchstes Konfliktpotential. Schon 1946 wurden in Ulm „ein moralischer Tiefstand und die Verwilderung der Sitten beklagt, die zur zunehmenden Verbreitung von Geschlechtskrankheiten"[72] führe. Die Nachricht von der massiven Stationierung verstärkte Sorgen über ein unkontrollierbares Anschwellen von Prostitution. Ein Brief vom 16. August 1952 an den deutschen Städtetag prangerte den Zuwachs des „Dirnenunwesens" sowie die hohe Zahl jugendlicher Prostituierter in Garnisonsstädten an, wobei „Knaben" als „Schlepper" für nicht unbeträchtliche Honorare fungieren würden.[73] Größere lokale Aufmerksamkeit erhielt der sogenannte „Fall Küfergasse", da sich dort „unerwünschte Frauenspersonen" mit Soldaten trafen und lautstark über Preise verhandelten. Die SDZ erregte mit einem reißerischen Bericht öffentliches Aufsehen: „Wie die Mücken ans Licht, schwirren farbige Soldaten aus nah und Leipheim in die Küfergasse." Mädchen auch aus entfernteren Gegenden würden die „dunklen Hauswinkel" bevölkern, um dort „radebrechend" zu verhandeln.[74]

US-Stellen sahen anfangs keinen Handlungsbedarf und ordneten die Prostitution als deutsches Problem ein, bis die Klagen nach der Souveränität Deutschlands 1955 eine neue Dimension erreichten: Trotz Autonomie sei man nicht Herr im eigenen Haus.[75] In der Folge sprach der Ulmer Standortkommandeur Colonel Skelton von einem deutsch-amerikanischen Problem und ein Komitee wurde eingerichtet, an dem neben der Ulmer Polizei und der US-Militärpolizei auch Geistliche beider Nationen und Konfessionen teilnahmen.[76] Das gewachsene Selbstbewusstsein führte zu einer fast gleichberechtigten Stellung gegenüber der US-Armee. Dies wird vor allem daran deutlich, dass die deutsche Polizei berechtigt war, „jeden Amerikaner, auch wenn er uniformiert ist, festzunehmen."[77] Die Ulmer honorierten dieses amerikanische Engagement, da sich auch Erfolge einstellten. Es gab weniger Zwischenfälle, was dem „Deutsch-Amerikanischen Beratungsausschuss und dem Polizeiausschuss zu verdanken" sei.[78] Problematisch gestalteten sich in der Öffentlichkeit aber die ‚Schattierungen' von Beziehungen. Männermangel und Mittellosigkeit führten in manchen Fällen zu temporären, auf die Stationierungszeit begrenzten Beziehungen. Diese „Ehe auf Zeit" gingen Frauen mit amerikanischen Soldaten für materielle Leistungen ein, wobei sie deren Haushalt führten, Wäsche wuschen und dieses Zusammenleben als Verlöbnis oder sogar als Ehe tarnten.[79] Diese für die frühe Bundesrepublik unbekannte Situation führte zu Anfeindungen und gesellschaftlicher Ausgrenzung dieser Frauen.

Allerdings existierten auch reguläre Ehen. Nach dem unhaltbaren Fraternisie-
rungsverbot[80] schlossen in Ulm schon 1946 sieben deutsche Frauen mit amerikanischen Männern den Bund fürs Leben. Nach der Stationierung der US-Armee
stieg die Zahl der Trauungen stetig an, wobei die meisten Ehen erst nach Locke-
rung der rigiden Heiratsbestimmungen der US-Armee[81] und nach der deutschen Souveränität, welche die binationale Ehe in der Öffentlichkeit ‚salon-
fähig' machte, geschlossen wurden: In den Jahren 1955 und 1956 gaben sich
insgesamt 240 deutsch-amerikanische Paare in Ulm das Ja-Wort.[82] In der Folge
sank auch die hohe – vor allem nach der Stationierung 1951/1952 oft beklagte – Zahl unehelicher Kinder von GIs,[83] was darauf hindeutet, dass viele
Paare notgedrungen unehelich zusammenlebten und Nachwuchs bekamen.

Afroamerikanische Soldaten in Ulm

Eines der sichtbarsten Zeichen der ausländischen Präsenz auf den Straßen
waren afroamerikanische Soldaten. Der militärisch besiegte Nationalsozialismus, der ideologisch in vielen Köpfen noch als Rassismus fortwirkte, erschwerte die Akzeptanz schwarzer Soldaten. Die Stationierungspraxis der
US-Armee führte jedoch dazu, dass die Deutschen sich bald nach dem Inkrafttreten des Grundgesetzes mit dem darin verankerten Gleichheitsprinzip aller
Menschen konfrontiert sahen.
Direkt nach dem Zweiten Weltkrieg reichten die ersten Reaktionen auf die
Afroamerikaner von Vorsicht bis Neugier. Kinder brachen das Eis durch Betteln
nach Süßigkeiten, wie dem begehrten „chewing gum", weshalb die schwarzen
Soldaten den Ruf genossen, sehr kinderlieb und freigiebig zu sein.[84] Im Gegen-
zug berichteten auch diese GIs sehr positiv über ihre Erlebnisse in Deutschland. Die freundliche Aufnahme und gezeigte Toleranz standen im Gegensatz zu ihren Erfahrungen in Amerika, wo die Rassentrennung noch sehr ausgeprägt war.[85]

Ulmer Vertreter erfuhren im April 1952, dass auch farbige Soldaten in der Stadt stationiert werden sollten. Vor deren Eintreffen begann schon die Diskussion, ob ihnen der Zugang zu Ulmer Lokalen grundsätzlich verwehrt werden sollte, wogegen sich aber alle verantwortlichen Seiten in der Hoffnung auf umfassende Toleranz aussprachen.[86] Ein Leserkommentar in der SDZ gab dafür wenig Anlass: Nach der Klage über den Verlust der nationalen Autonomie und der Selbstaufgabe deutscher Identität verpackte er seine (zu dieser Zeit nicht unübliche) Kritik an der Stationierung schwarzer Soldaten in die Sorge, dass Afroamerikaner allein aufgrund der klimatischen Gegebenheiten nicht nach Deutschland kommen sollten: „Rein menschlich gesehen, würde es ihnen dort gesundheitlich auch viel besser gehen; bei uns könnten sie am Ende doch allzu viel frieren müssen bei der Kohlen- und Stromknappheit." Doch auch von offizieller Stelle gab es Bedenken und die Bitte nach verstärkten Sicherheitsvorkehrungen, wie z. B. von **Bürgermeister Hailer**:

> *„Keine deutsche Stadt und keine deutsche Stadtverwaltung wird sich darüber freuen können, wenn farbige Truppen in ihrem Bereich stationiert werden. Die verschiedenartigen unangenehmen Folgeerscheinungen sind zu bekannt. Als die ersten amerikanischen Truppen in Ulm ankamen, war es für die Bevölkerung und nicht zuletzt für die Stadtverwaltung ein beruhigendes Gefühl, zu wissen, dass wir keine farbigen Einheiten bekommen sollten [...] Im Interesse der deutschen Bevölkerung habe ich deshalb die dringende Bitte an die amerikanische Militärpolizei gerichtet, nach Eintreffen farbiger Soldaten in Ulm sich der Aufrechterhaltung der Disziplin der Truppen in deutschen Gaststätten mit besonderer Aufmerksamkeit anzunehmen und mitzuhelfen, dass sich die deutsche Bevölkerung vor Belästigungen geschützt fühlen kann."[87]*

Die US-Armee reagierte auf Rassismus nicht mit Protest, im Gegenteil: Offiziell drohten bei Diskriminierung innerhalb der Armee seit 1948 zwar empfindliche Strafen; außerhalb der Dienstzeit zeigten weiße GIs jedoch ihre Verachtung und lebten den Deutschen ihren Rassismus vor. So führten sie auch die oben beschriebenen Gespräche über die Trennung von Gaststätten nach Hautfarbe ad absurdum, da sich die Soldaten selbst nach Hautfarben getrennte Kneipen schufen. So berichtete ein deutscher Arzt, dass eine Wirtin in einer Bar seinen farbigen Amtskollegen nicht bewirtete, weil sie sonst ihre weiße Kundschaft unter den Amerikanern verlöre.[88]

Die deutsche Öffentlichkeit nahm diesen Konflikt durchaus wahr: „Wir glauben nicht, dass es ganz ohne Unzuträglichkeiten zwischen farbigen und weißen Soldaten abgehen wird", stand schon 1952 in den Ulmer Nachrichten.[89] Die Reaktionen darauf waren unterschiedlich: Viele wunderten sich über ein solches Verhalten der Soldaten, die doch aus einem Land kamen, das seinen fortschrittlichen und demokratischen Freiheitsgedanken immer wieder betonte und sich als Prototyp für den ethischen wie auch gesellschaftlichen Aufbau Deutschlands propagierte. Andere sahen ihren eigenen Rassismus bestätigt und legitimiert, denn sie konnten dabei auf die „Vorbildfunktion" der Amerikaner verweisen.[90]

Besondere Probleme stellten Beziehungen von afroamerikanischen Soldaten zu deutschen Frauen dar. Dabei musste es sich gar nicht um tatsächliches Fehlverhalten handeln: Die Klagen von Ulmer Bürgerinnen und Bürgern bezogen sich bereits auf die Angst, die allein die Gegenwart schwarzer Soldaten auslöse, wie die Beschwerde eines Ehemanns über die angebliche Bedrohung seiner Frau zeigt:

„Wiederholt haben Neger auch schon an unsere Tür geklopft. Meine Frau fühlt sich – weil blond – deshalb unmittelbar bedroht und wagt es nicht mehr allein abends ihre Wohnung aufzusuchen, weil sie ständig das Auftauchen von Negern aus dem Halbdunkel der Gänge befürchtet."[91]

Hier offenbart sich die lange Tradition des europäischen Rassismus, die schwarze Männlichkeit mit sexueller Aggression und fehlende Selbstkontrolle assoziierte.[92]

In den 1960er Jahren begann das Civil Rights Movement unter dem Pazifisten Martin Luther King und die militante Black-Power-Bewegung in den USA, demonstrativ für ihre Rechte einzutreten. In der Folge regte sich auch in den Neu-Ulmer Kasernen Widerstand gegen die Unterdrückung und Forderungen nach Gleichberechtigung wurden laut.[93]

Im Zuge des Vietnamkrieges entwickelte sich die US-Armee in eine problematische Richtung: Auch in Neu-Ulm trafen stark traumatisierte Soldaten ein, weshalb sich eine florierende Drogenszene rund um die Kasernen entwickelte. Der Dollarverfall der 1970er Jahre führte außerdem zu einer Verringerung der Kaufkraft der GIs. Der NATO-Doppelbeschluss mit der Stationierung von Pershing-Raketen in den 1980er Jahren machte die Kasernen zum Ziel von Demonstrationen der Friedensbewegung, die mit Sit-ins die Kasernentore blockierten, um den „Rüstungswahnsinn" zu stoppen. Überregionale Aufmerksamkeit erhielt in diesem Zusammenhang die 108 Kilometer lange, geschlossene Menschenkette am 22. Oktober 1983 von Stuttgart nach Neu-Ulm.[94] Mit dem Zerfall der Sowjetunion endete nicht nur der Kalte Krieg, sondern nach über 45 Jahren am 26. Juli 1991 auch die amerikanische Präsenz in Neu-Ulm.

1   Vgl. Oltmer: Migration, Migrationsformen und Migrationsregime, S. 217–219.
2   Vgl. Tabelle bei Browder: Appendix, S. 351f. und allgemein Gassert: Zwischen militärischer
    Abschreckung und gesellschaftlichem Austausch.
3   Zu den Luftangriffen vgl. Specker/Specker: Die Luftangriffe auf Ulm und StdAU, B 061/9-1.1.
4   Berichte von verschiedenen Zeitzeugen existieren in StdAU, B 061/9-1.2, 1.3, 1.5. Thematisch
    relevante Zeitungsausschnitte in ebd. B 061/9-1.4.
5   Hierbei ist NSDAP-Kreisleiter Wilhelm Maier und besonders Oberbürgermeister Friedrich
    Foerster zu nennen. Letzterer rechtfertigte sich in der Nachkriegszeit, dass er die Stadt nur
    auf Befehl verlassen habe. Vgl. StdAU, B 061/9-1.1: Friedrich Foerster an die Schwäbische
    Donau-Zeitung, 7.8.1954. In der Folge übernahmen Hermann Frank und Karl Eychmüller
    die Verhandlungen mit den Amerikanern. Vgl. StdAU, B 061/9-1.1: Karl Eychmüller an Stadt-
    archiv. In der Anlage sein Bericht vom 8.3.1949, 9.3.1949.
6   Ein Bericht des Polizeidirektoriums stellt die Situation in den ersten Nachkriegswochen dar,
    in: StdAU, B 061/9-1.1: Polizeidirektion Ulm an Stadtarchiv, 29.9.1948.
7   Denazifizierung, Demilitarisierung, Demokratisierung und Dezentralisierung.
8   Vgl. Leuerer: Die Stationierung amerikanischer Streitkräfte in Deutschland, S. 94, 140f.
    (Grafik).
9   Vgl. Morsey: Die Bundesrepublik Deutschland bis 1969.
10 Vgl. Haftendorn: Historische Entwicklung, politische Motive und rechtliche Grundlagen,
    S. 141; van Dijk: Den Frieden gewinnen, S. 134.
11 Wala: Der Marshallplan und die Genese des Kalten Krieges.
12 Vgl. Schönberger: „Hier half der Marshallplan", S. 194–196.
13 Vgl. Stadtchronik 4.7.1950: Der Ulmer Resident Officer Mr. W. Seelye eröffnet in der Städti-
    schen Bühne die ERP-Ausstellung des Marshall-Plan-Zuges; ebd., 6.7.1950: 24 000 Menschen
    besuchten die ERP-Ausstellung des Marshall-Plan-Zuges.
14 Vgl. Stadtchronik 31.1.1951: Resident Officer von Ulm Mr. Capell legte eine Liste von erhaltenen
    ERP-Geldern für Ulm vor.
15 Weyerer: Liebesgaben aus Übersee. Begehrt waren die Pakete zu den Feiertagen, die neben
    den normalen Lebensmitteln wie Milch, Zucker, Bohnen oder Reis, zu Weihnachten z. B. auch
    Rehfleisch enthalten konnten. Vgl. StdAU, B 404/11-5, Brief des Regierungspräsidiums Nord-
    württemberg an das Ulmer Bürgermeisteramt, 5.12.1953; ebd.: Brief vom Oberbürgermeister
    Pfizer an das Resident Office, 27.12.1949. Neben Lebensmitteln spendeten Amerikaner wei-
    tere existenzielle Güter: Im Jahr 1953 trafen z. B. 185 Pakete mit 5581 Kleidungsstücken aus
    New-Ulm im US-Staat Minnesota ein. Vgl. SDZ 20.6.1953: New-Ulmer spenden Kleidungs-
    stücke an Flüchtlinge.
16 Vgl. StdAU, B 404/11-5: Brief von Oberbürgermeister Pfizer an Lt. Col. Barnes, 21.12.1954.
17 Vgl. Gienow-Hecht: Die amerikanische Kulturpolitik in der Bundesrepublik 1949-1968,
    S. 614.
18 Vgl. Boehling: Die amerikanische Kulturpolitik während der Besatzungszeit 1945-1949,
    S. 595f.
19 Vgl. Stadtchronik 6.1.1953: Stadt kauft Gebäude der Textilfirma Walker für Amerikaner.
20 Vgl. Stadtchronik 18.1.1952: Englischkurs im Amerikahaus.
21 Vgl. Füssl: Zwischen Eliteförderung und Erziehungsreform, S. 624-626.
22 Vgl. Stadtchronik 5.1.1951: Über ihre Eindrücke in Amerika berichteten sieben Ulmer
    Amerikareisende im Amerikahaus; ebd. 3.9.1952: BM Hailer will amerikanisches Leben
    kennenlernen.
23 Vgl. Stadtchronik 1.5.1951: Treffen der amerikanischen und deutschen Frauenverbände im
    Amerikahaus.
24 Vgl. Berghahn: Amerika und der soziale Wandel in Deutschland 1945-1968, S. 764.

25 Vgl. Katholisches Kirchenblatt 16.8.1953: Ausverkauf der fraulichen Würde.
26 Seckendorff: Die Hochschule für Gestaltung in Ulm, S. 30–32; Die Neue Zeitung 23.6.1952:
    Die Geschichte der ‚Geschwister-Scholl-Stiftung‘.
27 StN 24.6.1952: McCloy zum letzten Mal in Baden-Württemberg.
28 Grüner: Nachkriegszeit 1945–1957, S. 357.
29 Vgl. StdAU, B 005/5-368: Niederschrift der Verhandlungen der Hauptabteilung,
    16.2.1951, § 168.
30 Vgl. StdAU, B 005/5-367: Niederschrift der Verhandlungen des Gemeinderats,
    28.3.1951, § 61; ebd.: Niederschrift der Verhandlungen des Gemeinderats, 26.5.1951, § 96;
    StdAU, B 005/5-368: Niederschrift der Verhandlungen der Bauabteilung, 17.5.1951, § 557.
31 Weitere 3 Millionen DM verlangte die Besatzungsmacht in diesem Zeitraum für weitere
    Leistungen, so dass ein Gesamtwert von 10,1 Millionen DM geleistet wurde. Vgl. StdAU,
    B 151/10-1: Verwaltungsbericht des Besatzungskostenamtes der Stadt Ulm/Donau für die
    Zeit vom 27.4.1945 bis 31.3.1955, [ohne Datum].
32 StdAU, B 151/10-1: Verwaltungsbericht des Besatzungskostenamtes der Stadt Ulm/Donau für
    die Zeit vom 27.4.1945 bis 31.3.1955, [ohne Datum].
33 Vgl. Leuerer: Die Stationierung amerikanischer Streitkräfte in Deutschland, S. 170–177.
34 Vgl. StdAU, B 150/103-1: Brief des Amts für Besatzungsleistungen an das Hauptamt,
    18.3.1952.
35 Vgl. StdAU, B 150/104-1: Aktenvermerk der Stadtbauverwaltung, 20. 8.1953; ebd., Akten-
    vermerk des Besatzungskostenamtes, 22.8.1953. Eine Auflistung über „die mit Mitteln des
    Besatzungskosten- und Auftragsausgabenhaushalts beziehungsweise des Stationierungs-
    kostenhaushalts beschafften oder erstellten Gebäude und sonstige Bauwerke in:
    StdAU, B 150/103-1: Übersicht der Oberfinanzdirektion Stuttgart, [ohne Datum].
36 Höhn: Amis, Cadillacs und „Negerliebchen“, S. 103.
37 Vgl. SDZ 15.11.1951: Amerikanische Truppen in Ulm eingetroffen.
38 SDZ 21.4.1955: USAREUR verhinderte Beratungsausschuss.
39 NUZ 20.5.1957: Kanonen und Panzer rollten über die Donau.
40 Vgl. UN 13.5.1955: Boogie-Woogie mit Schuhplattler-Einlage.
41 Vgl. StdAU, B 151/12-2: Brief des Headquarters first battalion, 47th infantry regiment, APO 35
    US Army an Oberbürgermeister Pfizer, 17.5.1956.
42 Vgl. UN 13.5.1955: Boogie-Woogie mit Schuhplattler-Einlage.
43 Vgl. SDZ, 22.6.1959: „Allerlei Spiele und 1500 Liter Bier“.
44 Vgl. dazu beispielsweise Schumacher: Vom Besetzten zum Verbündeten, S. 154; Westphal/
    Arendt: Uncle Sam und die Deutschen, S. 92; Brandt: Die Rüstung der Bundesrepublik, S. 178f.
45 Vgl. Schumacher: Vom Besetzten zum Verbündeten, S. 154.
46 Vgl. Gerlach: Demokratischer Neubeginn, S. 459; Kutz: Die verspätete Armee; Molt: Von der
    Wehrmacht zur Bundeswehr, bes. S. 449–454.
47 Vgl. SDZ 8.11.1958: Bundeswehr und US-Soldaten in der Boelckekaserne.
48 Vgl. StdAU, B150/103-1: Dr. Lang an Kommandierenden General der US-Army Europe,
    Heidelberg, 10.11.1964.
49 Vgl. dazu StdAU, B150/103-1: Lang an Pfizer, 10.11.1964; ebd.: Pfizer an Joohs, 16.11.1956.
50 Dass auch die US-Siedlungen für Deutsche unzugänglich waren, führte zu dem Vorwurf,
    die Amerikaner würden sich exterritoriale Gebiete markieren. Manche folgerten auch nach
    der Souveränität Deutschlands daraus, dass trotz aller Verbrüderungsgesten weiterhin eine
    Besatzung existiere. Vgl. NUZ 3.11.1952: US-Wohnsiedlung exterritoriales Gebiet?
51 Sie zogen vom Kuhberg auf den Eselsberg, in deren Nähe sich die Übungsgelände befanden.
    Vgl. dazu StdAU, B 151/10-1: Geschichte der US Garnison Ulm, [ohne Datum]; SDZ 25.4.1956:
    Lärmbekämpfung; StdAU, B 150/103-1: Brief von Oberbürgermeister Pfizer an das Finanz-

ministerium Baden-Württemberg, Interministerieller Ausschuss für Unterbringungs- und Liegenschaftsfragen der Streitkräfte, 25.6.1958; SDZ, 22.8.1958: Panzer ziehen um.

52 Vgl. dazu UN 11.10.1957: Das Schotterwerk steht auf dem Kasernenhof; UN 10.9.1958: Bereitwillige Helfer verlassen die Stadt.
53 Vgl. SDZ 7.7.1954: Schilderkrieg am Zaun der Hindenburg-Kaserne.
54 UN 13.5.1955: Boogie-Woogie mit Schuhplattler-Einlage.
55 Vgl. SDZ 6.5.1955: Deutsch-amerikanische Freundschaftswoche.
56 Vgl. dazu Bommas: ,Amerikanisierte' Jugend- und Populärkultur seit 1945.
57 Vgl. Stadtchronik, 3.7.1956: Club der Jugend.
58 Vgl. SDZ 27.12.1951: 200 US-Soldaten Gäste in Ulmer Familien; SDZ, 4.2.1959: Zu Gottes-dienste der Amerikaner eingeladen.
59 SDZ 6.10.1959: Glockenhelle Harmonie der Nachbarschaft.
60 Vgl. StdAU, B 150/102–1: Abschrift eines Dankesbriefes von Landrat Dambacher, 18.12.1954; ebd.: Brief von Oberbürgermeister Pfizer an Lt. Col. Barnes vom 616. AC & W Squadron, 21.12.1954; SDZ 22.12.1951: Amerikaner luden deutsche Kinder ein.
61 Vgl. SDZ 6.5.1955: Deutsch-amerikanische Freundschaftswoche; Stadtchronik, 5.1.1950: Stadtverwaltung erfreute kürzlich als Weihnachtsüberraschung den Chef.
62 Vgl. Höhn: Amis, Cadillacs und „Negerliebchen", S. 124f.
63 SDZ 24.12.1951: Leserbrief von Luise Maier, Ulm.
64 Vgl. SDZ 24.12.1951: Die letzten Stunden.
65 Vgl. StdAU, B 150/101–1: Brief von Dr. med. Karl Heinz Gekeler an das Amt für öffentliche Ordnung, 2.7.1955.
66 StdAU, B 150/103–1: Brief von Gerhard Seybold an Oberbürgermeister Pfizer, 31.3.1956.
67 UN 25.8.1955: Lärm um die Ford-Barracks.
68 UN 28.4.1955: Randalierende Soldaten und rasende Taxifahrer.
69 Vgl. StdAU, B 151/13–1: Bericht über die 5. Sitzung des Deutsch-Amerikanischen Beratungs-ausschusses, 9.11.1953.
70 StdAU, B 151/15–2: Brief von der Leiterin der Ulmer Handelsschule, Frau Jerg an die Civil Affairs Office, 12.11.1952.
71 SDZ 11.1.1960: Probleme deutsch-amerikanischer Zusammenarbeit.
72 Sander: Ulmer Bilderchronik, S. 33. Zwischen 1951 und 1953 stieg die Zahl von Neuinfektionen bei Frauen um 475 % an. Diese Werte lassen sich nicht mit der gestiegenen Gesamtbevölke-rung erklären, denn sie erhöhte sich nur um 9 % (1951 lebten 73 348 und 1953 79 929 Perso-nen in Ulm). Vgl. Stadt Ulm (Hg.): Ulmer Statistik 1951–1953.
73 Vgl. StdAU, B 123/4–1: Brief von Dr. Dr. Hagen an den deutschen Städtetag, 16.8.1952.
74 Vgl. SDZ 24.9.1953: Einspruch in Sachen Küfergasse.
75 Vgl. StdAU, B 151/13–1: Beschwerdebrief von Hermann Burghardt, 31.1.1956.
76 StdAU, B 151/13–1: Bericht über die 8. Sitzung des Deutsch-Amerikanischen Beratungsaus-schusses, 30.4.1956.
77 Vgl. NUZ 3.5.1956: In 90 % aller Fälle ist der Alkohol Schuld.
78 SDZ 29.6.1956: ,Gute Soldaten' sollten ,gute Mädchen' kennenlernen.
79 Vgl. Roelfs: „Ami-Liebchen" und „Berufsbräute", S. 202f.
80 Soldaten war der Umgang mit Deutschen grundsätzlich verboten.
81 Bis zum 15.11.1954 galt die Regelung, dass ein GI erst dann einen Heiratsantrag stellen durfte, wenn er 18 Monate in Deutschland stationiert war.
82 Vgl. B 151/10 Nr. 1: Eheschließungen mit Amerikanern, [ohne Datum].
83 Insgesamt erhöhten sich die unehelichen Geburten von 1952 bis 1954 um 223,6 %, während der Anteil der ehelichen Kinder um nur 125,6 % stieg. Der prozentuale Anteil der Soldaten an den unehelichen Kindern steigerte sich von 1951 auf 1954 um 25 %, wo er seinen Höchst-

stand erreichte: 1954 stammten 36,7 % der in Ulm unehelich geborenen Kindern von ameri-kanischen Besatzungssoldaten, was einen Anteil von 5,6 % aller in Ulm geborenen Kinder ausmachte. Vgl. Stadt Ulm (Hg.): Ulmer Statistik 1951–1954.

84 Vgl. Kleinschmidt: „Do not fraternize", S. 175–178.
85 Vgl. Höhn: Amis, Cadillacs und „Negerliebchen", S. 152f.
86 Vgl. SDZ 24.4.1952: US-Militärarzt inspiziert Ulmer Gasthäuser.
87 Beide Zitate aus UN 14.5.1952: Leser meinen ... Gesetz oder Toleranz?
88 Vgl. SDZ 21.10.1959: Der ‚unerwünschte Farbige' geht.
89 UN 24.4.1952: Gesetz oder Toleranz?
90 Vgl. Höhn: Amis, Cadillacs und „Negerliebchen", S. 170.
91 StdAU, B 123/42-2: Brief von August Ihle an das Liegenschaftsamt, 23.2.1953.
92 Vgl. Höhn: Amis, Cadillacs und „Negerliebchen", S. 158.
93 Vgl. Höhn/Klimke: Ein Hauch von Freiheit?
94 Vgl. zur Geschichte der US-Garnison in Neu-Ulm Sander: Neu-Ulm 1945–1994, S. 391–406. Sowie allgemein: Becker-Schaum u. a. (Hg.): „Entrüstet Euch!"; Gassert (Hg.): Zweiter Kalter Krieg und Friedensbewegung.

08

Jüdische Zuwanderung

Mit den weltweiten Umbruchjahren 1989/90 und dem Zerfall der Sowjetunion kamen, von der Öffentlichkeit weitgehend unbeachtet, vor allem russischsprachige Juden[1] nach Deutschland. Ausgehend von der DDR-Führung des Jahres 1990, die sich aufgrund antisemitischer Übergriffe in der Sowjetunion zur Aufnahme von Juden in Ostberlin bereit erklärt hatte,[2] generierte sich nach der Wiedervereinigung ein gesellschaftlicher Druck auf die Bundesregierung – auch durch Presse und Öffentlichkeit –, sich der sowjetisch-jüdischen Zuwanderung zu widmen. Trotz gewisser Uneinigkeit innerhalb der Parlamentsparteien bestand Einmütigkeit darüber, dass Deutschland seine Grenzen diesem Personenkreis nicht verschließen dürfe, wobei das wichtigste Argument in dieser Debatte die historische Verantwortung Deutschlands bildete.

Juden in Ulm:
Geschichtlicher Überblick bis 1945[3]

Um die Umstände der Neuansiedlung von Juden in Ulm nach dem Zweiten
Weltkrieg verstehen zu können, bedarf es eines kurzen Rückblicks in ihre
wechselvolle Geschichte. Erstmals in der ersten Hälfte des 13. Jahrhunderts
nachweisbar, fand die feindselige Haltung gegenüber den Juden mit einem
Pogrom im Jahr 1349 einen ersten Höhepunkt. Im Verlauf des 15. Jahrhunderts wurde ihr Rechtsstatus zunehmend verschlechtert, bis 1499 alle Juden
die Stadt verlassen mussten.

Erst ab 1806 konnten sie wieder in der Stadt wohnen. 1871 lassen sich
555 Gemeindeangehörige nachweisen, die gut in die städtische Wirtschaft
und Gesellschaft integriert waren. Zwei Jahre später (1873) wurde die (‚alte')
Synagoge am Weinhof eingeweiht. Schon vor der Niederlage Deutschlands im
Ersten Weltkrieg verstärkte sich in der Ulmer Gesellschaft der Antisemitismus,
der dann unter anderem seit der Etablierung der Ortsgruppe Ulm der NSDAP
im Jahr 1922 immer mehr in den Vordergrund trat.

Mit der Machtübernahme der Nationalsozialisten 1933 wurde die Judenfeind-
lichkeit Staatsdoktrin, was den 530 zu diesem Zeitpunkt in Ulm lebenden
Juden durch einen Boykott ihrer Geschäfte im März desselben Jahres deutlich
vor Augen geführt wurde. Viele hofften noch auf eine Normalisierung der Verhältnisse und blieben in Ulm, doch mit der Zeit erhöhten sich Schikane, Repressalien, Ausgrenzung und Entrechtung.[4] In der Pogromnacht am 9. November
1938 wurde die Synagoge von SA-Leuten angezündet und etliche jüdische
Bürgerinnen und Bürger wurden misshandelt, gedemütigt und nach Dachau
verschleppt.[5] Die jüdische Gemeinde in Ulm musste sich formal am 30. August
1939 auflösen und die noch in der Stadt lebenden Juden wurden in sogenannten „Judenhäusern" zusammengezogen. Ab 1941 begannen dann die Deportationen in die Vernichtungslager, wo 141 Ulmer Juden ermordet wurden.

Nachkriegszeit und Remigration

In der unmittelbaren Nachkriegszeit wurde Ulm zu einem vorübergehenden Zufluchtsort für Holocaust-Überlebende. Unter diesen sogenannten Displaced Persons befanden sich viele, meist osteuropäische Jüdinnen und Juden, die in DP-Lagern auf ihre Ausreise aus dem ‚Land der Täter' warteten, die nach der Gründung des Staates Israel im Jahr 1948 nur schleppend anlief. Die jüdischen DPs in Ulm verließen 1949 die Stadt in Richtung Bayern, wo sie in ein weiteres Lager kamen.[6] Nur wenige blieben im Großraum Ulm ansässig, weshalb es in der Stadt – anders als beispielsweise in Stuttgart – zu keiner jüdischen Gemeindegründung kam.[7]

Dass nur ein sehr kleiner Teil der in den 1930er und 1940er Jahren vertriebenen Juden in jenes Land zurückkehrte, das verantwortlich für die Ermordung von Verwandten und Freunden war, ist leicht verständlich. Viele hatten in den Exilländern auch persönliche und/oder berufliche Bindungen und Kontakte geknüpft, weshalb kein Grund für eine Remigration bestand. Aber selbst wenn der Wunsch existierte, wieder nach Deutschland zu kommen, gestaltete sich die Einreise aufgrund bürokratischer Hürden der Besatzungsbehörden schwierig.[8] Auch der nach 1945 immer noch existierende Antisemitismus wirkte abschreckend. Die (westlichen) Siegermächte hatten zwar mit der Entnazifizierung zu einer Umerziehung der Bevölkerung angesetzt, allerdings war der „Elan [...] spätestens ab Frühjahr 1948 verschwunden".[9] Der Politologe Franz Neumann bezeichnet die Entnazifizierung als „grandiosen Misserfolg".[10] Antisemitische Äußerungen und Aktionen waren auch über die Nachkriegszeit hinaus präsent. So wurden z. B. zwischen 1945 und 1950 200 der 500 jüdischen Friedhöfe in Deutschland geschändet. Zwar sprachen sich führende deutsche Politiker vehement gegen Antisemitismus und Rassismus aus und verurteilten den National-sozialismus, jedoch personelle Kontinuitäten in Politik, Verwaltung und Justiz standen diesen Statements entgegen.[11]

Nichtsdestotrotz entschieden sich einige wenige Jüdinnen und Juden nach Deutschland zurückzukehren, wie der 1913 in Ulm geborene Alfred Moos, der im Februar 1953 zusammen mit Frau und Kind zurück in die Münsterstadt kam. Der Sohn eines Ulmer Geschäftsinhabers – der 1942 nach Theresienstadt

deportiert worden war und dort im gleichen Jahr umkam – war 1933 erst
nach England ausgewandert und 2 Jahre später nach Palästina übersiedelt.
Als Gründe für seine Rückkehr nach Ulm beziehungsweise nach Deutschland
nannte er in einem Interview 1994, dass einerseits die Spannungen zwischen
Juden und Arabern in Israel sowie andererseits auch die immer vorhandenen
persönlichen und guten Beziehungen nach Deutschland eine Rolle spielten.
Über das Verhältnis zu den Einheimischen äußerte er sich zwiespältig, da es
zu Gleichaltrigen immer „Barrieren" gegeben hatte, „die weder ich überstei-
gen konnte noch die anderen, [...] weil wir ja nicht gewusst haben, was haben
diese Leute in der Nazizeit gemacht?" Allerdings bezeichnete er das Verhältnis
allgemein als „eindeutig positiv", denn „wir haben gewusst, nicht jeder
Deutsche ist ein Nazi."[12]

Aufarbeitung, Erinnerung und Wiederannäherung

Die Aufarbeitung des Nationalsozialismus, insbesondere des Holocaust innerhalb der bundesrepublikanischen Öffentlichkeit, lag nach 1949 brach. Auch angesichts der Ost-West-Spaltung und des Kalten Krieges siegte Pragmatismus über Moral, was die Integration von NS-Eliten in den neu entstandenen westdeutschen Staat ermöglichte, wobei auch ein allgemeiner Wille in der Gesellschaft bestand, sich von Schuld freizusprechen.[13] Unter anderem der Ulmer Einsatzgruppen-Prozess von 1958 – in dem 10 SS- und SD-Angehörige bis zu 15 Jahre Zuchthaus für „Beihilfe zum gemeinschaftlichen Mord" erhielten – trug zu einem allmählichen Bewusstseinswandel bei. Er führte der Öffentlichkeit das Ausmaß der nationalsozialistischen Verbrechen und die bisherige, (auch juristisch) unzureichende Aufarbeitung und Bestrafung der Täter vor Augen.[14] Mit dem ehemaligen Widerstandskämpfer Willy Brandt kam 1969 ein Bundeskanzler ins Amt, der mit seinem Kniefall vor dem Warschauer Ghetto 1970 eine „Gebärde der Demut" vollzog und um „Vergebung" bat.[15] Weiteren Anschub erhielt die öffentliche Diskussion durch die 1979 ausgestrahlte US-Serie „Holocaust – Die Geschichte der Familie Weiss", die den Bundestag dazu beeinflusst haben soll, die Verjährungsfrist für Mord aufzuheben, wodurch die Massentötungen der Zeit des Nationalsozialismus weiterhin bestraft werden konnten.[16]

Die Stadt Ulm begann vergleichsweise früh, sich mit den Verbrechen in der Zeit des Nationalsozialismus auseinanderzusetzen: Oberbürgermeister Theodor Pfizer gab die Erforschung der Verfolgung der Ulmer Juden in Auftrag, worauf im Jahr 1961 eine vom damaligen Leiter des Einwohnermeldeamts, Heinz Keil, akribisch erstellte „Dokumentation über die Verfolgung der jüdischen Bürger von Ulm" erschien. Vor dem Hintergrund neuer und erweiterter Erkenntnisse entstand 2009 ein ebenfalls von der Stadt finanziertes Gedenkbuch von Ingo Bergmann unter dem Titel „Und erinnere Dich immer an mich. Gedenkbuch für die Ulmer Opfer des Holocaust", das eine gesicherte Grundlage für die weitere Gedenkkultur in Ulm bietet.[17]

Ein zentrales Datum in der Ulmer Erinnerungskultur an die Verbrechen des Nationalsozialismus ist der 9. November 1938, als in der 1873 eingeweihten, ‚alten' Synagoge von SA-Männern ein Brand gelegt und diese später abgerissen wurde. Zum 20-jährigen Gedenktag enthüllte **Bürgermeister Pfizer** zusammen mit dem damaligen Oberrabbiner des Landes, Dr. Bloch, an historischer Stelle eine Gedenktafel zur Erinnerung an die Reichspogromnacht. In der Rede erteilte der Oberbürgermeister nicht nur Skeptikern und Gegnern dieser Erinnerungskultur eine Abfuhr, sondern mahnte auch vor Verdrängung:

„Andere mögen glauben, durch ein solches Bekenntnis die schwere Schuld abtragen, Vergangenes abgelten zu können, um das vielleicht noch immer pochende Gewissen einzuschläfern. [...] Aber eben, wenn wir einmal in solchen Stunden der Besinnung wenigstens dem Geschehen nicht ausweichen wollen, dann muß uns klar werden, daß es hier kein einfaches Vergessen geben kann und daß das Nachdenken über diese schreckliche Vergangenheit kein sinnloses Aufwühlen ist. [...] Wir aber wollen nicht vergessen, daß die, die in Folterstätten und Gaskammern ihr Leben endeten, angesehene, geachtete Mitbürger waren."[18]

Die bis dahin größte Gedenkfeier fand zum 50. Jahrestag der Reichspogromnacht im Jahr 1988 statt. Schon im Sommer diesen Jahres hatte die Stadt 157 ehemalige Ulmer Juden, die nach 1933 ins ausländische Exil geflohen waren, eingeladen[19] und für diese ein einwöchiges Veranstaltungsprogramm ausgearbeitet: Neben dem Besuch der KZ-Gedenkstätte auf dem Oberen Kuhberg gab es Diskussionsrunden mit Ulmer Schülern und einen Gottesdienst in den Neu-Ulmer Wiley-Barracks durch den jüdischen US-Militärgeistlichen sowie freundschaftliche Besuche bei einheimischen Bekannten. Den Abschluss bildete der Schwörmontag, bei dem Alfred Moos die Bürgermedaille erhielt.[20]

↑ **79** Ein bei der Gedenkfeier an die Pogromnacht auf dem Weinhof wiederkehrendes
Symbol ist ein mit Kerzen gelegter Davidsstern,
wie hier im Jahr 2007.

Im Vorfeld des 9. Novembers 1988 widmeten sich Stadtbibliothek, Stadtarchiv,
Museum, Theater, Volkshochschule und das Haus der Begegnung in einem ein-
wöchigen Programm der Reichspogromnacht in Ulm sowie dem jüdischen
Leben und der jüdischen Kultur im Allgemeinen: Das von Bürgermeister
Hartung ausgegebene übergeordnete Thema dieser „jüdischen Woche" war
„Dokumentation" und „Begegnung". In diesem Sinne hatte das Stadtarchiv
eine Ausstellung über die gesamte Geschichte der Juden in Ulm erarbeitet, die
unter großer Anteilnahme der Bevölkerung von Oberbürgermeister Ernst Ludwig
am Jahrestag eröffnet wurde.[21] Daran schloss sich die Enthüllung des Mahnmals
des Bildhauers Martin Croissant an, wobei der jüdische Religionsphilosoph
Schalom Ben-Chorin mit einem hebräischen Totengebet der ermordeten Juden
gedachte. Abschließend feierten Juden und Christen gemeinsam im Ulmer
Münster einen Gottesdienst, an dem mehrere Tausend Menschen teilnahmen.[22]

Der 9. November blieb auch in der Folgezeit ein zentraler Gedenktag in der Stadt, der allgemein an die Zeit des Nationalsozialismus und im Besonderen an die Judenverfolgung und Judenvernichtung erinnern sollte und ab Anfang der 1990er von der 1969 gegründeten Deutsch-Israelischen Gesellschaft e. V. – Arbeitsgemeinschaft Ulm/Neu-Ulm (DIG) veranstaltete wurde. Neben der Verlesung der Namen von Ulmer Opfern der Shoa, dem Singen jüdischer Lieder durch Ulmer Gymnasiasten und dem Entzünden von Kerzen traten zu diesem Anlass auch Prominente ans Rednerpult, wie beispielsweise 1994 der Auschwitz-Überlebende Max Mannheimer.[23] Seit 1996 wird in Ulm auch der von Bundespräsident Roman Herzog zum Gedenktag für die Opfer des NS-Rassenwahns und Völkermords erklärte 27. Januar begangen, der seither von dem „Arbeitskreis 27. Januar" organisiert wird.

← **80** Oberbürgermeister Gönner begrüßt
149 ehemalige jüdische Mitbürgerinnen und
Mitbürger im Rathaus, die „aus der halben
Welt" nach Ulm gekommen waren, um im Jahr
1997 das Schwörbrief-Jubliäum mitzufeiern.

Doch nicht nur das gute Verhältnis von Ulm zu seinen (ehemaligen) jüdischen Mitbürgerinnen und Mitbürgern,[24] sondern auch das Verhältnis zum Staat Israel lag im Interesse der Ulmer Bürgerinnen und Bürger. Als Beispiel kann hier das 1991 maßgeblich vom späteren Bundespräsidenten Johannes Rau mit dem Jüdischen Nationalfonds initiierte Projekt „Wald der deutschen Länder" angeführt werden, wobei die Wüste Negev durch Spenden aus Deutschland wieder aufgeforstet werden sollte.[25] Dazu trug auch ein Ulmer Ehepaar nicht nur finanziell maßgeblich bei, sondern es pflanzte Mitte 1994 persönlich Bäume in dieser Wüste. Schließlich war durch zahlreiche Spenden von Privatpersonen und Firmen aus der Ulmer Region im Januar 1997 ein „Ulmer Hain" mit mehr als 10 000 Bäumen in der Wüste entstanden, worauf ein zweisprachiger (hebräisch und deutsch) Gedenkstein am Eingang hinweist.[26] Die bereits erwähnte DIG Ulm/Neu-Ulm engagierte sich auch aktiv für die jüdische Gemeinde in der Stadt. Mit einer Spendenaktion warb sie im Jahre 2003 für die Anschaffung einer ca. 30 000 Euro teuren Thora[27] und gründete 2007 einen „Förderverein zur Unterstützung des Baus einer neuen Synagoge", der neben Sammelaktionen auch versuchte, der Ulmer Bevölkerung die Notwendigkeit einer Synagoge näherzubringen.[28]

Weiterhin war beispielsweise auch die WIZO (Women International Zionist Organization) in Ulm tätig. Dieser 1920 in London gegründete Verein verband von Anfang an Emanzipation und Zionismus, unter anderem, indem Bildung und Beruf als Grundlage für die Entwicklung zu „verantwortungsbewussten Staatsbürgerinnen" gefördert wurde. Mitte der 1980er Jahre ließ Noemi Berger, die Ehefrau des Landesrabbiners, den Verein in Stuttgart wieder aufleben, der in der Folgezeit über Integrations- und Jugendarbeit sowie über Frauenclubs weitreichende Wirkung durch Bibeltage und besonders durch große Bazare mit Produkten aus Israel entfaltete. Einer dieser Bazare, der im Juni 2004 im damaligen Ulmer jüdischen Zentrum in der Neutorstraße stattfand, wurde von Rabbiner Trebnik und Oberbürgermeister Gönner unterstützt und als ein weiterer Schritt zu einem intensiveren jüdischen Leben in Ulm gewertet, mit dem Ziel, ein „eigenes jüdisches Zentrum in Ulm" zu erhalten.[29]

Jüdische Zuwanderung nach 1990 und das Kontingentflüchtlingsgesetz

In die Auflösungsphase der Sowjetunion während der Regierungszeit Gorbatschows fiel die Liberalisierung des Auswanderungsgesetzes, das in Russland 1993 in Kraft trat und die Emigration auch außerhalb der seit Ende der 1980er Jahre erlaubten Familienzusammenführung vorsah.[30] Dass nun Deutschland bei vielen Juden als Einwanderungsziel in den Fokus geriet, hatte mehrere Gründe: Einmal der schon in der Einleitung angesprochene Vorstoß der DDR, die dadurch ihre Anerkennung durch Israel wie auch eine bessere Außenhandelsbilanz anstrebte. Ebenso wirkte sich die verschärfte Einwanderungspolitik der USA aus, die nach dem Zusammenbruch der Sowjetunion jüdischen Einwanderern keinen Flüchtlingsstatus mehr garantierte und eine jährliche Aufnahmegrenze festsetze.[31] Damit blieb primär nur noch Israel als mögliches Auswanderungsland bestehen, was aber viele wegen unterschiedlicher Gründe nicht in Erwägung zogen.[32] So wurde die Bundesrepublik zum Ziel jüdischer Einwanderer;[33] anders formuliert: „Vom ‚amerikanischen Traum' zur ‚deutschen Option'."[34]

Die Bundesrepublik geriet durch diese dezidiert auf Dauer angelegte Niederlassung von jüdischen Immigrantinnen und Immigranten allerdings in ein rechtliches Dilemma: Der Typus des Einwanderers existierte juristisch nicht und Deutschland war dem offiziellen Selbstverständnis nach kein Einwanderungsland. Einen Ausweg bot das Kontingentflüchtlingsgesetz, das 1980 als humanitärer Akt für die vietnamesischen boatpeople eingeführt worden war. Damit entfiel ein individuelles Asylverfahren, da schon mit der Einreise in die Bundesrepublik ein gesicherter Aufenthaltsstatus verliehen wurde,[35] womit nach 6 bis 8 Jahren dann ein Einbürgerungsantrag gestellt werden konnte.[36] Allerdings brachte die Anwendung des Kontingentflüchtlingsgesetzes auch Schwierigkeiten mit sich: Da die Jüdinnen und Juden dabei keine individuelle Verfolgung nachweisen mussten, führte ihr Status zu Spannungen: Sie entsprachen nicht dem allgemein in der Öffentlichkeit vorherrschenden Klischeevorstellungen eines Flüchtlings.[37]

Wenn die jüdischen Immigrantinnen und Immigranten in Deutschland ankamen, wurden sie, wie andere Flüchtlingsgruppen auch, über den „Königsteiner Schlüssel" den einzelnen Bundesländern zugewiesen und in den jeweiligen zentralen Aufnahmeeinrichtungen untergebracht. Nach den dortigen ersten Aufnahmeformalitäten kamen sie in weitere Heime. In Ulm wurden jüdische Zuwanderer bis Februar 2001 in der Gemeinschaftsunterkunft Greifengasse untergebracht und danach im Übergangswohnheim in Böfingen[38] oder in der Erbacher Straße 2, wo nur jüdische Zuwanderer wohnten.[39]

Die Ulmer Jüdinnen und Juden[40] hatten bis in die 1990er Jahre nicht die Möglichkeit, in der Stadt eine eigene Gemeinde zu bilden, da dafür aus religiösen Gründen mindestens 10 Männer nötig sind.[41] Nach dem beschriebenen tiefgreifenden Wandel wohnten 1996 wieder ca. 200 Jüdinnen und Juden in der Stadt und Umgebung, die über das Kontingentflüchtlingsgesetz eingereist waren. Davon stammten – mit der bundesdeutschen Verteilung vergleichbar[42] – ungefähr 60 % aus der Ukraine, 25 % aus Russland und 15 % aus Litauen, wodurch sich der Altersdurchschnitt in den jüdischen Gemeinden stark verjüngte, da sich ca. 40 % Kinder und Jugendliche unter den Zuwanderern befanden.[43] Um die Jahrtausendwende hatte sich die Anzahl der Jüdinnen und Juden in der Region Ulm auf etwa 400 erhöht und wuchs bis zum Jahr 2013 auf gut 450 an.[44]

Dieser starke Zuzug aus Osteuropa in die jüdischen Gemeinschaften in Deutschland zog Veränderungen nach sich: Unter der die Jüdinnen und Juden diskriminierenden, atheistisch-kommunistischen Herrschaft in der Sowjetunion hatte das Judentum als Nationalität oder Volkszugehörigkeit, vielleicht noch als Kultur, aber nicht als Religion gegolten.[45] Diese lange Unterdrückung der Religionsausübung führte in der Folge auch in Ulm dazu, dass manche nur noch „lose Verbindungen zum Glauben ihrer Väter"[46] hatten. Erschwerend kam bis zum Jahr 2000 die Entfernung zu Stuttgart hinzu, von wo aus die Ulmer Jüdinnen und Juden mitbetreut wurden. Dass viele der jüdischen Neubürgerinnen und Neubürger die deutsche Sprache nicht beherrschten, machte sie – trotz häufigem Hochschulabschluss[47] – auf dem einheimischen Arbeitsmarkt schwer vermittelbar. Außerdem konnten auch innerhalb der jüdischen Gemeinden Verständigungsprobleme auftreten. Eine seit 1959 in Neu-Ulm lebende Jüdin bedauerte die beschwerliche Kontaktaufnahme innerhalb der Ulmer Gemeinde, „da durch den starken Zuzug von Osteuropa vor allem russisch gesprochen"[48] werde. Allgemein hatten sich die deutsch-jüdischen Gemeinden im Vergleich zur Zeit vor dem Nationalsozialismus gewandelt,[49] wie die derzeitige Leiterin des Dokumentationszentrums Oberer Kuhberg, **Nicola Wenge**, im Jahr 2010 ausführte:

„Vor 1933 bestand die jüdische Gemeinde aus überwiegend deutsch-bürgerlichen, liberalen Mitgliedern, die das städtische Leben in der Stadt aktiv mitprägten. Heute hingegen stammt die große Mehrheit der Ulmer jüdischen Gemeinde [...] aus Osteuropa und ist noch auf der Suche nach einer neuen Heimat in Ulm."[50]

Vom Gebetsraum zur Synagoge

Die Zuwanderung von Jüdinnen und Juden aus der ehemaligen Sowjetunion führte zu einer starken Vergrößerung auch der religiösen Gemeinden. Die Ulmer Gemeinde war auch noch im Jahr 2000 eine Außenstelle von Stuttgart, jedoch erschien es der Israelischen Religionsgemeinschaft Württemberg (IRGW) nun angebracht, in der Donaustadt einen eigenen Rabbiner anzustellen, um die religiöse Betreuung der Gemeindemitglieder zu sichern, weshalb der damals 24-jährige Shneur Trebnik aus Israel nach Ulm kam.[51] Zwei Jahre später hatten die Ulmer Jüdinnen und Juden in der Neutorstraße erstmals seit 1938 wieder einen Gebetsraum für die ca. 160 Gemeindemitglieder, in dem Gottesdienste gehalten sowie Thora- und Hebräischunterricht gegeben werden konnten. Barbara Traub, die damalige Sprecherin der IRGW, sprach bei der Einweihung, von einem „Freudentag und ein[em] Neubeginn für das jüdische Leben in Ulm".[52] Grundsätzlich arbeitete die jüdische Gemeinde Ulms auf eine Eigenständigkeit hin, wozu die 2003 aus Israel in die Donaustadt überführte Thora – bis dahin musste auf eine Leihgabe zurückgegriffen werden – einen weiteren Schritt bildete.[53]

In diesem Sinne kündigte Wolfgang Müller, der damalige Vorsitzende der DIG Ulm/Neu-Ulm, bei der Gedenkfeier zur Reichspogromnacht am 9. November 2004 an, einen Förderverein zu gründen, der sich um die Errichtung einer Synagoge bemühen sollte. Zur zeitlichen Orientierung äußerte sich Rabbiner Trebnik: „Wir haben die Hoffnung, dass wir mit Hilfe der Stadt und des Staates bis in 4 Jahren über ein eigenes Gotteshaus verfügen, das für alle Mitglieder unserer Gemeinde ausreicht."[54] Oberbürgermeister Gönner, der sich schon für die Räumlichkeiten des Gebetsraums in der Neutorstraße eingesetzt hatte,[55] unterstützte den Bau der Synagoge und im selben Atemzug auch den Bau einer Moschee, die beide ein „Zeichen des Friedens" seien und gleichzeitig die Weltoffenheit und Toleranz der Stadt symbolisieren sollten.[56]

Im Jahr 2008 trat dann die IRGW an die Stadt wegen des Neubaus einer Synagoge mit Mehrzweckhalle, Bibliothek, Kindergarten, Religionsschule und Verwaltungsräume heran – insgesamt sollte eine Gesamtbruttogeschossfläche von ca. 1 000 bis 1 200 m² entstehen. Bei den Verantwortlichen wurde

→ **81** Die Einladung zur Einweihung des Gemeindezentrums in der Ulmer Neutorstraße im Jahr 2002.

ברוך אתה יי אלהנו מלך העולם
שהחינו וקימנו והגיענו לזמן הזה

Gelobt seist Du, Ewiger, unser Gott, König der Welt, der uns
am Leben und bei Wohlsein erhalten, und uns diese Zeit hat
erreichen lassen.

Israelitische Religionsgemeinschaft Württembergs
Körperschaft des öffentlichen Rechts

gibt sich die Ehre, Sie

**zur Einweihung des neuen Gemeindezentrums
in Ulm, Neutorstraße 28**

am Sonntag, dem 5. Mai, um 16:00 Uhr
einzuladen.

Programm

Lieder mit dem Zemer-Chor der Israelitischen Religionsgemeinschaft Württembergs

Begrüßung durch Frau Barbara Traub MA
Vorstandssprecherin der IRG

Grußwort durch den Oberbürgermeister der Stadt Ulm, Herr Gönner

Anbringung der Mesusah durch Rabbiner Trebnik

Gesang mit dem Zemer-Chor

Empfang

Barbara Traub MA
Vorstandssprecherin

Dr. Michael Fundaminski
Vorstandsmitglied

Martin Widerker
Vorstandsmitglied

rasch Einigkeit über den Standort erzielt:[57] Der Bereich im nördlichen Weinhof sollte eine räumliche Nähe zur früheren, im Jahr 1938 zerstörten und abgerissenen Synagoge herstellen. Dem Antrag über den „Neubau eines Jüdischen Gemeindezentrums mit Synagoge in Ulm" stimmte der Ulmer Gemeinderat am 5. Mai 2009 einstimmig zu. Neun Architektenbüros reichten daraufhin Entwürfe ein, die am 21. Januar 2010 ein Beurteilungsgremium, bestehend aus Vertretern des IRGW und der Stadt Ulm, begutachtete und (ebenfalls einstimmig) den Zuschlag zum Bau an die Kölner Architektin Susanne Gross vergaben.[58] Nachdem Archäologen des Landesamtes für Denkmalpflege untersucht[59] und der Ulmer Bauausschuss Anfang 2011 seine Genehmigung zum Bau der Synagoge gegeben hatte,[60] konnte im März 2011 der Spatenstich unter reger Beteiligung der Bevölkerung sowie mit dem dafür aus Jerusalem angereisten Minister Yossi Peled vorgenommen[61] und im Juni 2012 das Richtfest gefeiert werden.[62]

↑ **82** Zur Einweihung der Synagoge am 2. Dezember 2012 kam viel Politprominenz.

← **83** Zur Einweihung der Synagoge tanzt hier der Rabbiner Shneur Trebnik mit der Tora in der Neuen Mitte.

Zur Einweihung der als Kubus gebauten Synagoge mit dem exakt nach Jerusalem ausgerichteten „Jerusalemfenster", das als zentrale architektonische Besonderheit die Außenfassade nach Südosten mit Davidsternen durchbricht, reiste höchste Prominenz an: Neben Bundespräsident Joachim Gauck, dem baden-württembergischen Ministerpräsidenten Winfried Kretschmann und Bundesbildungsministerin Annette Schavan sprachen auch der israelische Botschafter in Deutschland, Yakov Hadas-Handelsman, der Präsident des Zentralrats der Juden in Deutschland, Dieter Graumann, sowie mit Landesrabbiner Netanel Wurmser und Vorstandssprecherin Barbara Traub zwei Vertreter der IRGW,

bevor zum Abschluss Ivo Gönner und Shneur Trebnik das Wort ergriffen. Allgemein sahen die Rednerinnen und Redner diesen Anlass als „Freudentag für die jüdische Gemeinde und für alle, die an das friedliche Zusammenleben der Kulturen, der Religionen und der Überzeugungen glauben" (Gauck).[63] Graumann nannte die Synagoge eine in „Stein gehauene Vertrauenserklärung".[64] Neben den politischen Repräsentanten sowie christlichen und muslimischen Geistlichen folgten derart viele Interessierte der unter strengsten Sicherheitsvorkehrungen abgehaltenen Prozession der Thora-Rollen zur Synagoge wie auch den anschließenden Reden, dass selbst ein für die Videoschaltung aufgestelltes Zelt überfüllt war. Als Gäste der Stadt Ulm nahmen an den Feierlichkeiten auch 55 Ulmer Holocaust-Überlebende beziehungsweise deren Nachkommen teil, die vornehmlich aus den Vereinigten Staaten angereist waren.[65]

1   Die Bezeichnung russischsprachige Juden, sofern nicht dezidiert unterschieden, wird hier für alle aus den Nachfolgestaaten der Sowjetunion stammenden jüdischen Einwanderer verwendet.

2   Vgl. Oltmer: Zuwanderung und Integration, S. 164. Dieser Schritt zielte darauf ab, dass Israel die DDR anerkennt, worauf Israel, so hoffte die damalige DDR-Führung, auch aufgrund von Ängsten vor einem wiedervereinigten Deutschland, eingehen würde. Weiss/Gorelik: Die russisch-jüdische Zuwanderung, S. 379.

3   Die folgende Zusammenfassung der Geschichte der Juden in Ulm basiert auf folgenden, in chronologisch absteigender Reihe aufgeführten Publikationen: Wettengel: Geschichte der Jüdischen Gemeinde in Ulm; Bergmann: Und erinnere dich immer an mich; Rak: Ulm unter dem Hakenkreuz, S. 145–157; Adams/Maihoefer: Jüdisches Ulm; Lechner: Das KZ Oberer Kuhberg; Sauer: Die jüdischen Gemeinden in Württemberg und Hohenzollern; Keil: Dokumentation über die Verfolgung der jüdischen Bürger von Ulm/Donau.

4   Beispiele dafür finden sich im Stadtarchiv Ulm: Die jüdische Gemeinde im Nationalsozialismus, S. 234–246.

5   Über die Pogromnacht in Ulm siehe Stadt Ulm: Ulmer Geschichte(n): Die Reichspogromnacht in Ulm (Iv).

6   Vgl. hierzu das Kapitel „Displaced Persons" in dieser Publikation.

7   Vgl. Maihoefer: Jüdische Displaced Persons in Ulm, S. 229f.

8   Emigrantinnen und Emigranten mussten z. B. eine Zuzugsgenehmigung sowie eine Wohnung am Zielort vorweisen können und „den Nachweis führen, daß sie in der alten Heimat gebraucht würden." Krauss: Heimkehr in ein fremdes Land, S. 137f.

9   Benz: Demokratisierung durch Entnazifizierung und Erziehung, S. 34.

10   Zit. nach Aschkenasi: Jüdische Remigration nach 1945, S. 22.

11   Vgl. Aschkenasi: Jüdische Remigration nach 1945, S. 23.

12   Zitate aus Interview mit Alfred Moos in der Realschule Blaubeuren am 31.5.1994, in: Gotthold Knecht (Hg.): Zeitzeugen aus Demokratie und Diktatur, Nürtingen 2010, S. 88–104, hier: S. 100f.

13   Vgl. Wolfrum: Geschichte der Erinnerungskultur (Iv).

14   Vgl. Stadt Ulm: ‚Der Ulmer Prozess – SS-Einsatzgruppen vor Gericht' (Iv). Ebenso Reichel: Vergangenheitsbewältigung in Deutschland, S. 209f.

15   Vgl. Der Spiegel 14.12.1970: Ein Stück Heimkehr.

16   Vgl. Bösch: Film, NS-Vergangenheit und Geschichtswissenschaft, S. 2.

17   Vgl. GD 328/06: Sitzung 6.10.2006: Gedenkbuch für die deportierten und ermordeten jüdischen Bürgerinnen und Bürger Ulms.

18   Sperrung im Original. SDZ o. D.: Dem Frieden zu helfen. Rede von Oberbürgermeister Pfizer anläßlich der Enthüllung einer Gedenktafel für die zerstörte Ulmer Synagoge, in: StdAU, G 6 V 6.1.

19   Um eine Wiederannäherung bemühte sich schon Oberbürgermeister Lorenser, der im Jahr 1983 erstmals ehemalige, in der NS-Zeit geflohene Ulmer Juden in die Stadt einlud. Vgl. dazu SWP 10.9.1983: OB Lorenser: Begegnung soll auch Versöhnung bedeuten; SZ 29.12.1983: Den Freunden in Ulm ein Schalom. Weitere Einladungen folgten in den Jahren 1991 (Vgl. dazu: SWP 2.2.1991: Ehemalige jüdische Bürger kommen zur Schwörwoche; NUZ 1.6.1991: Ein froher Besuch bringt dunkle Erinnerung; SWP 22.7.1991: „Ein neues Kapitel ist aufgeschlagen") und 1997 (Vgl. dazu SWP 6.12.1996: Rund 60 Ulmer Juden haben ihr Kommen bereits zugesagt; SWP 31.5.1997: Vorbereitungen zu Wasser und zu Lande; SZ 10.7.1997: Schnizler: „Viele lieben ihr altes Ulm wieder"; NUZ 15.7.1997: OB empfängt frühere jüdische Bürger).

20 Vgl. dazu beispielsweise SWP 27.2.1988: Das Programm der jüdischen Kulturwoche; NUZ 27.2.1988: Erinnerungen an Brand der Synagoge wachrufen; SZ 30.6.1988: „Meine Freude kann ich nicht beschreiben, daß ich meine Geburtsstadt noch einmal wiedersehen soll".

21 Vgl. zu dieser Ausstellung ausführlich: StdAU, B 320/711 Nrn. 106, 108 bis 112. Die gesamte Rede von Oberbürgermeister Ernst Ludwig ist nachlesbar unter StdAU, G 6 V 6.1: 50. Jahrestag der Zerstörung der Synagoge.

22 Vgl. StdAU, G 6 V 6.1: Rede von Oberbürgermeister Ernst Ludwig: 50. Jahrestag der Zerstörung der Synagoge; SZ 10.11.1988: Sich der Geschichte zu erinnern, schafft ein neues Fundament für Freundschaft mit Juden; ebd.: Klare Worte von Schalom Ben-Chorin; SWP 10.11.1988: Mahnmal aus Stahl für die Synagoge; ebd.: „Am Ende standen die Gaskammern".

23 Vgl. SZ 31.10.1994: Gedenkfeier zur Reichspogromnacht; SWP 4.11.1994: Gedenken an den 9. November; NUZ 11.11.1994: Erinnerung und Prüfung.

24 Vgl. hierzu z. B. die im Umfeld der städtischen Einladungen in den Zeitungen abgedruckten Briefe und getätigten Aussagen der ehemaligen Ulmer Juden: SZ 29.12.1983: Den Freunden in Ulm ein Schalom; SZ 29.8.1987: Positives Echo aus Tel Aviv; SZ 2.7.1988: Ehemalige jüdische Mitbürger freuen sich auf Ulm; SZ 16.7.1997: „Brücken ins 21. Jahrhundert bauen".

25 Vgl. Jüdischer Nationalfonds e. V.: „Wald der deutschen Länder" in der Wüste Negev (Iv).

26 Vgl. SWP 19.8.1994: Hain in der israelischen Wüste; SWP 11.5.1995: Ein Wald für die Wüste; SZ 24.6.1995: Ulmer Spenden für neuen Wald in der Wüste Negev; Der Neue Ulmer Anzeiger 22.1.1997: Ein „Ulmer Hain" im Negev soll die geschädigte Natur versöhnen; SWP 14.2.1997: Der erste Ulmer Hain in der Negev-Wüste wächst.

27 Vgl. NUZ 3.4.2003: Juden wünschen sich eine Tora.

28 Vgl. SWP 3.5.2007: Werben für den Synagogenbau; SZ 23.5.2007: Pläne für Synagoge werden konkreter.

29 Vgl. NUZ 28.6.2004: Ulm soll ein eigenes jüdisches Zentrum werden; Hosseinzadeh: Die jüdische Gemeinde in Württemberg seit 1945, S. 235f.; WIZO: Powerfrauen (Iv).

30 Vgl. Dietz/Segbers: German Policies Toward Russia and Other Successor States, S. 147f.

31 Allerdings gab es „alternative Methoden", um in die USA zu gelangen, weshalb zwischen 1992 und 1995 immer noch ein Drittel aller jüdischen Emigrantinnen und Emigranten in die USA gingen. Ab 1996 ging der Anteil jedoch deutlich zurück. Vgl. Cohen u. a.: Jüdische Immigration aus der ehemaligen Sowjetunion, S. 186, 188 und bes. 197.

32 Auf die Frage an jüdische Auswanderer, warum sie nach Deutschland und nicht nach Israel gingen, gaben die meisten politische, kulturelle, familiäre oder auch klimatische Gründe an. Vgl. Cohen u. a.: Jüdische Immigration aus der ehemaligen Sowjetunion, S. 198.

33 Vgl. hierzu die Tabelle in Dietz u. a.: The Jewish Emigration from the Former Soviet Union to Germany, S. 35, die die jüdische Emigration aus der früheren Sowjetunion getrennt nach den Ländern Israel, Amerika und Deutschland von 1974 bis 2000 darstellt und die absinkenden Einwanderungszahlen in die USA und die steigenden Einwanderungszahlen nach Deutschland auflistet.

34 Weiss/Gorelik: Die russisch-jüdische Zuwanderung, S. 390.

35 Damit keine diplomatischen Probleme mit Russland aufkamen, wurde zu Beginn ein deutsches Reisevisum vergeben, denn sonst hätte sich die Bundesrepublik dem Vorwurf ausgesetzt, Russland würde Juden im Land schlecht behandeln und so einen Asylgrund schaffen.

36 Das Zuwanderungsgesetz, das 2005 in Kraft trat, beendete Sonderregelungen und damit auch die Einreisebestimmungen für russischsprachige Juden: Danach mussten diese Kenntnisse in deutscher Sprache nachweisen und auch bestätigen, dass sie keine Sozialhilfe benötigen. Eine Entschärfung dieser Einreisebestimmungen trat nach Verhandlungen mit dem Zentralrat der Juden in Deutschland im Juli 2006 in Kraft. Vgl. dazu Zentralrat der Juden in Deutschland: Regelung seit dem 1. Juli 2006 (Iv) sowie Körber: Puschkin oder Thora? S. 242, die sich in ihrem Aufsatz mit komparatistischem Ansatz den durch den Zuzug entstehenden Konfliktlinien und Identitätsetablierungen widmet.

37 Vgl. Weiss/Gorelik: Die russisch-jüdische Zuwanderung, S. 393.

38 Vgl. den Zwischenbericht 2001 des Evangelischen Migrationsdienstes Ulm, in: Sitzung IA 20.11.2001.

39 Vgl. GD 410/02: Sitzung 22.10.2002: Unterbringung und Betreuung der Asylbewerber und Flüchtlinge in Ulm, S. 3f.

40 Für die folgenden wie auch allgemeine Informationen danke ich Rabbiner Schneur Trebnik, Interview 16.2.2017.

41 Vgl. hagalil.com: Das Einzel- und das Gemeindegebet (Iv).

42 Zwischen 1989 und 2001 kamen insgesamt ca. 170 000, davon ungefähr 56 % aus der Ukraine und 27 % aus der Russischen Föderation. Vgl. Weiss/Gorelik: Die russisch-jüdische Zuwanderung, S. 399f.; Haug/Schimany: Jüdische Zuwanderer in Deutschland, S. 6.

43 Vgl. SWP 28.9.1996: In Ulm sind die Juden wieder gemeindefähig. Vgl. auch zur Überalterung die Aussagen von Barbara Traub in: SWP 21.5.2010: Zahl der Mitglieder hat sich vervierfacht.

44 Vgl. StZ 25.1.1999: Noch sprechen viele Neubürger lieber Russisch; Neue Züricher Zeitung 25.4.2013: Die neue Synagoge von Ulm.

45 Weiss/Gorelik: Die russisch-jüdische Zuwanderung, S. 410.

46 StZ 25.1.1999: Noch sprechen viele Neubürger lieber Russisch.

47 In den späten 1990er Jahren hatten 35,7 % der Männer und 37,4 % der Frauen, die aus den Staaten der Sowjetunion nach Deutschland eingereist waren, einen Hochschulabschluss. Vgl. dazu Weiss/Gorelik: Die russisch-jüdische Zuwanderung, S. 401. Vgl. dazu auch die Auswertung der Berufsqualifikation und Berufsausübung jüdischer Zuwanderer in Bayern von Haug: Soziodemographische Merkmale, Berufsstruktur und Verwandtschaftsnetzwerke jüdischer Zuwanderer, S. 22–34 und das Kapitel „Berufsstruktur und Bildungsniveau" bei Kessler: Jüdische Migration aus der ehemaligen Sowjetunion seit 1990 (Iv).

48 NUZ 28.6.2004: Ulm soll ein eigenes jüdisches Zentrum werden. Sowie Weiss/Gorelik: Die russisch-jüdische Zuwanderung, S. 408.

49 Schoeps und Glöckner sehen im „new Jewry" in Deutschland nicht nur eine Differenz zum Judentum der Vorkriegszeit eines „Einstein, Liebermann or Baeck", sondern auch eine engere Bindung an die russischsprachige Gemeinschaft als an die deutsche Gesellschaft. Schoeps/Glöckner: Fifteen Years of Russian-Jewish Immigration to Germany, S. 154.

50 Wenge: Die neue Synagoge und ihre Kritiker. Jüdisches Leben in Ulm heute, S. 4

51 Vgl. SWP 6.5.2002: Ein Neubeginn jüdischen Lebens; Hosseinzadeh: Die jüdische Gemeinde in Württemberg, S. 279f.; NUZ 7.5.2002: Ein Neuanfang nach 64 Jahren.

52 Vgl. SWP 6.5.2002: Ein Neubeginn jüdischen Lebens.

53 SWP 10.7.2003: Eine Thora für die Ulmer Juden.

54 Zitate entnommen aus: SZ 10.11.2004: Synagoge geplant für jüdische Gemeinde; SWP 10.11.2004: Zum 70. Gedenken an die Pogromnacht soll Synagoge stehen; SWP 10.11.2004: Neue Synagoge in Ulm geplant.

55 Vgl. dazu den Briefwechsel zwischen Oberbürgermeister Gönner und der Israelitischen Religionsgemeinschaft Württembergs in: StdAU, G 6 V 6.1.

56 Vgl. SWP 10.11.2004: Zum 70. Gedenken an die Pogromnacht soll Synagoge stehen; SWP 10.11.2004: Neue Synagoge in Ulm geplant; SZ 10.11.2004: Synagoge geplant für jüdische Gemeinde.

57 Innerhalb des Stadtdiskurses allerdings gab es auch kritische Stimmen. Eine Zusammenstellung der Argumente in Wenge: Die neue Synagoge und ihre Kritiker. Eine Leserdebatte zum Neubau der Ulmer Synagoge, S. 19–21.

58 Vgl. Müller (Red.): Hintergründe und Aufgabenstellung, S. 22.

59 Vgl. SWP 21.5.2010: Grabungen am Weinhof haben begonnen; SZ 30.8.2010: Archäologen finden Keramik; SZ 21.10.2010: Archäologen finden keine Überreste.

60 Vgl. GD 038/11: Neubau jüdisches Gemeindezentrum und Synagoge auf dem Weinhof, 13.1.2011; SZ 9.2.2011: Weinhof: Bau der Synagoge kann starten; SWP 9.2.2011: Die 9.-November-Synagoge.

61 Vgl. SWP 18.3.2011: Bauauftakt für Synagoge; SWP 18.3.2011: Neue Synagoge am alten Platz; NUZ 18.3.2011: „Vielleicht für ewig".

62 Vgl. SWP 30.6.2012: Markant am Weinhof; NUZ 30.6.2012: Richtfest als Zeichen von Normalität.

63 Gauck: Einweihung der Neuen Synagoge Ulm (Iv).

64 Vgl. NUZ 3.12.2012: Freudentag „für alle Menschen guten Willens".

65 Vgl. SWP 3.12.2012: Ein Freudentag; SZ 3.12.2012: Neue Heimat für jüdisches Leben; SWP 4.12.2012: Echo auf allen Ebenen; SWP 8.12.2012: Endlich ein eigenes Zuhause.

09

Bildungswanderung und Migration Hochqualifizierter

Bildungs- und Ausbildungswanderungen werden angetreten, um eine schulische, akademische oder berufliche Qualifikation zu erwerben. Diese zunächst meist auf einen bestimmten Zeitraum ausgelegten Aufenthalte gehen von den Migrantinnen und Migranten selbst aus, um ihre Ausbildungs- oder Bildungschancen zu verbessern beziehungsweise sich neue Möglichkeiten zu eröffnen. Bei vielen ausländischen Studierenden entsteht im Laufe des Studiums oder nach dem Abschluss ein Bleibewunsch mit Übergang in den deutschen Arbeitsmarkt, was im internationalen Wettbewerb („war of talents") erwünscht ist.[1] In diesem Zusammenhang existieren Programme, um speziell Hochqualifizierte für den deutschen Arbeitsmarkt zu gewinnen, wobei hier die ausgelaufene deutsche „Green Card" und die aktuelle europäische „Blue Card" wichtige Rollen spielen.

Hochschule für Gestaltung

Nicht erst seit der Gründung der Universität Ulm gibt es internationale Studierende in der Stadt. Bereits die von Otl Aicher und Inge Scholl initiierte Hochschule für Gestaltung (HfG) auf dem Kuhberg, die als internationales Zentrum
für Design weltweites Ansehen genoss, zog von ihrer Gründung (1953) bis zur
Schließung (1968) 307 ausländische Studierende aus 39 Nationen an. Dies ist
im Vergleich beachtlich, denn die Gesamtanzahl der Studierenden betrug 706,

Zugelassene Studenten nach Herkunftsland an der HfG
1953–1968

	Herkunftsland	Anzahl	%				
1	Deutschland	399	56,52	27	Dänemark	1	0,14
2	Schweiz	106	15,01	28	Iran	1	0,14
3	USA	27	3,82	29	Kanada	1	0,14
4	Japan	20	2,83	30	Liberia	1	0,14
5	Österreich	16	2,27	31	Neuseeland	1	0,14
6	Großbritannien	15	2,12	32	Norwegen	1	0,14
7	Niederlande	15	2,12	33	Peru	1	0,14
8	Italien	12	1,70	34	Polen	1	0,14
9	Frankreich	11	1,56	35	Spanien	1	0,14
10	Brasilien	10	1,42	36	Südafrika	1	0,14
11	Schweden	10	1,42	37	Südkorea	1	0,14
12	Argentinien	9	1,27	38	Thailand	1	0,14
13	Belgien	7	0,99	39	Venezuela	1	0,14
14	Ungarn	5	0,71	40	Vietnam	1	0,14
15	Indien	4	0,57				
16	Jugoslawien	4	0,57				
17	Mexiko	4	0,57				
18	Chile	3	0,42				
19	Türkei	3	0,42				
20	Kolumbien	2	0,28				
21	Finnland	2	0,28				
22	Griechenland	2	0,28				
23	Indonesien	2	0,28				
24	Israel	2	0,28				
25	Ägypten	1	0,14				
26	Algerien	1	0,14				

Zusammenfassung
Anzahl der Studenten
706
Anzahl deutscher Studenten
399 (56,52 %)
Anzahl ausländischer Studenten
307 (43,48 %)
davon Europa und Schweiz
199

Quelle: HfG-Archiv:
Datei: Statistik Zusammenfassung

was bedeutet, dass über 43 % internationale Wurzeln hatten. Die meisten von ihnen stammten aus der Schweiz (15 %), erst weit dahinter folgten die Vereinigten Staaten (3,8 %), Japan (2,8 %), Österreich (2,3 %) und Großbritannien (2,1 %). Der Großteil kam somit aus Europa (30 %), gefolgt von Nord- und Südamerika (8 %) und Asien (4,3 %).[2]

Einige Biographien dieser ausländischen Studierenden wiesen bereits erhöhte Mobilität auf, was in heutiger Zeit als interkulturelle Kommunikation beziehungsweise als „Globalisierungskompetenzen" gezielt nachgefragt und gefordert wird. Der in Buenos Aires geborene Francisco Bullrich beispielsweise bereiste erst Ägypten, Italien, Frankreich und England, bevor er 1954 als Doktorand an die HfG nach Ulm kam. Die Antwort auf die Frage, warum er diesen Ausbildungsort gewählt hatte, zeigt, dass nicht allein das Fachliche, sondern auch die demokratisch-pazifistische Ausrichtung der Hochschule ausschlaggebend war:[3]

> „Why Ulm? Because it was said that the Hochschule was a revival of the Bauhaus experience and this seemed to me of the highest interest. The fact that the experience was supported by the Geschwister Scholl Stiftung was also important, as in Argentina the conflict between dictatorship and democracy had become very intense."[4]

Amerikaner gelangten vor allem über das Fulbright-Programm[5] an die HfG, wie z. B. Deborah Sussman, die rückblickend über die Stadt selbst, aber auch über den seinerzeit erst knapp über 10 Jahre zurückliegenden Weltkrieg schrieb:

> „Ulm, 1957, was a fascinating place for a young American to be in. On one hand, there was the minimalist cool internationally conscious but fundamentally rigid curriculum. On another, the profound emotional understanding between those of us who had experienced a world war which touched us in different degrees and changed our families forever. Then there was the charm of the village culture, so close to earth, and intimate places to eat a little sweet or drink and talk."[6]

```
die herren chaparos
          chase
          dobson
          huff
          mukai
          peverelli
          shimizu
          yokomaki

sind gebeten, sich mit ausdauer und pünktlichkeit am

deutsch-kurs zu beteiligen. er findet statt während der nächsten

wochen jeden

          montag
          dienstag
          mittwoch
          donnerstag     von 13.15 bis 14.oo uhr

in der abteilung "information"


ich empfehle ferner:
          kino-besuch

          viel deutsche konversation


gomringer
```

↑ **85** Studenten aus Brasilien im Schnee vor der HfG, 1955/56.

← **86** Aktenvermerk der HfG-Leitung, wer von den ausländischen Studierenden noch am „deutsch-kurs" teilnehmen muss.

Aber nicht alle Studierenden konnten auf ein Stipendium zurückgreifen, wie beim ersten polnischen Studenten an der HfG, Victor Guirard, ersichtlich wird. In Zeiten des Kalten Krieges verließ er Warschau, wo er ein 4-jähriges Studium der Innenarchitektur absolviert hatte, um ‚Ferien' in der Schweiz zu machen. Daraufhin beantragte er 1957 in Frankreich Asyl, bewarb sich aber gleichzeitig an der HfG, wo er auch angenommen wurde. Das Hauptproblem, das Guirard mit vielen seiner ausländischen Kommilitonen teilte, waren Defizite in der deutschen Sprache, die eine Beteiligung am Unterricht erschwerten. Guirard erinnerte sich daran, dass er während des Unterrichts seine Lehrer zeichnete.[7] Die HfG-Leitung legte jedoch durchaus Wert auf sprachliche Weiterbildung: Internationale Studierende, die Verständigungsschwierigkeiten aufwiesen und dem deutschsprachigen Unterrichtsangebot nicht folgen konnten, waren aufgerufen, Deutschkurse zu belegen und sich auch in ihrer Freizeit aktiv um den Spracherwerb zu bemühen. Neben den „German Lessons" wurden auch „viel deutsche konversation" und der „kino-besuch" empfohlen.[8]

Obwohl Universitäten schon immer zu Migration angeregt und ausländische
Studierende sowie Dozenten angezogen haben, gewinnt diese Form der
Bildungsmigration unter anderem durch den Studierendenaustausch über das
Erasmus-Programm, das seit 2003 auch Länder außerhalb Europas im Angebot
hat, die Förderung durch die Alexander von Humboldt-Stiftung oder die Pro-
gramme des Deutschen Akademischen Auslandsdienstes (DAAD) vermehrt an
Bedeutung. Bildungserwerb und Zuwachs von spezifischem Fachwissen im
Ausland sowie höheren qualifizierenden Abschlüssen auf internationaler Ebene
sind in Zeiten der hoch vernetzten Welt zunehmend nachgefragte Kompetenzen
nicht nur von multinationalen Unternehmen.[9] Neben dem Beruflichen sieht das
Bundesinstitut für Bevölkerungsentwicklung durch diese Auslandserfahrung
auch Auswirkungen auf andere Lebensbereiche, wie politische Einstellung,
weiteres Wanderungsverhalten oder auch auf die Wahl der Partnerin
beziehungsweise des Partners.[10]
Internationale Bildungseinrichtungen existieren im Ulmer Bereich jedoch
nicht nur im akademischen, sondern auch im schulischen Bereich, wie die
„International School of Ulm/Neu-Ulm" (ISU) zeigt, welche 2005 die IHK Ulm
und weitere regionale Unternehmen initiiert hatten. Schülerinnen und Schüler
sowie Lehrerinnen und Lehrer aus rund 20 Nationen lernen und lehren an dieser Ganztagsschule, weshalb nicht nur die Unterrichts-, sondern auch die
Umgangssprache Englisch ist. Das Angebot der ISU reicht vom Kindergarten bis
zur zwölften Klasse, wobei sie den Schülern „interkulturelles Verständnis und
vernetztes Denken" vermitteln will, um sie zu „verantwortungsbewussten
Weltbürgern" zu erziehen.[11]

Prozentualer Ausländeranteil an der Uni Ulm
1980–2016

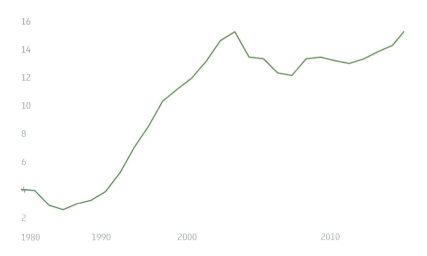

Durch die Gründung der Universität Ulm und der Fachhochschule beziehungsweise späteren Hochschule Ulm sind verstärkt internationale Studierende in
die Stadt gezogen. Letztere hat heute mit 55 Partnerhochschulen in 20 Ländern
ein breites internationales Netzwerk aufgebaut.[12] Der Anteil der Studierenden
mit ausländischem Pass an der (Fach-)Hochschule Ulm lag 1980 bei 2,75 % und
ist zwanzig Jahre später auf knapp über 10 % angewachsen.[13] Eine Studentin
aus Südafrika verweist neben der guten Struktur der Hochschule auch auf
deren internationale Ausrichtung:

*„Hochschule Ulm university of Applied Science is a well
structured and well organized university pursuing its mission of
providing a great service of education and training not only to
German student but also to international students."[14]*

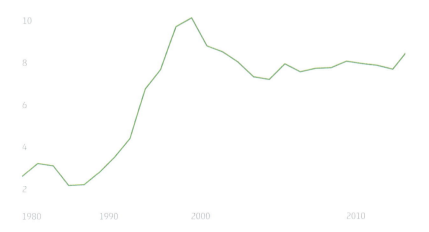

Auch die Universität Ulm kooperiert mit ca. 200 Universitäten in 50 Ländern über diverse Austauschprogramme und Projekte.[15] Sie verfolgt dabei eine Internationalisierungsstrategie, die Forscherinnen und Forschern aber auch Studierenden durch internationale Kooperationen bestmögliche Entwicklungschancen eröffnen will.[16] Eines dieser Programme ist das BMBF und DAAD geförderte „U5" (Strategische Partnerschaften), bei dem eng mit Universitäten in China, Russland und Ägypten in den Themenbereichen Zivilisationskrankheiten oder Energiespeicherung und -wandlung zusammengearbeitet wird. Gerade der Austausch von Studierenden, Doktorandinnen und Doktoranden und jungen Forscherinnen und Forschern ist dabei ein zentrales Element, wovon nicht nur die Universität, sondern auch der hiesige Arbeitsmarkt profitiere, so der damalige Universitätspräsident: „Eine stärkere Internationalisierung unserer Universität hilft damit auch der regionalen Wirtschaft.[17]

Für die Betreuung der ausländischen Studierenden haben sich an der Universität in Zusammenarbeit mit dem „Zentrum für Allgemeine Wissenschaftliche Weiterbildung" Programme etabliert (ASSIST und M4M),[18] in denen Ulmer

Bürgerinnen und Bürger, die aus dem aktiven Berufsleben ausgeschieden sind, sich der internationalen Studierenden sowie Doktorandinnen und Doktoranden annehmen und diesen beim Einleben in der Stadt und bei der Organisation des Alltags zur Seite stehen. Andererseits geben die dabei betreuten Doktorandinnen und Doktoranden z. B. bei „Ländernachmittagen" einen Einblick in die Kultur ihres Heimatlandes.[19]

Allgemein ist der prozentuale Anteil ausländischer Studierenden an der Uni Ulm seit 1980 (4 %) gestiegen und lag 2016 bei über 15 %, wobei die englischsprachigen Masterstudiengänge innerhalb der Universität am stärksten von Bildungsausländern[20] genutzt werden.[21] Im kontinentalen Vergleich kommt die Mehrheit aus „Drittstaaten", also aus dem EU-Ausland, wobei hier Asien führend ist.

„Green Card" und „Blue Card"

Die deutsche „Green Card", die der damalige Bundeskanzler Gerhard Schröder auf der CeBit 2000 in Hannover für die Öffentlichkeit unerwartet ankündigte, wurde noch im August desselben Jahres als „Sofortprogramm zur Deckung des IT-Fachkräftebedarfs" eingeführt. Hintergrund bildete der von Unternehmerseite beklagte Fachkräftemangel im Bereich der Informations- und Kommunikationstechnologie, den ausländische Expertinnen und Experten auf diesem damals boomenden Gebiet in Deutschland decken und so die Wettbewerbsfähigkeit und Innovationskraft sichern beziehungsweise steigern sollten. Die „Green Card"-Regelung, die am 1. Januar 2005 auslief, ermöglichte Nicht-EU-Bürgerinnen und Bürgern („Drittstaatler") mit entsprechenden akademischen Qualifikationen oder einem vorher mit dem Arbeitgeber vereinbarten jährlichen Mindestgehalt eine auf 5 Jahre befristete Arbeitserlaubnis.[22]

Der „Green Card" ging auch in der Ulmer Öffentlichkeit eine kontroverse Diskussion voraus: IT-Firmen beklagten Engpässe durch einen örtlich leergefegten Personalmarkt, was hemmend auf die Weiterentwicklung und Expansion der Betriebe wirke. Die Pressestelle eines im Science Park angesiedelten, großen Technologiekonzerns sprach davon, dass „speziell im Entwicklungszentrum Ulm am Oberen Eselsberg im Jahr 2000 rund 100 Produkt- und Netzentwickler eingestellt werden sollen."[23] Kritiker[24] der „Green Card" bemängelten hingegen die fehlende Ausbildungsinitiative in der IT-Branche, die durch dieses Programm noch weiter sinken würde, wie ein Leserbrief in der SWP zeigt: „Mich würde interessieren, wie viele Lehrstellen in den IT-Berufen momentan angeboten werden [...]. Natürlich ist es einfacher, einen ausgebildeten Informatiker, den man sofort einsetzen kann, einzustellen."[25]

War die „Green Card" nun in Ulm ein Erfolg? Mit verengtem Blick auf die Inanspruchnahme muss das Urteil negativ ausfallen.[26] Vor der Einführung startete die IHK Ulm eine „Blitzumfrage" unter 75 örtlich ansässigen IT-Unternehmen, wobei ein ungedeckter Bedarf von 850 Stellen bilanziert wurde.[27] Deshalb hatte sich das Ulmer Arbeitsamt pünktlich zum ersten Geltungstag für „eine ganze Reihe von Anträgen" gerüstet.[28] Es gingen allerdings nur 10 Anfragen ein;[29] knapp 1 Jahr später besaßen 39 Ausländer in der Region Ulm die „Green

Card".[30] Maßgeblich für die auch bundesweit restriktive Nutzung seitens der Wirtschaft war einerseits das Platzen der ‚Dotcom-Blase' im Jahr 2000 und die damit verbundene rückläufige Entwicklung im IT-Sektors und andererseits, dass vor allem die multinationalen Unternehmen der Branche die „Green Card" kaum in Anspruch nahmen. Zwar hatten Unternehmerverbände sie gefordert, aber die ‚Global Player' hatten eigene Methoden zur Rekrutierung entwickelt und waren somit nicht auf die Karte angewiesen.[31]

Auch die Herkunftsländer der ‚Karten-Inhaber' entsprachen nicht dem zuvor in der Öffentlichkeit geführten Diskurs, der sich auf IT-Expertinnen und IT-Experten aus Indien versteift hatte. Die Mehrheit kam nicht aus Südasien, sondern aus Osteuropa, vor allem aus Rumänien.[32] So war auch der erste „Green Card"-In-haber in Ulm ein 24-jähriger rumänischer Informatiker. Schon zuvor hatte er als Gaststudent ein Praktikum bei einer Ulmer Softwarefirma absolviert, bei der er nun ab 2000 arbeitete. Vor allem die Aufenthaltsbefristung auf 5 Jahre sah er kritisch: „Meine Zukunft ist ungewiss [...], aber ich bin jung und unge-bunden. Deshalb macht es mir zurzeit keine Probleme, ob ich nach Ablauf der 5 Jahre aus Deutschland hinausgeworfen werde."[33] Dieser eklatante Unter-schied zur gleichnamigen Karte der USA – hier ist eine unbefristete Aufenthalts-erlaubnis und die spätere Einbürgerung möglich – schreckte demnach auslän-dische Bewerber ab, ermöglichte sie doch keine mittelfristige Bindung der Fachkräfte an den deutschen Arbeitsmarkt. Im Wettbewerb mit anderen Län-dern um die besten Köpfe wirkte Deutschland aufgrund der Fünfjahresfrist vergleichsweise unattraktiv.

Neben der nummerischen Bewertung muss jedoch auch der symbolische Effekt gesehen werden: Für die damalige Ulmer SPD-Kreisvorsitzende Hilde Mattheis war schon 2001 die „Green Card"-Diskussion ein Schritt hin zu einem Einwanderungsgesetz.[34] So wird auch heute die „Green Card" allge-mein als Ausgangspunkt einer Änderung der deutschen Einwanderungspolitik und Veränderung des „‚öffentlichen Klimas' im Umgang mit Migration" gese-hen.[35] Denn erstmals seit dem Anwerbestopp von 1973 forderte die deutsche Politik nun wieder Zuwanderung im Zusammenhang mit wirtschaftlicher

Entwicklung.[36] Allerdings wurde im Gegensatz zur Arbeitsmigration der 1960er und 1970er Jahre nicht mehr im Niedriglohnsektor, sondern dezidiert um Hochqualifizierte geworben, womit ein Gegenpol zu dem vor allem in den 1990er von „Armutswanderung" und „Wirtschaftsflüchtlinge" dominierten Diskurs entstand.[37]

Der deutschen „Green Card", die 2004 auslief, folgte am 30. Juli 2004 das Zuwanderungsgesetz[38] und ab dem 1. August 2012 verfolgte die „Blaue Karte EU" ähnliche Ziele. Ihre Einführung fußt auf einer europäischen Richtlinie,[39] mit der die EU einen gemeinsamen Aufenthaltstitel für Hochqualifizierte aus Drittstaaten schaffen wollte. Die Voraussetzungen zur Erlangung[40] ähneln denen der „Green Card". Es besteht jedoch keine Begrenzung auf Berufe im IT- oder Kommunikationssektor, sondern es werden allgemein Personen für sogenannte „Mangelberufe" angesprochen, wie z. B. Ingenieure, Mathematiker oder Humanmediziner. Diese Karte ist auf 4 Jahre begrenzt, wobei allerdings die Möglichkeit für eine unbefristete Niederlassungserlaubnis besteht, denn die „Blaue Karte EU soll die dauerhafte Zuwanderung von hochqualifizierten Drittstaatsangehörigen nach Deutschland erleichtern und fördern."[41] Ein weiterer Punkt ist die erleichterte Mobilität innerhalb der EU, da nach 18 Monaten eine visumfreie Einreise in andere EU-Länder möglich ist.[42] Im EU-Vergleich wurde die „Blue Card" in Deutschland am häufigsten ausgestellt: im Jahr 2015 über 85 %, gefolgt von Frankreich mit 3,9 %.[43] In Ulm waren im Einführungsjahr 36 Personen Inhaber der Karte, was sich bis ins Jahr 2016 auf 244 erhöhte.[44]

1   Vgl. Hanganu/Heß: Beschäftigung ausländischer Absolventen deutscher Hochschulen, S. 8f, 294.
2   Vgl. HfG-Archiv Ulm, Statistik über die zugelassenen Studenten nach Herkunftsländern an der HfG von 1953 bis 1968.
3   Vgl. Die neue Zeitung 23.6.1952: Die Geschichte der ‚Geschwister-Scholl-Stiftung'; StN 24.6.1952: McCloy zum letzten Mal in Baden-Württemberg. Siehe allgemein zur HfG z. B. Seckendorff: Die Hochschule für Gestaltung in Ulm; Müller-Krauspe: Selbstbehauptungen.
4   Müller-Krauspe (Hg.): hfg ulm, S. 31–37.
5   Das Fulbright-Programm ist ein weltweites Stipendienprogramm für den akademischen Austausch mit den USA und begann mit Deutschland im Jahr 1952. Vgl. dazu beispielsweise Füssl: Zwischen Eliteförderung und Erziehungsreform.
6   Müller-Krauspe (Hg.): hfg ulm, S. 87–90.
7   Stempel/Eppinger Curdes (Hg.): Rückblicke, S. 108–115.
8   Vgl. HfG-Archiv Ulm, AZ 593.106-203: „GERMAN LESSONS". Die Kleinschreibung innerhalb der Zitate ist aus dem Original übernommen.
9   Vgl. Barthelt u. a.: Internationale Studierende, S. 2.
10 Vgl. BiB: Transnationale Bildungsmigration (Iv).
11 Vgl. International School Ulm/Neu-Ulm: Homepage (Iv); International School Ulm/Neu-Ulm: Informationsblatt (Iv).
12 Vgl. Hochschule Ulm: Partnerhochschulen (Iv).
13 Vgl. Stadt Ulm (Hg.): Ulmer Statistik 1980-2000.
14 Hochschule Ulm: Ausländische Studierende (Iv).
15 Für Informationen danke ich Herrn Jan Rick (International Office der Uni Ulm). Vgl. zu den Kooperationen Universität Ulm, Unsere Partnerhochschulen und Austauschmöglichkeiten (Iv).
16 Vgl. Universität Ulm: Interview mit Herrn Dr. Reinhold Lücker, ehemaliger Leiter des International Office an der Universität Ulm (Iv).
17 Zitat aus Pressemitteilung der Universität Ulm 13.2.2013: Uni Ulm erhält DAAD-Mittel zum Ausbau internationaler Partnerschaften; Vgl. dazu auch: Universität Ulm: International Office, Strategische Partnerschaften – U5, Partneruniversitäten (Iv); Pressemitteilung der Universität Ulm 30.6.2016: Uni Ulm. Auf der ganzen Welt vernetzt.
18 ASSIST steht für das 2006 in Zusammenarbeit mit dem Zentrum für Allgemeine Wissenschaftliche Weiterbildung (ZAWiW) gegründete „Active Partnership and Support of Senior Consultants for International Students" (vgl. Universität Ulm: Was ist ASSIST [Iv]; ASSIST: Homepage [Iv]) und M4M für das 2009 ebenfalls von ZAWiW entwickelte „Mentorship for Molecular Medicine PhD Students" (Vgl. Universität Ulm: Willkommen beim M4M [Iv]).
19 Vgl. uni ulm aktuell Juni 2012: Bunte Ländernachmittage des Mentorenprogramms.
20 Bei ausländischen Studierenden ist zwischen Bildungsinländern und Bildungsausländern zu unterscheiden. Beiden gleich ist die ausländische Staatsangehörigkeit, jedoch haben Bildungsinländer ihre Hochschulzugangsberechtigung in Deutschland und Bildungsausländer diese im Ausland erworben.
21 Vgl. zu den englischsprachigen Masterstudiengängen SWP 18.8.2015: Wie es an der Uni um die Integration ausländischer Studenten bestellt ist.
22 Vgl. allgemein zum Thema „Green Card" z. B.: BMI/BAMF (Hg.): Migrationsbericht des Bundesamtes für Migration und Flüchtlinge, S. 77–82; Kolb: Die deutsche „Green Card"; Hunger/Kolb (Hg.): Die deutsche ‚Green Card'.
23 Ulmer Wochenblatt 15.3.2000: Informatikermangel: „Bei uns war es fast chic, gegen Technik zu sein".
24 Hierbei kann auf die stark polarisierende Kampagne „Kinder statt Inder" im nordrhein-westfälischen Wahlkampf verwiesen werden. Vgl. hierzu beispielsweise Rheinische Post

30.3.2000: NRW-CDU will Green-Card zum Wahlkampfthema machen; Der Spiegel 9.3.2000: „Kinder statt Inder". Rüttgers verteidigt verbalen Ausrutscher.

25 SWP 22.3.2000: Wird genügend ausgebildet?

26 Genaue Zahlen über die „Green Card" in Ulm sind heute nicht mehr vorhanden, da sie nicht in den Statistiken der Ausländerbehörden erfasst wurde und auch das Amt für Statistik und Wahlen hierfür keine Angaben hat.

27 Vgl. SZ 20.4.2000: Keine Alternative zu „Green Card"-Lösung.

28 Vgl. SZ 9.9.2000: 850 Anträge angemeldet.

29 Vgl. NUZ 2.8.2000: Keine rosigen Aussichten für Green-Card-Bewerber. Die anfänglichen Forderungen und die darauf folgende sehr zurückhaltende Nutzung der „Green Card" sind auch bundesweit zu beobachten. Zahlen hierzu bei Kolb: Die deutsche „Green Card", S. 2; BMI/BAMF (Hg.): Migrationsbericht des Bundesamtes für Migration und Flüchtlinge, S. 78–80.

30 Vgl. SWP 1.6.2001: Keine Invasion der Inder.

31 Vgl. Kolb: Die deutsche „Green Card", S. 2f.

32 Von den 39 Green Card-Inhabern in der Region Ulm kamen 18 aus Rumänien, 5 aus Ungarn, 4 aus „Ex-Russland". Vgl. SWP 1.6.2001: Keine Invasion der Inder.

33 Vgl. SZ 9.8.2001: Der Erste mit der „Grünen Karte".

34 Vgl. SWP 31.5.2000: Langfristig hilft nur eine bessere Bildung.

35 Ette: Politische Ideen und Policy-Wandel, S. 41.

36 Hierbei muss kurz auf die sogenannte „Anwerbestoppausnahmeverordnung" (ASAV) von 1990 eingegangen werden, die eigentlich schon dazu berechtigt hätte, ausländische Fachkräfte anzuwerben und die „Green Card" „strenggenommen also überflüssig" war. Marieluise Beck verweist darauf, dass es eher um die Attraktivität des Begriffs „Green Card" ging, um „die Tore für die Laptop-Gastarbeiter [zu] öffnen." Dass von dieser ASAV durchaus Gebrauch gemacht wurde, zeigt sich auch in Ulm, da es 1999 zehn Anträge dieser Art gab, die alle bewilligt wurden. Vgl. zum ersten Zitat: Treibel: Von der Anwerbestoppausnahme-Verordnung zur Green Card, S. 113. Das zweite Zitat stammt aus Beck: Ihr Inderlein kommet, S. 7. Zu den Ulmer Zahlen vgl. SZ 4.3.2000: „Greencard" für Computer-Experten aus dem Ausland ja, aber nur eingeschränkt.

37 Vgl. Ette: Politische Ideen und Policy-Wandel, S. 47f.

38 Vgl. BGBl., Teil I, Nr. 41, 8.6.2004.

39 Gesetz zur Umsetzung der Hochqualifizierten-Richtlinie der Europäischen Union.

40 Hochschulabschluss, verbindliches Arbeitsplatzangebot beziehungsweise bestehender Arbeitsvertrag und ein jährliches Mindestgehalt. Genauer unter BAMF: Blaue Karte EU (Iv).

41 Voraussetzung dabei ist z. B., dass 33 Monate die hochqualifizierte Beschäftigung ausgeübt, die deutsche Sprache erlernt und dabei Sozialversicherungsbeiträge abgeführt werden. Weiteres dazu vgl. BAMF: Blaue Karte EU (Iv).

42 Vgl. BAMF: Flyer. Blaue Karte EU. Informationen zum Aufenthaltstitel nach § 19a Aufenthaltsgesetz (Iv); BAMF: Blaue Karte EU (Iv).

43 BAMF: Zahlen zur Blauen Karte EU (Iv).

44 Vgl. Ausländerzentralregister der Stadt Ulm, Stand 31.12.2016: 2012 gab es 36 Inhaber der Blauen Karte EU, 2013: 86, 2014: 132, 2015: 199, 2016: 244.

10

Ulm auf dem Weg zur internationalen Stadt

Das vorliegende Buch wollte die großen Zuwanderungsbewegungen nach Ulm seit dem Zweiten Weltkrieg, die Veränderungen (in) der Stadt sowie der Einwohnerschaft darstellen. Über die Jahrzehnte hat sich dabei nicht nur der Anteil der Ulmerinnen und Ulmer mit internationalen Wurzeln stark erhöht: Jedes zweite in Ulm geborene Kind und mindestens eine Ehepartnerin beziehungsweise ein Ehepartner jeder fünften in Ulm geschlossenen Ehe haben internationale Wurzeln.

Viele davon erfüllen die Voraussetzungen für eine Einbürgerung. Um noch mehr dafür zu begeistern, wirbt die Stadt mit der Kampagne „Ja! Zur deutschen Staatsbürgerschaft" und hält alljährlich im Mai eine „Feier zur Einbürgerung" im Ulmer Rathaus ab. 2013 gab dabei der damalige Oberbürgermeister Ivo Gönner den 338 Neubürgerinnen und Neubürgern als Oberhaupt Ulms lokalpatriotisch mit auf den Weg: „Zuerst seid ihr jetzt alle Ulmer. Dann erst kommt Deutschland."[1]

Migration ist kein zeitlich begrenztes oder abgeschlossenes Phänomen. So unberechenbar zukünftige Entwicklungen und spekulativ Vorhersagen auch sind, die aus diesem Buch ablesbaren Trends der letzten Jahrzehnte weisen auf zunehmende Wanderungsbewegungen hin. Nicht nur Kriege, Hungersnöte, Naturkatastrophen und Umweltzerstörung, sondern auch die Suche nach persönlicher Entfaltung und Angebote zur individuellen Chancennutzung in einer zunehmend mobilen und vernetzten Welt führen dazu, dass Menschen in Zukunft noch vermehrt ihre Herkunftsländer verlassen werden.

Kommunaler Umgang mit Migration

Migration verläuft meist nicht geradlinig: Das Ziel der Wanderung steht oftmals beim Aufbruch aus der Heimat noch nicht sicher fest. Einige Menschen kamen über Umwege nach Ulm und „blieben hängen", für andere war die Stadt ein Zwischenstopp auf der Weiterreise und wieder andere gingen freiwillig oder unfreiwillig in ihr Herkunftsland zurück. Die Stadt bot den Menschen über die Jahre und Jahrzehnte Schutz und/oder Arbeit. Viele Migrantinnen und Migranten haben in Ulm auch eine neue Heimat gefunden, sind heute in Wirtschaft, Politik und Kultur der Stadt fest etabliert und engagieren sich aktiv im gesellschaftlichen Miteinander. Ihre Leistungen haben zur Entwicklung Ulms beigetragen: Nicht nur beim Wiederaufbau der kriegszerstörten Stadt und der Beteiligung am Wirtschaftswunder, sondern auch in Zeiten der Globalisierung, die internationale und interkulturelle Kompetenzen fordert, wenn nicht voraussetzt, sind Migrantinnen und Migranten fester Bestandteil der Ulmer Lebens- und Arbeitswelt.

Eine Frage stellt sich im Bezug auf die Würdigung dieser Leistungen, wobei im Rückblick auffällt, dass auf lokaler Ebene die Akzeptanz der Einwanderungssituation viel früher mitschwingt, als dies beispielsweise beim Bund der Fall ist. Oberbürgermeister Pfizer wies 1970 auf die Relevanz der ausländischen Arbeitnehmer für die deutsche Wirtschaft hin und sprach auch dezidiert von einer „Integration der Gastarbeiter in die ansässige Bevölkerung", wobei noch „Wesentliches geschehen müsse".[2] Neben derartigen politischen Statements zeugt die Lektüre der Akten ab den 1970er Jahren davon, dass Ulm schon damals zunehmend von einer Sesshaftigkeit ausging und eine gewisse Einwanderungssituation in der Stadt akzeptierte.[3] Dies widersprach der bundesdeutschen Politik, die diesen Umstand vehement negierte und den Grundsatz ausgab, dass die Bundesrepublik kein „Einwanderungsland", sondern nur ein „Aufenthaltsland" sei und daran bis in die 1990er Jahre auch festhielt.[4] Diese Paradoxie dürfte bei Einheimischen wie Zugewanderten mehr irritierend als verbindend gewirkt haben.

乌尔姆中文学校

Chinesische Schule Ulm

Institutionell hat sich Ulm vergleichsweise früh der Migration gewidmet: 1970 setzte der Gemeinderat einen „beratenden Ausschuss in Gastarbeiterfragen" ein. Da dieser aufgrund mangelnder Kompetenzen und der auffallenden Unterrepräsentanz von ausländischen Vertretern kaum Wirkung entfalten konnte, gründete er sich 1975 neu.[5] Der „Tag des ausländischen Mitbürgers" lässt sich darüber hinaus schon 1970 nachweisen.[6] 1976 machte die Stadt erste Gehversuche im Bereich der interkulturellen Öffnung der Verwaltung durch die Veröffentlichung von fremdsprachigem Informationsmaterial, einem 14-seitigen „Wegweiser für ausländische Einwohner in Ulm" in 6 Sprachen, der noch in sehr minimalistischer und bürokratischer Weise die zentralen

städtischen Einrichtungen aufzählte. Bis dahin hatte es nur allgemeine Merk-
blätter über Aufenthalts- und Arbeitsbestimmungen gegeben.[7] Vor allem Kinder
und Jugendliche von Ausländern waren im Blick: In Folge des Kühn-Memoran-
dums, das als wegweisend und mobilisierend für die Integrationsarbeit gilt,
schuf die Stadt 1980 die Stelle eines Ausländerbeauftragten beziehungsweise
die „Kontaktstelle für Ausländische Mitbürger", um vermehrt ausländische
Kinder in Kindergärten zu bringen und Schulproblemen von ausländischen
Jugendlichen zu begegnen. In den 1990er Jahren begann sich die Integrationsarbeit dann auch ausländischen Frauen zu öffnen, z. B. durch das Projekt
„Sibille" für türkische Mädchen, „die dadurch auffallen, dass sie nicht auffal-
len"[8] oder den Mädchen- und Frauenladen „Sie'ste", der als Treffpunkt für in-
terkulturelle Verständigung dient und 2017 sein 25-jähriges Bestehen feiert.[9]
Zwischen 2004 und 2006 hat Ulm am Projekt BQN (Berufliche Qualifizierungs-
Netzwerke) teilgenommen, das als Hauptziel die Ausbildungsförderung von
Jugendlichen mit internationalen Wurzeln auf lokaler Ebene hatte.[10]
Am 27. Januar 2012 hat der Ulmer Gemeinderat in einer gemeinsamen Sitzung
mit dem Internationalen Ausschuss das Konzept „Ulm: Internationale Stadt"
einstimmig beschlossen. Dabei wurden nicht nur die bestehende Internationalität Ulms anerkannt und Ausgrenzung sowie Intoleranz verurteilt, sondern
auch Weichen für die Zukunft gestellt, um ein friedliches Zusammenleben zu
garantieren. Dabei stehen aber nicht nur die Migrantinnen und Migranten in
der Pflicht, sondern die gesamte städtische Gesellschaft muss sich einbringen,
um ein „Zusammenwachsen von Menschen unterschiedlicher Herkunft zu einer
Gesellschaft in Vielfalt" zu ermöglichen.[11]

Migration als städtischer Entwicklungsfaktor

Die angesprochene Suche nach individueller Entfaltung muss allerdings keine Einbahnstraße sein, sondern kann zu einer kollektiv positiven Entwicklung führen. Viele Städte haben sich von der Vorstellung, Migration als „Problem" zu sehen, gelöst und versuchen in Zeiten wirtschaftlicher Globalisierung und Fachkräftemangel stattdessen die mit ihr verbundenen Chancen zu nutzen. Migration ist aus dem Schatten einer Minderheitenpolitik getreten und wird in der Stadtpolitik als zentrales Thema auch in Verbindung mit der Zukunft der

↓ **88** Ulm ist international und feiert das auch, was beim jährlich stattfindenden „Internationalen Fest" deutlich wird. Ein Teil des vielfältigen Programms ist die 'Parade der Kulturen', die durch die Innenstadt zieht.

Kommune betrachtet.[12] Dies soll keineswegs bedeuten, dass Migration keinerlei Probleme aufwirft. Vielfalt kann Konflikte schaffen, aber auch neue Handlungs- und Lösungsmöglichkeiten bieten. Die Einsicht in eine positive und produktive Herangehensweise erscheint sinnvoller und konstruktiver als eine reine Problematisierung, die sich oftmals in der Analyse von Segregationsprozessen und Klagen über Bildung von Parallelgesellschaften erschöpft. Als Vorbedingung bedarf es dazu jedoch einer gewissen Weltoffenheit und Toleranz. Um produktiv agieren zu können, sollte sich dies allerdings nicht allein in gleichgültiger Akzeptanz eines Nebeneinanders der verschiedenen kulturellen Lebensweisen äußern. Gegenseitiger Austausch und aktive Teilhabe können einen dynamischen Prozess entfalten, der die ökonomischen, kulturellen und sozialen Potentiale freilegt und dabei auch Ausschluss und/oder Abschottung vorbeugt.[13]

„Als Quelle des Austauschs, der Erneuerung und der Kreativität ist kulturelle Vielfalt für die Menschheit ebenso wichtig wie die biologische Vielfalt für die Natur",

so die auf der Generalkonferenz der UNESCO verabschiedete Allgemeine Erklärung zur kulturellen Vielfalt.[14] Diesem Zitat folgend, kann Vielfalt kreativitätsstiftend und daher innovationsfördernd sein, was im wirtschaftlichen Bereich sehr gefragt ist. Vielfalt als Ressource kann somit auch als Standortvorteil von und für Unternehmen gesehen werden.[15] In diesem Zusammenhang ist Mehrsprachigkeit sowie Interkulturalität als Kompetenz anzuführen,[16] deren ökonomischer Nutzen allerdings schon lange bekannt ist: Die IHK Ulm hat bereits 1983 auf Berufe hingewiesen, „in denen Ausländer wegen besonderer Vorteile (z. B. bessere Kontakte zu ausländischen Kunden) gesucht werden".[17]

↓ **89** Ein Blick in die Ausstellung „By An Eye-Witness" von Azadeh Akhlaghi aus Teheran, die im Sommer 2016 im Rahmen des Café Beirut in der Galerie der SWP zu sehen war.

Gleiches ist auf den kulturellen Sektor übertragbar: Stadtentwicklung nur unter ökonomischer oder baulicher Veränderung zu verstehen, würde zu kurz greifen und wichtige kulturelle sowie soziale Entwicklungen ausschließen, die gleichfalls eine dynamische Stadtgesellschaft prägen. Hierbei können ebenfalls Migrantinnen und Migranten als kulturanregend und kreative Ideengeber gelten und befruchtend auf die städtische Szene wirken, was einerseits (migrantische) Künstlerinnen und Künstler hervorbringen oder auch deren Zuzug aus dem Ausland anregen kann. Die Stadt Ulm schafft diese beispielsweise im Rahmen der Tage der Begegnung oder über das Internationale Fest. Auch Seitens zivilgesellschaftlicher Akteure sind in Ulm bedeutende Begegnungsplattformen entstanden. Als Beispiel kann hier das 2016 in Ulm durchgeführte Ausstellungsprojekt *Café Beirut* genannt werden, dass zeitgenössische Kunst aus dem Nahen Osten zeigte, dabei keinen „politischen Aktionismus" betreiben wollte, sondern zum Dialog im öffentlichen Raum einlud und so erfolgreich Zugang zu dieser Kultur bieten konnte.[18] Auch in diesem Sinne ist Kultur ein Integrationsmotor, der der Kommunikation – auch jenseits der Sprache – dienen kann, wobei solche Begegnungsplattformen wichtig sind. Migration erhöht somit die Vielfalt und kann dabei auch in Ulm als „zentraler Stadtentwicklungsfaktor" fungieren.[19]

1   SWP 16.5.2013: „Herzlich Willkommen"; ebd. 21.5.2015: 297 neue Ulmer begrüßt – Stadt wirbt verstärkt für Einbürgerung; Stadt Ulm: Kann ich eingebürgert werden? (Iv).
2   Vgl. hierzu StdAU, H–122/3, Sitzung des beratenden Ausschusses des Gemeinderats in Gastarbeiterfragen 9.12.1970.
3   Immer wieder ist in den Protokollen des Ausländerbeirats über die „Sesshaftigkeit" der ausländischen Bevölkerung in Ulm zu lesen. Vgl. hierzu beispielsweise StdAU, H–122/3, Sitzung Ausländerbeirat 5.10.1976, § 13. Dass Kommunen hierbei realistischer und weitsichtiger als beispielsweise die Bundespolitik waren, belegt ferner die konkrete die Aussage des damaligen Münchner Oberbürgermeisters Hans-Jochen Vogel aus dem Jahr 1972, der dezidiert sagte: „München [...] ist eine Einwanderungsstadt." Zit. nach Zölls: München, S. 277.
4   Vgl. hierzu StdAU, H–122/3, Sitzung Ausländerbeirat 20.9.1977, § 8.
5   Vgl. hierzu StdAU, H–122/3, Sitzung Ausländerbeirat 16.9.1975, § 1.
6   Vgl. StdAU, H–122/3, Sitzung Ausländerbeirat 16.9.1975, § 4.
7   Vgl. StdAU, H–122/3, Sitzung Ausländerbeirat 17.2.1976, § 10. Vgl. ebd. 15.2.1977, § 2. Bis dahin übergab die Stadtverwaltung Ulm jedem neu zuziehenden Ausländer nur ein Merkblatt „Aufenthalt in der Bundesrepublik Deutschland" sowie die Schrift „Information für ausländische Arbeitnehmer in Baden-Württemberg". Vgl. ebd. 4.11.1975, § 7.
8   Interview mit Herrn Gerhard Wörner.
9   Vgl. Interview mit Rukiye Kaplan; Sie'ste: 25 jahre Sie'ste (Iv); SWP 21.5.2016: Sie'ste bereitet sich auf Jubiläum vor.
10 Das von Bund und EU finanzierte Projekt wurde in mehreren deutschen Städten bewilligt, darunter auch Ulm. Vgl. dazu BMBF (Hg.): Modelle und Strategien.
11 Vgl. Stadt Ulm (Hg.): Ulm, S. 15.
12 Vgl. Gesemann: Kommunale Integrationspolitik.
13 Vgl. Eckhard/Merkel: Ethnische Vielfalt, S. 98f.
14 Zit. nach Niedermüller: Soziale Inklusion, S. 31f.
15 Vgl. Eckhard/Merkel: Ethnische Vielfalt, S. 84.
16 Vgl. z. B. Brammertz: Europas Wirtschaft (Iv).
17 StdAU, H–122/3, Sitzung Ausländerbeirat 10.5.1983, § 9.
18 Vgl. Griesbadgalerie: Café Beirut (Iv); SWP 24. Mai 2016: Das „Café Beirut" zeigt Kunst aus der arabischen Welt.
19 Vgl. hierzu die kurze Übersicht bei Vgl. Eckhard/Merkel: Ethnische Vielfalt, S. 83 und 89f.

Anhang

Abkürzungsverzeichnis

AuslG	Ausländergesetz
AsylG	Asylgesetz
AWO	Arbeiterwohlfahrt
BAMF	Bundesamt für Migration und Flüchtlinge
BAVAV	Bundesanstalt für Arbeitsvermittlung und Arbeitslosenversicherung
BFU	Behandlungszentrum für Folteropfer
BGBl	Bundesgesetzblatt
BMI	Bundesministerium des Inneren
bpb	Bundeszentrale für Politische Bildung
BRD	Bundesrepublik Deutschland
BVFG	Gesetz über die Angelegenheiten der Vertriebenen und Flüchtlinge
BV	Beschlussvorlage
CDU	Christlich Demokratische Union Deutschlands
DAAD	Deutscher Akademischer Austauschdienst
DDR	Deutsche Demokratische Republik
DGB	Deutscher Gewerkschaftsbund
DP	Displaced Persons
DZM	Donauschwäbisches Zentralmuseum
DZOK	Dokumentationszentrum Oberer Kuhberg
ERP	European Recovery Program
FAZ	Frankfurter Allgemeine Zeitung
FBA	Fachbereichsausschuss
FDP	Freie Demokratische Partei
GG	Grundgesetz
GI	Bezeichnung für einen einfachen Soldaten der USA
GU	Gemeinschaftsunterkunft
HfG	Hochschule für Gestaltung
IHK	Industrie- und Handelskammer
IRO	International Refugee Organization

ISU	International School of Ulm/Neu-Ulm
IA	Internationaler Ausschuss
Iv	Internetverweis
KAM	Kontaktstelle für die ausländische Bürgerschaft und Europaangelegenheiten
KfbG	Kriegsfolgenbereinigungsgesetz
MP	Military Police
NSDAP	Nationalsozialistische Deutsche Arbeiterpartei
NUZ	Neu-Ulmer Zeitung
PKK	Arbeiterpartei Kurdistans
SBZ	Sowjetische Besatzungszone
SDZ	Schwäbische Donau-Zeitung
SED	Sozialistische Einheitspartei Deutschlands
SPD	Sozialdemokratische Partei Deutschlands
StAG	Staatsangehörigkeitsgesetz
StdAU	Stadtarchiv Ulm
StN	Stuttgarter Nachrichten
StZ	Stuttgarter Zeitung
SWP	Südwest Presse
SZ	Schwäbische Zeitung
UdSSR	Union der Sozialistischen Sowjetrepubliken
umA	Unbegleitete minderjährige Ausländer
UN	Ulmer Nachrichten
UNRRA	United Nations Relief and Rehabilitation Administration
UO	Ulm und Oberschwaben
USA	Vereinigte Staaten von Amerika
UWS	Ulmer Wohnungs- und Siedlungs-Gesellschaft
vh	Volkshochschule
ZAWiW	Zentrum für Allgemeine Wissenschaftliche Weiterbildung

Abbildungsnachweise

Displaced Persons

Abb. 1: StdAU, G7/3.1 7–S113-2002.

Abb. 2: StdAU, B 122/30 Nr. 2.

Abb. 3: StdAU, G7/3.1 4904/21–Nr. 1/S0854_2014.

Abb. 4: StdAU, G7/3.1 2.28–Nr. 1/S0851_2014; StdAU, G7/3.1 2.28–Nr. 1/S0852_2014.

Abb. 5: StdAU, G7/3.1 4902/27–Nr. 1/S333-200.

Abb. 6: StdAU, B 122/30 Nr. 2.

Heimatvertriebene und Flüchtlinge

Abb. 7: StdAU, G7/3.1–12–S 127-2007.

Abb. 8: DZM, F01543.

Abb. 9: StdAU, G7/3.1–14-12-9-1971.

Abb. 10: StdAU, G7/3.1–430-3311-2010.

Abb. 11: Lothar Kneer, Privatbesitz.

Abb. 12: Lothar Kneer, Privatbesitz.

Abb. 13: StdAU, G7/5.01–237-44-2016.

Abb. 14: StdAU, G7/3.1–00008/S157_2007.

Abb. 15: StdAU, G7/3.1–00282/S302_2009.

Abb. 16: StdAU, G7/3.1–4911–04-Nr. 1-S118-2002.

Abb. 17: StdAU, G7/3.3–2866-DVD 26-2009-09 1.

Abb. 18: DZM, F01654.

Abb. 19: DZM, F01546.

SBZ-/DDR-Flüchtlinge

Abb. 20: StdAU, G7/3.1–4.17 Nr. 1b–00018/S121_2007.

Abb. 21: StdAU, G7/3.1 1962 Juni 16–Nr. 2/S0857_2014.

Abb. 22: StdAU, G7/3.1 1962 Juni 16–Nr. 4/S0858_2014.

Abb. 23: StdAU, B442/10 Nr. 7.

Ausländische Arbeitskräfte

Abb. 24: StdAU, G7/3.1 00026-1955_ital_Landarb_S187_2007.

Abb. 25: StdAU, G7/5.07-17-49.

Abb. 26: StdAU, OB/G-122/3: Sitzung Ausländerbeirat 5.12.1978.

Abb. 27: StdAU, G 7/3.3-1835 DVD 3-2008-09.

Abb. 28: StdAU, G7/5.07-17-49.

Abb. 29: StdAU, G7/5.07-23-134.

Abb. 30: StdAU, G7/5.06 1160 20 59-1973.

Abb. 31: StdAU, G7/3.2-2860-52-2017.

Abb. 32: StdAU, OB/G-122/3: Sitzung Ausländerbeirat 11.10.1983.

Abb. 33: StdAU, S0856_2014_Chr_Zb_italienische_Gastarbeiter.

Abb. 34: StdAU, S0860_2014_Chr_Zb_Wohnheim_Gastarbeiter_1962.

Abb. 35: StdAU, OB/G-122/3: Sitzung Ausländerbeirat 16.9.1986.

Abb. 36: SWP 17.1.1992, Maria Müssig.

Abb. 37: StdAU, G7/3.3-1837 DVD 3-2008-11.

Abb. 38: StdAU, G6 III 2.6.5.

Abb. 39: SWP 7.6.1993, Volkmar Könneke.

Abb. 40: SWP 9.4.1990, Simon Resch.

Abb. 41: StdAU, G7/5.07-21-7.

Abb. 42: StdAU, G7/3.4 1673 DVD 95-2013-08 8.

Abb. 43: SWP 5.1.1999, Volkmar Könneke.

Abb. 44: StdAU, G7/3.3 1459-DVD 23-2007-05 DSC_0036.

Abb. 45: StdAU, G6 III 2.6.5.

Geflüchtete

Abb. 46: SWP 8.12.1978, Maria Müssig.

Abb. 47: SWP 14.12.1984, Maria Müssig.

Abb. 48: SWP 10.10.2005, Volkmar Könneke.

Abb. 49: StdAU, G7/5.07-16-20.

Abb. 50: SWP 6.6.1992, Michael Janjanin.

Abb. 51: StdAU, G7/5.07-16-18/S0848_2014.

Abb. 52: SWP 25.3.1992, Simon Resch.

Abb. 53: SWP 25.7.1992, Simon Resch.

Abb. 54: Erika Lemmer, CC BY-SA 3.0, Stadt Ulm, Abteilung Soziales.

Abb. 55: Lucia Erdt, CC BY-SA 3.0, Stadt Ulm, Abteilung Soziales.

Abb. 56: StdAU, G7/3.4–2514 DVD 10-2015-02 15.

Abb. 57: StdAU, G7/3.4–2514 DVD 10-2015-02 37.

Abb. 58: StdAU, 2817 DVD 64-2015-02 06.

(Spät-)Aussiedlerinnen und (Spät-)Aussiedler

Abb. 59: DZM, 7431-1.

Abb. 60: DZM, F00191; DZM, 7498.

Abb. 61: SWP 17.12.1988, Maria Müssig.

Abb. 62: SWP 19.8.1988, Maria Müssig.

Abb. 63: SWP 19.8.1988, Maria Müssig.

Abb. 64: StdAU, G7/5.07–42–72.

Abb. 65: SWP 25.2.1989, Maria Müssig.

Abb. 66: SWP 25.7.1990, Gisela Haßler.

Abb. 67: SWP 5.6.1989, Schwarzkopf-Gönner.

Abb. 68: DZM, 5317.

Abb. 69: StdAU, G 7/3.4–3431 DVD 64-2016-01 03;

StdAU, G 7/3.4–3431 DVD 64-2016-01 01.

Abb. 70: SWP 28.5.1996, Reiner Wolf.

Abb. 71: StdAU, G7/3.1–431–3329-2010; DZM, Gedenktafeln4.

Abb. 72: SWP 11.6.2007, Oliver Schulz.

Angehörige der US-Armee

Abb. 73: StdAU, G7/3.1 141 110-2002.

Abb. 74: StdAU, G7/2.2 3043 2399-2014.

Abb. 75: StdAU, G7/3.1 383 80-2010.

Abb. 76: StdAU, G7/3.1 940 932-2016.

Abb. 77: StdAU, G7/5.07 37 24.

Abb. 78: StdAU, G7/3.1-00381-79-201-44-3-1983.

Jüdische Zuwanderung

Kapitelbild S. 290: StdAU, G7/3.4 1195 DVD 100-2012-01 075.

Abb. 79: StdAU, G7/3.3 1729–DVD 50-2007_08 17.

Abb. 80: SWP 16.7.1997, Maria Müssig.

Abb. 81: StdAU, G6 V 6.1 – 2001 bis 2010.

Abb. 82: StdAU, G7/3.4 1195 DVD 100-2012-01 075.

Abb. 83: StdAU, G7/3.4 1195 DVD 100-2012-01 022.

Abb. 84: StdAU, G7/3.4 1195 DVD 100-2012-01 074.

Bildungswanderung und Migration Hochqualifizierter

Abb. 85: Museum Ulm/HfG-Archiv, Sigrid von Schweinitz-Maldonado.

Abb. 86: Museum Ulm/HfG-Archiv, AZ 593.106-203.

Schluss

Abb. 87: Klaus-Peter Berg, Berg-VideoMedia, Stadt Ulm,

Koordinierungsstelle Internationale Stadt.

Abb. 88: StdAU, Nadja Wollinsky.

Abb. 89: Simone Heinz, Griesbadgalerie Martin Leibinger.

Schlussbild: S. 368: StdAU, Nadja Wollinsky.

Alle Zahlen in den Statistiken sind entnommen aus Stadt Ulm, Amt für Statistik
(Hg.): Ulmer Statistik. Jahresberichte 1948–2015, Ulm 1949–2016.
Ausnahmen:
Zahlen in der Statistik „Flüchtlinge aus der DDR in die BRD. 1949 bis 1961" im
Kapitel „SBZ-/DDR-Flüchtlinge". Zahlen sind aus Malycha: Geschichte der DDR,
S. 33 entnommen.
Zahlen in der Tabelle „Zugelassene Studenten nach Herkunftsland an der HfG
von 1953 bis 1968" im Kapitel „Bildungswanderung und Migration Hochquali-
fizierter"erhalten von Museum Ulm/HfG-Archiv, Statistik Zusammenfassung.

Quellenverzeichnis

Museum Ulm/HfG-Archiv,
AZ 593.106-203

StdAU, B 005/5 Nr. 307

StdAU, B 005/5 Nr. 363

StdAU, B 005/5 Nr. 368

StdAU, B 005/5 Nr. 392

StdAU, B 122/30 Nr. 1

StdAU, B 122/30 Nr. 2

StdAU, B 122/30 Nr. 3

StdAU, B 122/31 Nr. 1

StdAU, B 122/31 Nr. 2

StdAU, B 421/0 Nr. 1

StdAU, B 421/0 Nr. 3

StdAU, B 421/5 Nr. 1

StdAU, B 421/6 Nr. 1

StdAU, B 421/7 Nr. 1

StdAU, B 421/8 Nr. 2

StdAU, B 422/10 Nr. 5

StdAU, B 422/10 Nr. 7

StdAU, B 647/7 Nr. 1

StdAU, B 721/7 Nr. 1

StdAU, B 774/41 Nr. 22

StdAU, G 6 I 5.5

StdAU, G 6 II 7.6

StdAU, G 6 II 7.17

StdAU, G 6 III 2.5.2.9

StdAU, G 6 III 2.5.2.11

StdAU, G 6 III 2.6.2

StdAU, G 6 III 2.6.3

StdAU, G 6 III 2.6.4

StdAU, G 6 III 2.6.5

StdAU, G 6 III 2.6.6

StdAU, G 6 III 2.6.7

StdAU, G 6 III 2.6.8

StdAU, G 6 V 2.9

StdAU, G 6 V 6.1

StdAU, G 6 VII 8.4.1

StdAU, H–122/3

StdAU, OB/G–122/3

Literaturverzeichnis

ACLI Baden-Württemberg: Il Patronato Acli, https://www.acli-bw.de/
patronato-acli.

Adams, Myrah/Maihoefer, Christof: Jüdisches Ulm. Schauplätze und Spuren,
Haigerloch 1998.

Adams, Willi Paul: Die USA im 20. Jahrhundert (Oldenbourg Grundriss der
Geschichte, Bd. 29), München 3. Aufl. 2012.

AG West: Junge Flüchtlinge, http://www.agwest.de/data/index.
php?idcatside=85&sid=99b929ef522858a106876e3891e2122c.

Albers, Gerd: Planung und Aufbau, in: Hans Eugen Specker (Hg.): Tradition
und Wagnis. Ulm 1945–1972 (Forschungen zur Geschichte der Stadt Ulm,
Bd. 12), Ulm 1974, S. 24–48.

Amnesty International: Report 2015/16. Zur weltweiten Lage der Menschenrechte, Frankfurt a. M. 2015.

Aschkenasi, Marina: Jüdische Remigration nach 1945, in: APuZ 42 (2014),
S. 22–27.

ASSIT: Homepage, https://assist-ulm.de/startseite.

Auswärtiges Amt: Deutsch-polnischer Nachbarschaftsvertrag,
http://www.auswaertiges-amt.de/cae/servlet/contentblob/334466/
publicationFile/3304/Nachbarschaftsvertrag.pdf.

Bade, Klaus J.: Ausländer – Aussiedler – Asyl. Eine Bestandsaufnahme,
München 1994.

Bade, Klaus J.: Aussiedler. Rückwanderer über Generationen hinweg, in:
Ders. (Hg.): Neue Heimat Westen. Vertriebene, Flüchtlinge, Aussiedler,
Münster 1990, S. 128–149.

Bade, Klaus J.: Europa in Bewegung. Migration vom späten 18. Jahrhundert
bis zur Gegenwart, München 2000, S. 16.

Bade, Klaus J.: Versäumte Integrationschancen und nachholende Integrationspolitik, in: Ders./Hans-Georg Hiesserich (Hg.): Nachholende Integrationspolitik und Gestaltungsperspektiven der Integrationspraxis (Beiträge
der Akademie für Migration und Integration, Heft 11), Göttingen 2007,
S. 21–95.

Bade, Klaus J./Bommes, Michael: Einleitung, in: Dies. (Hg.):
    Migration – Integration – Bildung. Grundfragen und Problembereiche
    (IMIS-Beiträge, Bd. 23), Osnabrück 2004.

Bade, Klaus J./Oltmer, Jochen (Hg.): Normalfall Migration (Zeitbilder, 15),
    Bonn 2004.

BAMF (Hg.): Asylgeschäftsstatistik für den Monat Dezember 2016,
    http://www.bamf.de/SharedDocs/Anlagen/DE/Downloads/Infothek/
    Statistik/Asyl/201612-statistik-anlage-asyl-geschaeftsbericht.
    pdf?__blob=publicationFile.

BAMF (Hg.): Asylgeschäftsstatistik für den Monat Dezember 2015,
    https://www.bamf.de/SharedDocs/Anlagen/DE/Downloads/Infothek/
    Statistik/Asyl/201512-statistik-anlage-asyl-geschaeftsbericht.
    pdf?__blob=publicationFile.

BAMF (Hg.): Asylgeschäftsstatistik für den Monat Dezember und das Jahr 2011,
    http://koelner-fluechtlingsrat.de/neu/userfiles/pdfs/Asylstatistik_2011.pdf.

BAMF: Blaue Karte EU, http://www.bamf.de/DE/Migration/Arbeiten/
    BuergerDrittstaat/BlaueKarte/blaue-karte-node.html.

BAMF (Hg.): Flyer. Blaue Karte EU. Informationen zum Aufenthaltstitel nach
    § 19a Aufenthaltsgesetz, https://www.bamf.de/SharedDocs/Anlagen/DE/
    Publikationen/Flyer/flyer-blaue-karte.pdf?__blob=publicationFile.

BAMF (Hg.): Migration, Asyl und Integration in Zahlen, 14. Auflage,
    Nürnberg 2005.

BMBF (Hg.): Modelle und Strategien zur Verbesserung der Bildungsbeteili-
    gung von Jugendlichen mit Migrationshintergrund, Bonn/Berlin 2006.

BAMF: Schlüsselzahlen Asyl 2016, Nürnberg 2017.

BAMF: Zahlen zur Blauen Karte EU, http://www.bamf.de/DE/Infothek/
    Statistiken/Blaue KarteEU/ blaue-karte-eu-node.html.

Barthelt, Franziska u. a.: Internationale Studierende – aktuelle Entwicklungen
    und Potenziale der globalen Bildungsmigration, in: focus Migration.
    Kurzdossier (September 2015).

Beck, Marieluise: Ihr Inderlein kommet, in: Blätter für deutsche und
    internationale Politik 1 (2001), S. 7–9.

Becker-Schaum, Christoph/Gassert, Philipp/Klimke, Martin (Hg.): „Entrüstet
    Euch!" Nuklarkrise, NATO-Doppelbeschluss und Friedensbewegung,
    Paderborn u. a. 2012.

Beer, Mathias: Flucht und Vertreibung der Deutschen. Voraussetzungen,
    Verlauf, Folgen, München 2011.

Beer, Mathias: Plädoyer für integrative Zuwanderungsgeschichte, in:
    Ders. (Hg.): Baden-Württemberg. Eine Zuwanderungsgeschichte (Schriften
    zur politischen Landeskunde Baden-Württembergs, Bd. 40), Stuttgart 2014,
    S. 9–24.

Beer, Mathias: Schwaben und Donauschwaben, in: Reinhold Weber/
    Peter Steinbach/Hans-Georg Wehling (Hg.): Baden-württembergische
    Erinnerungsorte, Stuttgart 2012, S. 253–263.

Behandlungszentrum für Folteropfer Ulm: Das Behandlungszentrum,
    http://www.bfu-ulm.de.

Benz, Wolfgang: Demokratisierung durch Entnazifizierung und Erziehung, in:
    Informationen zur politischen Bildung 259 (2005), S. 29–40.

Berghahn, Volker R.: Amerika und der soziale Wandel in Deutschland
    1945–1968, in: Detlef Junker u. a. (Hg.): Die USA und Deutschland im
    Zeitalter des Kalten Krieges 1945–1990. Ein Handbuch. Bd. 1. 1945–1968,
    Stuttgart/München 2001, S. 755–771.

Bergmann, Ingo: Und erinnere dich immer an mich. Gedenkbuch für die Ulmer
    Opfer des Holocaust, Ulm 2009.

Besier, Gerhard: Das Europa der Diktaturen. Eine neue Geschichte des
    20. Jahrhunderts, München 2006.

Bethlehem, Siegfried: Heimatvertreibung, DDR-Flucht, Gastarbeiterzuwan-
    derung. Wanderungsströme und Wanderungspolitik in der Bundesrepublik
    Deutschland (Geschichte und Gesellschaft, Bochumer Historische Studien,
    Bd. 26), Stuttgart 1982.

BiB (Bundesinstitut für Bevölkerungsforschung): Transnationale Bildungs-
    migration, http://www.bib-demografie.de/ DE/Forschung/2_FB2/fg2_1/
    Projekte/2_bildungsmigration_node.html.

Birkenfeld, Herbert/Hepach, Wolf-Dieter: Bewegte Jahre. Gesellschaftlicher
    Wandel im Alb-Donau-Kreis seit 1945. Eine Sozialgeschichte, Ulm 2002.

Blank, Theodor: „Eine Million Gastarbeiter. Eine nicht unerhebliche Voraussetzung für das Gedeihen der deutschen Wirtschaft", in: Bulletin (Presse-
und Informationsamt der Bundesregierung), Nr. 160, 30. Oktober 1964,
S. 1480, http://germanhistorydocs.ghi-dc.org/docpage.
cfm?docpage_id=1514.

BMI (Hg.): Polizeiliche Kriminalstatistik 2013, https://www.bmi.bund.de/
SharedDocs/Downloads/DE/Broschueren/2014/PKS2013.
pdf?__blob=publicationFile.

BMI, Referat Öffentlichkeitsarbeit (Hg.): Migrationsbericht 2006 des Bundesamtes für Migration und Flüchtlinge im Auftrag der Bundesregierung,
Berlin 2007.

BMI/BAMF (Hg.): Migrationsbericht des Bundesamtes für Migration und
Flüchtlinge im Auftrag der Bundesregierung. Migrationsbericht 2005,
Berlin/Bonn 2006.

BMI/BAMF (Hg.): Migrationsbericht des Bundesamts für Migration und
Flüchtlinge im Auftrag der Bundesregierung. Migrationsbericht 2015,
Berlin/Bonn 2016.

Bockwoldt, Thorben: Alte und neue Kriege in Afrika. Ein Vergleich am Beispiel
der Bürgerkriege in Äthiopien/Eritrea und Sierra Leone, Marburg 2007.

Boehling, Rebecca: Die amerikanische Kulturpolitik während der Besatzungs-
zeit 1945–1949, in: Detlef Junker u. a. (Hg.): Die USA und Deutschland im
Zeitalter des Kalten Krieges 1945–1990. Ein Handbuch. Bd. 1. 1945–1968,
Stuttgart/München 2001, S. 592–600.

Boll, Klaus: Kulturwandel der Deutschen aus der Sowjetunion. Eine empiri-
sche Studie zur Lebenswelt russlanddeutscher Aussiedler in der Bundesrepublik (Schriftenreihe der Kommission für Ostdeutsche Volkskunde in
der Deutschen Gesellschaft für Volkskunde e. V., Bd. 43), Marburg 1993.

Bommas, Peter: ‚Amerikanisierte' Jugend- und Populärkultur seit 1945. Eine
Spurensuche, in: Philipp Gassert u. a. (Hg.): Augsburg und Amerika.
Aneignungen und globale Verflechtungen in einer Stadt (Documenta
Augustana, Bd. 24), Augsburg 2013, S. 247–256.

Bösch, Frank: Film, NS-Vergangenheit und Geschichtswissenschaft.
Von „Holocaust" zu „Der Untergang", in: VfZ 55 (2007), S. 1–32.

BR: Krank und ohne Papiere, http://www.br.de/fernsehen/ard-alpha/
    sendungen/campusmagazin/studenten-ehrenamt-medinetz-arzt-
    vermittlung-100.html.

Brammertz, Christoph: Europas Wirtschaft. Ohne Mehrsprachigkeit keine
    Chance im globalen Wettbewerb, Online-Redaktion des Goethe-Instituts,
    http://www.goethe.de/ges/spa/prj/sog/fst/de4194803.htm.

Brandt, Gerhard: Die Rüstung der Bundesrepublik im Spannungsfeld der
    westlichen Militärallianz, in: Ekkehart Krippendorff (Hg.): Internationale
    Beziehungen, Köln 1973, S. 174–188.

Browder, Dewey A.: Appendix. Population Statistics for U.S. Military in Germany,
    1945–2000, in: Ders./Detlef Junker (Hg.): GIs in Germany. The Social,
    Economic, Cultural, and Political History of the American Military Presence,
    New York 2013, S. 347–352.

Bundesminister für Arbeit (Hg.): Bundesarbeitsblatt.
    Jahrgang 1956, Stuttgart/Köln 1956.

Bundesminister für Arbeit und Sozialordnung (Hg.): Bundesarbeitsblatt.
    Jahrgang 1962, Stuttgart/Köln 1962.

Bundesminister für Arbeit und Sozialordnung (Hg.): Bundesarbeitsblatt.
    Jahrgang 1964, Stuttgart/Köln 1964.

Bundesminister für Arbeit und Sozialordnung (Hg.): Bundesarbeitsblatt.
    Jahrgang 1969, Stuttgart 1969.

Bundeszentrale für politische Bildung: Anwerbestopp 1973,
    http://www.bpb.de/geschichte/deutsche-geschichte/anwerbeabkommen/
    43270/anwerbestopp-1973.

Buzengeiger, Walter: Not überwinden, nicht verwalten. Ein Sozialbericht, in:
    Hans Eugen Specker (Hg.): Tradition und Wagnis. Ulm 1945–1972
    (Forschungen zur Geschichte der Stadt Ulm, Bd. 12), Ulm 1974, S. 176–196.

Calic, Marie-Janine: Srebrenica 1995. Ein europäisches Trauma, in: Themen-
    portal Europäische Geschichte (2013), http://www.europa.clio-online.
    de/2013/Article=603.

Cohen, Yinon/Haberfeld, Yitchak/Kogan, Irena: Jüdische Immigration aus der ehemaligen Sowjetunion. Ein natürliches Experiment zur Migrations-entscheidung, in: Frank Kalter (Hg.): Migration und Integration (Kölner Zeitschrift für Soziologie und Sozialpsychologie, Sonderheft 48 [2008]), Wiesbaden 2008, S. 185–201.

Currle, Edda: Migration in Europa. Daten und Hintergründe, Stuttgart 2004.

DAAD: Geflüchtete Studierende. DAAD-Förderung zur Integration, https://www.daad.de/der-daad/daad-aktuell/de/43468-gefluechtete-studierende-daad-foerderung-zur-integration.

Deutsche Botschaft Seoul: Deutschland – Zweite Heimat für Bergarbeiter und Krankenschwestern, http://www.seoul.diplo.de/Vertretung/seoul/de/04Politik/Jubil_C3_A4umsjahr2013/Gastarbeiter-s.html.

Dietz, Barbara: Aussiedler/Spätaussiedler in Deutschland seit 1950, in: Klaus J. Bade u. a. (Hg.): Enzyklopädie Migration in Europa. Vom 17. Jahrhundert bis zur Gegenwart, Paderborn u. a. 2007, S. 397–404.

Dietz, Barbara: Die Zuwanderung und Integration von (Spät-)Aussiedlern im Kontext deutscher und europäischer Migrationspolitik, in: Otto Luchterhandt/Alfred Eisfeld (Hg.): Die Russlanddeutschen in den Migrationsprozessen zwischen den GUS-Staaten und Deutschland. 60 Jahre Göttinger Arbeits-kreis e. V., Göttingen 2008, S. 115–133.

Dietz, Barbara: Erwartungen an die neue Heimat. Deutsche Aussiedler aus der Sowjetunion vor dem beruflichen und sozialen Neubeginn in der Bundes-republik Deutschland (Arbeitsbericht. Forschungsprojekt Deutsche in der Sowjetunion und Aussiedler aus der UdSSR in der Bundesrepublik Deutsch-land, Bd. 5), München 1991.

Dietz, Barbara/Lebok, Uwe/Polian, Pavel: The Jewish Emigration from the Former Soviet Union to Germany, in: International Migration 40/2 (2002), S. 29–48.

Dietz, Barbara/Roll, Heike: Jugendliche Aussiedler. Porträt einer Zuwanderer-generation, Frankfurt a. M./New York 1998.

Dietz, Barbara/Segbers, Klaus: German Policies Toward Russia and Other Successor States, in: Rainer Münz/Myron Weiner (Hg.): Migrants, Refugees, and Foreign Policy. U.S. and German Policies toward Countries of Origin, Providence 1997, S. 141–164.

Dijk, Ruud van: Den Frieden gewinnen: Die USA, Westdeutschland und die Ambivalenzen der doppelten Eindämmung 1945–1950, in: Detlef Junker u. a. (Hg.): Die USA und Deutschland im Zeitalter des Kalten Krieges 1945–1990. Ein Handbuch. Bd. 1. 1945–1968, Stuttgart/München 2001, S. 132–142.

Dohse, Knuth: Ausländische Arbeiter und bürgerlicher Staat. Genese und Funktion von staatlicher Ausländerpolitik und Ausländerrecht. Vom Kaiserreich bis zur Bundesrepublik Deutschland, Königstein/Ts. 1981.

DZM: Stiftung, http://www.dzm-museum.de/de/ueber-uns/stiftung.

DZM: Verwandte Einrichtungen, http://www.dzm-museum.de/de/ueber-uns/verwandte-einrichtungen.

Eckhard, Frank/Merkel, Janet: Ethnische Vielfalt als Ressource der Stadtentwicklung, in: Christine Hannemann/u. a. (Hg.): Jahrbuch StadtRegion 2009/2010. Schwerpunkt: Stadtkultur und Kreativität, Opladen 2010, S. 83–102.

Eisfeld, Alfred: (Spät-)Aussiedler in Deutschland, in: http://www.bpb.de/apuz/156779/spaet-aussiedler-in-deutschland?p=all.

Eisner, Manuer: Konflikte und Integrationsprobleme. Jugendkriminalität und Immigration, in: Neue Kriminalpolitik 4 (1998), S. 11–13.

Ette, Andreas: Politische Ideen und Policy-Wandel. Die ‚Green Card' und ihre Bedeutung für die deutsche Einwanderungspolitik, in: Uwe Hunger/Holger Kolb (Hg.): Die deutsche ‚Green Card'. Migration von Hochqualifizierten in theoretischer und empirischer Perspektive, in: IMIS-Beiträge. Themenheft 22 (2003).

Fijalkowski, Jürgen: Gastarbeiter als industrielle Reservearmee? Zur Bedeutung der Arbeitsmigration für die wirtschaftliche und gesellschaftliche Entwicklung der Bundesrepublik Deutschland, in: AfS 24 (1984), S. 399–456.

Fink, Hubert: Der Ulmer Gemeinderat im Spannungsfeld zwischen Repräsentation und Verwaltung, in: Hans Eugen Specker (Hg.): Tradition und Wagnis. Ulm 1945–1972 (Forschungen zur Geschichte der Stadt Ulm, Bd. 12), Ulm 1974, S. 137–163.

Föhl, Carl: Stabilisierung und Wachstum beim Einsatz von Gastarbeitern, in: Kyklos 20 (1967), S. 119–146.

Fuchs, Marek: Die Wohnsituation der Aussiedler, in: Rainer K. Silbereisen/
Ernst-Dieter Lantermann/Eva Schmitt-Rodermund (Hg.): Aussiedler in
Deutschland. Akkulturation von Persönlichkeit und Verhalten, Opladen
1999, S. 91–104.

Füssl, Karl-Heinz: Zwischen Eliteförderung und Erziehungsreform:
Deutsch-amerikanische Austauschprogramme, in: Detlef Junker u. a. (Hg.):
Die USA und Deutschland im Zeitalter des Kalten Krieges 1945–1990.
Ein Handbuch. Bd. 1. 1945–1968, Stuttgart/München 2001, S. 623–633.

Gauck, Joachim: Einweihung der Neuen Synagoge Ulm,
http://www.bundespraesident.de/SharedDocs/Reden/DE/Joachim-Gauck/
Reden/2012/12/121202-Synagogeneroeffnung.html.

Gassert, Philipp: Zwischen militärischer Abschreckung und gesellschaftlichem
Austausch. Die Amerikaner in Westdeutschland 1945–1990, in: Edith Raim/
Sonia Fischer (Hg.): Don't take your guns to Town. Johnny Cash und die
Amerikaner in Landsberg 1951–1954, München 2015, S. 13–36.

Gassert, Philipp (Hg.): Zweiter Kalter Krieg und Friedensbewegung. Der NATO-
Doppelbeschluss in deutsch-deutscher und internationaler Perspektive
(Schriftenreihe der Vierteljahrshefte für Zeitgeschichte, Sondernummer),
München 2011.

Gerlach, Bettina: Demokratischer Neubeginn, in: Hans Eugen Specker (Hg.):
Die Ulmer Bürgerschaft auf dem Weg zur Demokratie. 600 Jahre Großer
Schwörbrief (Forschungen zur Geschichte der Stadt Ulm, Reihe Dokumen-
tation, Bd. 10), Stuttgart 1997, S. 424–481.

Gesemann, Frank: Kommunale Integrationspolitik, in: Karl-Heinz Meier-Braun/
Reinhold Weber (Hg.): Deutschland Einwanderungsland. Begriffe –
Fakten – Kontroversen, Stuttgart 2013, S. 193–196.

Gesemann, Frank: Migration, ethnische Minderheiten und Gewalt.
Ein Forschungsüberblick, in: Berliner Forum Gewaltprävention. Sondernummer 1 (2000), S. 23– 36.

Gienow-Hecht, Jessica C. E.: Die amerikanische Kulturpolitik in der Bundesre-
publik 1949–1968, in: Detlef Junker u. a. (Hg.): Die USA und Deutschland im
Zeitalter des Kalten Krieges 1945–1990. Ein Handbuch. Bd. 1. 1945–1968,
Stuttgart/München 2001, S. 612–622.

Goethe-Insitut e. V.: Migration und Integration: In Deutschland angekommen –
50 Jahre deutsch-koreanisches Anwerbeabkommen, http://www.goethe.
de/lhr/prj/daz/mag/mig/de10986481.htm.

Greif, Siegfried/Gediga, Günther/Janikowski, Andreas: Erwerbslosigkeit und
beruflicher Abstieg von Aussiedlerinnen und Aussiedlern, in: Klaus J. Bade/
Jochen Oltmer (Hg.): Aussiedler. Deutsche Einwanderer aus Osteuropa
(Schriften des Instituts für Migrationsforschung und interkulturelle Studien
(IMIS) der Universität Osnabrück, Bd. 8), Osnabrück 1999, S. 81–106.

Griesbadgalerie: Café Beirut; http://www.griesbadgalerie.de/
cafe-beirut-mazen-kerbaj.

Grüner, Stefan: Nachkriegszeit 1945–1957. Alltag, Besatzung, politischer und
wirtschaftlicher Neuaufbau, in: Volker Dotterweich/Karl Filser (Hg.): Landsberg in der Zeitgeschichte – Zeitgeschichte in Landsberg, München 2010,
S. 353–406.

Gümen, Sedef: Soziale Identifikation und Vergleichsprozesse von Frauen, in:
Leonie Herwartz-Emden (Hg.): Einwandererfamilien. Geschlechterverhält-
nisse, Erziehung und Akkulturation (Institut für Migrationsforschung und
Interkulturelle Studien. Schriften des Instituts für Migrationsforschung und
Interkulturelle Studien (IMIS) der Universität Osnabrück, Bd. 9), Göttingen
2003, S. 325–350.

Haftendorn, Helga: Historische Entwicklung, politische Motive und rechtliche
Grundlagen, in: Dieter Mahncke (Hg.): Amerikaner in Deutschland. Grund-
lagen und Bedingungen der transatlantischen Sicherheit, Bonn u. a. 1991,
S. 137–180.

hagalil.com: Das Einzel- und das Gemeindegebet, http://www.hagalil.com/
judentum/rabbi/090425.htm.

Hallerberg, Michael/Kindt, Fabian/Arbeitskreis ostwestfälisch-lippische
Archive (Hg.): Heimat für Fremde? Migration und Integration in Deutschland vom Zweiten Weltkrieg bis zur Gegenwart mit Beispielen aus Ostwest-
falen-Lippe (Schriften des Landeskirchlichen Archivs der Evangelischen
Kirche von Westfalen, Bd. 16), Bielefeld 2011.

Hanganu, Elisa/Heß, Barbara: Beschäftigung ausländischer Absolventen deutscher Hochschulen. Ergebnisse der BAMF-Absolventenstudie 2013 (Forschungsbericht 23/Bundesamt für Migration und Flüchtlinge), Nürnberg 2014.

Haug, Sonja: Soziodemographische Merkmale, Berufsstruktur und Verwandtschaftsnetzwerke jüdischer Zuwanderer. Projekt Zuwanderer aus Russland und anderer GUS-Staaten – Jüdische Zuwanderer (Working Papers 8) (unter Mitarbeit von Michael Wolf), Nürnberg 2007.

Haug, Sonja/Sauer, Lenore: Zuwanderung und Integration von (Spät-)Aussiedlern. Ermittlung und Bewertung der Auswirkungen des Wohnortzuweisungsgesetzes. Abschlussbericht, Nürnberg 2007.

Haug, Sonja/Schimany, Peter: Jüdische Zuwanderer in Deutschland. Ein Überblick über den Stand der Forschung (Working Paper, Bd. 3), Nürnberg 2005.

Hauke, Marie-Kristin: Aufbruch entlang der Donau. Ulm und die Auswanderung im 18. Jahrhundert (Kleine Reihe des Stadtarchivs Ulm, Bd. 10), Ulm 2012.

Hauke, Marie-Kristin: Die Entstehung eines Mythos. Ulm als Auswanderungsort, in: Mathias Beer (Hg.): Migration und Mythen. Geschichte und Gegenwart – Lokal und global, Ulm 2014, S. 45–64.

Heidemeyer, Helge: Flucht und Zuwanderung aus der SBZ/DDR 1945/49–1961. Die Flüchtlingspolitik der Bundesrepublik Deutschland bis zum Bau der Berliner Mauer, Düsseldorf 1994.

Hensen, Jürgen: Zur Geschichte der Aussiedler- und Spätaussiedleraufnahme, in: Christoph Bergner/Matthias Weber (Hg.): Aussiedler- und Minderheitenpolitik in Deutschland. Bilanz und Perspektiven, S. 47–61.

Herbert, Ulrich: Geschichte der Ausländerbeschäftigung in Deutschland 1880 bis 1980. Saisonarbeiter. Zwangsarbeiter. Gastarbeiter, Berlin/Bonn 1986.

Herbert, Ulrich: Geschichte der Ausländerpolitik in Deutschland. Saisonarbeiter, Zwangsarbeiter, Gastarbeiter, Flüchtlinge (Schriftenreihe der bpb, Bd. 410), Bonn 2003.

Hochschule Ulm: Ausländische Studierende, https://www.hs-ulm.de/Internationales/AAA/InternationaleStudierende.

Hochschule Ulm: Partnerhochschulen, https://www.hs-ulm.de/Internationales/AAA/Partnerhochschulen.

Höhn, Maria: Amis, Cadillacs und „Negerliebchen". GIs im Nachkriegs-
deutschland, Berlin 2008.

Höhn, Maria/Klimke, Martin: Ein Hauch von Freiheit? Afroamerikanische
Soldaten, die US-Bürgerrechtsbewegung und Deutschland (Histoire,
Bd. 89), Bielefeld 2016.

Hosseinzadeh, Sonja: Die jüdische Gemeinde in Württemberg seit 1945, in:
Paul Sauer/Sonja Hosseinzadeh: Jüdisches Leben im Wandel der Zeit.
170 Jahre Israelitische Religionsgemeinschaft. 50 Jahre neue Synagoge in
Stuttgart (hrsg. von der Israelitischen Religionsgemeinschaft Württembergs
Körperschaft des öffentlichen Rechts), Gerlingen 2002, S. 155–280.

Hunger, Uwe/Kolb, Holger (Hg.): Die deutsche ‚Green Card'. Migration von
Hochqualifizierten in theoretischer und empirischer Perspektive, in:
IMIS-Beiträge. Themenheft 22 (2003).

Hunn, Karin: Asymmetrische Beziehungen. Turkische „Gastarbeiler" zwischen
Heimat und Fremde. Vom deutsch-türkischen Anwerbeabkommen bis zum
Anwerbestopp (1961–1973), in: AfS 42 (2002), S. 145–172.

Hunn, Karin: „Türken sind auch nur Menschen …". Vom „Gastarbeiter" zum
Zuwanderer, in: Mathias Beer (Hg.): Baden-Württemberg – eine Zuwanderungsgeschichte (Schriften zur politischen Landeskunde Baden-Württembergs, Bd. 40), Stuttgart 2014, S. 127–154.

Huth, Alfred/Schmidt, Sepp: Festschrift. 30 Jahre Landsmannschaft der
Banater Schwaben aus Rumänien in Deutschland e. V. 1949/50–1979/80,
München 1980.

INDALO: Kontakt- und Anlaufstelle für junge Flüchtlinge,
http://www.oberlin-ulm.de/fileadmin/webDAV/PDF/2015-04-01%20
Flyer%20Indalo-komplett.pdf.

Ingenhorst, Heinz: Die Rußlanddeutschen. Aussiedler zwischen Tradition und
Moderne, Frankfurt a. M./New York 1997.

Institutul Naţional de Statistică : Populatia stabila dupa etnie - judete,
municipii, orase, comune, http://www.recensamantromania.ro/
wp-content/uploads/2013/07/sR_Tab_8.xls,.

International School Ulm/Neu-Ulm: Homepage, http://www.is-ulm.de/
index.cfm?pID=6077.

International School Ulm/Neu-Ulm: Informationsblatt,
http://www.heidenheim.de/site/Heidenheim/get/documents_
E986905255/heidenheim/Mediathek_Heidenheim_Stadt/Bildung/
Schulen/Internationale_Schule_NeuUlm.pdf.

Jacobmeyer, Wolfgang: Vom Zwangsarbeiter zum heimatlosen Ausländer.
Die Displaced Persons in Westdeutschland 1945–1951, Göttingen 1985.

James, Harold: D-Mark und Dollar. Preisstabilität im Inneren und internationale
Währungspolitik, in: Detlef Junker u. a. (Hg.): Die USA und Deutschland im
Zeitalter des Kalten Krieges 1945–1990. Ein Handbuch. Bd. 2. 1968–1990,
Stuttgart/München 2001, S. 150–159., S. 353–362.

Jamin, Mathilde: Fremde Heimat. Zur Geschichte der Arbeitsmigration aus der
Türkei, in: Jan Motte/Rainer Ohlinger/Anne von Oswald (Hg.): 50 Jahre
Bundesrepublik – 50 Jahre Einwanderung, Frankfurt a. M./New York 1999,
S. 145–164.

Jüdischer Nationalfonds e. V.: „Wald der deutschen Länder" in der Wüste
Negev, http://www.jnf-kkl.de/d/wald_der_deutschen_laender.htm.

Keil, Heinz: Dokumentation über die Verfolgung der jüdischen Bürger von
Ulm/Donau, Ulm 1961.

Keßelring, Agilolf (Hg.): Bosnien-Herzegowina. Wegweiser zur Geschichte,
Paderborn 2. Aufl. 2007.

Kessler, Judith: Jüdische Migration aus der ehemaligen Sowjetunion seit 1990,
http://www.berlin-judentum.de/gemeinde/migration-2.htm.

KIA: Temes megye településeinek etnikai (anyanyelvi/nemzetiségi) adatai,
http://www.kia.hu/konyvtar/erdely/erdstat/tmetn.pdf.

Kleinschmidt, Johannes: „Do not fraternize". Die schwierigen Anfänge
deutsch-amerikanischer Freundschaft. 1944–1949, Trier 1997.

Klötzel, Lydia: Die Rußlanddeutschen zwischen Autonomie und Auswanderung. Die Geschicke einer nationalen Minderheit vor dem Hintergrund des
wechselhaften deutsch-sowjetischen/russischen Verhältnisses (Münchner
Universitätsschriften/Osteuropa-Studien, Bd. 3), Münster 1999.

Koch, Manfred: Zwischen Anwerbeabkommen und Anwerbestopp. Gastarbeiter
und Gastarbeiterinnen 1960–1973, in: Ders./Kathrin Bohland (Hg.):
Migration und Integration in Karlsruhe (Veröffentlichung des Karlsruher
Stadtarchivs, Bd. 31), Karlsruhe 2010, S. 86–112.

Kohlmeier, Manfred/Schimany, Peter (Hg.): Der Einfluss von Zuwanderung
 auf die deutsche Gesellschaft. Deutscher Beitrag zur Pilotforschungsstudie
 „The Impact of Immigration on Europe's Societies" im Rahmen des Europäi-
 schen Migrationsnetzwerks (Forschungsbericht 1, BAMF), Nürnberg 2005.
Kolb, Holger: Die deutsche „Green Card", in: focus Migration. Kurzdossier 3
 (November 2005).
Kontzinou, Elena: Man kann das Glück eines Menschen nicht stehlen, in:
 Frauennetzwerk West e. V./Ellen Meckler-Schweizer (Hg.): Aufbruch nach
 Deutschland – Ankommen in Ulm. 18 Migrantinnen erzählen von ihrer
 Alten und Neuen Heimat, Plochingen 2004, S. 18–27.
Körber, Karen: Puschkin oder Thora? Der Wandel der jüdischen Gemeinden
 in Deutschland, in: José Brunner/Shai Lavi (Hg.): Juden und Muslime in
 Deutschland. Recht, Religion, Identität (Tel Aviver Jahrbuch für deutsche
 Geschichte, Bd. 37), Göttingen 2009, S. 233–254.
Körner, Klaus: Politische Broschüren im Kalten Krieg 1947–1963, in: Dieter
 Vorsteher-Seiler/Winfried Ranke (Hg.): Deutschland im Kalten Krieg
 1945–1963. Eine Ausstellung des Deutschen Historischen Museums,
 28. August bis 24. November 1992 im Zeughaus Berlin, Berlin 1992,
 S. 85–100.
Kraus, Hans-Christof: Zeitungen, Zeitschriften, Flugblätter, Pamphlete, in:
 Aufriss der Historischen Wissenschaften, Bd. 4: Quellen, Stuttgart 2002,
 S. 373–402.
Krauss, Marita: Heimkehr in ein fremdes Land. Geschichte der Remigration
 nach 1945, München 2001.
Kutz, Martin: Die verspätete Armee. Entstehungsbedingungen, Gefährdungen
 und Defizite der Bundeswehr, in: Frank Nägler (Hg.): Die Bundeswehr 1955
 bis 2005. Rückblenden – Einsichten – Perspektiven, München 2007, S. 63–79.
Landsmannschaft der Banater Schwaben e. V.: Kultur- und Dokumentations-
 zentrum Ulm, http://www.banater-schwaben.org/vereinsleben/
 unsere-einrichtungen/kultur-und-dokumentationszentrum-ulm.
Lechner, Silvester: Das KZ Oberer Kuhberg und die NS-Zeit in der Region Ulm,
 Neu-Ulm (Die NS-Zeit in der Region Ulm, Neu-Ulm, Bd. 1), Stuttgart 1988.
Lee, Everett: A theory of migration, in: John Archer Jackson (Hg.): Migration,
 Cambrige 1969 (Sociological studies, Bd. 2), S. 282–297.

Leuerer, Thomas: Die Stationierung amerikanischer Streitkräfte in Deutschland. Militärgemeinden der U.S. Army in Deutschland seit 1945 als ziviles Element der Stationierungspolitik der Vereinigten Staaten, Würzburg 1997.

Linse, Ulrich: Ulmer Arbeiterleben. Vom Kaiserreich zur frühen Bundesrepublik (Kleine Reihe des Stadtarchivs Ulm, Bd. 3), Ulm 2006.

Luft, Stefan: Die Anwerbung türkischer Arbeitnehmer und ihre Folgen, http://www.bpb.de/shop/buecher/schriftenreihe/140165/ laenderbericht-tuerkei.

Luft, Stefan: Die Flüchtlingskrise. Ursachen, Konflikte, Folgen, München 2016.

M., T.: Jetzt liebe ich Ulm, in: Frauennetzwerk West e. V./Ellen Meckler-Schweizer (Hg.): Aufbruch nach Deutschland – Ankommen in Ulm. 18. Migrantinnen erzählen von ihrer Alten und Neuen Heimat, Plochingen 2004 S. 38–43.

Maihoefer, Christof: Jüdische Displaced Persons in Ulm 1945–1949, in: Gotthold Knecht (Hg.): Zeitzeugen aus Demokratie und Diktatur, Nürtingen 2010, S. 219–231.

Malcom, Noel: Geschichte Bosniens. Aus dem Englischen von Ilse Strasmann, Frankfurt a. M. 1996.

Malycha, Andreas: Geschichte der DDR (Informationen zur politischen Bildung 3/2011), Roggentin 2011.

Matter, Max: Anwerbung und Zuwanderung von Arbeitsmigrantinnen und Arbeitsmigranten aus Südeuropa und der Türkei nach Freiburg 1955–1983, in: Ulrich P. Ecker/Nausikaa Schirilla (Hg.): Migration in Freiburg im Breisgau. Ihre Geschichte von 1950 bis zur Gegenwart, Freiburg i. Br. 2014, S. 147–158.

Mattes, Monika: „Gastarbeiterinnen" in der Bundesrepublik. Anwerbepolitik, Migration und Geschlecht in den 50er bis 70er Jahren, Frankfurt a. M. 2005.

Mattes, Monika: Zum Verhältnis von Migration und Geschlecht. Anwerbung und Beschäftigung von „Gastarbeiterinnen" in der Bundesrepublik 1960 bis 1973, in: Jan Motte [u. a.] (Hg.): 50 Jahre Bundesrepublik – 50 Jahre Einwanderung. Nachkriegsgeschichte als Migrationsgeschichte, Frankfurt a. M./New York 1999, S. 285–309.

Melčić Dunja (Hg.): Der Jugoslawien-Krieg. Handbuch zu Vorgeschichte, Verlauf und Konsequenzen, Wiesbaden 2007.

Menschlichkeit-ulm e. V.: Satzung menschlichkeit-ulm e. V., § 2 Zweck, http://www.menschlichkeit-ulm.de/Dokumente/satzung_210x297_ menschlichkeit.pdf.

Molt, Matthias: Von der Wehrmacht zur Bundeswehr. Personelle Kontinuität und Diskontinuität beim Aufbau der deutschen Streitkräfte 1955–1966, Heidelberg 2007.

Morsey, Rudolf: Die Bundesrepublik Deutschland. Entstehung und Entwicklung bis 1969, München 2007.

Müller, Michael (Red.): Hintergründe und Aufgabenstellung. Gutachterverfahren. Protokollausschnitt von Prof. Arno Lederer bei der Fachgutachtersitzung am 21. Januar 2010, in: Stadt Ulm, Fachbereich Stadtentwicklung, Bau und Umwelt in Zusammenarbeit mit der Israelitischen Religionsgemeinschaft Württembergs (Hg.): Neue Synagoge Ulm. Dokumentation Gutachterverfahren, Ulm 2010, S. 21–26.

Müller, Roland: Displaced Persons im deutschen Südwesten, in: Mathias Beer (Hg.): Baden-Württemberg – eine Zuwanderungsgeschichte, Stuttgart 2014, S. 43–67.

Müller, Ulrich: Displaced Persons in Ulm 1945–1951, in: UO 47/48 (1991), S. 374–390.

Müller, Ulrich: Fremde in der Nachkriegszeit. Displaced Persons – zwangsverschleppte Personen – in Stuttgart und Württemberg-Baden 1945–1951, Stuttgart 1990.

Müller-Krauspe, Gerda (Hg.): hfg ulm. Die Grundlehre von 1953 bis 1960. 16 Rückblicke und 6 Kurzporträts (schriftenreihe club off ulm e. V.), Detmold 2011, S. 31–37.

Müller-Krauspe, Gerda: Selbstbehauptungen. Frauen an der hfg ulm, Frankfurt a. M. 2007.

Münch, Ursula: Asylpolitik in der Bundesrepublik Deutschland. Entwicklung und Alternativen, Opladen 1993.

Müssig, Stephanie/Worbs, Susanne: Politische Einstellungen und politische Partizipation von Migranten in Deutschland (Working Paper, Bundesamt für Migration und Flüchtlinge, Bd. 46), Nürnberg 2012.

Nann, Eberhard: Die Kriminalität der italienischen Gastarbeiter im Spiegel der Ausländerkriminalität (Kriminologische Schriftenreihe aus der Deutschen Kriminologischen Gesellschaft, Bd. 28.), Hamburg 1967.

Nauck, Bernhard: Familienbeziehungen und Sozialintegration von Migranten, in: Klaus J. Bade/Michael Bommes (Hg.): Migration – Integration – Bildung. Grundfragen und Problembereiche (IMIS-Beiträge, Bd. 23), Osnabrück 2004.

Nestler, Martin: Ulm. Geschichte einer Stadt, Erfurt 2003.

Niedermüller, Peter: Soziale Inklusion und die Logik der kulturellen Differenz, in: Christoph Köck/Alois Moosmüller/Klaus Roth (Hg.): Zuwanderung und Integration. Kulturwissenschaftliche Zugänge und soziale Praxis, Münster 2004, S. 37–50.

Oertzen, Christine von: Teilzeitarbeit und die Lust am Zuverdienen. Geschlechterpolitik und gesellschaftlicher Wandel in Westdeutschland 1948–1969 (Kritische Studien zur Geschichtswissenschaft, Bd. 132), Göttingen 1999.

Oltmer, Jochen: Anwerbeabkommen, in: Karl-Heinz Meier-Braun/Reinhold Weber (Hg.): Deutschland Einwanderungsland. Begriffe – Fakten – Kontroversen, Stuttgart 2013, S. 38–41.

Oltmer, Jochen: Einführung: Europäische Migrationsverhältnisse und Migrationsregime in der Neuzeit, in: Geschichte und Gesellschaft 35/1 (2009). Europäische Migrationsregime, S. 5–27.

Oltmer, Jochen: Einleitung. Staat im Prozess der Aushandlung von Migration, in: Ders. (Hg.): Handbuch Staat und Migration in Deutschland seit dem 17. Jahrhundert, Berlin 2016, S. 1–42.

Oltmer, Jochen: Globale Migration. Geschichte und Gegenwart, München 2012.

Oltmer, Jochen: Migration, Migrationsformen und Migrationsregime – Ein Überblick, in: Referate der Tagung des Historischen Vereins der Pfalz und der Johannes-Gutenberg-Universität Mainz, Historisches Seminar – Zeitgeschichte: Migration in die Pfalz 1945 bis 1980. In Ludwigshafen am 22. und 23. Oktober 2010, S. 213–228.

Oltmer, Jochen: „Unverdorbenes Deutschtum". Zuwanderung und Integration von ‚Deutschstämmigen' im Kaiserreich und in der Weimarer Republik, in: Interkulturell und global. Forum für Interkulturelle Kommunikation, Erziehung, Bildung und globales Lernen 3/4 (2005), S. 23–41.

Oltmer, Jochen: Zuwanderung und Integration in Deutschland seit dem
Zweiten Weltkrieg, in: Frank Gesemann/Roland Roth (Hg.): Lokale Integrationspolitik in der Einwanderungsgesellschaft. Migration und Integration
als Herausforderung von Kommunen, Wiesbaden 2009, S. 151–170.

Palaoro, Simon: Stadt und Festung. Eine kleine Geschichte der Bundesfestung
Ulm (Kleine Reihe des Stadtarchivs Ulm, Bd. 6), Ulm 2009.

Pfizer, Theodor: Neubau der Stadt. Die Ulmer Schwörreden von 1949 bis 1958,
Ulm 1959.

Pott, Ulrich: 50 Jahre koreanische Bergarbeiter und Krankenschwestern in
Deutschland. Wege zu einer erfolgreichen Integration, in: Kompass 123
(November/Dezember 2013), S. 3–6.

Puskeppeleit, Jürgen: Der Paradigmenwechsel der Aussiedlerpolitik – Von der
Politik der „nationalen Aufgabe" zur Politik der „Eindämmung der Zu- und
Einwanderung und der Konkurrenz- und Neidbewältigung, in: Ines Graudenz/
Regina Römhild (Hg.): Forschungsfeld Aussiedler. Ansichten aus Deutsch-
land, S. 99–121.

Rada, Uwe: Ulmer Donaugeschichten,
http://www.bpb.de/geschichte/zeitgeschichte/geschichte-im-fluss/
159231/ulmer-donaugeschichten?p=all.

Rak, Christian: Ulm unter dem Hakenkreuz, in: Michael Wettengel (Hg.):
StadtMenschen. 1150 Jahre Ulm. Die Stadt und ihre Menschen
(hrsg. v. Stadtarchiv Ulm), Ulm 2004, S. 145–157.

Rat der Religionen in Ulm: Beitrag zur Verständigung und zum friedlichen
Zusammenleben, http://www.ratderreligionen-ulm.de/wir-ueber-uns-1.html.

Reich, Kerstin: Migranten und Kriminalität, in: Karl-Heinz Meier-Braun/
Reinhold Weber (Hg.): Deutschland Einwanderungsland.
Begriffe – Fakten – Kontroversen, Stuttgart 2013, S. 177–182.

Reichel, Peter: Vergangenheitsbewältigung in Deutschland. Die Auseinander-
setzung mit der NS-Diktatur in Politik und Justiz, München 2. Aufl. 2007.

Rieker, Yvonne: „Ein Stück Heimat findet man ja immer". Die italienische
Einwanderung in die Bundesrepublik, Essen 2003.

Rieker, Yvonne: Südländer, Ostagenten oder Westeuropäer. Die Politik der
Bundesregierung und das Bild der italienischen Gastarbeiter 1955–1970,
in: AfS 40 (2000), S. 231–258.

Roelfs, Almuth: „Ami-Liebchen" und „Berufsbräute". Prostitution, Geschlechts-
krankheiten und Besatzungsverhältnisse in der Nachkriegszeit, in: Günther
Kronenbitter/Markus Pöhlmann/Dierk Walter: Besatzung. Funktion und
Gestalt militärischer Fremdherrschaft von der Antike bis zum 20. Jahrhundert,
Paderborn u. a. 2006, S. 201–209.

Sala, Roberto: Vom „Fremdarbeiter" zum „Gastarbeiter". Die Anwerbung
italienischer Arbeitskräfte für die deutsche Wirtschaft (1938–1973),
in: VfZ 1 (2007), S. 93–122.

Sander, Hildegard: Neu-Ulm 1945–1994, in: Barbara Treu (Hg.): Stadt Neu-Ulm
1869–1994. Texte und Bilder zur Geschichte. Aus Anlaß des 125-jährigen
Jubiläums der Erhebung zur Stadt, Neu-Ulm 1994, S. 367–541.

Sander, Hildegard (Hg.): Ulmer Bilder-Chronik, 6. Band, Enthaltend die Zeit
vom Jahr 1945 bis 1964, Ulm 1984.

Sanierungstreuhand Ulm GmbH: Ulm – Auf dem Kreuz, http://www.san-ulm.de/
gebiet_aufdemkreuz.php.

Sarazin, Paul: Fremde Heimat Deutschland. Eine diskursanalytische Studie
über die nationale Identität der deutschstämmigen Spätaussiedler aus der
ehemaligen Sowjetunion, Wettenberg 2005.

Sauer, Paul: Das Land Württemberg-Baden 1945–1952, in: Hansmartin
Schwarzmaier/Menrad Schaab (Hg.): Handbuch der baden-württembergischen Geschichte. Die Länder seit 1918. Bd. 4, Stuttgart 2003, S. 343–440.

Sauer, Paul: Die jüdischen Gemeinden in Württemberg und Hohenzollern.
Denkmale, Geschichte, Schicksale, Stuttgart 1966, Art. Ulm, S. 178–185.

Schanda, Franz/Happach-Kaiser, Hildegard: Integration ausländischer Jugendlicher durch MBSE. Eine kritische Bestandsaufnahme zu Beginn der bundesweiten Evaluation der Maßnahmen zur Berufsvorbereitung und sozialen
Eingliederung junger Ausländer, in: Mitteilungen aus der Arbeitsmarkt- und
Berufsforschung 16 (1983), S. 252–261.

Schillinger, Reinhold: Der Entscheidungsprozeß beim Lastenausgleich.
1945–1952, St. Katharinen 1985, S. 298.

Schmidt-Bernhardt, Angela: Jugendliche Spätaussiedlerinnen. Bildungserfolg
im Verborgenen, Marburg 2008.

Schmitt-Rodermund, Eva: Zur Geschichte der Deutschen in den Ländern des
ehemaligen Ostblocks, in: Rainer K. Silbereisen/Ernst-Dieter Lantermann/

Eva Schmitt-Rodermund (Hg.): Aussiedler in Deutschland. Akkulturation von Persönlichkeiten und Verhalten, Opladen 1999, S. 49–66.

Schneider, Jan: Integration, http://www.bpb.de/gesellschaft/migration/dossier-migration/56404/integration.

Schönberger, Klaus: „Hier half der Marshallplan". Werbung für das europäische Wiederaufbauprogramm zwischen Propaganda und Public Relations, in: Gerald Diesener (Hg.): Propaganda in Deutschland. Zur Geschichte der politischen Massenbeeinflussung im 20. Jahrhundert, Darmstadt 1996, S. 194–212.

Schoeps, Julius H./Glöckner, Olaf: Fifteen Years of Russian-Jewish Immigration to Germany. Successes and Setbacks, in: Y. Michal Bodemann (Hg.): The new German Jewry and the European context. The return of the European Jewish diaspora (New perspectives in German studies), Basingstoke u. a. 2008, S. 144–157.

Schumacher, Frank: Vom Besetzten zum Verbündeten. Deutsch-amerikanische Beziehungen 1949–1955, in: Detlef Junker u. a. (Hg.): Die USA und Deutschland im Zeitalter des Kalten Krieges 1945–1990. Ein Handbuch. Bd. 1. 1945–1968, Stuttgart/München 2001, S. 150–159.

Seckendorff, Eva von: Die Hochschule für Gestaltung in Ulm. Gründung (1949–1953) und Ära Max Bill (1953–1957), Marburg 1989.

Sie'ste: 25 jahre Sie'ste, http://www.sieste.de/termine/eventdetail/60/86|87|88|90|118/25-jahre-sieste.

Sommer, Ilka: „Ausländerkriminalität" – statistische Daten und soziale Wirklichkeit, http://www.bpb.de/politik/innenpolitik/innere-sicherheit/76639/auslaenderkriminalitaet.

Specker, Hans Eugen/Specker, Irene: Die Luftangriffe auf Ulm, in: Hans Eugen Specker (Hg.): Ulm im Zweiten Weltkrieg (Forschungen zur Geschichte der Stadt Ulm, Bd. 6), Stuttgart 1995, S. 409–457.

Staatsministerium Baden-Württemberg: Hilfe für IS-Opfer aus dem Nordirak, http://www.fluechtlingshilfe-bw.de/projekte/unterbringung/sonderkontingente-nordirak.

Stadelhofer, Carmen (Hg.): Die Wilhelmsburg in Ulm 1945 bis 1960. Eine Stadt in der Stadt, Ulm 2. Aufl. 2013.

Stadt Ulm: Arbeit und Ausbildung, https://www.ulm.de/leben_in_ulm/
     fluechtlinge_in_ulm/arbeit_und_ausbildung.138192.3076,3665,
     138269,138192.htm.

Stadt Ulm: ‚Der Ulmer Prozess - SS-Einsatzgruppen vor Gericht',
     http://www.ulm.de/_der_ulmer_prozess_ss_einsatzgruppen_vor_
     gericht.25537.3076,.htm.

Stadt Ulm: Ergebnis Landtagswahl 1992, http://www.wahl.ulm.de/lt1992/
     html/lt1992.html.

Stadt Ulm: Flüchtlinge in der Internationalen Stadt Ulm, https://www.ulm.de/
     leben_in_ulm/fluechtlinge_in_ulm.138269.3076,3665,138269.htm.

Stadt Ulm: Kann ich eingebürgert werden? https://www.ulm.de/leben_in_
     ulm/einbuergerung.138953.3076,3665,138953.htm.

Stadt Ulm: Offene Sprachtreffs, https://www.ulm.de/sixcms/media.php/29/
     Sprachtreffs.pdf.

Stadt Ulm: Sprache, https://www.ulm.de/leben_in_ulm/fluechtlinge_in_ulm/
     sprache.138189.3076,3665,138269,138189.htm.

Stadt Ulm (Hg.): Ulm: Internationale Stadt, Ulm 2012.

Stadt Ulm: Ulmer Geschichte im Netz. Vorgeschichte und Lebenslauf Yona
     Sorek und Hana Melnik – Jüdische DPs in Ulm. Interview von Nicola Wenge,
     http://www.ulm.de/sixcms/media.php/29/Migration_4_2_M10.pdf.

Stadt Ulm: Ulmer Geschichte(n): Die Reichspogromnacht in Ulm,
     https://www.ulm.de/ulmer_geschichte_die_reichspogromnacht_in_
     ulm. 32350.3076,.htm.

Stadt Ulm: Unterbringung von Flüchtlingen,
     https://www.ulm.de/leben_in_ulm/fluechtlinge_in_ulm/wohnen.
     138188.3076,3665,138269,138188.htm.

Stadt Ulm, Amt für Statistik (Hg.): Ulmer Statistik. Jahresberichte 1948–2015,
     Ulm 1949–2016.

Stadtarchiv Ulm: Die jüdische Gemeinde im Nationalsozialismus, in:
     Dass. (Hg.): Zeugnisse zur Geschichte der Juden in Ulm. Erinnerungen und
     Dokumente, S. 231–261.

Statistisches Bundesamt: Arbeitsmarkt, https://www.destatis.de/DE/
     ZahlenFakten/Indikatoren/LangeReihen/Arbeitsmarkt/lrarb003.html.

Steinert, Johannes-Dieter: Arbeit in Westdeutschland. Die Wanderungs-
vereinbarungen mit Italien, Spanien, Griechenland und der Türkei und
der Beginn der organisierten Anwerbung ausländischer Arbeitskräfte,
in: AfS 35 (1995), S. 197–209.

Steinert, Johannes-Dieter: Migration und Politik. Westdeutschland – Europa –
Übersee 1945–1961, Osnabrück 1995.

Steinert, Johannes-Dieter: Organisierte Flüchtlingsinteressen und parlamentarische Demokratie. Westdeutschland 1945–1949, in: Klaus J. Bade (Hg.):
Neue Heimat im Westen. Vertriebene, Flüchtlinge, Aussiedler, Münster
1990, S. 61–80.

Steiniger, Rolf: Der Vietnamkrieg, Frankfurt a. M. 2004.

Stelzl, Hans-Joachim u. a. (Hg.): Der Parlamentarische Rat. 1948–1949. Akten
und Protokolle, Bd. 7: Entwürfe zum Grundgesetz, München 1995.

Stempel, Barbara/Eppinger Curdes, Susanne (Hg.): Rückblicke. Die Abteilung
Visuelle Kommunikation an der hfg Ulm 1953–1968 (Schriftenreihe
*club off ulm e. v.), Ulm 2010.

Strobl, Rainer/Kühnel, Wolfgang: Dazugehörig und ausgegrenzt. Analysen zu
Integrationschancen junger Aussiedler (Konflikt- und Gewaltforschung),
Weinheim/München 2000.

Sükran: Mein Kopf und mein Herz sind immer noch in der Türkei, in: Frauennetzwerk West e. V./Ellen Meckler-Schweizer (Hg.): Aufbruch nach Deutschland – Ankommen in Ulm. 18. Migrantinnen erzählen von ihrer Alten und
Neuen Heimat, Plochingen 2004, S. 64–69.

Thränhardt, Dietrich: Einwanderungs- und Integrationspolitik in Deutschland
am Anfang des 21. Jahrhunderts, in: Karin Meendermann (Hg.): Migration
und Politik. Integration durch Information, Münster 2003, S. 11–36.

Thränhardt, Dietrich: Integration und Partizipation von Einwanderergruppen
im lokalen Kontext, in: Klaus J. Bade/Jochen Oltmer (Hg.): Aussiedler.
Deutsche Einwanderer aus Osteuropa (Schriften des Instituts für Migrationsforschung und interkulturelle Studien [IMIS] der Universität Osnabrück,
Bd. 8), Osnabrück 1999, S. 229–246.

Thränhardt, Dietrich: Kirchen, Wohlfahrtsverbände, Gewerkschaften, Betriebs-
räte, Nichtregierungsorganisationen und Migranten, in: Karl-Heinz Meier-

Braun/Reinhold Weber (Hg.): Deutschland Einwanderungsland. Begriffe – Fakten – Kontroversen, Stuttgart 2013, S. 155–158.

Thränhardt, Dietrich/Winterhagen, Jenni: Der Einfluss der katholischen Migrantengemeinden auf die Integration südeuropäischer Einwanderergruppen in Deutschland, in: Jochen Oltmer/Axel Kreienbrink/Carlos Sanz Diaz (Hg.): Das Gastarbeiter-System. Arbeitsmigration und ihre Folgen in der Bundesrepublik Deutschland und Westeuropa (Schriftenreihe der Vierteljahrshefte für Zeitgeschichte, Bd. 104), München 2012, S. 199–215.

Treibel, Anette: Von der Anwerbestoppausnahme-Verordnung zur Green Card. Reflexionen und Kritik der Migrationspolitik, in: Edda Currle/Tanja Wunderlich (Hg.): Deutschland – ein Einwanderungsland. Rückblick, Bilanz und neue Fragen, Stuttgart 2001, S. 113–126.

Tröster, Irene: Aussiedler – „neue alte Deutsche", in: Karl-Heinz Meier-Braun/Reinhold Weber (Hg.): Kulturelle Vielfalt. Baden-Württemberg als Einwanderungsland (Schriften zur politischen Landeskunde Baden-Württemberg, Bd. 32), Stuttgart 2005.

United States Holocaust Memorial Museum: Oral history interview with Myer Adler, http://collections.ushmm.org/search/catalog/irn508648.

Uni Ulm Pressemitteilung 3.12.2015: Landessonderpreis für Studierende, https://idw-online.de/de/news642780.

Universität Ulm: International Office, Strategische Partnerschaften – U5, Partneruniversitäten, https://www.uni-ulm.de/io/info/projekte/stp-u5/partner.

Universität Ulm: Interview mit Herrn Dr. Reinhold Lücker, ehemaliger Leiter des International Office an der Universität Ulm, https://www.uni-ulm.de/fileadmin/website_uni_ulm/io/Strategische_Partnerschaften/Interview_Luecker.pdf.

Universität Ulm: Unsere Partnerhochschulen und Austauschmöglichkeiten, https://www.uni-ulm.de/io/mob-out/ausland-semester-jahr/austausch-partner.

Universität Ulm: Was ist ASSIST, https://www.uni-ulm.de/einrichtungen/assist/?MP=24387-57646.

Universität Ulm: Willkommen beim M4M, https://www.uni-ulm.de/einrichtungen/m4m/.

VfB Ulm e. V.: November 1949 - Gründung eines Sportvereins, http://vfb-ulm.
de/der-verein/infos-ta/vereinsgeschichte.html.

W., Tae-Young : Neugierig auf die Welt, in: Frauennetzwerk West e. V./Ellen
Meckler-Schweizer (Hg.): Aufbruch nach Deutschland – Ankommen in Ulm.
18 Migrantinnen erzählen von ihrer alten und Neuen Heimat, Plochingen
2004, S.78–85.

Weiss, Yfaat/Gorelik, Lena: Die russisch-jüdische Zuwanderung, in: Michael
Brenner (Hg.): Geschichte der Juden in Deutschland von 1945 bis zur
Gegenwart. Politik, Kultur und Gesellschaft, München 2012, S. 379–418.

Wala, Michael: Der Marshallplan und die Genese des Kalten Krieges, in: Detlef
Junker u. a. (Hg.): Die USA und Deutschland im Zeitalter des Kalten Krieges
1945–1990. Ein Handbuch. Bd. 1. 1945–1968, Stuttgart/München 2001,
S. 124–131.

Wenge, Nicole: Die neue Synagoge und ihre Kritiker. Eine Leserdebatte
zum Neubau der Ulmer Synagoge, in: Mitteilungen des Dokumentationszentrums Oberer Kuhberg e. V. – KZ-Gedenkstätte 53 (2010), S. 19–21.

Wenge, Nicola: Die neue Synagoge und ihre Kritiker. Jüdisches Leben in Ulm
heute, in: Mitteilungen des Dokumentationszentrums Oberer Kuhberg e. V. –
KZ-Gedenkstätte 52 (2010), S. 3–4.

Wennemann, Adolf: Flüchtlinge und Vertriebene in Niedersachsen. Vergangen-
heitsorientierung und Strukturwandel, in: Klaus J. Bade (Hg.): Fremde im
Land. Zuwanderung und Eingliederung im Raum Niedersachsen seit dem
Zweiten Weltkrieg, Osnabrück 1997, S. 77–124.

Wenzel, Hans-Joachim: Aussiedlerzuwanderung als Strukturproblem in
ländlichen Räumen, in: Klaus J. Bade/Jochen Oltmer (Hg.): Aussiedler.
Deutsche Einwanderer aus Osteuropa (Schriften des Instituts für Migrationsforschung und interkulturelle Studien [IMIS] der Universität Osnabrück,
Bd. 8), Osnabrück 1999, S. 265–282.

Westphal, Manuela: Berufs- und Bildungseinstellungen von Frauen, in:
Leonie Herwartz-Emden (Hg.): Einwandererfamilien. Geschlechterverhält-
nisse, Erziehung und Akkulturation (Institut für Migrationsforschung und
Interkulturelle Studien. Schriften des Instituts für Migrationsforschung und
Interkulturelle Studien (IMIS) der Universität Osnabrück, Bd. 9), Göttingen
2003, S. 289–324.

Westphal, Siegrid/Arendt, Joachim: Uncle Sam und die Deutschen. 50 Jahre deutsch-amerikanische Partnerschaft in Politik, Wirtschaft und Alltagsleben, München u. a. 1995.

Wettengel, Michael: Geschichte der Jüdischen Gemeinde in Ulm, in: Stadt Ulm, Fachbereich Stadtentwicklung, Bau und Umwelt in Zusammenarbeit mit der Israelitischen Religionsgemeinschaft Württembergs (Hg.): Neue Synagoge Ulm. Dokumentation Gutachterverfahren, Ulm 2010, S. 13–19.

Weyerer, Godehard: Liebesgaben aus Übersee. Die CARE-Pakete, in: Detlef Junker u. a. (Hg.): Die USA und Deutschland im Zeitalter des Kalten Krieges 1945–1990. Ein Handbuch. Bd. 1. 1945–1968, Stuttgart/München 2001, S. 795–802.

Wierling, Dorothee: Oral History, in: Aufriss der Historischen Wissenschaften, Bd. 7: Neue Themen und Methoden der Geschichtswissenschaft, Stuttgart 2003, S. 81–151.

WIZO: Powerfrauen, http://wizo-ev.org/vips/powerfrauen.

Wolfrum, Edgar: Geschichte der Erinnerungskultur in der DDR und BRD, http://www.bpb.de/geschichte/zeitgeschichte/geschichte-und-erinnerung/39814/geschichte-der-erinnerungskultur?p=all.

Worbs, Susanne (Hg.): (Spät-)Aussiedler in Deutschland. Eine Analyse aktueller Daten und Forschungsergebnisse (Forschungsbericht. Bundesamt für Migration und Flüchtlinge, Bd. 20), Nürnberg 2013.

Yildiz, Erol: Migration bewegt die Stadt, in: Natalie Bayer/u. a. (Hg.): Crossing Munich. Beiträge zur Migration aus Kunst, Wissenschaft und Aktivismus, München 2009, S. 20–24.

Zentralrat der Juden in Deutschland: Regelung seit dem 1. Juli 2006, http://www.zentralratdjuden.de/de/topic/262.regelung-seit-dem-juli.html.

Zentrum für Kurdische Studien e. V. – NAVEND, http://www.navend.de/html/kurden/migration.htm.

Zölls, Philip: München – Weltstadt mit Migrationshintergrund, in: Reinhard Baumann/Rolf Kießling (Hg.): Mobilität und Migration in der Region, Konstanz/München 2014, S. 277–297.

Über den Autor

Tobias Ranker schloss 2011 das Studium der Geschichte und Germanistik an der Universität Augsburg mit der Magisterarbeit „Zwischen Akzeptanz und Ablehnung – Die Beziehungen der Ulmer Bevölkerung zum US-Militär in den 1950er Jahren" ab. Nach einem Jahr am Lehrstuhl für die Geschichte des europäisch-transatlantischen Kulturraums arbeitet er seit 2012 am Institut für Europäische Kulturgeschichte der Universität Augsburg in der Abteilung Redaktion/Publikation. Er forscht zurzeit am Promotionsprojekt „Die Ulmer/Neu-Ulmer Garnison in Friedenszeiten im 20. Jahrhundert" unter der Leitung von Prof. Dr. Philipp Gassert (Universität Mannheim).